ŒUVRES COMPLÈTES
DE
CASIMIR DELAVIGNE

DE L'ACADÉMIE FRANÇAISE

NOUVELLE ÉDITION

THÉATRE

I

Les Vêpres Siciliennes. — Les Comédiens
Le Paria
L'École des Vieillards. — La Princesse Aurélie

PARIS
LIBRAIRIE ACADÉMIQUE
DIDIER ET Cie, LIBRAIRES-ÉDITEURS
35, QUAI DES AUGUSTINS, 35

ŒUVRES COMPLÈTES
DE
CASIMIR DELAVIGNE

I

—

1 — THÉATRE.

Paris. — Imprimerie P.-A. BOURDIER et Cie, 30, rue Mazarine.

ŒUVRES COMPLÈTES

DE

CASIMIR DELAVIGNE

DE L'ACADÉMIE FRANÇAISE

NOUVELLE ÉDITION

THÉATRE

I

Les Vêpres Siciliennes. — Les Comédiens
Le Paria
L'École des Vieillards. — La Princesse Aurélie

PARIS

LIBRAIRIE ACADÉMIQUE

DIDIER ET Cie, LIBRAIRES-ÉDITEURS

35, QUAI DES AUGUSTINS, 35

1863

Réservé de tous droits.

LES
VÊPRES SICILIENNES

TRAGÉDIE EN CINQ ACTES,

REPRÉSENTÉE SUR LE THÉATRE DE L'ODÉON, LE 23 OCTOBRE 1819.

PERSONNAGES.

ROGER DE MONTFORT, gouverneur de la Sicile.
JEAN DE PROCIDA, noble sicilien.
LORÉDAN, fils de Procida.
GASTON DE BEAUMONT, chevalier français.
PHILIPPE D'AQUILA.
AMÉLIE DE SOUABE.
ELFRIDE, confidente d'Amélie.
SALVIATI, confident de Procida.
ODDO,
PALMÉRIO,
BORELLA,   } Conjurés, personnages muets.
LORICELLI,
Chevaliers, Conjurés.

(La scène se passe à Palerme, dans le palais de Procida.)

ACTE PREMIER

SCÈNE I.
(La rampe est à demi levée.)
PROCIDA, SALVIATI.

SALVIATI.
Que vois-je? Procida de retour sur nos bords!
De tous nos conjurés quels seront les transports!
Le règne des tyrans touche donc à son terme!

PROCIDA.

Que je t'embrasse, ami! Salut, murs de Palerme;
J'en jure par ce Dieu qui nous doit protéger,
Vous serez affranchis du joug de l'étranger!

SALVIATI.

Venez, quittons ces lieux.

PROCIDA.

Quelle terreur t'agite?
Je suis dans mon palais.

SALVIATI.

Notre ennemi l'habite...

PROCIDA.

Eh quoi! Charles d'Anjou? le vainqueur de Mainfroi,
Le bourreau, l'assassin de notre dernier roi?
Charles dans mon palais, lui, cet indigne frère
De ce pieux Louis que la France révère?...

SALVIATI.

Non, et le jour neuf fois a fait place à la nuit
Depuis qu'aux bords voisins sa flotte l'a conduit.
On dit qu'il veut revoir après dix-huit années
Les murs de Bénévent, les plaines fortunées
Où le sort le fit roi quand son dernier succès
Soumit Naple et Palerme au pouvoir des Français.
On dit plus, et, trompant l'ennui de l'esclavage,
Mille bruits différents expliquent ce voyage;
On dit que ses vaisseaux, du port napolitain,
Menacent les remparts fondés par Constantin;
Et que, pour enflammer ses phalanges guerrières,
Charles au Vatican fait bénir leurs bannières.

PROCIDA.

Eh! qui donc dois-je craindre?

SALVIATI.

Un jeune favori
Près du trône des lis dans les grandeurs nourri.

PROCIDA.

Quel est son nom?

ACTE I, SCÈNE I.

SALVIATI.
Montfort, le ministre docile
Des ordres souverains transmis à la Sicile.
En partant pour la cour du pontife romain,
Le monarque a laissé le sceptre dans sa main...
    (*Le jour augmente par degrés.*)
Fuyons, l'ombre s'efface et l'aube va paraître.

PROCIDA.
Il n'est pas temps encor; qui peut me reconnaître?
Seul, avant mon départ, dans ces lieux enfermé,
Invisible aux tyrans de ce peuple opprimé,
J'ai su, sans irriter leurs fureurs inquiètes,
Ourdir les premiers fils de nos trames secrètes.
En vain, pour s'étayer du nom de mes aïeux,
Par l'éclat des emplois Charles flattait mes yeux;
J'ai fui de nos vainqueurs le superbe visage :
La cour me croit errant de rivage en rivage;
Mon fils, par un billet instruit de mon retour,
Ici, pour me revoir, doit devancer le jour :
Je veux l'attendre.

SALVIATI.
                Au moins daignez me satisfaire.
Le ciel a-t-il béni votre exil volontaire?

PROCIDA.
Il m'inspirait. Le ciel a sans doute allumé
Ce feu pur et sacré dont je suis consumé.
Oui, c'est avec transport que j'aime la patrie;
Mais d'un amour jaloux j'ai toute la furie :
Je l'aime et la veux libre; et pour sa liberté,
En un jour, biens, amis, parents, j'ai tout quitté.
Longtemps j'ai parcouru nos déplorables villes;
Honteux et frémissant j'ai vu nos champs fertiles,
Aux prêteurs étrangers prodiguant leurs trésors,
Se couronner pour eux du fruit de nos efforts.
Quels tourments j'ai soufferts pendant ces longs voyages!
Combien j'ai dévoré de mépris et d'outrages!

Pour qu'un chemin plus libre à mes pas fût ouvert,
J'ai porté le cilice, et de cendre couvert,
Tantôt durant les nuits, debout sous un portique,
Je réveillais l'ardeur d'un peuple fanatique ;
Tantôt d'un insensé, dans mes accès fougueux,
J'imitais l'œil hagard et le sourire affreux,
Et des ressentiments qui remplissent mon âme
Dans la foule en secret je répandais la flamme.
Par ces déguisements j'échappais aux soupçons,
Ma haine sans péril distillait ses poisons ;
Si quelque citoyen se plaignait d'une injure,
D'un soin officieux j'irritais sa blessure :
Tu connais le pouvoir de nos transports jaloux :
J'allumais leur fureur dans le sein des époux ;
Partout dans tous les cœurs j'ai fait passer ma rage.
Mais c'est peu qu'indignés d'un honteux esclavage,
Des mécontents obscurs soient par nous déclarés,
Et nous comptons des rois parmi nos conjurés.

SALVIATI.

Des rois !

PROCIDA.

Depuis deux ans j'ai quitté la Sicile ;
Avant que la tempête éclatât dans cette île,
Du pontife de Rome il nous fallait l'appui ;
Il craignait nos tyrans : je me présente à lui.
Il apprend mon dessein, l'adopte, l'autorise,
Près du roi d'Aragon m'offre son entremise :
« C'est le sang de Mainfroi qui doit régner sur vous ;
« De sa fille, dit-il, je couronne l'époux. »
Au monarque espagnol je l'annonçai moi-même.
Le dangereux présent d'un nouveau diadème
Est un brillant appât pour un front couronné :
Don Pèdre d'Aragon, par l'espoir entraîné,
S'empresse d'obéir à cette voix divine,
Veut rassembler sa flotte et descendre à Messine ;
Mais bientôt d'une guerre utile à nos projets

Ses trésors épuisés font languir les apprêts.
Je le quitte, et les mers, que je traverse encore,
Me portent de l'Espagne aux rives du Bosphore.
J'apprends que de nos rois le successeur altier
Des Césars d'Orient menace l'héritier.
Ce prince intimidé se trouble au bruit des armes.
Je parais; mes récits redoublent ses alarmes.
J'ai vu tous les vaisseaux, j'ai compté les guerriers :
J'élève jusqu'aux cieux ces nombreux chevaliers,
Nourris dans les combats, ardents, pleins de vaillance,
Que je hais en Sicile et que j'admire en France.
Il tremble; mon projet se montre à découvert :
De l'empire aussitôt le trésor m'est ouvert,
Et don Pèdre reçoit par un secret message
Un secours important dont je presse l'usage.
L'empereur, généreux pour sauver ses États,
Assure aux conjurés l'appui de ses soldats :
Déjà de l'Aragon la flotte est préparée,
Le pontife est armé de la foudre sacrée :
Voilà, Salviati, le fruit de mes efforts.
Contre nos oppresseurs tout s'unit au dehors :
Ici, de nos amis, parle, que dois-je attendre?

SALVIATI.

Vous les verrez, seigneur, prêts à tout entreprendre.
Eberard de Fondi, Philippe d'Aquila,
Oddo, Loricelli, Mario, Borella,
Voulaient fixer sans vous la sanglante journée
Promise à leur fureur trop longtemps enchaînée.
Des ordres de Montfort complaisants dangereux,
Admis dans ses conseils, plus souvent à ses jeux,
Nous savons, aux plaisirs appliquant son étude,
Tromper de ces esprits l'ardente inquiétude.
Nos coups seront plus sûrs, dans ces jours solennels
Où les chrétiens en foule approchent des autels,
Le saint asile ouvert aux remords du coupable
Couvre nos entretiens d'une nuit favorable.

Nous levons à demi ce voile ténébreux;
Nous laissons pressentir des changements heureux,
L'interprète du ciel au fond des consciences
Agite sourdement le venin des vengeances.
Dans l'ombre à nous servir le peuple est disposé...
Nos conjurés d'un mot auraient tout embrasé,
Craignant que sa fureur par le temps refroidie
N'offrît plus d'aliment à ce vaste incendie.
Vous arrivez enfin...

PROCIDA.
Mon fils est-il instruit?

SALVIATI.
Par quelques faits brillants ce Montfort l'a séduit.
Tous deux ils sont liés d'une amitié sincère,
Et pour lui nos desseins sont encore un mystère.

PROCIDA.
Mon fils serait l'ami!... Quel est donc ce Français?

SALVIATI.
Superbe, impétueux, toujours sûr du succès,
Il éblouit la cour par sa magnificence,
Pousse la loyauté jusques à l'imprudence;
Il pourrait immoler, sans frein dans ses désirs,
Sa vie à son devoir, son devoir aux plaisirs.
Son premier mouvement loin des bornes l'entraîne;
Aisément il s'irrite, et pardonne sans peine,
Ne saurait se garder d'un poignard assassin,
Et croirait l'arrêter en présentant son sein.

PROCIDA.
Et voilà ces vertus que Lorédan estime!
Mon fils peut caresser la main qui nous opprime!
Mais il vient, laisse-nous; va dire à nos amis
Que l'espoir du succès leur est enfin permis.

SCÈNE II.

PROCIDA, LORÉDAN.

LORÉDAN.

Vous m'êtes donc rendu ! je vous revois, mon père,
O bonheur !... Mais pourquoi ce front triste et sévère ?

PROCIDA.

Est-il vrai, Lorédan, qu'un maître impérieux
Commande dans ces murs tout pleins de vos aïeux ?

LORÉDAN.

De ce bruit offensant méprisez l'imposture ;
Connaissez mieux Montfort ; vous lui faites injure.
Sans honte en ce séjour j'ai pu le recevoir,
Sa gloire et ses bienfaits m'imposaient ce devoir.
Épris de l'art divin qui fleurit en Provence,
Poëte ; il a chanté les succès de la France ;
Guerrier, près de Louis son courage naissant
Fit triompher les lis de l'orgueil du croissant.
Il a sur votre sort partagé mes alarmes ;
Il m'a fait chevalier : je suis son frère d'armes.

PROCIDA.

Vous !

LORÉDAN.

    Nous devons ensemble affronter les hasards,
Suivre d'un pas égal les mêmes étendards :
Bientôt Paléologue, enfermé dans Byzance,
Verra sous nos efforts expirer sa puissance.
Aux bords de l'Hellespont, où nous allons courir,
De quels nobles lauriers nos fronts vont se couvrir !
Que d'exploits !...

PROCIDA.

    De l'empire embrassant la querelle,
Le destin des combats peut vous être infidèle ;
Alors de ces hauts faits qu'attendez-vous ?

LORÉDAN.

                  L'honneur,

Si fidèle aux Français, même dans le malheur.
PROCIDA.
N'en attendez, mon fils, que regrets et que honte.
Quels que soient les dangers que votre ardeur affronte,
Les Français dans les camps vous seront préférés :
Songez-vous aux chagrins que vous vous préparez?
Croyez-vous que le roi, distinguant votre audace,
Daigne illustrer un sang qu'il accepte par grâce?
Quand l'esclave imprudent pour ses maîtres combat,
Tout son sang prodigué se répand sans éclat.
Mais je veux qu'on vous laisse une part dans la gloire:
Que produit pour l'État cette noble victoire?
Que sont dans leurs succès les peuples conquérants?
Des sujets moins heureux sous des rois plus puissants.
Prévenu pour Montfort, vous me croyez à peine.
Votre cœur amolli se refuse à la haine;
Vous flattez nos tyrans; aux premiers feux du jour,
Un jeune ambitieux vous voit grossir sa cour;
Au sein des voluptés qui charment votre vie,
Jamais vous n'avez dit : Palerme est asservie!
Jamais ses cris plaintifs n'ont passé jusqu'à vous;
Au récit de ses maux vous restez sans courroux.
Est-ce là cette humeur inflexible et sauvage,
Qui fuyait de la cour le brillant esclavage;
Cet orgueil indocile au joug le plus léger,
Cet honneur ombrageux, si prompt à se venger?
Ou la faveur des grands a changé vos maximes,
Ou de vos ennemis vous oubliez les crimes.
Oubliez-vous aussi ce prince infortuné,
Conradin, sans défense à l'échafaud traîné?
Ne vous souvient-il plus du serment qui vous lie
A sa sœur orpheline, à la jeune Amélie,
Au pur sang de nos rois?
LORÉDAN.
J'en atteste les cieux!
Le jour de ses clartés aura privé mes yeux,

ACTE I, SCÈNE II.

La tombe s'ouvrira pour ma cendre glacée,
Avant qu'un tel serment sorte de ma pensée !
Jamais de plus de feux un amant dévoré
N'attendit un hymen plus saintement juré.
Cependant la princesse aux pleurs abandonnée
S'obstine à reculer cette heureuse journée.
Un pressentiment vague irrite mes ennuis.
Ces jeunes chevaliers par trop d'orgueil séduits,
Qui, d'une égale ardeur poursuivant ses suffrages,
Apportent à ses pieds tant d'importuns hommages...
Leur présence me pèse... Apprenez qu'un d'entre eux,
Le plus vaillant de tous et le plus généreux...
Ah ! cet aveu fatal, que je ne puis vous taire,
Jette encor dans mes sens un trouble involontaire !

PROCIDA.

Enfin ?

LORÉDAN.

Dans l'abandon de sa vive amitié,
Hier à son rival Montfort s'est confié.
S'il n'avait respecté les pleurs de la princesse,
Il aurait dès longtemps déclaré sa tendresse :
« Je sais qu'elle a pour vous le respect d'une sœur ;
« Ouvrez-moi, m'a-t-il dit, un accès dans son cœur :
« Puisque la guerre enfin va m'entraîner loin d'elle,
« Il est temps qu'à ses yeux ma flamme se décèle.
« Je veux, je dois parler. » Interdit, confondu,
J'ai voulu m'en défendre, et n'ai rien répondu ;
Et peut-être Montfort a, dans son espérance,
En faveur de ses vœux expliqué mon silence.
Je crains...

PROCIDA.

Où vous égare un amour soupçonneux ?
Pensez-vous qu'Amélie, au mépris de vos nœuds,
De son nom, de son rang ?...

LORÉDAN.

Ah ! ce doute l'offense :

1.

Ma tendresse l'accuse et vole à sa défense;
Mais sa douleur me blesse, et quel qu'en soit l'objet,
Je suis jaloux des pleurs qu'il lui coûte en secret.
Je veux tout éclaircir; je veux la voir, l'entendre:
Elle-même en ces lieux près de nous doit se rendre.

PROCIDA.

Elle saurait?...

LORÉDAN.

Votre ordre a-t-il dû m'arrêter?
Parmi vos ennemis fallait-il la compter?
Quand il erra trois ans privé de sa famille,
Un père à son retour craint d'embrasser sa fille!...

PROCIDA.

Qui? moi, je le craindrais!... Non, je te reverrai,
Des rois que j'ai perdus reste cher et sacré!
Aujourd'hui pour leur cause il se peut que je meure,
Mes bras te presseront avant ma dernière heure.
Respectez ces regrets, ils sont justes, mon fils!

LORÉDAN.

Qui peut les mériter?

PROCIDA.

Son frère et son pays.

Son frère est-il vengé?

LORÉDAN.

Dieu! que voulez-vous dire?

PROCIDA.

Las de courber mon front sous un injuste empire,
Si pour le renverser j'osais lever le bras,
Que feriez-vous alors?... Vous ne répondez pas!

LORÉDAN.

Expliquez-vous, seigneur.

PROCIDA.

Je me ferai comprendre.

LORÉDAN.

Parlez...

PROCIDA.
Quand vous serez plus digne de m'entendre.
LORÉDAN.
Achevez, hâtez-vous, profitez des moments...
J'aperçois la princesse ; elle approche à pas lents,
Rêveuse et tout entière à sa mélancolie.

SCÈNE III.

PROCIDA, LORÉDAN, AMÉLIE.

PROCIDA.
Mes bras vous sont ouverts ; venez, chère Amélie !
AMÉLIE.
Ah ! seigneur ! ah ! mon père !
PROCIDA.
Où suis-je ? ces accents
D'un transport douloureux font tressaillir mes sens !
Est-ce toi, Conradin, ou ta vivante image ?
Oui, voilà son regard ! c'est son touchant langage ;
Cette grâce éclatait sur ses traits imposants,
Quand je l'ai vu mourir à la fleur de ses ans.
AMÉLIE.
Hélas !
LORÉDAN.
Vous irritez les tourments qu'elle endure.
PROCIDA.
C'est toi qui m'as forcé de rouvrir sa blessure.
Je le dois pour guérir ton esprit aveuglé
Des soupçons offensants dont l'amour l'a troublé.
AMÉLIE.
Il me soupçonne, ô Dieu !
PROCIDA.
Par un récit fidèle
Puissé-je raffermir ta haine qui chancelle !
Puisse une juste horreur te saisir comme moi

Au nom du meurtrier que tu nommes ton roi !
Écoutez-moi tous deux. A son heure dernière,
Conradin m'adressa cette courte prière :
« Parmi des inhumains j'abandonne ma sœur :
« Vivez ; qu'à sa jeunesse il reste un défenseur ;
« Qu'elle soit votre fille, et qu'un jour l'hyménée
« Au sort de Lorédan joigne sa destinée. »
Je promis d'obéir ; mais j'enviai la mort
Du jeune Frédéric qui partagea son sort.
Il s'exilait, mon fils, d'un illustre héritage
Pour combattre à seize ans sous un roi de son âge ;
L'échafaud l'attendait ; il y monte et soudain
Je vois rouler sa tête aux pieds de Conradin.
Votre frère... Ah ! combien sa douleur fut touchante !
Pressant de son ami la dépouille sanglante,
Il lui parlait encore, l'arrosait de ses pleurs :
« Tu n'es plus, criait-il, c'est pour moi que tu meurs ! »
Nos vainqueurs attendris l'admiraient en silence ;
Mais Charles d'un coup d'œil enchaîna leur clémence.
Cet enfant qui pleurait redevint un héros,
Et son dernier regard fit pâlir les bourreaux.

AMÉLIE.

Ta sœur n'était pas là pour recueillir ta cendre !

LORÉDAN.

Pourquoi trop jeune encor n'ai-je pu te défendre ?

PROCIDA.

Dès que l'âge éclaira votre faible raison,
Je reçus vos serments sur sa tombe, en son nom,
Et je crus voir son ombre un moment consolée,
Pour unir mes enfants sortir du mausolée.
L'avez-vous oublié ?

AMÉLIE.

Comment puis-je jamais
Oublier mes serments, seigneur, et vos bienfaits ?

PROCIDA.

Oui, de soins paternels j'entourai votre enfance.

Ma sœur les partageait; sans doute en mon absence
Son amour attentif ne se ralentit pas,
Malgré le poids des ans qui retiennent ses pas.
Si vous fûtes toujours digne de ma tendresse,
Renouvelez ici cette sainte promesse.

AMÉLIE.

Quel langage, seigneur! doutez-vous de ma foi?

LORÉDAN.

Pardonnez, Amélie, à mon injuste effroi,
Aux transports insensés dont mon âme est saisie:
Qui peut avec excès aimer sans jalousie?

PROCIDA.

Rendez, rendez la paix à ce cœur égaré;
Si j'ordonne un hymen trop longtemps différé,
Jurez de l'accomplir sans regret, sans murmure.
Hé bien?

LORÉDAN.

Hésitez-vous?

AMÉLIE, *à Procida.*

Seigneur, je vous le jure.

LORÉDAN.

O vous que j'offensais, je jure à vos genoux
De vivre et, s'il le faut, de m'immoler pour vous.

PROCIDA.

Ma fille, mes enfants, que ce jour m'est prospère!
Réunis sur mon sein, embrassez votre père.
Et toi, du haut des cieux descendant parmi nous,
Héros infortuné, bénis ces deux époux;
Consacre leur hymen et fais qu'il s'accomplisse;
Viens, qu'un pieux courroux à ta voix les remplisse;
Viens réveiller en eux l'horreur de l'étranger,
L'amour de leur pays, la soif de le venger.
Triste et dernier débris d'une race abattue,
Amélie, écartez la douleur qui vous tue:
Souvent dans sa grandeur quand le coupable en paix
Semble de crime en crime affermi pour jamais,

Le bras de l'Éternel à le punir s'apprête,
Et se lève sur lui pour foudroyer sa tête!
Adieu.

AMÉLIE.

Qui vous contraint, seigneur, à nous quitter?

PROCIDA.

Un soin impérieux dont je veux m'acquitter.

LORÉDAN.

Quoi, déjà? quoi, mon père, après trois ans d'absence!...

PROCIDA.

De nos maîtres, mon fils, je dois fuir la présence.
Demeurez tous les deux, cachez-leur mon retour.
(*A Lorédan.*)
Adieu; nous nous verrons avant la fin du jour.

SCÈNE IV.

AMÉLIE, LORÉDAN.

LORÉDAN.

Oubliez mon offense, et partagez ma joie...
Quel nuage soudain sur vos traits se déploie!

AMÉLIE.

Dans les austérités d'un asile pieux,
Morte à de faux plaisirs, cachée à tous les yeux,
Que ne puis-je, le front courbé dans la poussière,
Finir mes tristes jours consumés en prière?

LORÉDAN.

Dieu! quel vœu formez-vous? et qui peut mériter
Des pleurs que de mon sang je voudrais racheter?

AMÉLIE.

Hélas! vous savez trop si j'ai droit d'en répandre.

LORÉDAN.

'explique leur langage et crains de vous comprendre.
Oui, malgré nos liens, vos devoirs, vos serments.
Je doute encor... Plaignez l'horreur de mes tourments.

Oui, quand de nos guerriers l'essaim vous environne,
A de noires terreurs mon esprit s'abandonne;
Sans cesse je vous suis d'un regard curieux,
Au sein de nos tournois, dans ces murs, en tous lieux.
Aux degrés de l'autel arrosés par vos larmes,
Je porte près de vous mes brûlantes alarmes;
Je m'indigne, en voyant ce tribunal de Dieu
Ou le pardon du crime est le prix d'un aveu,
Qu'un mortel, quel que soit son sacré caractère,
Reste de vos chagrins le seul dépositaire
Et qu'à votre frayeur il ait droit d'arracher
Un secret qu'à l'amour votre cœur peut cacher.
Montfort même est l'objet de ce triste délire :
C'est à vous qu'il consacre et son glaive et sa lyre;
S'il vous chante, ses vers ont un charme plus doux;
Qu'il combatte à vos yeux, et tout cède à ses coups.
Je n'en puis plus douter, je sais qu'il vous adore;
Je le sais... Est-il vrai? l'ignorez-vous encore?
En proie à la fureur de mes soupçons jaloux,
Je tremblais que Montfort... Madame, qu'avez-vous?

AMÉLIE.

Moi, seigneur!

LORÉDAN.

A ce nom vous changez de visage!

AMÉLIE.

Ah! c'est trop m'abaisser à souffrir un outrage;
J'ai honte du reproche où vous vous emportez,
Je dois me l'épargner, et je veux...

LORÉDAN.

Arrêtez...
Qu'aujourd'hui, qu'à l'instant, si mon malheur vous touche,
L'arrêt de mon rival sorte de votre bouche!
Il le faut : c'est de vous qu'il doit le recevoir;
Vous seule vous pouvez lui ravir tout espoir.
Blessez, pour le guérir, sa fierté trop sensible :
Un amour dédaigné cesse d'être invincible.

Madame, dites-lui qu'il prétendrait en vain
S'armer contre mes droits du pouvoir souverain,
M'arracher votre main à la mienne enchaînée;
Nommez-lui votre époux, hâtez notre hyménée.

AMÉLIE.

Qu'ordonnez-vous, grand Dieu? Moi, lui dire... Ah! seigneur!
Qu'attendez-vous de moi?

LORÉDAN.

Mon repos, mon bonheur.
Vous détournez les yeux, vous gardez le silence...
Et vous voyez Montfort avec indifférence?
Je n'examine plus pourquoi vous hésitez,
Je n'exige plus rien; je vous laisse... Écoutez :
Vous savez quel empire il a pris sur mon âme;
A l'ardente amitié qui tous deux nous enflamme
Je puis tout immoler sans regret, sans effort,
Tout, hors ce bien suprême où j'attache mon sort.
Je le chéris lui seul après vous et mon père;
C'est l'ami de mon choix, c'est mon hôte et mon frère;
Mais si dans un ami je dois craindre un rival,
Tremblez qu'à l'un de nous ce jour ne soit fatal.

SCÈNE V.

AMÉLIE.

De son injuste empire il m'accable d'avance;
Il commande en tyran, il m'accuse, il m'offense.
Oh! que de notre hymen le joug sera pesant!
Dans les soins de Montfort quel respect séduisant!
De ta mort, Conradin, il ne fut pas complice...
Qu'ai-je dit? Ne crains pas que ton sang s'avilisse;
La colère des cieux consumera ta sœur,
Plutôt qu'un tel secret s'échappe de mon cœur.
Au pied de tes autels, ô mon souverain maître,
Rends la force à ce cœur honteux de se connaître!

J'y cours : que la vertu m'élève à cet effort
De remplir mes serments, de détromper Montfort!
Le faible doit trouver dans ta bonté suprême
L'appui que sa raison cherche en vain dans soi-même.

ACTE DEUXIÈME

SCÈNE I.

MONTFORT, GASTON, FONDI, SALVIATI, D'AQUILA, CHEVALIERS FRANÇAIS, CONJURÉS.

MONTFORT.

Ne blâmez pas, Gaston, de si nobles loisirs;
Jamais un ciel plus pur n'éclaira nos plaisirs.
Que j'admirais ces bords! A mon âme attendrie
Combien ils rappelaient une terre chérie!
L'éclat et la beauté de ce climat heureux,
Ces forêts d'orangers, ces monuments pompeux,
Et de ce vaste port la vivante opulence,
Tout retrace à mes yeux les champs de la Provence.
  (*Aux chevaliers de sa suite.*)
Sully, Soissons, Laval, mes amis, mes rivaux,
Demain je vous appelle à des combats nouveaux!
Byzance nous promet de plus sanglantes fêtes :
Bientôt les jeux guerriers feront place aux conquêtes.
Vous, Fondi, d'Aquila, que des plaisirs si doux
Soient le lien heureux qui nous enchaîne tous!
Les splendeurs de la cour et sa bruyante ivresse
Signalent de vos soins l'ingénieuse adresse;
Vous verrez votre roi demain avec le jour :

Que la pompe des jeux célèbre son retour!
(*Montfort fait un signe ; ils sortent tous, excepté Gaston.*)

SCÈNE II.

MONTFORT, GASTON.

GASTON.

En vain à mes conseils vous voulez vous soustraire;
Pour les périls, seigneur, ce mépris téméraire
Vous livre sans défense au fer d'un assassin.
Palerme peut cacher un sinistre dessein ;
Et vous sortez sans garde, et jamais vos cohortes
Sur le seuil du palais n'en protégent les portes!
Ce peuple est dangereux, redoutez ses fureurs.

MONTFORT.

Quoi! toujours des soupçons et de vaines terreurs!

GASTON.

Montfort, d'un vieux guerrier pardonnez la franchise,
L'intérêt de l'État peut-être l'autorise...
Pour marcher sans escorte, on doit se faire aimer.

MONTFORT.

Eh bien! suis-je un tyran? m'oserait-on blâmer?
Où tendent ces discours?

GASTON.

        Votre longue indulgence
A de nos chevaliers enhardi la licence;
Sous l'abri d'un grand nom, sûr de l'impunité,
A d'horribles excès leur orgueil s'est porté.
C'est trop fermer l'oreille aux plaintes des victimes.
On blâme la faveur dont vous couvrez leurs crimes.

MONTFORT.

Des crimes! Sous quel jour montrez-vous des erreurs?.
Ne pardonnez-vous rien à de jeunes vainqueurs?
Tant de gloire à mes yeux rend l'orgueil excusable,
Je vois trop de héros pour chercher un coupable!

GASTON.

Des exemples pieux, des leçons de Louis,
Les souvenirs pour vous sont-ils évanouis?
Ou parmi ces vertus votre âme ardente et fière
Ne sut-elle admirer que la valeur guerrière?
Ah! si vous l'aviez vu de ses royales mains
Forcer devant Tunis les rangs des Africains!
Combien plus redoutable à sa jeune noblesse,
De ses sujets contre elle il soutint la faiblesse!
Les plaintes des hameaux s'élevaient jusqu'à lui.
Pour écouter les pleurs du pauvre sans appui,
D'un chêne encor fameux l'ombrage tutélaire
Semblait à sa justice un digne sanctuaire,
Et l'amour de son peuple heureux de l'entourer,
Le plus sublime encens qu'un roi pût respirer.
Tels étaient ses plaisirs; cependant la naissance
D'un droit presque divin consacrait sa puissance;
Sur un trône conquis, d'écueils environnés,
Et nous, que la fortune a seule couronnés,
Nous croyons la justice une vertu vulgaire,
Il nous semble plus grand, surtout plus téméraire,
Quand un empire entier cherche en nous son recours,
De braver ses douleurs que d'en tarir le cours.

MONTFORT.

Gaston!

GASTON.

    Tous ces rivaux, dont l'imprudente ivresse
En partageant vos goûts les flatte et les caresse,
Aux frivoles amours sans frein abandonnés,
Essayant sur le luth des chants efféminés...

MONTFORT.

Un tel délassement nuit-il à leur courage?
Je plains l'austérité d'une vertu sauvage,
Sans pitié pour les arts, ornements de la paix,
Et dont l'éclat tranquille ennoblit ses bienfaits.
Ne peut-on aux exploits qui donnent la victoire

Unir le soin plus doux d'en célébrer la gloire?
Cet espoir les excite et plaît à leur fierté,
Il enflamme la mienne ; oui, la postérité
Dira que les enfants des bords de la Durance
Ont offert les premiers cette heureuse alliance.
Et saura respecter aux mains de ces guerriers
Un luth que leur vaillance a couvert de lauriers.

GASTON.

Pendant ces jeux trompeurs qu'un vain délire anime,
La Sicile murmure et sent trop qu'on l'opprime.
Des pontifes divins le pouvoir respecté
Plie en se débattant sous notre autorité;
Prompte à nous censurer, leur adroite éloquence
Ressaisit par degrés sa première influence ;
D'un fanatisme ardent le peuple est possédé ;
Par les grands soutenu, par leurs conseils guidé,
Il s'essaie à braver un sceptre qui lui pèse,
Il s'agite sans but, il s'irrite, il s'apaise :
Cet esprit inquiet, ces vagues mouvements
Sont les avant-coureurs de grands événements :
Du nom de Procida souvent il nous menace;
De ce fier citoyen je redoute l'audace.
Ne peut-il nous tromper par un retour prochain ?
On dit qu'il a juré de venger Conradin ;
On dit...

MONTFORT.

Dans tous les temps la rumeur populaire
Excita mes mépris bien plus que ma colère.
Irai-je, recueillant ces discours mensongers,
Quand tout semble tranquille, inventer des dangers,
Suivre de mers en mers un sujet qui s'exile,
Pour exhaler sans crainte une haine inutile ?
Lui, qu'il ébranle un joug par le temps affermi !
Vain projet ! Lorédan n'est-il pas mon ami ?
J'aime à me reposer sur sa reconnaissance.
Je le plains, si jamais, trompant ma confiance,

Il tente... A ce penser puis-je encor m'arrêter?
Un faux bruit répandu doit peu m'inquiéter;
Et si nous concevons de plus justes alarmes,
Nous sommes tous Français, et nous avons des armes.

GASTON.

Eh! que sert la valeur contre la trahison?
Comment se garantir des poignards, du poison,
Des complots meurtriers tramés dans le silence?
Plus docile aux avis de mon expérience...

MONTFORT, *apercevant la princesse.*

Il suffit, cher Gaston; de ces grands intérêts
Par un devoir pressant mes esprits sont distraits.
Sommes-nous descendus à ce point de détresse,
Qu'il faille pour l'État craindre et veiller sans cesse?
Plus tard, libres de soins, demain, dans quelques jours,
Nous pourrons à loisir poursuivre ce discours.

SCÈNE III.

MONTFORT, AMÉLIE, ELFRIDE.

AMÉLIE.

Retournons sur nos pas... A peine je respire,
Elfride... Il n'est plus temps! ciel! que vais-je lui dire?

MONTFORT.

Combien je dois bénir le bonheur qui me suit!
Ah! madame, vers moi quel dessein vous conduit?
Mais pourquoi me flatter d'une fausse espérance?
Sans doute au hasard seul je dois votre présence,
Et c'est trop présumer de croire que vos yeux,
Qui m'évitent partout, me cherchent dans ces lieux.
Que vois-je? la pâleur couvre votre visage.
Vous pleurez, vous tremblez...

AMÉLIE.

Soutenez mon courage.
Dieu, soyez mon appui!

MONTFORT.

Vous tremblez près de moi !
Suis-je assez malheureux pour causer votre effroi ?

AMÉLIE.

Je venais.... Lorédan....

MONTFORT.

Il a parlé, madame ?
Aurait-il dévoilé le secret de ma flamme ?
Ah ! que dois-je augurer du trouble où je vous vois ?
Oui, je brûle pour vous, et suis fier de mon choix.
Animé d'un espoir peut-être téméraire,
Je veux vous mériter, et j'aspire à vous plaire ;
Remettez-moi le soin de finir vos malheurs,
J'irai dans les combats vaincre sous vos couleurs.
Dans l'Orient troublé, plus d'un prince infidèle
Au bruit de nos apprêts s'épouvante et chancelle ;
Leur trône est l'héritage ouvert à nos exploits :
La victoire en courant renouvelle les rois.
Souverain, à mon tour, du fruit de ma conquête
Puissé-je de mes mains couronner votre tête
En m'unissant à vous par un nœud solennel !

AMÉLIE.

Nous unis !... nous ! le sort qui me fut si cruel
Permettrait.... Mais, seigneur, la pitié vous égare...
Un invincible obstacle à jamais nous sépare :
L'ombre de Conradin sanglant, percé de coups,
Terrible, vous repousse et se place entre nous.

MONTFORT.

Ah ! ne m'opposez pas cette injuste barrière ;
Jeune encor, des croisés je suivais la bannière
Quand Charles par ce meurtre a souillé ses lauriers.

AMÉLIE.

Vous partagez l'empire avec ses meurtriers !

MONTFORT.

Vos pontifes sacrés poussent trop loin l'audace ;
De leurs conseils jaloux je reconnais la trace ;

Des ténèbres du cloître ils dirigent vos pas;
Qu'ils tremblent!...

ADMÉLIE.

Arrêtez, et ne blasphémez pas!
Celui dont vous bravez la majesté céleste
Refuse ses autels à cet hymen funeste.
Mon père me transmet sa sainte volonté;
J'entends, j'entends la voix de Conrad irrité :
Il maudit les bourreaux de sa triste famille,
Et désigne un époux plus digne de sa fille.

MONTFORT.

Un plus digne!... et quel est ce rival odieux?

AMÉLIE.

Lorédan doit s'unir au sang de mes aïeux.

MONTFORT.

Lorédan! se peut-il?

AMÉLIE.

D'où naît votre surprise?
Avant qu'il vous connût ma main lui fut promise.

MONTFORT.

A Lorédan? Qu'entends-je!

AMÉLIE.

Il a reçu ma foi...

MONTFORT.

Vous l'aimez, vous!

AMÉLIE.

Seigneur...

MONTFORT.

Il l'emporte sur moi!
Vous l'aimez!... il semblait insensible à vos charmes.
Lorédan, mon ami, lui, mon compagnon d'armes,
Mon frère!... pour me perdre il m'avait obéi...
Il était mon rival... L'ingrat... je suis trahi!

AMÉLIE.

Seigneur, à quel penser votre esprit s'abandonne?
Quoi! vous le soupçonnez!...

MONTFORT.

      O Dieu ! je le soupçonne !
Sa trahison éclate à mes yeux indignés ;
Je la vois, j'en gémis... c'est lui que vous plaignez.
Je ne puis soupçonner le traître qui m'outrage !...
Vous l'aimez, le mépris sera donc mon partage ;
Le mépris... ô fureur ! ô cœur trop confiant !

AMÉLIE.

Croyez...

MONTFORT.

    Vous le perdez en le justifiant,
Madame.

AMÉLIE.

    Je frémis ; je crains par ma présence
D'irriter contre lui votre injuste vengeance.
Ciel ! il vient...

MONTFORT.

    Mon courroux sera donc satisfait !

AMÉLIE, *à Lorédan.*

Qu'avez-vous exigé, cruel, et qu'ai-je fait ?

SCÈNE IV.

MONTFORT, LORÉDAN.

LORÉDAN.

La princesse vous quitte et s'enfuit éperdue.
Qu'avez-vous ? quel transport vous saisit à ma vue ?

MONTFORT, *à part.*

Se jouer à ce point de ma crédulité !
 (A *Lorédan.*)
Jamais ressentiment ne fut mieux mérité.
Pouvez-vous feindre encor d'ignorer mon injure ?

LORÉDAN.

Qui vous a fait outrage ?

MONTFORT.
                    Un perfide, un parjure,
Un infidèle ami, que j'avais mal jugé,
Qui déchire la main dont il fut protégé,
Qui sous de faux dehors à mes yeux se déguise,
Abuse des secrets surpris à ma franchise,
Qui me perce le sein des plus sensibles coups,
Qui me trahit, me tue; et cet ami, c'est vous!
LORÉDAN.
Moi?
MONTFORT.
    Vous, ingrat, oui, vous; votre audace est extrême:
Vous attaquer à moi, me ravir ce que j'aime!
LORÉDAN.
Je devrais mépriser cette aveugle fureur;
Mais je veux bien descendre à vous tirer d'erreur.
Que me reprochez-vous? un amour légitime,
Que je pouvais nourrir et vous cacher sans crime.
Avant de déclarer vos projets et vos feux,
Aviez-vous mis, seigneur, un prix à ces aveux?
Les ai-je provoqués par quelque lâche adresse!
Cet ami, dont Montfort méconnaît la tendresse,
Profondément blessé, ne se plaint qu'à regret;
Mais vous trahissait-il en gardant son secret?
MONTFORT.
Vous l'osez demander, quand votre tyrannie
N'use de son pouvoir sur la faible Amélie
Que pour tromper mes vœux, que pour forcer son choix.
LORÉDAN.
En loyal chevalier j'ai réclamé mes droits.
MONTFORT.
Vos droits! et d'où vous vient cette arrogance insigne,
De disputer un cœur dont je me suis cru digne?
LORÉDAN.
D'un discours si hautain justement irrité,
Je vous en dois le prix, seigneur, la vérité.

Ces courtisans nombreux, que la France a vus naître,
Encensent dans vos mains le sceptre de leur maître :
Hélas! je me crus libre en l'adorant comme eux...
Mais mon malheur m'apprend qu'il est des malheureux.
Mes yeux s'ouvrent enfin sur le sort de mes frères;
Croyez-moi, redoutez l'excès de leurs misères.
Ne forcez point ce peuple à sortir du devoir,
Et par pitié pour vous craignez son désespoir.

MONTFORT.

Insensés! eh! que peut votre rage inutile?
Cinq chevaliers français ont conquis la Sicile!

LORÉDAN.

Leur vertu les fit rois bien plus que leurs succès :
Ils étaient généreux, humains, vraiment Français.
Ces valeureux enfants de l'antique Neustrie
D'une race infidèle ont purgé ma patrie;
Mais vous, quels sont vos droits, vos titres? Nos revers!
Mais vous, qu'avez-vous fait, que nous donner des fers?
Allez, votre amitié ne veut que des esclaves;
Ses dons sont flétrissants, ses nœuds sont des entraves;
Je les brise, et bénis un effort de fierté,
Qui me rend mon estime avec ma liberté.

MONTFORT.

Soyons donc ennemis! oui, je vous abandonne.
Dépouillé de l'éclat que ma faveur vous donne,
Retombez dans la foule où vous étiez plongé;
Je ne vous parle plus qu'en vainqueur outragé,
Qu'en maître tout-puissant qui veut qu'on obéisse.
Désormais vous pourrez m'accuser d'injustice,
De vos chagrins amers me proclamer l'auteur :
Je deviendrai pour vous tyran, persécuteur.
Perdez, perdez l'espoir d'obtenir Amélie;
Qu'à me céder sa main votre orgueil s'humilie.
Qu'un exil mérité vous dérobe à mes yeux;
Fuyez, je vous bannis, et voilà mes adieux.

SCÈNE V.

LORÉDAN.

L'ai-je bien entendu? c'est à moi qu'il s'adresse!
C'est à moi qu'il défend de revoir la princesse!
Me bannir!... Quel abus d'un pouvoir détesté!...
Je cède à la fureur dont je suis transporté...
Ciel! est-il rien d'égal aux affronts que j'endure?

SCÈNE VI.

LORÉDAN, PROCIDA.

PROCIDA.
L'instant est favorable, il se plaint d'une injure.
Mon fils, pourquoi ce trouble?
                LORÉDAN.
                        Ah! mon père, est-ce vous?
Que je suis indigné! vengez-moi, vengeons-nous!
                PROCIDA.
Eh! de qui?
                LORÉDAN.
                    De Montfort.
                PROCIDA.
                        De votre ami!
                LORÉDAN.
                                D'un maître
Qui ne méritait pas, qui doit cesser de l'être.
                PROCIDA.
Ce vainqueur généreux!...
                LORÉDAN.
                        Dites ce ravisseur.
Du dernier de nos rois me disputer la sœur!
Montfort, un étranger!

PROCIDA.
Quel excès d'arrogance!
LORÉDAN.
Il prétend m'écraser du poids de sa puissance :
Le superbe! c'est peu de m'avoir menacé...
PROCIDA.
Qu'a-t-il fait?
LORÉDAN.
De ces murs, mon père, il m'a chassé.
Il faut que par sa mort...
PROCIDA.
Parlons plus bas; je t'aime :
Je suis de tes affronts blessé comme toi-même.
Te chasser du palais fondé par tes aïeux!
LORÉDAN.
Et j'ai pu contenir mes transports furieux!
PROCIDA.
O despotisme horrible!
LORÉDAN.
O joug insupportable!
PROCIDA.
Il te traite en esclave.
LORÉDAN.
Il me traite en coupable :
Ma honte et mon malheur sont au comble...
PROCIDA.
Mon fils,
Voilà depuis seize ans le sort de ton pays;
D'étrangers, de bannis, une horde insolente
Nous tient depuis seize ans sous sa verge sanglante.
Quels affronts et quels maux nous ont-ils épargnés?
Où fuir, où reposer nos regards indignés?
Est-il une cité sur ce triste rivage,
Que ne désolent pas le meurtre et le pillage?
La Sicile a perdu ses plus fermes soutiens.
Chaque jour les honneurs, les dignités, les biens,

S'en vont, tout dégouttants du sang de l'innocence,
Décorer l'injustice, enrichir la licence.
Contre ces forcenés les lois sont sans vigueur,
Le commerce inactif expire de langueur.
Tout un peuple au travail attaché par la crainte
Ranime en gémissant son industrie éteinte;
Il s'épuise à payer leurs plaisirs onéreux;
Rien ne les satisfait, rien n'est sacré pour eux.
Que ne profanent pas leurs mains insatiables?
Des temples dépouillés les trésors vénérables,
Abandonnés en proie à leur cupidité,
Sont bientôt dévorés par un luxe effronté.
Saint respect des autels, vertu, talents, génie,
Tout meurt dans la contrainte et dans l'ignominie!
O Palerme! ô douleur, déplorable cité,
Où sont tes jours de gloire et de prospérité?
Le deuil couvre ton front flétri par l'esclavage;
Je ne reconnais plus tes mœurs ni ton langage;
Les supplices, le rapt et les bannissements
Ouvrent par cent chemins la tombe où tu descends,
Et quand tu vas périr, quand ton heure est prochaine,
Quand je te vois tomber, expirant sous ta chaîne,
Nos meilleurs citoyens ignorent tes malheurs,
Et mon fils est l'ami de tes persécuteurs!

LORÉDAN.

Votre fils veut combattre et s'immoler pour elle.
Déclarons aux tyrans une guerre éternelle,

PROCIDA.

Silence!... Tes projets sont nobles, ils sont grands;
Faisons jusqu'au tombeau la guerre à nos tyrans,
Ne la déclarons pas.

LORÉDAN.

Je n'ose vous comprendre.

PROCIDA.

Bientôt nos oppresseurs du trône vont descendre.

2.

LORÉDAN.

Hâtons-nous; loin de moi ces détours superflus :
Que chassés de Palerme...

PROCIDA.

Ils n'en sortiront plus!
Femmes, enfants, vieillards, tous ceux que l'alliance,
L'amitié, l'intérêt asservit à la France,
Confondus avec eux, frappés des mêmes coups,
Suivront dans le cercueil leurs ombres en courroux.

LORÉDAN.

Dois-je vous croire? ô ciel! quel horrible mystère!
Vous conspirez leur perte! ô forfait! vous, mon père

PROCIDA.

Tu frémis... homme faible! eh! vaut-il mieux pour nous
Dans des fers éternels vieillir à leurs genoux?
Vaut-il mieux en rampant déshonorer sa vie
Que de la prodiguer pour sauver la patrie,
Pour briser l'instrument de sa captivité,
Lui rendre le bonheur, ses lois, sa dignité,
La venger?

LORÉDAN.

Tout mon cœur s'émeut à ce langage.
Mais les assassiner sans pitié, sans courage!

PROCIDA.

De la pitié pour eux? quoi, pour ces inhumains?
Fatigués de nos cris, nous ont-ils jamais plaints?
D'un pouvoir usurpé leur insolence abuse.
La force est dans leurs mains; triomphons par la ruse.
Ce combat comme à nous peut leur être fatal;
Égaux sont les périls, le courage est égal.
Qu'un simple citoyen, sans appui que lui-même,
Dispute à des vainqueurs l'autorité suprême;
Trompant les ennemis dont il marche entouré,
De chaque malheureux qu'il fasse un conjuré;
Quand sa perte dépend d'un seul mot, d'un seul geste,
Ferme dans ses desseins, foulant aux pieds le reste,

Qu'il offre aux coups du sort un cœur exempt d'effroi ;
Est-ce lâche à tes yeux? prononce, et juge-moi.
Dis-moi si le guerrier que le glaive moissonne
Mérite mieux l'honneur dont sa mort le couronne?
Il s'immole à ses rois, j'expire pour le mien.
Ah! que mon sacrifice est plus grand que le sien!
La gloire prête un charme aux horreurs qu'il affronte ;
Et peut-être demain je meurs chargé de honte,
Traîné sur l'échafaud, lentement déchiré ;
Et tout ce peuple ingrat pour qui je périrai,
S'enivrant du plaisir de compter mes blessures,
Viendra, la joie au front, sourire à mes tortures.

LORÉDAN.

Ah! le même tombeau nous recevra tous deux;
Notre sang confondu...

PROCIDA.

Que dis-tu, malheureux?
Où m'emporte un courroux dont je ne suis plus maître?
A ton cœur généreux j'ai trop parlé peut-être.
Pourquoi t'exposerais-je aux dangers que je cours?
Ne me condamne pas à trembler pour tes jours ;
Garde-toi d'embrasser, dans l'ardeur de ton zèle,
Le dangereux projet que ma voix te révèle ;
Qu'il meure dans ton sein, j'en demande ta foi ;
Voilà l'unique effort que j'exige de toi.
Tu dois tout ignorer, tu n'es pas mon complice;
Tu vivras, que le sort me soit ou non propice,
Tu vivras; pour moi seul, à mes derniers moments,
J'ai droit de réclamer l'opprobre et les tourments :
Seul, au fer des bourreaux j'irai porter ma tête.

LORÉDAN.

Il n'est plus ni pitié ni respect qui m'arrête ;
Vos timides conseils ne me retiendront pas.
Faut-il frapper? parlez et dirigez mon bras.

PROCIDA.

Non, tu ne démens pas les héros de ta race.

Viens, mon fils, viens, mon sang, que ton père t'embrasse ;
Espoir de mes vieux jours, viens recueillir des pleurs
Que n'ont pu m'arracher dix-huit ans de malheurs...
N'hésite plus... suis-moi...

LORÉDAN.

Sans revoir la princesse,
Sans l'instruire ?

PROCIDA.

Suis-moi, te dis-je ; le temps presse.

LORÉDAN.

Loin des murs du palais, si l'effroi la conduit,
Errante, sans secours, dans l'ombre de la nuit...
Si quelque meurtrier...

PROCIDA.

Nous veillerons sur elle ;
Viens, les instants sont chers, et l'honneur nous appelle.

LORÉDAN.

Eh bien ! c'en est donc fait ! le sort en est jeté,
Partons... Adieu, séjour par le crime habité !
Et vous, de mes aïeux vénérables images,
J'en fais serment par vous, témoins de mes outrages
Du dernier des tyrans ces murs seront purgés,
Et nous n'y rentrerons que vainqueurs et vengés.

ACTE TROISIÈME

SCÈNE I.

AMÉLIE, ELFRIDE.

ELFRIDE.

Vous sortez du lieu saint ; abattue et tremblante,
Quel sinistre penser vous glace d'épouvante ?

ACTE III, SCÈNE I.

Vous frissonnez; vos yeux fixés sur cet écrit
Trahissent le désordre où flotte votre esprit.
Ah! pour vous quel malheur faut-il que je redoute?

AMÉLIE.

Un autre est menacé; tu vas frémir, écoute :
Le prêtre accomplissait les mystères divins;
Du temple un peuple immense assiégeait les chemins :
J'arrive; prosternée au pied du sanctuaire,
J'implorais du Très-Haut la bonté tutélaire;
Je priais : par degrés d'affreux pressentiments
D'une terreur croissante ont pénétré mes sens.
Distraite, malgré moi, soit pitié, soit faiblesse,
L'image de Montfort me poursuivait sans cesse
Je le voyais trahi, fuyant, abandonné,
Par l'ange de la mort dans sa fleur moissonné.
J'ai vu, j'en tremble encor, la céleste vengeance
Sur les marbres sanglants écrire sa sentence.
Peut-être à cet aspect j'avais pâli d'effroi,
Un pontife du ciel s'est incliné vers moi :
« Bannissez, m'a-t-il dit, cette douleur profonde,
« J'en ai l'espoir, ce jour où le Sauveur du monde
« S'éleva triomphant des ombres du tombeau,
« Ce jour doit éclairer un miracle nouveau.
« Il doit nous sauver tous. » J'écoutais en silence.
Lorédan près de nous dans la foule s'avance :
« Lisez ce qu'un ami vous révèle en secret;
« Il y va de vos jours! » Il dit, et disparaît.
Juge de quelle horreur j'ai senti les atteintes,
Quand ce fatal billet a confirmé mes craintes :

« Renfermée au palais, loin des sacrés parvis,
« Attendez le lever de la prochaine aurore.
« Vos amis quoique absents vous protégent encore,
« Et l'un d'eux vous transmet cet important avis.
« Il doit une victime au sang de votre frère :
« L'heure approche où dans l'ombre un châtiment soudain

« Vengera, sur Montfort, et la Sicile entière
« Et le meurtre de Conradin. »

ELFRIDE.

Eh! qu'importe pour vous qu'un ennemi périsse?
Pourquoi dans son trépas vous chercher un supplice?
Quel changement! Jadis vos soupirs et vos pleurs
Ne demandaient au ciel que du sang, des vengeurs.

AMÉLIE.

Il m'a trop écoutée! Alors j'étais barbare...
Dans quels vœux indiscrets la fureur nous égare!

ELFRIDE.

Quoi! déjà pour Montfort votre cœur désarmé...

AMÉLIE.

Peut-être au repentir le sien n'est pas fermé!
Que de nobles vertus il reçut en partage!
L'ardente ambition seule en corrompt l'usage.
Ah! de ces dons heureux les mains qui l'ont orné
A des tourments sans fin ne l'ont pas condamné.
Non, je ne puis le croire, et ma raison tremblante
Devant ce châtiment recule d'épouvante.
Que n'ai-je interrogé les ministres de Dieu?
Comment doit-il périr? à quelle heure? en quel lieu?
Quels sont les assassins? hélas! que dois-je faire?
A ce trépas certain ne puis-je le soustraire?

ELFRIDE.

Le sauver, vous? Monfort!... Qu'osez-vous désirer?

AMÉLIE.

S'il quitte ce palais, c'est pour n'y plus rentrer.
Non, tu ne prévois pas quel danger le menace.
Leurs bras pour le frapper cherchent déjà la place...
On l'attend... ils sont là!...

ELFRIDE.

Cachez mieux vos frayeurs.
Quelqu'un vers nous s'avance...

AMÉLIE.
Ah! c'est lui; je me meurs...
ELFRIDE.
Venez; loin de ses yeux, souffrez que je vous guide.
AMÉLIE.
Je le voudrais en vain; je ne le puis, Elfride.
Un lien invisible attache ici mes pas :
Demeure; par pitié, ne m'abandonne pas.

SCÈNE II.

AMÉLIE, MONTFORT, ELFRIDE.

MONTFORT.
De mes fureurs, madame, accusez un perfide.
J'ai pu blesser les lois de ce respect timide
Qu'un chevalier, trompé dans ses vœux les plus chers,
Garde encore à l'objet dont il porta les fers.
Je le sais; j'aurais dû, plus grand, plus magnanime,
Commander aux transports d'un courroux légitime,
Épargner un rival indigne de mes coups
Et forcer votre estime en l'unissant à vous.
Je l'ai banni, madame; il triomphe, à ma honte,
De ce coupable abus d'un pouvoir qu'il affronte...
Loin de moi le plaisir qu'un tyran peut chercher
Dans les tourments d'un cœur qu'il n'a pas su toucher.
Je révoque un arrêt dont ma gloire murmure :
J'avilirais le sceptre à venger mon injure.
Sans crainte Lorédan peut revoir ce séjour;
Qu'il reprenne son rang, qu'il se montre à la cour,
Que l'ingrat, sur ma foi, goûte un bonheur tranquille.
Avant la fin du jour je quitte cet asile,
Où le premier des droits de l'hospitalité
Par un ami trompeur ne fut pas respecté.
AMÉLIE.
Quoi! vous partez, seigneur?

MONTFORT.
Je le dois ; je m'empresse
D'affranchir vos regards d'un aspect qui les blesse.
Je n'éclaterai point en regrets superflus.
Vos vœux seront remplis, vous ne me verrez plus.

AMÉLIE, *à part.*
Hélas ! il dit trop vrai !

MONTFORT.
Sur les discours d'un traître,
Vous me jugez, madame, et pensez me connaître.
Ces prêtres ombrageux, de qui ma fermeté
Ne sait point encenser la fière humilité,
M'ont dépeint devant vous comme un monstre, un impie.
Il n'est point de forfaits que mon trépas n'expie,
Et, perdant un superbe en son crime obstiné,
Au tribunal de Dieu leur voix m'a condamné.

AMÉLIE.
Elle est des saints décrets l'interprète fidèle ;
Le coupable périt par son mépris pour elle :
Il ne voit point l'abîme entr'ouvert sous ses pas...
Quelque pressentiment ne vous glace-t-il pas ?

MONTFORT.
Moi ! que voulez-vous dire ?

AMÉLIE.
Un effroi salutaire
Sur des périls cachés quelquefois nous éclaire.

MONTFORT.
Quel sentiment vous porte à trembler pour des jours
Dont vos mortels refus empoisonnent le cours ?
Serait-ce la pitié ?... J'étais loin de m'attendre
Qu'à l'inspirer jamais l'amour me fît descendre,
Et qu'on dût m'abaisser jusqu'à plaindre mon sort !
Madame, c'en est fait...

AMÉLIE, *à part.*
S'il me quitte, il est mort !

MONTFORT.
Je veux vous épargner un sentiment pénible;
Je m'éloigne...
AMÉLIE.
Ah! Montfort!
MONTFORT.
O ciel! est-il possible!
Quoi! vous me rappelez?
AMÉLIE.
Où voulez-vous courir?
Ce peuple est malheureux; il est las de souffrir.
Aux mânes de ses rois brûlant de satisfaire,
S'il formait contre vous un complot sanguinaire!
MONTFORT.
Il n'oserait, madame.
AMÉLIE.
Un lâche, un meurtrier
A son zèle inhumain peut vous sacrifier.
MONTFORT.
Il n'oserait, vous dis-je.
AMÉLIE.
Oh! quelle étrange ivresse
Vous pousse en furieux au piége qu'on vous dresse?
Craignez vos ennemis; pour ce peuple et pour eux,
Cessez de vous parer d'un mépris dangereux.
Est-ce donc par l'orgueil que brille un vrai courage?
S'obstiner à périr, c'est une aveugle rage;
C'est payer de son sang un vain et faux honneur.
MONTFORT.
Et qu'importe la vie à qui perd le bonheur?
Pourquoi m'inquiéter d'un fardeau qui m'accable?
Pour nourrir sans espoir un amour déplorable,
A mon repos, au vôtre, à ma gloire fatal;
Pour voir et pour orner le succès d'un rival?
Non, d'un lâche ennemi si le bras m'assassine,
C'est vous qui conduisez les coups qu'il me destine.

Triomphez, vos désirs sont enfin satisfaits!
AMÉLIE.
Que je triomphe, ô Dieu! du plus noir des forfaits!
Qui? moi! de votre mort? et vous l'avez pu croire!
Je poursuis de mes vœux cette horrible victoire!
Dans ces yeux, que vos soins n'ont jamais attendris,
Vous ne voyez encor que haine et que mépris?
Barbare, ta fierté qu'un moment j'ai blessée,
Défend bien ton esprit d'une telle pensée.
Tu te complais peut-être en ta funeste erreur,
Pour jouir de mon trouble, observer ma terreur.
Oui, ces chagrins cuisants dont l'ardeur me consume,
Ce cœur chargé d'ennuis et gonflé d'amertume,
Tant de pleurs répandus, mes remords, mes combats,
T'ont prouvé malgré moi que je ne te hais pas;
Tu te fais une joie orgueilleuse et cruelle
D'attacher sur mon front une honte éternelle,
Tu veux forcer ma bouche à se déshonorer
Par l'aveu d'un amour que tu feins d'ignorer.
Va, ta gloire est entière, et ta faible victime
Périra dans l'opprobre en détestant son crime,
Et sans se pardonner à ses derniers moments
D'avoir trahi pour toi le plus saint des serments.
Mais tu cours au trépas, tu meurs si je balance;
Mourons donc confondus dans la même vengeance.
L'éternité pour nous s'arme de tous ses feux :
Eh bien! que le ciel tonne et nous perde tous deux!
Je t'aime, ingrat! tiens, lis...

(*Elle lui présente le billet.*)
MONTFORT.
Ah! que viens-je d'apprendre?

(*Lisant.*)
Que vois-je?

SCÈNE III.

AMÉLIE, MONTFORT, ELFRIDE, GASTON.

GASTON.

Sans témoins, seigneur, daignez m'entendre.
Le salut de l'État commande qu'à l'instant
Je révèle à vous seul un secret important.

MONTFORT, *avec impatience*.

Parlez, que voulez-vous ? parlez.

GASTON.

Ma crainte augmente.
Une sombre fureur dans les esprits fermente.
Tandis que nos guerriers, instruits par vos leçons,
Comme un rêve insensé méprisent mes soupçons,
Les grands, environnés d'esclaves fanatiques,
Travaillent au succès de leurs sourdes pratiques.
Procida m'est suspect; sachez que cette nuit
La mer sur un esquif dans le port l'a conduit.

AMÉLIE.

Je tremble !

MONTFORT.

Procida ?

GASTON.

Sur un avis fidèle,
De son retour prochain j'attendais la nouvelle;
Vous auriez tout appris, si de tels intérêts
Enchaînaient un moment vos désirs inquiets.
Mais quel frein opposer à leur impatience ?
J'ai su, réduit par vous à garder le silence,
Entourer le palais d'amis sûrs et prudents;
Un d'eux l'a reconnu sous d'obscurs vêtements :
Par mon ordre arrêté, devant vous on l'entraîne.

AMÉLIE.

Je le perds !

MONTFORT.
Sur ces bords quel dessein le ramène?
GASTON.
Sans doute un grand complot prêt à s'exécuter
Avait besoin d'un chef pour oser éclater.
Des piéges qu'il nous tend démêlons l'artifice;
La vérité jaillit du plus léger indice :
Pour le convaincre, un mot, un seul témoin suffit.
Coupable, il doit périr...
AMÉLIE, *dans le plus grand trouble, à Montfort.*
Rendez-moi cet écrit.
GASTON.
L'État vous le défend s'il nous révèle un crime.
MONTFORT, *bas.*
En voulant la sauver, vous nommez la victime.
AMÉLIE.
O justice éternelle ! est-ce lui que j'entends?
Voilà le digne prix de mes égarements;
Il m'arrache le jour que ma bonté lui donne.
(*A Elfride.*)
Ote-moi de ces lieux... La raison m'abandonne...
Ah ! le cruel ! pour lui j'ai tout sacrifié,
J'ai tout trahi, mon Dieu, l'honneur et l'amitié.

SCÈNE IV.

MONTFORT, GASTON.

GASTON.
Lorédan suit mes pas frémissant de colère;
Il se plaint de l'affront dont j'ai flétri son père.
Instruit, n'en doutez point, de ce retour secret,
Pourquoi l'a-t-il caché?
MONTFORT.
Quel que fût son projet,
Ne le soupçonnez pas d'une basse vengeance;

Amant et malheureux, quels droits à l'indulgence !
Je suis aimé, Gaston ; j'oublie en ce moment
Qu'il a trop écouté son fol emportement.
J'étais cruel, injuste, et, malgré mon offense,
Je crois que Lorédan fût mort pour ma défense.

SCÈNE V.

MONTFORT, LORÉDAN, PROCIDA, GASTON,
CHEVALIERS, GARDES.

LORÉDAN.

M'apprendrez-vous enfin, seigneur, quels sont vos droits
Pour opprimer le faible et pour braver les lois ?
Se reposant sur vous du poids d'un diadème,
Le roi vous a-t-il fait plus roi qu'il n'est lui-même ?
D'où vient que son ministre avec impunité
Ose porter les mains sur notre liberté ?

PROCIDA.
(A Montfort.)

Contenez-vous, mon fils. Quelle est l'injuste cause
Du traitement étrange où mon retour m'expose ?

MONTFORT.

Qui vous rend si hardi que de m'interroger ?

PROCIDA.

Apprenez-moi mon crime avant de me juger.

MONTFORT.

Ennemi déclaré de ce naissant empire,
Trop fier pour être utile et trop faible pour nuire,
Aux pieds des souverains rampant de cours en cours,
Vous avez contre nous mendié leurs secours !

PROCIDA.

Non, seigneur ; mais j'ai vu la Sicile asservie,
Avec la liberté j'ai fui de ma patrie.

MONTFORT.

Aujourd'hui dans son sein qui vous force à rentrer ?

PROCIDA.
J'ai voulu la revoir avant que d'expirer.
MONTFORT.
Quoi! pour livrer vos mains à d'indignes entraves?
PROCIDA.
Pour vivre et mourir libre au milieu des esclaves.
MONTFORT.
Vous perdez le respect, vieillard audacieux!
PROCIDA.
Je ne sais qui de nous l'a conservé le mieux.
J'honore votre rang, et le fais sans bassesse;
Mais ne devez-vous rien, seigneur, à ma vieillesse?
MONTFORT.
Non, traître; je connais votre horrible dessein.
LORÉDAN.
Il sait tout!
PROCIDA.
Quel est-il?
MONTFORT.
De me percer le sein.
PROCIDA.
Moi?
MONTFORT.
(A Lorédan.)
Toi-même, toi seul. Ah! ce crime est infâme;
Jamais tant de noirceur n'aurait souillé ton âme.
On t'osait soupçonner, ma voix t'a défendu.
Que ton accusateur d'un mot soit confondu;
Ta foi me suffira, j'en croirai ta réponse :
(Lui montrant le billet.)
Connais-tu le complot que cet écrit dénonce?
LORÉDAN.
En croirai-je mes yeux? Il est trop vrai!...
PROCIDA.
Mon fils!

LORÉDAN.

Dans vos mains, se peut-il ?... Dieu, qui vous l'a remis ?

MONTFORT.

Quoi ! tu serais l'auteur ?...

LORÉDAN.

Parlez... Ah ! l'infidèle !
Quel prix de mes bienfaits, de mon amour pour elle !

PROCIDA.

Insensé, que dis-tu ?

LORÉDAN.

J'ai dit la vérité.

MONTFORT.

Ce billet criminel...

LORÉDAN.

C'est moi qui l'ai dicté.
Du fer sacré des lois tu profanais l'usage :
Tyran, je l'ai saisi pour sortir d'esclavage.
Dans un sang odieux brûlant de le tremper,
Pour lui rendre l'honneur, j'ai voulu t'en frapper.
Que mon dernier aveu t'éclaire et te délivre
Des soupçons outrageants où la terreur te livre.
J'étais de ce dessein l'auteur et l'instrument ;
Mon père l'ignorait, mon père est innocent.
Hélas ! j'ai cru servir, en t'arrachant la vie,
L'ingrate qui t'adore et qui me sacrifie ;
Elle veut mon trépas, je l'attends sans effroi,
Et même de ta main c'est un bienfait pour moi.

(A *Procida*.)

Il vous rend l'innocence, il va briser ma chaîne ;

(A *Montfort*.)

Il assemble sur toi plus d'opprobre et de haine.
Achève, je suis prêt, tu le peux ordonner :
C'est moi qui suis coupable, et qu'il faut condamner !

MONTFORT.

Malheureux, tu te perds ! crois-tu sauver ta gloire
Par ce superbe aveu d'une fureur si noire ?

LORÉDAN.

Je vous l'ai dit, mon cœur ne me reproche rien ;
Faites votre devoir, j'ai cru faire le mien.

MONTFORT.

Tu le veux, j'y consens! L'État qui me contemple,
Attend de ma rigueur un effrayant exemple :
Ton inflexible orgueil m'excite à le donner...
D'où vient que ma pitié s'obstine à pardonner?
Amitié, dont la voix crie au fond de mon âme,
Contre toi vainement mon équité réclame !
Que mes jours, s'il le faut, soient encor menacés,
Je conserve les siens ; qu'il vive, c'est assez !
Celui que j'ai chéri, que j'ai nommé mon frère,
Ne saurait dépouiller ce sacré caractère.

(*A Lorédan, qui veut l'interrompre.*)

N'espérez plus, seigneur, rallumer mon courroux ;
Écoutez-moi, je veux vous sauver malgré vous.
Apprenant vos fureurs, le roi, dans sa justice,
Doit sans doute au forfait égaler le supplice ;
Ce soir, sur un esquif abandonnant ces bords,
Dérobez votre tête à ses premiers transports.

(*A Procida.*)

Vous suivrez votre fils. Je sais qu'on vous soupçonne,
Et, quel qu'en soit le but, ce prompt retour m'étonne.
Gardez de murmurer quand ma sévérité
Assure mon repos et votre liberté.
Par cet ordre envers vous ma faveur se déclare.
Tous mes torts, Lorédan, ce moment les répare ;
Je suis quitte avec toi, je ne suis point clément.
Ah! quand on est heureux, qu'on pardonne aisément!

LORÉDAN.

Moi, de votre pitié j'accepterais ma grâce !
Ma faute m'avilit si mon sang ne l'efface...

PROCIDA, *à voix basse.*

Vivez pour m'obéir et pour la réparer.

MONTFORT.

Je puis hâter l'instant qui doit vous délivrer,
Mais non vous affranchir d'un reste de contrainte :
De ces murs pour prison je vous donne l'enceinte.
  (A *Gaston.*)
Qu'une garde nombreuse entoure le palais;
De nos remparts peut-être on veut troubler la paix;
Parcourez-les, Gaston; s'il est quelque rebelle,
Que votre seul aspect au devoir le rappelle.
Qu'on rassemble les chefs des plus nobles maisons;
Je veux me dégager du poids de mes soupçons;
M'appuyer du secours de leur expérience
Ils attendront ici mon ordre ou ma présence.
  (A *Lorédan et Procida.*)
Croyez-moi, près du trône il vous reste un ami,
Et le temps prouvera s'il pardonne à demi.
Votre danger commun plus que moi vous exile;
Puisse votre retour au sein de la Sicile
Nous unir par des vœux plus sacrés désormais!
Lorédan, c'est ainsi que se venge un Français.

SCÈNE VI.

PROCIDA, LORÉDAN.

PROCIDA.

Tu demeures sans voix et restes immobile.
N'attends pas de ma bouche un reproche inutile.
Les instants sont trop chers pour les perdre en discours.

LORÉDAN.

Et j'ai pu consentir qu'il épargnât mes jours!

PROCIDA.

Il a proscrit les miens dont il s'est fait l'arbitre.
Pourquoi m'a t-il banni? par quel ordre, à quel titre?
Que lui dois-tu toi-même? ô pardon généreux!
Un exil qui plus juste en devient plus honteux,

Qui lui livre tes biens, ta gloire et ton amante.
LORÉDAN.
Comme ils triompheront de ma rage impuissante!
L'hymen va couronner leurs infâmes amours...
Qu'ils s'unissent! fuyons... Mais la fuir pour toujours!
Mais sans l'avoir punie et sans que ma colère...
Ah! perfide, jamais tu ne me fus si chère.
PROCIDA.
Nous ne partirons pas, modérez ces transports.
Vainement le succès veut tromper nos efforts.
LORÉDAN.
Ciel!
PROCIDA.
Les ressorts cachés qui m'y doivent conduire
Se soutiennent l'un l'autre et ne sauraient se nuire.
Tout m'obéit encore, et tout marche animé
D'un mouvement commun par mon ordre imprimé.
Que je sois prisonnier, que je cesse de vivre,
Ou Fondi me succède, ou son bras me délivre.
Au retour de la nuit il pénètre en ces murs.
Deux cents de nos guerriers, amis fermes et sûrs,
Et de qui la valeur doit triompher du nombre,
Des hauteurs d'Alcassar vont se saisir dans l'ombre.
Oddo s'introduit seul dans le palais du roi :
Ce fort est sans défense, et la garde est à moi.
Tandis que rassurant tout un peuple qui tremble,
Au cri de liberté Borella le rassemble,
De Malte, avant le jour, cent proscrits attendus,
En vainqueurs sur nos bords sont bientôt descendus.
Des portes de la mer leur cohorte s'empare ;
Les soldats sont surpris ; Palerme se déclare :
Chaque temple présente aux plus audacieux
Des armes que nos soins cachent à tous les yeux...
LORÉDAN.
Mais le temps pourra seul consommer votre ouvrage,
Et le peuple inconstant n'a qu'un jour de courage.

PROCIDA.

Il faudra l'arrêter ; vain jouet de l'erreur,
Il adore avec crainte, il hait avec fureur.
S'il renverse un despote, il le poursuit encore
Dans les plus vils appuis d'un pouvoir qu'il abhorre ;
Ses vengeances toujours surpassent ses tourments :
L'homme écrase à plaisir ce qu'il a craint longtemps.
Salviati s'approche...

LORÉDAN.

Aveuglé par son zèle,
Quel dessein téméraire en ces murs le rappelle?

PROCIDA.

Courtisan de Montfort, connu dans le palais,
Du soupçon sa faveur doit détourner les traits.
Que viens-tu m'annoncer?

SCÈNE VII.

PROCIDA, LORÉDAN, SALVIATI.

SALVIATI.

Notre perte est certaine.

PROCIDA.

Que dis-tu?

SALVIATI.

Plus d'espoir de rompre notre chaine.
Fondi, dans le conseil appelé par Montfort,
A trouvé près du trône ou des fers ou la mort;
Il n'a point reparu.

PROCIDA.

Sa mort sera vengée!

SALVIATI.

Mais le fort nous échappe, et la garde est changée.

PROCIDA.

Les armes à la main il le faut emporter.

SALVIATI.

La mer contre nos vœux semble se révolter.

Contre nous déclarés, les vents et les orages
Défendent aux proscrits d'approcher des rivages.
PROCIDA.
Il faut vaincre sans eux.
SALVIATI.
Les chefs des conjurés,
De l'ordre de Montfort troublés, désespérés,
N'écoutant qu'à regret ma voix qui les arrête,
Veulent par un aveu détourner la tempête
PROCIDA.
Tu n'as pas ranimé leur courage abattu?
SALVIATI.
L'effroi dans tous les cœurs a glacé la vertu.
LORÉDAN.
Eh bien, mon père?
PROCIDA.
Eh bien, j'approuve leur prudence.
Ensemble de Montfort implorons la clémence.
Cet ordre inattendu qui les mande à la cour
Leur ouvre comme à toi l'accès de ce séjour.
Gaston seul est à craindre, et son retour funeste...
Il n'importe, obéis; je prends sur moi le reste.
Qu'ils viennent; dans une heure, ici, je les attends.
Gardons une heure encor la foi de nos serments;
Est-ce trop exiger? oseront-ils se taire?
SALVIATI.
Tout restera voilé du plus profond mystère.
PROCIDA.
Tu le jures? Je puis me reposer sur toi?
SALVIATI.
Comptez sur ma parole.
PROCIDA.
(*A Lorédan.*)
Adieu. Vous, suivez-moi.

ACTE QUATRIÈME

SCÈNE I.
LORÉDAN, AMÉLIE.

LORÉDAN.
Vous daignez, par égard au malheur qui l'accable,
Accorder l'entretien que demande un coupable,
Un banni!...

AMÉLIE.
　　　　　Quels regards! ah! vous m'épouvantez.
Laissez-moi m'éloigner, laissez-moi fuir...

LORÉDAN.
　　　　　　　　　　　　　　Restez.
Contraint d'abandonner les lieux qui m'ont vu naître,
Je vous quitte, Amélie, et pour toujours peut-être!
Sans cesse importuné de témoins odieux,
Faudra-t-il vous forcer d'entendre mes adieux?
Un horrible soupçon me tourmente et me ronge;
Délivrez-moi du trouble où ce doute me plonge :
Gardez de me tromper, songez que je vous vois,
Que je vais vous parler pour la dernière fois.

AMÉLIE.
(A part.)
Expliquez-vous, seigneur. Ah! je frémis d'avance.

LORÉDAN.
Je veux savoir de vous si la reconnaissance,
Si l'amour, les serments reçus par l'Éternel,
La ferveur qu'on étale au pied de son autel,
Si le respect profond des droits de la nature,
Ne sont qu'un jeu cruel, un piége, une imposture.

AMÉLIE.

Vos étranges discours redoublent mon effroi.

LORÉDAN.

Vous pouvez sans remords lever les yeux sur moi...
Une lettre, en secret, tantôt vous fut remise.

AMÉLIE.

Il est vrai.

LORÉDAN.

Dans vos mains on ne l'a pas surprise?

AMÉLIE.

Non...

LORÉDAN.

(A part.)

Qu'en avez-vous fait?... Contiens-toi, malheureux.
Montrez-moi cet écrit... il le faut... je le veux!...

AMÉLIE.

Mes yeux s'ouvrent enfin, la raison m'est rendue
Pour mesurer l'abîme où je suis descendue.
Accablez-moi, seigneur, je l'ai trop mérité.
Mes coupables transports, mes feux ont éclaté.
Montfort...

LORÉDAN.

Perfide amante, épouse criminelle,
Quel nom laisse échapper votre bouche infidèle?
Lui seul, il vous accuse! Ah! cette trahison
Est horrible, inouïe, indigne de pardon.
Pâle, vous attendez l'arrêt qui va la suivre...
Ne craignez point... vivez... je vous condamne à vivre,
A traîner dans les pleurs des jours empoisonnés
Par tous les noirs chagrins que vous m'avez donnés.
Puisse le digne objet d'une flamme si pure,
Volage comme vous et comme vous parjure,
Éveiller dans vos sens, de terreur dévorés,
Les jalouses fureurs dont vous me déchirez!
Puisse-t-il, méprisant vos larmes vengeresses,
Repousser d'un sourire et glacer vos tendresses!

Vous gémirez trop tard sur le sort d'un époux
Si lâchement trompé, proscrit, chassé par vous...
O fatale beauté, que j'aimai sans partage,
Qui t'honora jamais d'un plus constant hommage?
Mon dévoûment pour toi te fut-il bien connu?
Quel ordre, quel désir n'ai-je pas prévenu?
Que ne me dois-tu pas, trop ingrate Amélie?
Et tu m'as tout ravi, biens, honneur et patrie!

AMÉLIE.

Non, vous ne mourrez pas sur quelque bord lointain,
Montfort va révoquer ce décret inhumain;
Montfort contre mes pleurs ne pourra se défendre...
Non, je cours à ses pieds...

LORÉDAN.

Eh! qu'oses-tu prétendre?
Tu peux en m'exilant payer tous mes bienfaits,
Me perdre, m'immoler; mais m'avilir, jamais.
Mes maux sont ton ouvrage, ils seront ma vengeance;
Toi, qui fus sans pitié, souffre sans espérance.
Je puis t'abandonner; oui, je mourrai content,
J'ai corrompu ta joie, et te laisse en partant
Ces remords assidus, cruels, inexorables,
Que l'Éternel attache au bonheur des coupables.
A mes yeux plus longtemps tremble de te montrer;
J'ignore où la fureur me pourrait égarer.

AMÉLIE.

Réservée aux douleurs dont ma faute est suivie,
Je ne méritais pas qu'il m'arrachât la vie.

SCÈNE II.

LORÉDAN.

C'en est fait! à la fuir je me suis condamné.
Ah! peut-être un Français, Montfort eût pardonné!
Eh quoi! ne puis-je encor... Moi, que je la rappelle!...
Périsse la perfide et Montfort avec elle!

SCÈNE III.

LORÉDAN, PROCIDA.

PROCIDA.

Oh! que l'incertitude est un affreux tourment,
Et qu'une heure d'attente expire lentement!
Nos conjurés, mon fils, tardent bien à paraître.

LORÉDAN.

Ils viendront assez tôt pour fléchir sous un maître.
Nous allons de Montfort embrasser les genoux!

PROCIDA.

Peut-être...

LORÉDAN.

Contre lui que peut notre courroux?
Gaston veille en ces lieux; le tromper, le séduire,
Vous ne l'espérez pas.

PROCIDA.

Il ne peut plus me nuire.

LORÉDAN.

Comment?...

PROCIDA.

Nous parcourions ces portiques déserts
Qui des murs du palais dominent sur les mers;
J'observe, il était seul. Soudain je prends ce glaive,
Je me retourne et frappe; il tombe, je l'enlève,
L'abîme l'engloutit, et sa mourante voix
M'accuse au sein des flots pour la dernière fois.

LORÉDAN.

Mais ne craignez-vous pas que bientôt son absence?...

PROCIDA.

Il est de ces instants où l'audace est prudence...
Montfort pour reposer vient d'éloigner sa cour;
Il sommeille, accablé par la chaleur du jour...

ACTE IV, SCÈNE IV.

LORÉDAN.
Qu'osez-vous méditer?
PROCIDA.
Nos amis vont m'entendre.
Malheur à l'imprudent qui nous viendrait surprendre!
(*Il descend au fond du théâtre, d'où l'on découvre la cathédrale et les principaux monuments de Palerme.*)
O berceau d'un grand peuple! ô cité que mes yeux
Virent libre en s'ouvrant à la clarté des cieux!
Dans tes remparts sacrés j'ai reçu la naissance :
Reçois la liberté de ma reconnaissance!
LORÉDAN.
Vous me rendez l'espoir.
PROCIDA.
Toi, qui nous as trahis,
Je te crois digne encor de sauver ton pays.
Ta faute inspire à tous un mépris légitime;
Choisis pour l'expier quelque grande victime.
Ils viennent, je les vois.

SCÈNE IV.

PROCIDA, LORÉDAN, SALVIATI, FONDI, PHILIPPE D'AQUILA, ODDO, BORELLA, LORICELLI, SELVA, CONJURÉS.

SALVIATI.
Nous voici rassemblés;
La mort plane sur nous, le temps presse, parlez.
PROCIDA.
Selva, Loricelli, veillez sous ces portiques.
(*Aux conjurés.*)
Ministres généreux des vengeances publiques,
Vous, dont trois ans d'attente ont éprouvé la foi,
Je vous connus toujours incapables d'effroi;

Votre dessein m'étonne, amis, et je dois croire
Qu'un parti si honteux révolte votre gloire.
Je ne vous blâme point : l'impuissance d'agir
Le commandait peut-être et défend d'en rougir ;
Mais, au glaive étranger avant d'offrir ma tête,
J'ai voulu vous soumettre un doute qui m'arrête :
Nos torts par un aveu seront-ils expiés ?
Quand ces fiers ennemis nous tiendront à leurs pieds,
Qui peut vous assurer que leur reconnaissance
Vous accorde un pardon que vous payez d'avance ?

SALVIATI.

Il serait dangereux d'oser nous punir tous.

PROCIDA.

Eh ! qui choisiront-ils ? Prêt à mourir pour vous,
S'ils ne frappent que moi, je bénis mon supplice ;
Mais je crains leur clémence autant que leur justice,
L'intérêt pour un temps peut détourner leurs traits ;
On saura tôt ou tard vous créer des forfaits ;
Et, brisant par degrés le nœud qui vous rassemble,
Punir séparément ceux qu'on épargne ensemble.
Est-il un seul de vous qui ne tremble pour lui ?
Demain il périra, s'il échappe aujourd'hui.
Oui, vous périrez tous. Vous demandez la vie...
Ah ! souhaitez plutôt qu'elle vous soit ravie.
De leur bonté superbe il faudrait l'acheter
Au prix de tous les biens qui la font regretter.
Descendez de ce rang que la gloire environne ;
Les vainqueurs sont jaloux du pouvoir qu'il vous donne,
Ils ne pardonneront qu'en vous affaiblissant :
Tant qu'on est redoutable on n'est point innocent.
Vous espérez en paix jouir de vos richesses :
Ne vous en flattez pas, ils craindraient vos largesses.
Ces noms que huit cents ans Palerme a révérés,
Ils vous resteront seuls ; vous les déshonorez ;
Insensés ! vous payez de votre ignominie
Les tourments mérités d'une lente agonie.

Est-ce donc vivre, ô ciel! que trembler de mourir,
Que d'obéir toujours, que de toujours souffrir,
Ou, nourris des bienfaits d'une cour étrangère,
D'y cacher de son sort l'opprobre et la misère?
Hélas! si vous fuyez, par vous abandonné,
A quel sceptre pesant ce peuple est enchaîné!
Dans ses maux à venir contemplez votre ouvrage :
De ses persécuteurs vous irritez la rage.
Tout deviendra suspect à leur autorité :
L'effroi chez les tyrans se tourne en cruauté.
Ils vont, sous les couleurs d'une feinte prudence,
Par des pleurs et du sang cimenter leur puissance,
Sur des débris nouveaux l'affermir, l'élever.
J'ai perdu la Sicile en voulant la sauver.

LORÉDAN.

Qu'ai-je fait, misérable!

SALVIATI.

O trop funeste image!

PHILIPPE D'AQUILA.

De nos tristes enfants voilà donc l'héritage!

PROCIDA.

Grand Dieu! si la fortune eût servi nos efforts,
L'équité renaissait pour consoler ces bords :
Les lois de nos aïeux, auprès du trône assises,
Resserraient du pouvoir les bornes indécises.
Don Pèdre commandait : par vos mains couronné,
Amis, c'est par vos mains qu'il aurait gouverné.
Vous marchiez après lui les premiers de l'empire.
Instruit du noble but où votre espoir aspire,
Je n'entreprendrai point de surprendre vos cœurs
A tous ces vains appâts des trésors, des faveurs,
Des hautes dignités dont sa prompte justice
Voulait récompenser un si rare service.
Ces honneurs séduisants ne vous ont point tentés;
Je le sais, j'en suis fier, mais vous les méritez.
Qu'au timon de l'État votre roi vous rappelle,

Borella, c'est un prix qu'il doit à votre zèle.
Oddo, vous pouviez seul, réparant nos revers,
Des flottes d'un brigand balayer nos deux mers.
O brave d'Aquila! pleurez sur votre gloire :
Vous choisissant pour guide aux champs de la victoire,
Don Pèdre aurait fixé le destin des combats,
Et le nom d'un tel chef eût créé des soldats.
Que le nouveau monarque élu par la Sicile
Aux talents, aux vertus offrait un champ fertile!
Quel destin pour vous tous, vous, son plus ferme appui,
De verser ses bienfaits ou de vaincre pour lui,
De partager ces soins de la grandeur suprême,
Qui font chérir un prince à des sujets qu'il aime,
D'entendre un peuple entier vous nommer ses sauveurs!
Voilà les titres vrais, les immortels honneurs;
C'est là l'ambition qui trouble une grande âme,
Celle que j'aime en vous, la seule qui m'enflamme!
Ah! s'il n'est point d'exploit plus beau pour notre orgueil
Que de ressusciter la patrie au cercueil,
Est-il un prix plus doux et plus digne d'envie
Que de la rendre heureuse après l'avoir servie?

PHILIPPE D'AQUILA.

Pourquoi nous déchirer de regrets superflus?

SALVIATI.

A quel parti fixer nos vœux irrésolus?

ODDO.

N'est-il donc plus d'espoir?

SALVIATI.

Resterons-nous esclaves?

LORÉDAN.

C'est trop d'incertitude; il faut mourir en braves!

PROCIDA.

Non pas mourir, mais vaincre, et venger à la fois
Votre Dieu, vos foyers et le sang de vos rois.
De nos projets, dit-on, la trame est découverte :
On vous trompe, et vous seuls méditez votre perte.

ACTE IV, SCÈNE IV.

Croyez-moi, vos tyrans, loin de vous redouter,
Semblent s'offrir aux coups que vous n'osez porter.
Un fort mieux défendu trompe votre espérance :
Accusez le hasard et non leur prévoyance.
Ce soin reste sans but si tout est ignoré ;
Il est insuffisant s'ils ont tout pénétré.
N'ont-ils que des soupçons, gardez qu'ils s'éclaircissent !
Le choix nous reste encor : mourons, ou qu'ils périssent !
L'absence de Fondi m'a troublé comme vous ;
Quelle était notre erreur ? je le vois parmi nous.
Choisi pour présider aux plaisirs d'une fête,
Il dirigeait ces jeux dont la pompe s'apprête.
La mer nous interdit tous secours étrangers :
L'audace vaut le nombre et croît par les dangers.
Le retour des proscrits couronnait l'entreprise :
Qui la décidait ? nous ; l'instant nous favorise.
Déjà, par la prière aux autels rappelé,
Le peuple dans le temple en foule est assemblé.
Offrons un sacrifice affreux, mais nécessaire ;
Apparaissons soudain au pied du sanctuaire ;
Courons le glaive nu, le bras ensanglanté,
En proférant ces mots : « Vengeance et liberté ! »
Que cette multitude, au carnage animée,
Se lève devant vous et devienne une armée.
Soutenons la valeur de ces soldats nouveaux,
Par nos deux cents guerriers vieillis sous les drapeaux
Pour arrêter mes pas, quelques faibles cohortes
Du palais à la hâte ont occupé les portes ;
Prévenons leur défense, et, le fer à la main,
Dans leurs rangs dispersés ouvrons-nous un chemin...
Écoutez... l'airain sonne, il m'appelle, il vous crie
Que l'instant est venu de sauver la patrie !
Vous frémissez, amis, d'un généreux transport ;
Je le vois, ce signal est un arrêt de mort.
Venez, le cœur rempli d'une sainte assurance,
Reconquérir vos droits et votre indépendance ;

Venez, allons venger nos femmes et nos sœurs :
Que Palerme se plonge au sang des oppresseurs.
Frappons, et de leur tête arrachons la couronne.
A ces profanateurs que Dieu nous abandonne,
Rendons guerre pour guerre et fureur pour fureur :
Dieu les terrassera d'une invincible horreur...
Il promet à vos mains la victoire et l'empire...
Venez, marchons, c'est lui, c'est Dieu qui nous inspire !

SALVIATI.

Que Montfort sous nos coups succombe le premier !

LORÉDAN.

Montfort !

PROCIDA.

Ne tardons pas...

LORÉDAN.

Tous contre un seul guerrier
Plongé dans le sommeil... mais un bras doit suffire.

PROCIDA.

Eh ! qui le frappera ?

LORÉDAN.

Moi !

SALVIATI.

Vous ! qu'osez-vous dire ?

PROCIDA.

L'honneur du premier coup sans doute m'appartient :
J'ai droit de le céder, et c'est lui qui l'obtient.
Va, redeviens mon fils. Vous lui faites outrage :
Pour garant de sa foi, je me livre en otage.
Mes jours sont dans tes mains, marchons.

SCÈNE V.

LORÉDAN.

Je l'ai juré :
Il mourra. Voilà donc l'instant si désiré

D'éteindre dans son sang la soif qui me dévore !
Oui, je le punirai, ce rival que j'abhorre.
Mais, loin de me flétrir par un assassinat,
Je lui dirai : Montfort, je t'appelle au combat.
Il vient... il va périr... Que vois-je ? il est sans armes !

SCÈNE VI.

LORÉDAN, MONTFORT.

MONTFORT.

Lorédan, mon ami, pourquoi ces cris d'alarmes ?
Quel tumulte a chassé le sommeil de mes yeux ?
J'appelle en vain Gaston... Quelques séditieux
Peut-être à les punir ont forcé son courage.

LORÉDAN.

Que viens-tu faire ici ?

MONTFORT.

Quel étonnant langage !
Tu trembles, tu pâlis...

LORÉDAN.

Cherches-tu le trépas ?

MONTFORT.

Que me dis-tu ?

LORÉDAN.

Va-t'en, et ne m'approche pas.

MONTFORT.

Moi, te fuir !

LORÉDAN.

Il le faut... fuis... mon devoir m'ordonne...

MONTFORT.

Eh bien ?

LORÉDAN.

De t'immoler.

MONTFORT.

Frappe donc !

LORÉDAN.

Je frissonne...
Je croyais te haïr... Ciel ! où porter tes pas ?
Le peuple mutiné massacre tes soldats.

MONTFORT.

Il frémira de crainte à ma seule présence.

LORÉDAN.

Téméraire, où vas-tu ? désarmé, sans défense,
Arrête... Avec ce fer tu m'as fait chevalier,
Tiens, prends, prends, défends-toi ; meurs du moins en guerrier,

MONTFORT.

Ce fer va châtier leur insolente audace.

LORÉDAN, *l'arrêtant au fond du théâtre.*

Pour la dernière fois, que ton ami t'embrasse !

MONTFORT, *se jetant dans ses bras.*

Lorédan !

LORÉDAN.

C'en est fait !... Nous sommes ennemis :
Va mourir pour ton maître, et moi pour mon pays !
(*Il sort d'un côté et Montfort de l'autre.*)

ACTE CINQUIÈME

SCÈNE I.

(*Nuit.*)

AMÉLIE.

Où s'égarent mes pas ? quelle horreur m'environne !
Seule en ces murs déserts, Elfride m'abandonne.
Je ne vois point Montfort ; errante dans la nuit,

Je ne saurais bannir la terreur qui me suit...
Entouré d'ennemis... ô mortelles alarmes!
Il s'élance à travers le tumulte et les armes.
Dans les sacrés parvis j'entends frémir l'airain.
Non, ta voix, Lorédan, n'éclatait pas en vain!
Quels sinistres adieux! tes accents prophétiques
Retentissent encor sous ces tristes portiques.
Mon heure approche... où suis-je? et d'où partent ces cris?
Ces murs vont-ils sur moi renverser leurs débris?
Fuyons, la terre tremble, et la foudre étincelle :
Montfort, pour nous juger notre Dieu nous appelle.
Grâce, arbitre divin!... Chère Elfride, est-ce toi?
Viens, parle, au nom du ciel, dissipe mon effroi!

SCÈNE II.

AMÉLIE, ELFRIDE.

ELFRIDE.

O spectacle effroyable! ô funeste délire!

AMÉLIE.

Montfort est-il sauvé?

ELFRIDE.

J'ignore s'il respire.
Du lieu saint à pas lents je montais les degrés
Encor jonchés de fleurs et de rameaux sacrés.
Le peuple, prosterné sous ces voûtes antiques,
Avait du roi-prophète entonné les cantiques.
D'un formidable bruit le temple est ébranlé.
Tout à coup sur l'airain ses portes ont roulé.
Il s'ouvre; des vieillards, des femmes éperdues,
Des prêtres, des soldats assiégeant les issues,
Poursuivis, menaçants, l'un par l'autre heurtés,
S'élancent loin du seuil à flots précipités.
Ces mots : Guerre aux tyrans! volent de bouche en bouche;
Le prêtre les répète avec un œil farouche;

L'enfant même y répond. Je veux fuir, et soudain
Ce torrent qui grossit me ferme le chemin.
Nos vainqueurs, qu'un amour profane et téméraire
Rassemblait pour leur perte au pied du sanctuaire,
Calmes, quoique surpris, entendent sans terreur
Les cris tumultueux d'une foule en fureur.
Le fer brille, le nombre accablait leur courage...
Un chevalier s'élance, il se fraie un passage,
Il marche, il court; tout cède à l'effort de son bras,
Et les rangs dispersés s'ouvrent devant ses pas.
Il affrontait leurs coups sans casque, sans armure...
C'est Montfort! à ce cri succède un long murmure.
« Oui, traîtres, ce nom seul est un arrêt pour vous!
« Fuyez, » dit-il; superbe, et pâle de courroux,
Il balance dans l'air sa redoutable épée,
Fumante encor du sang dont il l'avait trempée.
Il frappe... Un envoyé de la Divinité
Eût semblé moins terrible au peuple épouvanté.
Mais Procida paraît, et la foule interdite
Se rassure à sa voix, roule et se précipite;
Elle entoure Montfort; par son père entraîné,
Lorédan le suivait, muet et consterné.
J'ai vu les citoyens, troublés par la furie,
Se déchirer l'un l'autre au nom de la patrie;
Sur les débris épars, le prêtre chancelant,
Une croix à la main, maudire en immolant.
Du vainqueur, du vaincu, les clameurs se confondent.
Des tombeaux souterrains les échos leur répondent.
Le destin du combat flottait encor douteux :
La nuit répand sur nous ses voiles ténébreux.
Parmi les assassins je m'égare; incertaine,
Je cherche le palais, je marche, je me traîne.
Que de morts, de mourants! Faut-il qu'un jour nouveau
Éclaire de ses feux cet horrible tableau!
Puisse le soleil fuir, et cette nuit sanglante
Cacher au monde entier les forfaits qu'elle enfante!

AMÉLIE.
Inexorable Dieu, tu n'as point pardonné.
C'en est fait! devant toi Montfort est condamné.
Courons...

SCÈNE III.

AMÉLIE, LORÉDAN, ELFRIDE.

LORÉDAN.
  Peuple inhumain, achève ton ouvrage;
Poursuis, je t'abandonne à ton aveugle rage.

AMÉLIE.
C'est Lorédan!

LORÉDAN.
  O nuit! dans ta profonde horreur
Ne vois-je pas errer leurs ombres en fureur?
Français, ce cœur brisé vous plaint et vous admire;
Ne me poursuivez plus... Le remords me déchire...
Ah! les infortunés! ils mouraient en héros.

ELFRIDE.
Osez l'interroger.

LORÉDAN.
  Rendez-moi le repos,
Mânes de mes aïeux! je ne suis plus parjure.

AMÉLIE.
Viens, approchons.

LORÉDAN.
  J'entends une voix qui murmure.
Peut-être un meurtrier parmi vous s'est glissé.
Oui, moi!

AMÉLIE.
 Ciel!

LORÉDAN.
  Et vos bras ne m'ont pas repoussé!

AMÉLIE.
Je veux savoir mon sort et frémis de l'apprendre.
LORÉDAN.
Seul dans l'obscurité pouvait-il se défendre?
Sans doute à d'autres coups il n'eût point échappé.
Il immolait mon père; eh bien! je l'ai frappé.
Je le devais.
AMÉLIE.
Seigneur...
LORÉDAN.
Est-ce vous, Amélie?
AMÉLIE.
D'où vient le trouble affreux dont votre âme est remplie!
Et quel est ce guerrier qui se traîne à pas lents?
Il est blessé; vers nous il tend ses bras sanglants.
Ah! c'est lui, c'est Montfort.
LORÉDAN.
La frayeur vous égare.
Non, ne le croyez pas... Apprenez... Un barbare...
Que vois-je? ombre terrible, ah! parle, que veux-tu?

SCÈNE IV.

AMÉLIE, LORÉDAN, MONTFORT, ELFRIDE.

MONTFORT.
Aux portes du palais dans la foule abattu,
De la lumière enfin j'ai recouvré l'usage.
Ils avaient disparu, fatigués de carnage.
LORÉDAN.
Ah! c'est lui!
MONTFORT.
Par degrés j'ai rappelé mes sens;
L'amour a soutenu mes efforts languissants;
En m'approchant de vous, hélas! j'ai cru renaître.

ACTE V, SCÈNE IV.

AMÉLIE.

Nos soins et nos secours vous sauveront peut-être.

LORÉDAN.

O terre ! engloutis-moi !

MONTFORT, *à Amélie.*

Vous, mon guide, ô destin !
Tu m'avais épargné, Lorédan, mais en vain.
Je poursuivais le chef de ce peuple rebelle ;
Je suis tombé, percé d'une atteinte mortelle :
Du meurtrier la nuit m'a dérobé les traits.

LORÉDAN.

Va, tu seras vengé.

MONTFORT.

Quoi ! tu le connaîtrais ?

AMÉLIE.

Vous !...

LORÉDAN.

Tu vas me maudire, et déjà je m'abhorre ;
Je suis bien criminel... plus misérable encore.
Mon père allait périr ; troublé, désespéré,
J'ai couru le défendre, et mon glaive égaré...
Pardonne-moi, Montfort, ô mon compagnon d'armes,
Par ces mains que je baise en les baignant de larmes,
Au nom de cet amour si fatal à tous deux,
Par cet objet sacré qui partage tes feux !
J'affermirai ton bras que la force abandonne ;
Frappe, voilà mon sein ; venge-toi, mais pardonne !

MONTFORT.

Je fus le seul coupable, et je devais mourir ;
Trop d'orgueil m'aveuglait. C'est peu de conquérir ;
Vous ne régnez qu'un jour, tout vainqueur que vous êtes,
Si l'amour des vaincus n'assure vos conquêtes.
Approche... viens... je touche à mes derniers moments.
Viens, reçois mes adieux et mes embrassements.

LORÉDAN.

Mon ami !

AMÉLIE.

Cher Montfort!

MONTFORT.

O ma patrie! ô France!
Fais que ces étrangers admirent ta vengeance!
Ne les imite pas; il est plus glorieux
De tomber comme nous que de vaincre comme eux.

(*Il meurt.*)

SCÈNE V.

LES PRÉCÉDENTS; PROCIDA, *l'épée à la main;*
CONJURÉS *portant des flambeaux.*

PROCIDA, *au fond du théâtre.*

Nos tyrans ne sont plus, et la Sicile est libre.
Que Charle en frémissant l'apprenne au bord du Tibre.
Palerme pour ses droits jure de tout braver;
Qui les a reconquis saura les conserver.
Quel spectacle! Montfort, que Lorédan embrasse!
A ses pieds prosterné, tu lui demandais grâce!
Quand ton pays respire après tant de malheurs,
Une indigne pitié peut t'arracher des pleurs!
De Montfort à jamais périsse la mémoire!
Il succomba sous toi, respecte ta victoire.

LORÉDAN.

Arrêtez, ma victoire est un assassinat;
Je vois avec horreur vos maximes d'État.
Croyez-vous m'abuser? Couverts de noms sublimes,
Ces crimes consacrés en sont-ils moins des crimes?
Mon pays, dites-vous, me défend de pleurer;
Eh! m'a-t-il défendu de me déshonorer?
A ma rage insensée, à vous, à la patrie,
J'immolai les objets de mon idolâtrie :
Amant, ami cruel, honteux de mes fureurs,
J'arrive par l'opprobre au comble des douleurs.

Vous m'avez entraîné dans ce complot funeste ;
J'ai tout perdu par vous, le remords seul me reste.
Farouche liberté, que me demandes-tu ?
Laisse-moi mes remords ou rends-moi la vertu.
Ton premier pas est fait, règne sur ce rivage.
Puisse mon père un jour, couronnant son ouvrage,
Laisser un grand exemple aux siècles à venir !
     (*Il se frappe.*)
Tu m'absous de mon crime... et je dois m'en punir.
               PROCIDA.
Quel transport ! Qu'as-tu fait !
               LORÉDAN.
                    Montfort, je vais te suivre.
D'un reproche importun mon trépas vous délivre ;
Vivez... soyez heureux... Que ce digne guerrier
Repose dans la tombe avec son meurtrier.
     (*A Amélie.*)
Des larmes que sur lui vos yeux doivent répandre,
Quelques-unes du moins arroseront ma cendre.
Ah ! je vous aime encor... J'expire.
               PROCIDA.
                    O mon pays !
Je t'ai rendu l'honneur, mais j'ai perdu mon fils ;
Pardonne-moi ces pleurs qu'à peine je dévore.
     (*Il garde un moment le silence, puis se tournant
          vers les conjurés :*)
Soyez prêts à combattre au retour de l'aurore.

FIN DES VÊPRES SICILIENNES.

NOTE.

Parmi beaucoup de critiques judicieuses qu'on a faites de cette tragédie, on m'a reproché de n'avoir point donné au caractère d'Amélie tout le développement dont il est susceptible. J'avais tenté de le faire dans plusieurs scènes, qui, au milieu des grands intérêts d'une conspiration, m'ont paru nuire à l'effet général de l'ouvrage. Il faudrait, je crois, une tragédie tout entière pour peindre les combats d'une passion criminelle dans l'âme d'une dévote espagnole ou sicilienne. Cependant, par respect pour une critique à laquelle je ne pourrais me soumettre sans entraver la marche de l'action, j'imprime ici une des scènes que j'ai retranchées; elle donnera une idée de la manière dont j'avais conçu le rôle d'Amélie. Cette scène terminait le premier acte après la sortie de Lorédan.

AMÉLIE, ELFRIDE.

ELFRIDE.
Il s'éloigne, madame; à regret il vous quitte:
Pourquoi l'abandonner au doute qui l'agite?
Sans pitié pour des maux que vous pourriez finir,
Trouvez-vous quelque joie à les entretenir?
Que vous le condamnez à de mortelles peines!

AMÉLIE.
Elfride, tout mon sang s'est glacé dans mes veines.
Montfort est son rival!... O redoutable aveu!
Quel fatal ascendant m'a conduite en ce lieu?...
Voulait-il m'éprouver?... Peut-être il m'a trompée!...
De surprise et d'effroi je suis encor frappée.

ELFRIDE.
Quel penser peut nourrir l'horreur où je vous vois?

AMÉLIE.
Oui, j'en crois ses regards et le son de sa voix,
Et ses traits enflammés d'un courroux si farouche;
Oui, c'est la vérité qui sortait de sa bouche
Il veut me soupçonner; dans mes yeux, dans mes pleurs,
Il cherche un aliment à ses sombres fureurs.
Que me reproche-t-il? Quel discours ou quel signe
Trahit ce changement dont sa fierté s'indigne?

ELFRIDE.
Pardonnez des transports qu'il n'a pas su dompter
Madame, un tel soupçon doit peu vous irriter.

AMÉLIE.
Le nom de son rival, a-t-il dit, m'a troublée!
C'est son reproche affreux qui m'a seul accablée.
D'une rougeur soudaine à ce dernier affront,
Le courroux et la honte ont coloré mon front.

Ses regards prévenus pouvaient-ils s'y méprendre?
Où s'égare Montfort, et qu'ose-t-il prétendre?
Comment s'est-il promis le plus faible retour?
Moi, céder aux conseils d'un criminel amour!...
O Dieu, dont la justice éprouve mon courage,
Vous m'aviez réservée à ce comble d'outrage!
Moi, chérir de nos maux l'instrument ou l'auteur,
Le plus ferme soutien de mon persécuteur,
Votre ennemi, grand Dieu! celui dont les exemples
Instruisent nos vainqueurs à profaner vos temples!
Je crois entendre encor vos prêtres révérés,
Contre eux par la fureur saintement inspirés,
Dans le secret, parmi quelques témoins fidèles,
D'anathèmes vengeurs charger leurs fronts rebelles.
Elfride, verrons-nous la colère des cieux
Descendre et consumer un jeune audacieux?...
Malgré moi je frémis d'un coup qui le menace.

ELFRIDE.

Eh quoi! devant vos yeux nos tyrans trouvent grâce,
Et déjà pour Montfort votre cœur désarmé?...

AMÉLIE.

Peut-être au repentir le sien n'est pas fermé...
Crois-tu que du remords la voix pure et sacrée
Ne puisse ramener sa jeunesse égarée?
Jusqu'aux murs de Sion par sa valeur fameux,
Esclave de l'honneur, sensible et généreux,
Que de nobles vertus il reçut en partage!
L'ardente ambition seule en corrompt l'usage.
Ah! de ces dons heureux les mains qui l'ont orné,
A des tourments sans fin ne l'ont pas condamné!
Non, je ne le puis croire, et ma raison tremblante
Devant ce châtiment recule d'épouvante.

ELFRIDE.

Tournez votre pitié sur un plus digne objet:
Madame, loin de vous attendant son arrêt,
Dans vos mains Lorédan remet sa destinée.

AMÉLIE.

O souvenir cruel! ô funeste journée!

ELFRIDE.

Votre choix plus longtemps ne se peut différer...
Vous ne m'écoutez pas; je vous vois soupirer...

AMÉLIE.

Pour moi de cet hymen la chaîne est accablante

ELFRIDE.

Qu'entends-je? ma surprise à chaque instant s'augmente...

AMÉLIE.

Éprise pour mon Dieu d'une sainte ferveur,
Cet amour me suffit et remplit tout mon cœur.
A cet époux divin si je ne suis unie,
Du repos loin de moi l'espérance est bannie:
Dans les austérités d'un asile pieux,
Morte à de faux plaisirs, cachée à tous les yeux,
Que ne puis-je, le front courbé dans la poussière,
Finir mes tristes jours consumés en prière!...
Malheureuse! ah! retiens d'inutiles souhaits!
Eh! que veux-tu porter dans ce séjour de paix?
Les tumultes d'une âme où règne encor le monde,
Tes regrets, tes remords, la blessure profonde!
Espères-tu, livrée aux orages des sens,
Offrir un encens pur et des vœux innocents?
O ciel! défendez-moi de ma propre faiblesse!

Lorédan aux autels a reçu ma promesse ;
Que la vertu m'élève à ce pénible effort,
De remplir mes serments, de détromper Montfort.
Montfort!!... A ce seul nom la force m'abandonne...
D'une invincible horreur je sens que je frissonne.

ELFRIDE.

Hélas ! sur votre esprit longtemps irrésolu,
Madame, reprenez un empire absolu.
De Montfort détro pé craignez moins la vengeance,
Et d'un bonheur prochain embrassez l'espérance.

AMÉLIE.

Le bonheur ! pour jamais je l'ai vu s'éloigner ;
Mais quel que soit mon sort, je m'y dois résigner.
Partout du doigt de Dieu reconnaissant l'empreinte,
Je courbe mon orgueil sous sa majesté sainte.
Viens au temple, suis-moi, de ce muet témoin
Implorons des secours dont mon âme a besoin ;
Sans lui notre vertu s'affaiblit et chancelle.
Viens demander ensemble à sa main paternelle
De conduire mes pas et de les protéger
Dans le sentier fatal où je vais m'engager.

EXAMEN CRITIQUE

DES VÊPRES SICILIENNES

PAR M. BERT.

Les Siciliens étaient opprimés par les Français, qui, après avoir vaincu Conradin, héritier de la maison de Souabe, l'avaient fait périr sur l'échafaud, ainsi que Frédéric, duc d'Autriche. Les Siciliens n'avaient pas cherché à venger leur prince, ils avaient obéi dix-huit ans à Charles d'Anjou ; ce ne fut qu'après une si longue patience qu'ils secouèrent le joug, poussés à bout par l'orgueil de leurs vainqueurs. La vengeance fut lâche et atroce : ils égorgèrent tous les Français, et allèrent chercher jusque dans le sein des mères des ennemis et des oppresseurs qui n'avaient point encore vu le jour. Tel est le sujet que M. Casimir Delavigne a eu la hardiesse de traiter. L'entreprise était périlleuse.

Son premier soin a été d'appeler l'intérêt sur un Français qui n'a pris aucune part au crime de la conquête et sur un Sicilien qui ne prête qu'avec répugnance sa main à une vengeance horrible. Charles d'Anjou est allé porter la guerre en Orient contre l'empereur Paléologue. Roger de Montfort, chevalier provençal, qui n'était point du nombre des conquérants de la Sicile et des vainqueurs de Conradin, gouverne en l'absence de Charles ; il réside à Palerme. Il est lié d'amitié avec Lorédan, fils de Procida, que les historiens représentent comme le chef du soulèvement des Siciliens et l'ordonnateur des massacres. L'auteur a introduit un autre personnage, qui lui a servi à nouer l'action ; c'est la princesse Amélie, sœur de Conradin, dont la main a été promise à Lorédan. Elle est aimée de Montfort, et elle n'a pas été insensible aux séduisantes qualités du jeune Français. Elle se trouve ainsi placée entre son devoir et sa passion. Procida, noble Sicilien, a quitté sa patrie pour lui chercher des vengeurs. Il revient après avoir disposé tous les ressorts du complot qui doit délivrer la Sicile. Son arrivée ouvre la scène et engage l'action.

Il rencontre Salviati, un des conjurés, et lui expose ses projets. Son caractère s'annonce dans ces vers :

> . . . . . . Le ciel a sans doute allumé
> Ce feu pur et sacré dont je suis consumé.

Quel est son chagrin quand il apprend que son fils est l'ami de Montfort ! il lui reproche cette amitié comme une trahison. Lorédan se justifie en faisant connaître quel est Montfort, dont Salviati a déjà fait un portrait qui a été généralement loué, non-seulement comme un beau morceau de style, mais comme une heureuse préparation du nœud et du dénoûment. Montfort est bien connu : c'est un Français

> Superbe, impétueux, toujours sûr du succès ;
> Il éblouit la cour par sa magnificence.

Le spectateur sait de plus qu'il

> Pousse la loyauté jusques à l'imprudence.

Procida fait tous ses efforts pour allumer dans le cœur de son fils la haine de l'étranger et la soif de la vengeance ; il lui retrace en vain la touchante peinture du meurtre de Conradin et de Frédéric Montfort n'en est pas coupable. Cependant ce tableau fait impression sur Amélie, elle s'accuse d'offenser la mémoire de son frère en aimant un Français. Le récit de la mort de Conradin a paru adroitement lié à l'action ; nécessaire au complément de l'action, il est amené naturellement.

Montfort a pour ami et pour conseiller un vieux chevalier, Gaston de Beaumont, qui l'exhorte à ne pas négliger, comme il le fait, les précautions nécessaires à sa sûreté, et surtout à réprimer la licence des Français.

Montfort l'écoute avec distraction : il n'est préoccupé que de son amour pour Amélie. D'ailleurs il se repose sur l'amitié de Lorédan.

Cependant Montfort et Lorédan apprennent qu'ils sont rivaux ; le jeune Sicilien, outragé par son ancien frère d'armes, exilé de sa propre maison, cède à ses transports jaloux et aux exhortations de son père ; il se joint aux conjurés.

Tout est préparé pour l'exécution du complot. La cloche qui appelle les fidèles au temple donnera le signal. Lorédan conçoit des alarmes sur le sort d'Amélie ; il l'avertit par un billet des événements qui s'apprêtent. Cet avis fait trembler Amélie pour les jours de Montfort. Elle lui livre le fatal billet, et la conspiration est découverte. Ce moyen a été fort blâmé ; il a paru peu vraisemblable. Comment, a-t-on dit, Lorédan a-t-il eu l'imprudence de commettre ainsi le sort des conjurés ? Et quel sentiment inspire Amélie dans cette situation ?

Si le troisième acte a paru faible en quelques parties, le quatrième a été jugé le plus beau de l'ouvrage. Procida et Lorédan ont été arrêtés. Montfort les traite généreusement ; il veut favoriser leur fuite pour les soustraire à la vengeance de Charles. Le lendemain ils pourront s'embarquer ; il leur donne pendant la nuit son palais pour prison. Gaston doit veiller sur eux. Les conjurés sont découragés par la découverte de leur dessein, par l'arrestation de leurs chefs. Ils viennent dans le palais de Montfort pour implorer leur grâce. Ils y rencontrent Procida, qui feint d'abord d'entrer dans leurs vues et de vouloir joindre ses prières aux leurs ; mais peu à peu il réchauffe leur courage, il les fait rougir de leur lâche soumission. On remarquera que l'action marche pendant que Procida parle, et que le changement qui s'opère dans l'âme des conjurés produit une péripétie.

Pendant ce discours, Montfort, retiré dans son appartement, se livre au sommeil, se croyant gardé par Gaston ; mais Gaston n'existe plus ; Procida l'a déjà poignardé. Quand Lorédan voit les conjurés près d'aller surprendre Montfort endormi et désarmé, il s'oppose à leur dessein. Il veut se réserver cette victime ; il se réjouit de pouvoir se venger d'un odieux rival, mais il se vengera noblement ; il appellera son ennemi au combat. Montfort est éveillé par le bruit. Lorédan demeure interdit en le voyant désarmé.

Cette scène et la précédente produisent un grand effet à la représentation. Elles n'ont point été exemptes de censures. On a dit que Montfort poussait trop loin l'imprévoyance ; qu'il n'était pas raisonnable qu'il allât se coucher au milieu du jour, après avoir découvert une conspiration ; que les conjurés ne sont pas moins imprudents de venir comploter à la porte de sa chambre ; que Procida choisit une bien mauvaise place pour les haranguer ; qu'enfin il est difficile de concevoir que Montfort, éveillé en sursaut par le bruit, sorte sans armes pour faire un coup de théâtre.

Plusieurs critiques ont répondu à ces différents reproches. Les imprudences de Montfort, ont-ils dit, sont une conséquence du caractère que l'auteur lui a donné. Il se retire pour dormir pendant la chaleur du jour, suivant l'usage des Italiens ; ce qui n'est pas plus contraire à la vraisemblance que s'il se couchait à minuit. Quant aux conjurés, ce n'est pas pour comploter qu'ils sont venus, c'est pour demander grâce ; ils rencontrent naturellement Procida dans le palais où il est prisonnier : Procida leur parle à cette place parce qu'il est prisonnier : il ne débite pas une harangue d'apparat, ses paroles sont accommodées au lieu, au temps, aux personnes, et la circonstance est tellement précise qu'il n'aurait pas dit les mêmes choses aux mêmes hommes une heure plus tôt ou plus tard et à trente pas du lieu de la scène. Quant au reproche fait à Montfort de se présenter sans armes devant Lorédan, il suffit pour y répondre de rappeler que ce Français, loyal jusqu'à l'imprudence,

> Ne saurait se garder d'un poignard assassin,
> Et croirait l'arrêter en présentant son sein.

La catastrophe historique était trop connue pour qu'il fût possible à l'auteur de faire attendre longtemps après le quatrième acte : aussi le cinquième acte commence-t-il par le récit du massacre. Comme il faut que ce récit soit fait à quelqu'un, c'est Amélie qui est chargée de l'écouter. Voilà malheureusement la seule raison qui motive la présence de cette femme, qui n'agit plus et qui joue un rôle fort embarrassant sur la scène, où elle reste jusqu'à la fin de la pièce. Il eût été à désirer que l'auteur abrégeât ce rôle défectueux. Mais les récits qui terminent la plupart de nos plus belles tragédies ont fait passer en coutume l'emploi de ces brillants lieux communs, et le spectateur, rassasié d'émotions, se montre peu exigeant sur la convenance d'une narration que le personnage qui doit l'entendre n'a presque jamais d'intérêt à écouter.

Le massacre des Français n'était point un dénoûment complet. Il fallait que chacun des personnages du drame achevât sa destinée. Montfort vient expirer sur la scène, frappé d'un coup que Lorédan lui a porté en défendant son père. Ce dernier se poignarde sur le corps de son ami. Quelques spectateurs ont trouvé ce coup de poignard superflu. Procida ne dément pas son caractère : après quelques regrets donnés à son fils, il dit aux conjurés :

> Soyez prêts à combattre au lever de l'aurore.

Si les avis ont été partagés sur le mérite de certaines dispositions de la fable, tous les suffrages se sont accordés pour reconnaître les beautés d'un style pur, élégant, animé, et constamment élevé. Ce qui a paru le plus digne d'être loué, c'est une propriété de langage exquise, c'est un choix d'expressions et de figures si bien assorti au sujet, aux mœurs du temps, au caractère des personnages, que le spectateur se trouve transporté au lieu et à l'époque où l'action se passe. Cette convenance de langage, que nos critiques modernes ont appelée *couleur locale*, est la seule vérité qu'il faille chercher dans les sujets de tragédie empruntés à l'histoire ; l'exactitude du fait est le mérite du narrateur : le poëte ne raconte pas, il peint. Il lui est permis d'inventer des faits, de créer des personnages, pourvu qu'il soit fidèle dans l'expression de la nature et dans la peinture des mœurs de l'histoire.

LES COMÉDIENS

COMÉDIE EN CINQ ACTES, EN VERS,

REPRÉSENTÉE SUR LE THÉATRE DE L'ODÉON, LE 6 JANVIER 1820.

PERSONNAGES.

DERVILLE. | DALLAINVAL.

GRANVILLE, riche héritier.
Lord PEMBROCK.
VICTOR, jeune auteur.
FLORIDORE, jeune premier.
BELROSE, valet.
BLINVAL, père noble.
BERNARD, confident.
Madame BLINVAL, grande coquette.
Mademoiselle ESTELLE, soubrette.
LUCILE, ingénue.

(La scène se passe à Bordeaux. — Le théâtre représente un foyer très-élégant.)

PROLOGUE.

Le théâtre représente une place publique.

DERVILLE *lit une affiche.* **DALLAINVAL** *étudie un rôle.*

DERVILLE.

« Second-Théatre-Français. Aujourd'hui la pre-
« mière représentation des *Comédiens*, comédie en
« cinq actes, en vers... »

Parbleu! j'ai peine à en croire mes yeux; cela ne se conçoit pas, et je suis d'une colère...

DALLAINVAL.

Eh, mais! monsieur, si vous daigniez parler plus bas... ou vous promener plus loin.

DERVILLE.

Comment, c'est vous, mon cher Dallainval!

DALLAINVAL.

C'est Derville, notre ancien camarade. Eh! mon cher, on ne vous a pas vu depuis votre représentation de retaite.

DERVILLE.

Morbleu! je suis enchanté de vous trouver! Quand je suis en colère, je n'aime point à me fâcher tout seul et vous allez faire ma partie. Vous connaissez l'ouvrage qu'on donne ce soir, cette pièce des *Comédiens*?...

DALLAINVAL, *froidement*.

Oui... j'étudiais là mon rôle.

DERVILLE.

Comment, vous avez consenti à y jouer?

DALLAINVAL.

Pourquoi donc pas?

DERVILLE.

Certes, voilà du nouveau!

DALLAINVAL.

Eh bien! n'en demandez-vous pas tous les jours? Ne répétez-vous pas sans cesse que tous les sujets de comédie sont épuisés, qu'il n'y a plus de caractères? Vous voyez cependant que celui du *Comédien* reste encore à traiter!

DERVILLE.

Vous allez donc dire de nous bien du mal?

DALLAINVAL.

Non pas... Une comédie n'est pas un libelle, et nous garderons les égards et les ménagements...

DERVILLE.

J'entends... Que ne le disiez-vous tout de suite? C'est une satire où nous nous ferons des compliments...

DALLAINVAL.

Encore moins!... C'est pour le coup qu'on s'égaierait à nos dépens...

DERVILLE.

Eh bien! morbleu! que direz-vous donc?

DALLAINVAL.

Eh, mais!... la vérité!... Un tableau fidèle doit tout peindre!... le bon et le mauvais côté. Chez nous aussi il est de rares vertus et d'estimables qualités; et vous le savez de reste, tel que le public applaudit comme homme de talent, nous l'estimons comme honnête homme, nous qui le connaissons mieux. On parle de nos rivalités, mais on ne dit pas que toute rivalité cesse dès qu'il faut secourir un camarade... que l'on nous a vus contribuer de nos soins, de nos efforts, de nos faibles talents, pour payer la dette de l'amitié, et prouver qu'aux jours du malheur les artistes sont tous frères, comme les arts qu'ils cultivent!...

DERVILLE.

A la bonne heure! Si toute la pièce est ainsi, je pense, comme vous, qu'on a raison de la donner, et ce soir je vous réponds que je ne céderai à personne ma place au balcon.

DALLAINVAL.

Un instant... Je ne prétends pas non plus dissimuler nos côtés faibles! Nous avons bien aussi nos petits travers; et au fait, quand toutes les classes de la société ont leurs ridicules,... je ne vois pas pourquoi nous n'aurions pas aussi les nôtres, pourquoi l'on voudrait établir pour nous une loi d'exception. Dieu merci, il n'y a plus dans l'État de corps privilégiés!... aussi je ne vous cache pas qu'il pourrait bien être question dans la pièce nouvelle de nos petits démêlés, de nos prétentions dramatiques, de nos tournées départementales.

DERVILLE.

Comment, vous parlez de tournées départementales et d'artistes voyageurs?

DALLAINVAL.

Sans doute.

DERVILLE.

Des couronnes de province?... et des petits vers de l'endroit?...

DALLAINVAL.

Un peu.

DERVILLE.

J'y suis... je comprends enfin! Ce n'est pas nous... c'est le voisin que vous attaquez... c'est bien! C'est charmant, et nous allons reconnaître tous les portraits.

DALLAINVAL.

J'en suis fâché pour votre pénétration, mais vous ne reconnaîtrez personne.

DERVILLE.

Et qui donc peindrez-vous?...

DALLAINVAL.

L'espèce en général... et non les individus; et je vous préviens d'avance que, depuis le père noble jusqu'au souffleur, tout sera de fantaisie.

DERVILLE.

De fantaisie!... de fantaisie! Vous avez beau dire, vous ne m'empêcherez pas, moi, de faire des allusions, si cela me plaît.

DALLAINVAL.

Vous en empêcher!... Eh! qui le pourrait? On imprimerait aujourd'hui le chapitre de Gil Blas sur les comédiens, que chacun voudrait reconnaître tous les personnages. Mais nous protestons d'avance; nous nous défendons de toute interprétation maligne; si vous y trouvez des allusions, c'est vous qui les aurez faites,... et, si j'ai sur vous quelque pouvoir, regardez-y à deux fois...

DERVILLE.

Oh! nous verrons... je ne promets rien... et puisque vous êtes décidés à n'épargner personne, depuis le souffleur jusqu'au père noble, passe pour ces messieurs, je renonce à les défendre; mais ces dames?...

DALLAINVAL.

Ces dames!... ces dames sont fort aimables, et nous savons surtout le respect qu'on leur doit... Régnant par les grâces et les talents,... chéries, adorées, environnées d'hommages,... elles ont tant de qualités brillantes sur lesquelles on peut les louer, qu'elles-mêmes nous abandonneront volontiers quelques légères imperfections, quelques petits caprices qui les rendent encore plus piquantes! Les ombres ne déparent point un tableau; au contraire, elles le font ressortir... et nous mettrons si peu d'ombres...

DERVILLE.

Que ce sera clair comme le jour... Je vois cela d'ici...

DALLAINVAL.

Mais non, mon cher, un demi-jour, et pas autre chose!

DERVILLE.

Et vous croyez que cette pièce-là sera bonne?

DALLAINVAL.

Nous l'avons reçue; et, si on la trouve mauvaise, ce sera un chapitre de plus à ajouter à celui de nos erreurs; mais en tout cas, j'en suis certain, le public nous saura gré de l'intention.

DERVILLE.

Et vous croyez que les comédiens la joueront?...

DALLAINVAL.

Oui, monsieur.

DERVILLE.

Et qu'ils la joueront bien?

DALLAINVAL

Du moins de leur mieux.

DERVILLE.

Un accident et les trois saluts d'usage n'en suspendront pas la représentation?

DALLAINVAL.

Non, certes.

DERVILLE.

Eh bien! puisque rien n'est sacré pour vous, je vous déclare, moi, que je vais convoquer le ban et l'arrière-ban des artistes de la capitale, ceux qui sont retirés depuis vingt ans, ceux mêmes de votre théâtre qui ne sont pas ce soir en activité de service, ceux enfin de tous les théâtres de la banlieue : je reviens à leur tête jouer mon rôle au parterre, et je puis vous certifier que ce ne sera pas un rôle muet. Adieu.

DALLAINVAL, *au public*.

Messieurs les gens de cour, messieurs les avocats, messieurs les médecins, financiers, huissiers, praticiens, bourgeois de tous les rangs et de tous les états, messieurs les maris, classe nombreuse et respectable, et vous, mesdames, dont on adore, tout en les maudissant, les tendres faiblesses et les aimables caprices, vous tous, que depuis trois siècles nous avons le privilége d'amuser à vos dépens, permettez-nous de vous amuser ce soir aux nôtres. Bien que notre camarade Derville regarde sa profession comme sacrée, je crois qu'il y va de notre gloire de ne pas être les seuls épargnés, et qu'un corps dont Molière a fait partie ne saurait être déshonoré par quelques ridicules qui tiennent aux hommes et non à la profession qu'ils exercent. D'ailleurs, messieurs, l'ouvrage que nous allons avoir l'honneur de représenter devant vous est une espèce de proclamation, un manifeste dramatique que nous vous adressons ; car, attaquer les abus, c'est prendre, autant que possible, l'engagement de s'en garantir.

(*Il sort.*)

ACTE PREMIER

SCÈNE I.

GRANVILLE, *assis auprès d'une table, un journal à la main.*

Pour m'introduire ici ce moyen n'est pas mal ;
Non, ma foi... relisons l'article du journal.

« Grande terreur chez nos puissances dramati-
« ques ! On assure que le ministère, jaloux d'étendre
« aux départements certaines mesures que la déca-
« dence de l'art avait rendues nécessaires dans la
« capitale, vient de nommer un inspecteur général
« des théâtres de province. Ce personnage redoutable
« doit, dit-on, parcourir nos principales villes, et se
« présenter sous un nom supposé chez nos comé-
« diens pour juger par lui-même des abus qui peu-
« vent appeler l'attention de l'autorité... »

En me donnant pour lui j'en saurai davantage.
Qui me peut démentir ?... Personne. Allons, courage !

Je connais mon théâtre, et veux en amateur
Jouer à mon profit le rôle d'inspecteur.

SCÈNE II.

GRANVILLE, LORD PEMBROCK.

PEMBROCK, *en entrant.*

A travers les détours de ces corridors sombres,
J'ai cru m'ensevelir dans le séjour des ombres :
Que béni soit le jour qui me luit à la fin !

GRANVILLE.

Eh ! c'est milord Pembrock ! Quel est l'heureux destin
Qui, rendant à mes vœux sa grâce britannique,
L'a conduite à Bordeaux dans le foyer comique ?

PEMBROCK.

Cher Granville, ah ! bonjour. Vous voilà revenu
Du fin fond du Mogol, où je vous ai connu ?

GRANVILLE.

En parfaite santé, milord, et sans naufrage.
Mais vous, dans un foyer !... Quelque intrigue, je gage ?

PEMBROCK.

Non ; d'un monsieur Bernard je cherche le bureau.
On doit donner ce soir un ouvrage nouveau ;
Le journal que je lis d'avance en fait l'éloge :
Je viens tout bonnement pour louer une loge.

GRANVILLE.

Séjournez-vous longtemps parmi les Bordelais ?
Puis-je espérer, milord...

PEMBROCK.

Je ne suis plus Anglais ;
L'hymen va m'enchaîner loin des brouillards d'Écosse.

GRANVILLE.

Comment donc ?

PEMBROCK.

Ce lien à mon âge est précoce.

De voyager par ton je me suis fatigué;
Mais je voulais, des arts amateur distingué,
Pour me donner à Londre un vernis littéraire,
Citer vos beaux esprits dans mon itinéraire.
Tandis que mon album, chargé de vers charmants,
Achevait sa moisson dans les départements,
L'amour surprit mon cœur entre Dax et Bayonne :
Je prends racine en France, et fais souche gasconne.
GRANVILLE.
Quoi! vous vous mariez?
PEMBROCK.
Le trait qui m'a dompté
Des regards d'une veuve est parti cet été.
Je roulais vers Bayonne, où tendait mon voyage :
Soudain vient à passer un brillant équipage,
Qui, par mon phaéton dans sa course heurté,
Au cri des voyageurs s'abat sur le côté.
J'arrête, et vois descendre une femme expirante;
Elle tombe sans force aux bras de sa suivante,
L'œil éteint, le front pâle et les cheveux épars.
Moi, qui soutiens toujours l'honneur des Léopards,
Surtout auprès du sexe, en offrant ma voiture
Je tourne un compliment qui d'abord la rassure.
Sa suivante à mon char la conduit par la main;
Elle allait à Bordeaux, j'en reprends le chemin.
Les plus fières beautés n'ont jamais dans l'Asie
D'un aiguillon si vif piqué ma fantaisie;
Mes regards, attachés sur ses yeux languissants,
Commençaient à parler du trouble de mes sens :
Mais j'apprends qu'elle est veuve; elle pleure, et ses larmes
Contre ma liberté sont de mortelles armes.
Je l'invite à l'auberge, en termes délicats,
A tromper sa douleur par un frugal repas :
La baronne consent, car c'est une baronne,
Et la Tamise enfin soupe avec la Garonne.

GRANVILLE.
Vous aimez donc toujours à conter vos exploits?
PEMBROCK.
C'est mon faible. A Bordeaux nous arrivons tous trois.
La maison de ma veuve aussitôt m'est ouverte.
De ses parents très-jeune elle a pleuré la perte,
Et n'a plus qu'une tante, aimable à cinquante ans,
Qui fut par sa vertu l'exemple de son temps :
J'ai pris pour les charmer les façons du grand monde ;
Fertile en traits heureux qui sentent la Gironde,
J'étonne les Gascons de mes airs étourdis ;
Je ne dis plus goddam, et jure par sandis.
Comme au seul nom d'amour leur fierté s'effarouche,
Enfin le mot d'hymen est sorti de ma bouche.
GRANVILLE.
Dit par un lord, ce mot leur a semblé fort doux?
PEMBROCK.
Les accords sont signés, je lui rends son époux.
Je vais donc la former, cette adorable chaîne !
Que n'est-ce dès demain ! Mais ma belle inhumaine
Sur mon bonheur futur fait un léger emprunt,
Pour accorder huit jours aux mânes du défunt,
Lequel, étant Français, toutes les nuits l'obsède,
Très-courroucé, dit-on, qu'un Anglais lui succède.
Ma veuve, très-jalouse, exige sur ma foi
Que pendant tout son deuil je m'enferme chez moi,
Et croit, en m'imposant cette triste huitaine,
De son pauvre baron consoler l'âme en peine.
Elle est femme et timide ; en époux résigné,
Chez moi par un serment je me suis consigné.
GRANVILLE.
Ce soir, si votre grâce est de près surveillée,
On saura...
PEMBROCK.
Je retiens une loge grillée :
Qui diable peut me voir? Ferai-je une noirceur

En manquant de parole à mon prédécesseur?
Je suis, vous le savez, littérateur dans l'âme,
Et l'amour doit céder quand Apollon réclame.
Mais ce monsieur Bernard, qu'on a dû prévenir,
Tranchant du grand seigneur, tarde bien à venir.

GRANVILLE.

Nos messieurs du théâtre ont tous ce privilége.
J'attends depuis une heure un ami de collége,
Le Crispin de la troupe.

PEMBROCK.

Eh! mais, par quel hasard
Avez-vous donc quitté votre oncle Balthasard?
D'intendant près de lui vous remplissiez l'office,
Et ce fut par vos soins qu'il me rendit service.

GRANVILLE.

Il vivait au Mogol en forban retiré,
Quand il fut par la mort surpris contre son gré :
La faculté du lieu le traita, Dieu sait comme!
Ils étaient trois docteurs, et pourtant...

PEMBROCK.

Le pauvre homme!
Que vouliez-vous qu'il fît contre trois?

GRANVILLE.

Qu'il mourût.
Maints convoiteurs de biens se tenaient à l'affût,
Et voulaient, dans l'espoir de happer l'héritage,
De son dernier soupir s'emparer au passage;
Mais un rayon d'en haut le vint illuminer :
Quoiqu'il fût plus enclin à prendre qu'à donner,
Sur son lit de douleur un reste de tendresse,
Ranimant ses esprits glacés par la vieillesse,
Lui fit signer un acte à ses derniers moments
Qui me semble un chef-d'œuvre en fait de testaments.

PEMBROCK.

Un chef-d'œuvre, pourquoi?

GRANVILLE.
Par la raison très-claire
Qu'il me fait de son bien unique légataire.
PEMBROCK.
Excellente raison!
GRANVILLE.
Je dus, quand j'héritai,
Pour remplir du mourant l'expresse volonté,
M'informer à Bordeaux de sa nièce Lucile,
Auprès d'un vieux parent dont elle est la pupille,
De l'artiste Bernard confident par état,
Et qui ne risque rien de mourir intestat,
Car il n'a pas le sou. Mon oncle, article seize,
Me la choisit pour femme, au cas qu'elle me plaise;
Sinon de la doter il m'impose la loi.
Pouvais-je de son or faire un meilleur emploi?
Échappé pour Lucile aux fureurs de Neptune,
J'apportais à ses pieds mon cœur et ma fortune;
J'apprends, pour mes amours funeste pronostic,
Qu'elle fait par son jeu les beaux jours du public.
Enfin, moi, son futur, hier je ne l'ai vue
Qu'en payant au bureau ma première entrevue.
PEMBROCK.
Comment la trouvez-vous?
GRANVILLE.
L'aimable objet, morbleu!
Que d'esprit, de candeur! quel naturel! quel feu!
PEMBROCK.
Je ne vous défends pas de lui rendre justice;
Mais auriez-vous dessein d'épouser une actrice?
GRANVILLE.
Non... je ne sais, milord; ou plutôt j'en conviens,
Admis chez ces messieurs, sans parler de mes biens,
Je veux étudier ses mœurs, son caractère,
Dont il n'est pas prudent de juger du parterre.
Le tableau, vu de près, blesse-t-il mes regards?

Je me nomme un matin, je la dote et je pars;
J'embrasse une entreprise en naufrages féconde,
Et, pour me consoler, cours découvrir un monde.
Si, malgré ses beaux yeux, Lucile a résisté
A deux grands ennemis, plaisir et pauvreté,
Je l'enlève au théâtre, en un mot je l'épouse,
Et l'enchaîne au destin d'un nouveau La Pérouse.

SCÈNE III.

LES PRÉCÉDENTS, BERNARD.

BERNARD.

Au bureau, m'a-t-on dit, où j'arrive un peu tard,
Un gentilhomme anglais cherchait monsieur Bernard.

PEMBROCK.

Seriez-vous?...

BERNARD.

Oui, milord, c'est ainsi qu'on me nomme.

GRANVILLE, *à part.*

Ah! mon cousin Bernard a l'air d'un bien brave homme!

BERNARD, *à Pembrock.*

Il faut être à son poste; un inspecteur, dit-on,
De Paris à dessein parti sous un faux nom,
Doit s'introduire ici sans se faire connaître.

GRANVILLE, *à part.*

Passer pour l'inspecteur me semble un coup de maître.

BERNARD.

Hâtons-nous, s'il vous plaît.

PEMBROCK.

Cher Granville, au revoir.

GRANVILLE.

Je compte bien, milord, vous rencontrer ce soir.

SCÈNE IV.

GRANVILLE.

Ce folâtre Pembrock, il est toujours le même ;
Je me défie un peu de la beauté qu'il aime ;
Son amour-propre anglais, souvent humilié,
Dans les tours qu'on lui joue est toujours pour moitié.
Mais quoi! déjà midi! Je plains fort la personne
Exacte au rendez-vous qu'au théâtre on lui donne.

SCÈNE V.

GRANVILLE, BELROSE.

GRANVILLE.
Je te revois enfin, mon vieil ami Lebrun.
BELROSE.
Lebrun, pour un artiste, est un nom trop commun ;
Je m'appelle Belrose.
GRANVILLE.
Eh bien, Belrose passe.
Te souvient-il, mon cher, qu'autrefois dans la classe
Tu te mêlais déjà de déclamation?
Ton instinct t'y portait.
BELROSE.
Dis ma vocation.
GRANVILLE.
Te voilà donc acteur : c'est un métier fort triste.
BELROSE.
En nous parlant, vois-tu, le mot propre est artiste.
GRANVILLE.
Artiste si tu veux ; si bien que ton appui
Peut m'impatroniser dans la troupe aujourd'hui.

BELROSE.
Tu te feras chasser avec ignominie :
La troupe! eh! d'où viens-tu? Dis donc la compagnie.
GRANVILLE.
A tout propos, morbleu! veux-tu me contrôler?...
Je n'ai qu'à dire un mot, mon cher, tu vas trembler.
BELROSE.
Quel est ce mot terrible?
GRANVILLE.
Écoute : on vous menace
D'un coup d'autorité dont le seul bruit vous glace.
BELROSE, *étonné.*
C'est vrai : Paris vers nous détache un inspecteur
Qui doit porter dans l'ombre un œil observateur,
Et pour venger les droits de l'art en décadence
Foudroyer nos talents dans sa correspondance.
Serais-tu par hasard...
GRANVILLE.
Oui; chut!
BELROSE, *avec effusion.*
Je le revoi,
Cet excellent ami! va, je pensais à toi :
En lisant ton billet j'ai pleuré de tendresse.
GRANVILLE.
Je te crois, sois prudent.
BELROSE, *bas.*
J'approuve ton adresse.
Je puis te découvrir d'effroyables abus,
Si tu veux à Paris protéger mes débuts.
GRANVILLE.
Soit; mais tu vas tout dire.
BELROSE.
Ah! qu'à cela ne tienne.
GRANVILLE, *à part.*
Voyons s'il pousse loin la charité chrétienne.

BELROSE.
Tous les emplois sont nuls, hors celui des valets.
GRANVILLE
Que tu tiens?
BELROSE.
J'ose dire, avec quelque succès.
Nos affaires vont mal; parmi nous, comme à Rome,
Alors pour dictateur on choisit un grand homme,
Et Floridore, élu dans ce besoin urgent,
Est chef d'un comité qu'on nomme dirigeant.
De ce conseil des cinq ton serviteur est membre,
Et gouverne l'état d'avril jusqu'en septembre.
Floridore a du sens, des lumières, du goût;
Il a tout, il sait tout, il se vante de tout.
Fièrement retranché dans sa froide importance,
Il vous parle toujours à dix pas de distance,
Arrange son maintien, calcule un geste, un mot:
Voilà son beau côté; du reste, c'est un sot.
GRANVILLE.
Ce début-là promet.
BELROSE.
Oh! pour madame Estelle...
GRANVILLE.
Je ne la connais pas.
BELROSE.
La chose est naturelle;
Elle obtint par faveur un congé de deux mois
Qu'un arrêt du conseil prorogea jusqu'à trois.
Elle rentre ce soir: soubrette du théâtre,
Elle aspire aux bravos du parterre idolâtre.
C'est peu: vive en intrigue et coquette à l'excès,
Elle aime tous les arts, poursuit tous les succès,
Protége les auteurs, arrange les querelles,
Rend visite aux journaux pour les pièces nouvelles.
Dans ses brusques écarts désolant vingt rivaux,
Elle cherche un époux et par monts et par vaux.

Son automne s'approche, et Lisette a la rage
De couvrir d'un contrat les péchés du bel âge.
GRANVILLE.
Fort bien.
BELROSE.
Plus d'un hymen fut par elle ébauché ;
Mais pour un œil de femme est-il rien de caché ?
Une dame Blinval, notre grande coquette,
Déjoue incessamment les projets de Lisette,
Et donne aux trahisons un tour original
Qu'on n'a pas pu prévoir dans le code pénal.
Son esprit inventif par instinct se fatigue
A rêver aux moyens d'éventer une intrigue.
Elle épousa Blinval à dix-sept ans au plus.
Il était jeune alors ; ô regrets superflus !
Ce jeune et beau Rodrigue est aujourd'hui don Diègue :
Aux honneurs du soufflet son âge le relègue.
Ces tranquilles époux, d'un commun sentiment,
En se voyant toujours vivent séparément :
Ils ne se parlent plus depuis leur mariage ;
Aussi dit-on partout qu'ils font très-bon ménage.
GRANVILLE.
Et que dit-on de toi ?
BELROSE.
Moi, qui je suis le meilleur,
On me trouve brouillon et quelque peu railleur.
GRANVILLE.
Fi ! l'éloge est modeste, et pour toi j'en appelle...
Attends... il me souvient... si l'affiche est fidèle,
J'ai vu quelque autre nom... Vous avez parmi vous
Certain monsieur Bernard ?
BELROSE.
C'est un homme fort doux ;
Il est du chef d'emploi la troupe auxiliaire,
Dans Racine Eurybate, Ergaste dans Molière ;
De la location il porte le fardeau

Et frappe les trois coups au lever du rideau.
GRANVILLE.
Mais tu ne me dis rien d'une jeune Lucile
Dont le renom s'étend aux deux bouts de la ville.
BELROSE.
Oh! oh! c'est un sujet rare, excellent, parfait.
GRANVILLE.
Bah!
BELROSE.
Prodige inouï, dont je suis stupéfait.
Lucile a de l'esprit, un talent qu'on admire,
De la beauté, vingt ans, et pas de cachemire.
GRANVILLE.
Vraiment?
BELROSE.
C'est à confondre!
GRANVILLE.
Ah! je veux t'embrasser.
BELROSE.
Notre Agnès a l'honneur de vous intéresser?
GRANVILLE.
Infiniment.
BELROSE.
Tant pis.
GRANVILLE.
Pourquoi?
BELROSE.
Tu me fais peine.
GRANVILLE.
D'où vient?
BELROSE.
C'est très-fâcheux.
GRANVILLE.
Quoi?
BELROSE.
La chose est certaine.

ACTE I, SCÈNE VI.

GRANVILLE.

Mais...

BELROSE.

Elle aime un auteur.

GRANVILLE.

Diable! je viens trop tard.

BELROSE.

C'est, dit-on, de l'aveu de son tuteur Bernard.

BLINVAL, *dans la coulisse.*

« Fuyez donc, retournez dans votre Thessalie. »

GRANVILLE.

A l'autre!

BELROSE.

C'est Blinval. La chronique publie
Qu'il a fait à Paris un début malheureux.

GRANVILLE.

Eh! que m'importe, à moi!

BELROSE.

C'est un esprit haineux.

GRANVILLE.

Mon Dieu! dis-moi plutôt...

BELROSE.

Mannequin politique,
Prôneur très-roturier de la noblesse antique,
Les nobles, sous Pépin, lui sont assez connus;
A dater du roi Jean, rien que des parvenus.
Quand on reprit Mérope, il sentit quelque honte
De prêter son visage au soldat Polyphonte,
Et tremblait d'avoir dit d'un air séditieux :
« Qui sert bien son pays n'a pas besoin d'aïeux. »

SCÈNE VI.

LES PRÉCÉDENTS, BLINVAL.

BLINVAL, *un livre à la main.*

« Un bienfait reproché tint toujours lieu d'offense;

« Je veux moins de valeur et plus d'obéissance...
« Fuyez, je ne crains pas votre impuissant courroux...»
BELROSE.
Salut au roi des rois : comment vous portez-vous?
GRANVILLE.
Pourquoi donc l'arrêter?
BELROSE, *bas*.
Moi, c'est amitié pure;
Je voudrais m'assurer de sa mésaventure.
BLINVAL, *tristement*.
Bonjour.
BELROSE, *à Granville*.
Il a l'air sombre, on l'aura bafoué.
(*A Blinval.*)
Paris est-il content? Avons-nous bien joué?
BLINVAL.
On sait comme je pense, on m'en a fait un crime.
BELROSE.
Quoi! de l'opinion vous seriez la victime?
BLINVAL.
Hélas!
BELROSE.
Ce bon Blinval! ah! j'en suis désolé.
BLINVAL.
Sur leurs premiers talents je m'étais modelé :
Pâle, roulant des yeux, effaré, hors d'haleine,
J'allongeais de grands bras, je parcourais la scène;
Bref, j'ai frappé du pied, crié, gesticulé...
BELROSE.
Et qu'a fait le public?
BLINVAL.
Le public m'a sifflé.
BELROSE.
Opinion, parbleu!
BLINVAL.
Je conviens, à leur gloire,

Que trois ou quatre fois j'ai manqué de mémoire.
Ils sifflent sans égard, dès qu'ils sont mécontents;
A quoi servira donc qu'on ait des sentiments?
####### GRANVILLE.
Le public, dont l'arrêt punit ou récompense,
S'informe comme on joue, et non pas comme on pense.
####### BLINVAL.
Monsieur, depuis vingt ans je soutiens qu'il a tort;
(A Belrose.)
C'est là mon grand débat avec votre Victor,
Dont vous donnez ce soir une pièce nouvelle.
Monsieur est son ami, puisqu'il prend sa querelle.
####### GRANVILLE.
Je ne l'ai jamais vu.
####### BLINVAL.
C'est trop heureux, ma foi.
Ne le voyez jamais.
####### GRANVILLE.
Puis-je savoir pourquoi?
####### BLINVAL.
Au goût du métromane il joint l'humeur d'Alceste;
Tout se peint à ses yeux d'une couleur funeste,
Et cet orgueil chagrin, qui n'a jamais plié,
Des égards qu'il nous doit se croit humilié.
Jamais d'un mot flatteur sa voix ne nous caresse;
Sa franchise parfois frise l'impolitesse.
Je lui demande un jour, après *Agamemnon*,
Ai-je été bien sublime? il m'a répondu : Non.
C'était fort déplacé. Par ce ciel que j'atteste...
####### BELROSE.
Revenez sur la terre.
####### BLINVAL.
Eh bien! je le déteste
Franchement, bonnement; et je serai vengé,
Car Bernard doit ce soir lui donner son congé.

GRANVILLE.

Vous dites?...

BELROSE.
Du conseil doyen et secrétaire,
Pour vos yeux exercés il n'est point de mystère.
Donnez-nous sur Lucile une explication.
Elle aime ce Victor?

BLINVAL.
Comment! de passion.

GRANVILLE.

De passion!

BLINVAL.
C'est sûr.

BELROSE, *à Granville.*
Le cœur de nos déesses
N'est pas inaccessible aux humaines faiblesses.

BLINVAL.
Quand elle débuta, ce fut la pauvreté
Qui réduisit Bernard à cette extrémité.
Le début fut brillant; mais, chose assez commune,
Sans enrichir l'actrice, il fit notre fortune.
Victor la vit, l'aima, parut, et, s'il vous plaît,
Lucile en raffola, tout sauvage qu'il est.
En vain nos Céladons lui peignaient leur martyre,
Sa conduite jamais n'éveilla la satire;
Et ce couple amoureux habite innocemment
Les hautes régions du plus pur sentiment.
Bernard, importuné de leur longue tendresse,
N'a pu contre leurs vœux défendre sa faiblesse;
Mais à nos deux amants, qu'il a promis d'unir,
Il veut qu'un beau succès assure un avenir.
Voici le jour fatal; dressé chez le notaire,
Le contrat n'attend plus que l'aveu du parterre.
Ce soir chute complète; et comme je rirai
De voir par le public le contrat déchiré!
Quel plaisir!... Mais, bonjour, Clytemnestre m'appelle;

Je suis dans un accès de bonté paternelle ;
J'arrange pour demain mes tragiques douleurs ;
Je vois, j'entends ma fille et sens couler mes pleurs.

SCÈNE VII.

GRANVILLE, BELROSE.

GRANVILLE.

Il pleure ses enfants de Mycène ou de Rome,
Et veut un mal de diable à ce pauvre jeune homme.
Voyez le bon apôtre ! Ah ! ton monsieur Blinval
Fait tant qu'il m'intéresse au sort de mon rival.
Tu connais son ouvrage; eh bien donc, que t'en semble ?

BELROSE.

C'est une comédie en cinq actes.

GRANVILLE.

Je tremble.

BELROSE.

L'intrigue est assez forte et la pièce a du fonds ;
Mais c'est bien gai...

GRANVILLE.

Tant mieux !

BELROSE.

Tant pis !

GRANVILLE.

Tu me confonds.

BELROSE.

Mon cher, au goût du jour nous devons nous soumettre,
Et le siècle en riant croirait se compromettre.

GRANVILLE.

Eh bien ! moi, sans courir après un trait malin,
Je te le dis tout net : j'ai vu Londre et Berlin ;
Je trouve à nos auteurs un air de Germanie ;
On se perd dans les cieux, chacun vise au génie ;

Pour ces penseurs profonds le rire est trop bourgeois.
Et leur comique est gai comme l'Esprit des Lois.

BELROSE.

Tu vas citer Regnard et ton ami Molière;
De nos jours la morale est beaucoup plus sévère.

GRANVILLE.

Nos aïeux, au théâtre oubliant leurs travaux,
Pour aimer plus à rire étaient-ils moins moraux?
Je sais, et j'en suis fier, que le siècle où nous sommes
Peut citer quelques noms après mes deux grands hommes;
Mais notre goût exquis, mortel aux grands talents,
N'ouvre qu'un cercle étroit à leurs pas chancelants.
La morale! eh! morbleu! la morale en alarmes
Doit-elle à tout propos crier, prendre les armes?
Les mœurs sur le théâtre ont pour nous mille appas;
Mais courez nos salons, et vous n'en trouvez pas.
Quand nous applaudissons la plus fade équivoque,
D'un trait joyeux et franc notre bon ton se choque
Et ne pardonne pas un écart de gaîté
Au feu d'un esprit vif par sa verve emporté;
Des sots de tous les rangs la ferveur politique
Transforme le parterre en arène publique;
Attaquez nos penseurs, vos vers sont trop méchants;
Bernez-vous un marquis, la noblesse est aux champs.
L'auteur intimidé perd son indépendance,
Le naturel s'enfuit, l'art tombe en décadence;
L'ennui règne, et j'enrage, à ne rien déguiser,
De voir que les Français ont peur de s'amuser.

BELROSE.

Oh! quand la politique en discutant l'inspire,
Un homme en dit toujours plus qu'il n'en voulait dire.

GRANVILLE.

Le pauvre esprit! jamais tu ne prendras l'essor;
Mais tu peux m'être utile, et je t'estime encor.
Dans le tripot comique il faut que je me lance :
Floridore est ici, voyons son excellence.

ACTE I, SCÈNE VII.

Tu vas me présenter.
BELROSE.
Oui.
GRANVILLE.
Comme un débutant.
BELROSE.
Réfléchissons un peu sur ce point important :
Ce titre éveillera plus d'une jalousie.
Va, crois-moi, sois auteur.
GRANVILLE.
J'aime mieux...
BELROSE.
Fantaisie !
Toi débutant, chacun te suit d'un œil d'effroi ;
Auteur, aucun de nous ne prendra garde à toi.
(*Prenant un rouleau de papier sur la table.*)
Le manuscrit te manque... Ah ! prends...
GRANVILLE.
Quoi ?
BELROSE.
Prends, te dis-je.
GRANVILLE.
Mais c'est du papier blanc !
BELROSE.
Allons, prends, je l'exige.
Il te faut un ruban... celui de Figaro ;
Tiens... La rosette... bon.
GRANVILLE.
Tu me perdras, bourreau !
Si quelqu'un lit la pièce...
BELROSE.
Eh ! sois sans crainte aucune ;
J'en reçois vingt par mois, et je n'en lis pas une.
Attention ! j'entends notre jeune premier ;
Son asthme le trahit du bas de l'escalier.

SCÈNE VIII.

LES PRÉCÉDENTS, **FLORIDORE, LAURENT,** UN TAILLEUR, UN HABITUÉ, GARÇONS DE THÉATRE.

GRANVILLE, *à Belrose.*

Dis donc, c'est un vieillard.
BELROSE.
Non, pardieu, je te jure;
Mais c'est un amoureux de jeunesse un peu mûre.
FLORIDORE, *au tailleur.*
Deux vestes à fleurs d'or et deux habits complets.
(A *l'habitué.*)
Vous m'entendez, allez. Voici vos dix billets;
Mais faites, s'il vous plaît, mon affaire en personne.
Toi, prépare, Laurent, les vers et la couronne
Que le public charmé doit jeter de ta main
A l'acteur de Paris qui paraîtra demain.
(*A sa suite.*)
Sortez.
BELROSE.
Souffrez, mon cher, qu'ici je vous présente
Un de mes bons amis que la gloire tourmente,
Un homme de talent qui fait des vers moraux;
Docteur en droit romain et maître ès Jeux floraux.
Il a dans un écrit commenté les trois codes,
Et lance des extraits dans le journal des modes.
Génie universel! Il m'a dit ce matin
Qu'il veut nous réunir dans un pompeux festin;
Il n'ose l'avouer, mais d'avance il s'honore
De posséder chez lui le brillant Floridore.
GRANVILLE, *à part.*
Que dit-il?

ACTE I, SCÈNE VIII.

FLORIDORE, *à Granville.*
Tout Bordeaux veut m'avoir à dîner ;
Je n'ai point dans un mois un seul jour à donner...
Mais demain je suis libre.

BELROSE.
O faveur sans seconde !
(A Granville.)
Hem !... comme je te sers.

GRANVILLE, *à Belrose.*
Que le ciel te confonde !
(A Floridore.)
Monsieur, je suis ravi...

BELROSE.
C'est conclu pour demain.
(A Floridore.)
Il invite en auteur et sa pièce à la main.

FLORIDORE.
On ne peut pas douter qu'elle ne soit fort belle.

GRANVILLE.
Monsieur, le sentiment est le genre où j'excelle :
Le comique du cœur.

FLORIDORE, *avec un sourire d'approbation.*
Voici le manuscrit ?

GRANVILLE.
Oui, monsieur.
(Floridore prend le papier.)

BELROSE.
Quelle verve ! et comme c'est écrit !

GRANVILLE.
Tais-toi !

BELROSE.
Vous y verrez un jeune homme, un Valère,
Vingt-cinq ou vingt-six ans ; ce rôle doit vous plaire.

FLORIDORE.
D'avance je le crois.

6.

BELROSE.
Donnez-nous vos avis.
GRANVILLE.
Tais-toi donc.
BELROSE.
A la lettre ils seront tous suivis.
FLORIDORE.
Je vous les donnerai.
BELROSE.
La feuille est assez large :
Faites-nous le plaisir de les écrire en marge.
GRANVILLE.
J'enrage.
FLORIDORE.
Je ne puis vous accorder ce point :
Je donne mes avis et ne les écris point.
BELROSE, *bas à Granville.*
Et pour cause.
FLORIDORE. (*Il fait un pas pour sortir et revient.*)
(*A Belrose.*)
A propos, je n'accuse personne ;
Mais depuis un bon mois qu'elle a quitté Bayonne,
Estelle m'a prié d'assembler le conseil :
Nous manquons trois sur cinq ; qu'un scandale pareil
(*A Granville.*)
N'ait pas lieu dans une heure ; adieu. J'ai l'honneur d'être.

SCÈNE IX.

GRANVILLE, BELROSE.

GRANVILLE.
Parle, quel est ton but? que t'ai-je donc fait, traître?
BELROSE.
Suis-je si criminel de rire à ses dépens?

GRANVILLE.
Tu t'amusais aux miens.
BELROSE.
Allons, je me repens.
Il ne te lira pas, mon Dieu! sois donc tranquille.
GRANVILLE.
Eh! que n'invitais-tu chez moi toute la ville?
BELROSE.
J'ai fait très-prudemment, par deux bonnes raisons;
Tu nous observes tous, et nous nous amusons.
Le champagne éclaircit de terribles mystères;
J'invite de ta part tous nos sociétaires.
GRANVILLE.
Un moment!
BELROSE.
Nous serons les deux amphitryons
Tu feras les frais; moi, les invitations.
Sois dans une heure ici. Comme un auteur que j'aime,
Je veux au comité te présenter moi-même.
L'auteur chez qui l'on dîne est sûr d'un beau succès;
Qui dîne avec son juge a gagné son procès :
Tout s'arrange en dînant dans le siècle où nous sommes,
Et c'est par les dîners qu'on gouverne les hommes.

ACTE DEUXIÈME

SCÈNE I.

BERNARD, VICTOR.

VICTOR.
Non, ne le croyez pas, je me tiendrais infâme
Si ce honteux espoir avait séduit mon âme.

BERNARD.

On a, mon cher Victor, des amis, des parents...

VICTOR.

Je pourrais mendier les applaudissements!

BERNARD.

L'usage est votre excuse.

VICTOR.

Ah! fi! c'est un scandale.

BERNARD.

De ses admirateurs sans peupler une salle,
On doit tout doucement préparer le succès.
Vous pouvez disposer de quarante billets;
Je les ai demandés.

VICTOR.

Et moi, je les refuse.

BERNARD, *lui présentant les billets.*

Usez de votre droit.

VICTOR, *les déchirant.*

Voilà comme j'en use.

BERNARD.

Mais vous extravaguez.

VICTOR.

Je vois avec mépris
Ces triomphes d'un jour achetés ou surpris,
Des beaux esprits du temps les manœuvres savantes,
Ces bruyants alliés, ces machines vivantes,
Dont l'auteur appuyant son mérite en défaut
Contre tout un public prend un succès d'assaut.
Eh quoi! j'ai dévoré les dégoûts, les outrages,
J'ai consumé mes nuits à polir mes ouvrages,
Pour que vingt malheureux par mon or soudoyés
Chatouillent mon orgueil de leurs bravos payés!
Et c'est ce bruit flatteur qu'on nomme une victoire!
Un cœur né généreux poursuit une autre gloire.
Je confie au public mes plus chers intérêts;
Mais en les respectant j'attendrai ses arrêts.

Malheur à l'esprit vain qui, dans l'ardeur de plaire,
Se dérobe aux rigueurs d'un juge qui l'éclaire!
Le parterre abusé n'est dupe qu'un instant;
L'auteur s'est pris lui seul dans les piéges qu'il tend :
Trompé sur ses écarts, il doit faillir encore,
Et, retombant sans cesse aux défauts qu'il ignore,
Laisse d'un beau talent l'espérance avorter,
En volant des succès qu'il eût pu mériter.

BERNARD.

L'honneur exagéré va droit au ridicule.
Pour réformer nos mœurs vous prenez la férule.
Vous débutez, Victor; dans ce pas hasardeux,
Aurez-vous pour soutien un journaliste ou deux?

VICTOR.

Non.

BERNARD.

Et si par hasard leur plume vous déchire?

VICTOR.

C'est un malheur.

BERNARD.

Chez eux allez vous faire écrire.

VICTOR.

Non

BERNARD.

On voit bien son juge.

VICTOR.

Eh! non, mille fois non.
Parlez, qu'importe au mien mon visage ou mon nom?
Quand je viens l'attendrir, c'est un sot s'il m'écoute;
Il est vil s'il se vend, lâche s'il me redoute.
Un bon ouvrage enfin tue un mauvais journal.
Moi, j'irais caresser jusqu'en son tribunal
Quelque arbitre du goût dont la feuille éphémère
Distille les poisons d'une censure amère;
Au bon sens, au bon droit donne un plat démenti;
Pour juger un auteur consulte son parti;

Aigrit nos passions et dénonce à la France
L'écrit qu'il n'a pas lu, mais qu'il flétrit d'avance!
Voilà donc les faux dieux que je dois encenser!
Ah! croyez-moi, leurs traits ne peuvent m'offenser.
Qu'ils soient mes ennemis, que leur courroux m'accable,
Qu'ils me déchirent, soit : leur haine est honorable.
Il est, n'en doutez pas, il est d'autres censeurs,
Du talent méconnu courageux défenseurs,
Qui lui prêtent leur voix avant qu'il la réclame,
Qui ne trafiquent point de l'éloge ou du blâme,
Et, gardant pour le vice une juste fureur,
Des travers de l'esprit se moquent sans aigreur.
Je rends trop de justice à ces rares mérites
Pour les importuner de mes lâches visites.
Si je cueille un laurier par la gloire avoué,
Je ne connaîtrai point celui qui m'a loué.
Au moins je pourrai dire : Il écrit ce qu'il pense.
Est-il quelques chagrins que ce mot ne compense,
Qu'il ne fasse oublier, qu'il ne change en plaisirs?
Tel est le but constant qu'embrassent mes désirs :
Inestimable bien, honneur digne d'envie,
Que je paierai trop peu du repos de ma vie.

BERNARD.

J'aime ces sentiments, ils sont beaux; mais enfin
Avec beaucoup d'honneur on peut mourir de faim.
Lucile est mon trésor, mon espoir, ma famille;
Moins tendrement peut-être un père aime sa fille.
Vous voulez nous ravir cet excellent sujet :
Bien que dans un mari j'approuve ce projet,
Je veux que mon enfant vive, ne vous déplaise,
Sinon dans l'opulence, au moins fort à son aise.
Puisque vous tenez tant à ce chien de métier,
Ayez donc un succès; un succès plein, entier,
Que prône le public et le journal lui-même :
Autrement point d'hymen, c'est là ma loi suprême.
Je retourne à mon poste, où sans doute on m'attend.

(*A Lucile qui entre.*)
Ah! viens! de ton Victor je ne suis pas content;
Il exagère tout. C'est à toi, ma Lucile,
De fléchir, s'il se peut, cet esprit indocile.
Je te laisse avec lui.

SCÈNE II.

LUCILE, VICTOR.

LUCILE.
Qui vous a donc fâchés?
Qu'avez-vous fait?
VICTOR.
Moi? rien.
LUCILE.
Quoi! vous me le cachez!
Il peut avoir des torts, mais il est notre père;
Il est le mien du moins.
VICTOR.
Mon Dieu! je le révère.
Pourquoi prend-il plaisir à me désespérer?
LUCILE.
Bon!
VICTOR.
Il veut m'avilir.
LUCILE.
Lui!
VICTOR.
Me déshonorer.
LUCILE.
Allons!
VICTOR.
Jusqu'à l'intrigue il veut que je descende,
De ma carte aux journaux que je porte l'offrande.

LUCILE.

Nos actions souvent démentent nos conseils :
Jamais, s'il eût suivi des préceptes pareils,
L'emploi des confidents n'eût borné sa carrière ;
Il serait riche, heureux, il aurait part entière ;
Mais, comme des journaux il ne fut pas prôné,
Le premier débutant l'a toujours détrôné.

VICTOR.

C'est peu : sur votre sort sa prudence inquiète
Mêle à mon espérance une terreur secrète.
Si notre hymen pour vous n'était pas fortuné !
De cet astre ennemi sous lequel je suis né
Si vous sentiez un jour la fatale influence !
Que puis-je vous offrir ? à peine de l'aisance.
Votre amant envers vous ne saurait s'acquitter.
Vous rendra-t-il jamais ce qu'il vous fait quitter ?
Vous verrai-je, à vingt ans, renoncer sans tristesse
A ces brillants plaisirs qui vous cherchent sans cesse,
A l'encens d'une cour, aux vœux de tant d'amants,
A ce bruit si flatteur des applaudissements ?

LUCILE.

Je l'avouerai tout bas, j'aime qu'on m'applaudisse.
De quel prix vous payez ce léger sacrifice !
Je vous devrai ce bien que j'ai tant regretté,
D'un sort indépendant la douce obscurité,
Un titre, le bonheur dont jouit une mère,
Qui vaut bien des bravos la trompeuse chimère.

VICTOR.

Mon aimable Lucile !

LUCILE.

Et qu'il me sera doux
D'aller vous applaudir, d'être fière de vous !

VICTOR.

Non, il n'est point d'ennui, de chagrin si farouche,
Que ne puisse adoucir un mot de votre bouche.
Mais ne nous flattons pas d'un trop charmant espoir.

ACTE II, SCÈNE II.

LUCILE.

Pourquoi ?

VICTOR.

Qui sait, grand Dieu ! quel sort m'attend ce soir ?
Sous l'effort des sifflets si ma pièce succombe,
C'en est fait, je vous perds ; je suis mort si je tombe.

LUCILE.

Jugez de mes tourments, Victor, et plaignez-moi :
Aux regards du public déguisant mon effroi,
Prête à verser des pleurs, il me faudra sourire...
Mon rôle est excellent, je crains de le mal dire.

VICTOR.

Fût-il cent fois mauvais, dit par vous il plaira.

LUCILE.

Lorsque je paraîtrai, comme mon cœur battra !

VICTOR.

Quel moment pour tous deux ! Encor si nul obstacle
N'ajourné mon supplice en changeant ce spectacle !
Ciel ! je crois voir l'affiche en proie aux curieux
D'une bande traîtresse épouvanter leurs yeux.
Je ne sais quel démon à ma perte conspire :
Quel que soit mon projet, quelque but où j'aspire,
Mes vœux par le destin semblent contrariés :
Si je vous haïssais nous serions mariés.
Qu'on vante les vertus du beau siècle où nous sommes !
J'ai cherché vainement un appui chez les hommes.
Orphelin, sans secours et partout repoussé,
Je suivais malgré moi mon penchant insensé ;
Nul ne m'a soutenu d'un regard d'indulgence.
Abandonné par eux à ma fière indigence,
Seul, j'ai conçu ma pièce avec rage et douleur ;
C'était un sujet gai, pour comble de malheur.
Mais puis-je comparer ces chagrins domestiques
A ceux que me gardaient vos sénateurs comiques ?
Traitent-ils d'assez haut l'auteur qui les nourrit ?
Font-ils languir assez un pauvre manuscrit ?

Quels dédains protecteurs! quelle étrange indolence!
Ils ont pendant six ans lassé ma patience :
Quand par grâce à la fin je suis représenté,
Un jour peut me ravir ce qui m'a tant coûté;
Et j'attendrai dix ans, dix ans avec ma honte
L'honneur de me laver d'une chute si prompte!

LUCILE.

Eh bien! au célibat nous voilà condamnés,
Pour dix ans tout au moins. Courage.

VICTOR.

Ah! pardonnez

LUCILE.

Paix! on vient.

SCÈNE III

LUCILE, VICTOR, BELROSE.

BELROSE.

J'étais sûr de vous trouver ensemble.
Ici, dans un instant, le comité s'assemble.

VICTOR.

Quand répétera-t-on?

BELROSE.

Vos affaires vont mal.
La pièce est aux arrêts chez le censeur royal.

VICTOR.

Qu'ai-je dit?

LUCILE.

Qu'un censeur est un homme terrible!

VICTOR.

Allons, je cours parler à ce juge inflexible.
Dans peu je vous revois.

LUCILE.

Je vais étudier.

SCÈNE IV.

BELROSE, *tirant un papier de sa poche.*

J'ai, ma foi, très-bien fait de les congédier.
Une lettre perdue au pied d'une coulisse !
Ce doit être du beau... Si de quelque malice...
Ah ! madame Blinval !... Son démon familier,
Pour désoler quelqu'un, semble me l'envoyer.

SCÈNE V.

madame BLINVAL, BELROSE, puis BLINVAL.

BELROSE.
Accourez, du scandale ! une épître amoureuse.
MADAME BLINVAL.
Pour qui ?
BELROSE.
L'adresse manque. Oh ! ma main scrupuleuse
Ne se permettrait pas de briser un cachet.
MADAME BLINVAL.
Je vous approuve fort ; il faut être discret.
Lisons.
BELROSE, *qui a ouvert la lettre.*
« Je me soumets, belle veuve ; je m'imposerai huit
« jours d'une retraite austère. Huit jours passés sans
« vous voir seront pour moi un siècle de souffrance ;
« mais, après ce délai, nul obstacle ne doit retarder
« notre mariage et mon bonheur. Permettez qu'un
« cachemire rouge et un brillant, que j'ai rapportés
« des Grandes-Indes, accompagnent ma lettre. Aux
« termes où nous en sommes, vous ne pouvez refu-
« ser ces bagatelles, qui sont les premiers présents

« de noce de votre tendre amant et futur époux.
« Lord Pembrock. »

Découvrez-vous celle de nos sultanes
Où peuvent s'adresser ces douceurs anglicanes?
MADAME BLINVAL.
C'est Estelle.
BELROSE.
Vraiment?
MADAME BLINVAL.
Du moins j'en ai l'espoir.
BELROSE.
Mais...
MADAME BLINVAL.
Il faut les brouiller à ne plus se revoir.
BELROSE.
Voilà bien le souhait d'une honnête personne!
MADAME BLINVAL.
Détrompons son milord.
BELROSE.
Oh! que vous êtes bonne!
MADAME BLINVAL.
Son talent assez mince est pour moi sans danger;
Mais sa vogue m'irrite, et je veux m'en venger.
BELROSE.
Bravo! que la vengeance est douce aux belles âmes!
C'est le plaisir des dieux et le bonheur des femmes.
(*Ici Blinval entre sans prendre garde à sa femme, et s'assied auprès d'une table pour travailler.*)
Sommes-nous bien certains qu'Estelle soit l'objet?...
MADAME BLINVAL.
Oui, mon pressentiment est un avis secret.
Je suis son ennemie, elle en aura la preuve :
Elle se targue bien du bonheur d'être veuve.
BLINVAL, *se levant et saluant.*
Ne vous gênez donc pas, ma femme; grand merci!

ACTE II, SCÈNE VI.

MADAME BLINVAL.
C'est vous!... Que j'ai de joie à vous revoir ici!
BELROSE.
Tiens, Blinval! c'est charmant!
MADAME BLINVAL, *à Belrose.*
Floridore s'avance,
Estelle l'accompagne, observons tout : silence!
BELROSE.
Bien vu. Retranchons-nous dans notre dignité,
Et couvrons nos projets d'un air de comité.

SCÈNE VI.

Madame BLINVAL, BELROSE, BLINVAL, FLORIDORE, ESTELLE.

(*Blinval est assis près de la table, qui est couverte de papiers; Floridore au milieu de la scène, dans un fauteuil; les autres sont placés à ses côtés sur des chaises.*)

FLORIDORE.
La séance est ouverte.
MADAME BLINVAL, *à Belrose.*
Heim!... regardez Estelle.
Le cachemire rouge...
BELROSE.
Et le brillant.
MADAME BLINVAL.
C'est elle.
FLORIDORE, *avec dignité.*
Votre intérêt commun n'emprunte point ma voix
Pour tracer le tableau d'une caisse aux abois,
Ou, se rangeant aux vœux d'un public débonnaire,
Presser de nos travaux la lenteur ordinaire.
Il est bon dans les arts d'avancer pas à pas;

Le public est plaisant de ne le sentir pas.
Il s'agit aujourd'hui d'un dîner, d'une fête,
Où veut nous réunir un monsieur fort honnête,
Un ami de Belrose, opulent, quoique auteur :
Le fait ne s'est pas vu de mémoire d'acteur.
Je n'ose régler seul ce qu'il convient de faire,
Et soumets au conseil cette importante affaire.

BELROSE.

Sans livrer le projet à la discussion,
Je crois qu'il doit passer par acclamation.

TOUS.

Appuyé !

FLORIDORE, à un domestique en grande livrée, qui entre.

Que veut-on ?

LE LAQUAIS.

Monsieur Victor demande
S'il pourrait vous parler.

FLORIDORE.

Un moment ; qu'il attende !
Nous sommes occupés d'objets très-sérieux.

(Le laquais sort.)

ESTELLE, se levant.

Messieurs, avec douleur je vous fais mes adieux.
J'ai d'un engagement subi le rude empire,
Je m'y soumets encor ; dans huit jours il expire ;
D'après nos règlements je reprendrai mes droits,
Et j'assiste au conseil pour la dernière fois.

MADAME BLINVAL, bas à Belrose.

Dans huit jours !

ESTELLE.

Ma santé se dérange et s'altère,
Je vais m'ensevelir dans le fond d'une terre,
Occuper mes loisirs par des soins bienfaisants,
Et veiller sur les mœurs de mes bons paysans.

MADAME BLINVAL.
Quoi? nous quitter si tôt! Est-ce agir en amie?
ESTELLE.
Contre un tel coup mon âme est à peine affermie;
Mais il le faut, ma chère.
FLORIDORE.
     Il suffit, et Blinval
En fera son rapport au conseil général.
Que répondre à Florbel, messieurs, sur sa lecture?
De notre négligence on prétend qu'il murmure.
Vous étiez si pressés de partir l'autre fois
Qu'on n'a pas eu le temps de recueillir les voix.
ESTELLE.
Il se plaint? Les auteurs sont d'une humeur étrange.
BLINVAL.
Voici l'opinion du bonhomme Lagrange.
FLORIDORE.
Lisez.
BLINVAL.
« La surdité qui me prend par instants
  « M'a fait perdre plus d'un passage;
« Mais quelques auditeurs m'ont paru mécontents.
« Je crois pouvoir juger l'auteur sur leur visage;
« Mon refus motivé, c'est qu'un homme à vingt ans
  « Ne peut pas faire un bon ouvrage. »
FLORIDORE.
Savez-vous qu'à son âge il juge encor très-bien?
BELROSE.
Pour un sourd.
BLINVAL.
    Trois refus en comprenant le mien.
Florbel est philosophe et dit ce qu'il faut taire :
J'ai donné sur sa joue un soufflet à Voltaire.
MADAME BLINVAL.
Je refuse, le style est par trop familier

BERNARD, *passant doucement le tête entre les deux battants de la porte.*

Pardon, monsieur Victor m'engage à vous prier...

FLORIDORE.

C'est nous persécuter d'une étrange manière.
Qu'il nous laisse, on ne peut terminer une affaire.

(*Bernard se retire.*)

BELROSE.

Pour la réception j'ai donné mon scrutin.

BLINVAL.

De la petite Emma voici le bulletin :
« Pour moi la langue est tout; au plus rare mérite
« Je ne puis sur ce point pardonner un écart;
« Je vote le rejet et le motive; car
  « Cette ouvrage est très-mal écrite. »

(*On rit.*)

BELROSE.

Ce scrutin compte-t-il?

FLORIDORE.

Messieurs, respect aux droits :
Qu'on sache écrire ou non, l'on a toujours sa voix.

BLINVAL, *comptant les bulletins.*

En ce cas, refusé.

BELROSE.

Ma foi, c'est grand dommage :
Je trouvais du bon, moi, dans ce mauvais ouvrage!

FLORIDORE, *à Blinval.*

Aussi répondrons-nous qu'il est fort bien écrit;
Des détails très-heureux... infiniment d'esprit...
De l'observation... des mœurs...

BELROSE.

En conséquence,
Nous refusons la pièce.

FLORIDORE.

Eh mon Dieu! patience.

Mais...

ACTE II, SCÈNE VII.

ESTELLE.
L'auteur va pâlir à ce terrible mais.
FLORIDORE, *à Blinval.*
De ces restrictions qui n'offensent jamais...
Un dénoûment brusqué... quelques réminiscences...
L'entente de la scène... et puis les circonstances...
C'est un jeune homme enfin qu'il faut encourager.
UN LAQUAIS.
Monsieur Granville.
FLORIDORE.
Entrez...
BELROSE, *à l'assemblée.*
C'est le noble étranger
Qui nous traite demain.

SCÈNE VII.

MADAME BLINVAL, BELROSE, BLINVAL, FLORIDORE, ESTELLE, GRANVILLE.

(*Tout le monde se lève et salue profondément.*)

FLORIDORE, *à l'assemblée.*
Vous voyez en personne
L'auteur de certains vers dont la beauté m'étonne.
GRANVILLE.
Eh quoi!...
FLORIDORE.
J'ai lu votre acte et j'en suis enchanté.
BELROSE, *à part.*
Par exemple, c'est fort!
GRANVILLE.
Combien je suis flatté!...
(*A Belrose.*)
Se moque-t-il de moi?

FLORIDORE.

J'aime votre Valère...
(*Frappant sur le manuscrit.*)
Ah! c'est vraiment très-bien!

BELROSE.

Bravo! comme il s'enferre!

ESTELLE, *à Floridore*.

Auriez-vous par hasard retenu quelques vers?

FLORIDORE.

De très-bons... Je pourrais les citer de travers :
J'ai lu rapidement.

BELROSE.

Mais, moi, je me rappelle
(*A Granville.*)
Cette tirade... Eh! oui.

GRANVILLE, *à Belrose*.

Je ne sais pas laquelle.
(*Aux comédiens.*)
Ma muse aux grands sujets se monte sans effort;
Mon style n'est pas gai, messieurs; mon style est fort :
Thalie a dans mes vers un air tout romantique,
Et donne même un peu dans la métaphysique.
Boileau, timide auteur, qui n'a pas toujours tort,
Sur un point seulement est avec moi d'accord :
Je foule aux pieds le sac où Scapin s'enveloppe;
J'ai puisé dans Shakespear, dans Schiller et dans Lope;
Si le genre sévère a pour vous des appas,
Lisez ma comédie, et vous ne rirez pas.

BLINVAL.

L'avis de Floridore est pour vous un grand titre;
Floridore est du goût un infaillible arbitre.

GRANVILLE, *s'inclinant*.

Monsieur...

ESTELLE.

Il rend justice à votre beau talent.

ACTE II, SCÈNE VIII.

GRANVILLE, *saluant*.

Madame...

MADAME BLINVAL.

Il l'admire...

GRANVILLE, *saluant*.

Ah!

BELROSE.

L'ouvrage est excellent!

GRANVILLE.

Mon ami...

BLINVAL.

C'est jugé.

ESTELLE.

Reçu de confiance.

GRANVILLE.

Ah! mesdames, messieurs!

SCÈNE VIII.

MADAME BLINVAL, BELROSE, BLINVAL, FLORIDORE, ESTELLE, GRANVILLE, BERNARD, VICTOR, *un manuscrit à la main*.

VICTOR.

J'ai perdu patience : Pardonnez, le temps presse.

BERNARD, *timidement*.

Oui, quand répétons-nous?

FLORIDORE.

Mon Dieu! nous n'attendions que votre pièce et vous.

VICTOR.

Alors veuillez me suivre...

(*Victor sort le premier, Blinval le suit, Floridore donne la main aux deux dames.*)

BELROSE, *bas à Granville.*
Eh bien?
GRANVILLE.
J'ai peur de rire.
FLORIDORE.
Partons.
GRANVILLE, *à Bernard, en le suivant.*
Monsieur Bernard, j'ai deux mots à vous dire.

SCÈNE IX.

BELROSE.

Ce pauvre Floridore! Ah! je m'en veux; c'est mal.
Une fois en faveur au théâtre royal,
Je prétends le servir en ami de collége...
Il est assez mauvais pour que je le protége.
Allons les retrouver.

SCÈNE X.

BELROSE, un laquais.

LE LAQUAIS.
Monsieur...
BELROSE.
Qu'est-ce?
LE LAQUAIS.
Un Anglais
Cherche monsieur Bernard, qu'il ne trouve jamais.
Il est venu tantôt retenir en personne
Une loge grillée, et veut qu'on la lui donne :
Il la demande en vain. Que faire? tout est pris.
BELROSE.
Les noms des amateurs par ordre étaient inscrits;
Le sien?

LE LAQUAIS.

Milord Pembrock.

BELROSE, *tirant la lettre de sa poche.*

Pembrock! ô Providence
La belle occasion de les mettre en présence!
Pour Estelle et pour lui l'entretien sera doux,
Et c'est avant la noce un plaisant rendez-vous.
Milord sans le savoir entrera dans mes vues;
Courons le voir: vivat! ce soir je vais aux nues;
Mes débuts dans un mois, demain pompeux festin,
Aujourd'hui grand scandale! Allons, saute, Frontin!

ACTE TROISIÈME

SCÈNE I.

GRANVILLE.

Ils répètent la pièce, et je viens de l'entendre;
Je veux être pendu si j'y puis rien comprendre.
L'un gronde entre ses dents, l'autre rit aux éclats;
On crie, on s'interrompt, l'auteur peste tout bas...
Moi, j'admirais de près ma charmante cousine.
Bernard en dit un bien... Elle est, ma foi, divine!
Belrose, dont l'avis ne peut être suspect,
En parle avec éloge et même avec respect.
Mais Victor m'inquiète, et j'entends qu'on l'oublie;
Quand j'offre un million, refuser est folie.
Lucile a du bon sens... Je la croyais ici...
Ah! ce pauvre Victor, je le plains!... La voici...

SCÈNE II.

GRANVILLE, LUCILE.

LUCILE.
J'espérais au foyer trouver madame Estelle ;
Mais je ne la vois pas... Pardon!
GRANVILLE.
Mademoiselle,
Puis-je vous demander si l'on dispute encor?
LUCILE.
Tout le monde à la fois, jusqu'à monsieur Victor.
Enfin madame Estelle est ma seule espérance.
GRANVILLE.
Ces débats sont fréquents, selon toute apparence?
LUCILE.
C'est ainsi qu'on répète.
GRANVILLE.
Avec ce même accord?
LUCILE.
Oui.
GRANVILLE.
C'est plus fatigant que je n'ai cru d'abord.
LUCILE, *faisant un mouvement pour sortir.*
Permettez...
GRANVILLE.
Un moment, écoutez-moi, de grâce :
(A *part.*)
Ma déclaration quelque peu m'embarrasse...
Voulez-vous m'honorer d'un regard?... Les beaux yeux!...
Je vais vous étonner : me trouvez-vous bien vieux?
LUCILE.
Que veut dire monsieur?...
GRANVILLE.
Parlez, un long voyage

A dû brunir mon teint et creuser mon visage;
Mais j'ai trente-six ans.
LUCILE.
Je ne devine pas.
GRANVILLE.
Les voyages sur mer n'ont pour vous nul appas?
LUCILE.
Non, monsieur.
GRANVILLE.
C'est dommage; et si, par aventure,
Un marin dont l'esprit ne fut pas sans culture,
Grand voyageur, bien franc, tourné dans ma façon,
Ayant mes traits, mon air, honnête homme et garçon,
De mon âge à peu près, d'un joyeux caractère,
Tombait dans ce foyer de quelque autre hémisphère,
Et, jurant à vos pieds l'amour le plus constant,
Appuyait son aveu d'un million comptant,
Vous offrait un hôtel, un brillant équipage...
LUCILE.
Je ne saurais, monsieur, comprendre ce langage;
Souffrez...
GRANVILLE.
Non pas, un mot doit calmer votre effroi.
Votre tuteur m'approuve; au moins écoutez-moi.
Dans ce maudit foyer tout prête à l'équivoque;
J'explique en l'achevant un discours qui vous choque.
Ce voyageur, c'est moi; son portrait, c'est le mien,
Et c'est avec son nom qu'il vous offre son bien.
LUCILE.
Cette preuve d'estime et me touche et m'honore.
Le monde, je le vois, me rend justice encore;
Mais l'accueil du public a passé mes désirs.
Mes devoirs, grâce à lui, sont pour moi des plaisirs;
Contente de mon sort, heureuse près d'un père,
Je ne peux...

GRANVILLE.
Je suis franc : seriez-vous moins sincère?
Expliquons ce refus : certain monsieur Victor
A surpris votre cœur et me fait un grand tort.

LUCILE.
Je suis fière, il est vrai, de l'amour qu'il m'inspire :
Son talent...

GRANVILLE.
Ah! talent dont on ne peut rien dire,
Qui n'est pas bien prouvé.

LUCILE.
Qui doit l'être ce soir,
Qui le sera, monsieur.

GRANVILLE.
C'est ce qu'il faudra voir.
Un poëte!

LUCILE.
Il est loin d'être millionnaire ;
Alors, pour bien des gens, c'est un homme ordinaire ;
Qu'il le soit à vos yeux, rien de plus naturel :
Il n'offre pas d'écrin, d'équipage, d'hôtel :
Non, mais je l'aime.

GRANVILLE.
Eh ! c'est cet amour dont j'enrage,
Pour qui j'aurais cent fois donné mon héritage.
Que vous manquerait-il si j'étais votre époux?
Si vous m'aviez aimé...

LUCILE.
Je n'eusse aimé que vous.

GRANVILLE.
Grand merci pour Victor! D'une mer turbulente
Il va sur un théâtre affronter la tourmente.
Quelle audace! Malgré son mérite et vos vœux,
Je crains fort qu'il n'échoue.

LUCILE.
Il sera malheureux,

ACTE III, SCÈNE IV.

Et je l'en chérirai, s'il se peut, davantage.
GRANVILLE.
Mais, affranchi par là du serment qui l'engage,
Votre tuteur enfin...
LUCILE.
      Je connais mon devoir ;
Mon tuteur sait aussi jusqu'où va son pouvoir,
A sur mes sentiments l'autorité suprême ;
Mais je n'en dois, monsieur, répondre qu'à lui-même.
(*Elle fait une révérence et sort.*)

SCÈNE III.

GRANVILLE.

Eh bien ! de son refus je suis tout stupéfait !
  (*Avec emportement.*)
Préférer un Victor !... qui me vaut bien, au fait.
Monsieur le légataire, allons, point de faiblesse ;
Je saurai si Victor mérite sa tendresse.

SCÈNE IV.

GRANVILLE, BELROSE.

BELROSE.
Tiens, c'est toi ! tu vas rire.
GRANVILLE.
     Eh ! de quoi ?
BELROSE.
        C'est charmant.
Tu vas bien t'amuser. Une veuve, un amant...
GRANVILLE.
S'agit-il, par hasard, de Victor, de Lucile ?
BELROSE.
Non, non, c'est une histoire...

GRANVILLE.

      Eh! laisse-moi tranquille!
Intrigue, mon enfant, si tel est ton plaisir;
Pour chagriner autrui je n'ai pas de loisir.
        (*Il sort.*)

SCÈNE V.

BELROSE.

Chagriner, chagriner! quel mauvais caractère!
On ne rirait de rien. Milord viendra, j'espère;
Estelle aussi... Faut-il me mêler aux débats?
Belrose, mon ami, ne vous exposez pas :
Une femme en colère est toujours respectable.
Des orages du cœur je me défie en diable;
On épargne l'amant; c'est pour les indiscrets
Que la grêle est à craindre et qu'il pleut des soufflets.

SCÈNE VI.

BELROSE, PEMBROCK.

BELROSE.

Entrez, milord, entrez, c'est par ici.
    PEMBROCK.

        De grâce,
D'où me connaissez-vous? ce procédé me passe;
Me céder votre loge!
    BELROSE.
      Attendez un moment,
Et vous serez surpris bien agréablement.
    PEMBROCK.
Volontiers! mais, ravi de tant de complaisance,
Je veux faire avec vous plus ample connaissance.

ACTE III, SCÈNE VI.

BELROSE.

C'est trop d'honneur!

PEMBROCK.

Non pas; un préjugé français
Longtemps pour vous, messieurs, fut injuste à l'excès.
Quand un comédien unit, en Angleterre,
Aux dons d'un beau talent un noble caractère,
Il peut prétendre à tout, partout il est admis;
Nous nous honorons tous d'être de ses amis;
Et c'est le moins qu'on doive aux travaux qu'il s'impose,
A l'esprit délicat que ce grand art suppose,
Aux rares qualités dont l'ensemble enchanteur
Trouble, étonne, attendrit, captive un spectateur,
Arrache une jeunesse ardente et désœuvrée
Aux dangereux loisirs d'une longue soirée...

BELROSE, *à part.*

Qui peut la retenir?

PEMBROCK.

Quand on y veut songer,
Que de tentations le doivent assiéger!
S'il oppose à leur charme un courage exemplaire,
Est-il pour l'honorer un trop noble salaire?
Londres n'en connaît point, et naguère à sa voix
Garrick suivit Shakespear dans le tombeau des rois.

BELROSE.

Paris fait moins pour nous.

(*A part.*)
Je ne vois pas Estelle.

PEMBROCK.

Mais loin de se régler sur un pareil modèle,
De faire comme vous, si c'est un intrigant,
Un brouillon...

BELROSE.

Ah! milord...

PEMBROCK.

A Londre on en voit tant...

Alors ce n'est plus lui, c'est son talent qu'on aime;
Et s'il perd notre estime, il le doit à lui-même.
BELROSE.
(*A part.*)
Milord... Je viens pour rire, et j'attrape un sermon.
(*A Pembrock.*)
Mais que peut faire Estelle? Oh! je la vois. Pardon.

SCÈNE VII.

PEMBROCK, BELROSE, ESTELLE.

BELROSE. (*Il prend la main d'Estelle et la conduit en causant près de Pembrock.*)
Je voulais avec vous me concerter d'avance,
Et je vous attendais pour la reconnaissance.
ESTELLE.
C'est milord!
PEMBROCK.
C'est ma veuve!
BELROSE.
Ah! mon Dieu! quoi, vraiment?
Que je suis donc fâché... c'est bien innocemment...
Mais je crains de gêner un si doux tête-à-tête.
(*A part.*)
Il faut que tout le monde ait sa part de la fête;
Courons les avertir.

SCÈNE VIII.

ESTELLE, PEMBROCK.

ESTELLE.
Puis-je en croire mes yeux?
Quoi! vous ici, milord?

ACTE III, SCÈNE VIII.

PEMBROCK.
Vous, baronne, en ces lieux!
Voilà donc la douleur où vous étiez livrée!

ESTELLE.
C'est donc là cette foi que vous m'aviez jurée!

PEMBROCK.
Madame, expliquons-nous, sans larmes, sans fureurs :
Comment vous trouvez-vous dans un foyer d'acteurs?

ESTELLE.
Moi?...

PEMBROCK.
Cherchez des raisons qui me puissent confondre.

ESTELLE.
Il ne faudrait qu'un mot!
(*A part.*)
Je ne sais que répondre.

PEMBROCK.
Et comment ce monsieur, qui vient de nous quitter,
Sur un rôle avec vous peut-il se concerter?

ESTELLE, *à part.*
J'y suis!

PEMBROCK.
Votre embarras malgré vous se décèle.

ESTELLE.
Connaissez-vous l'auteur de la pièce nouvelle?

PEMBROCK.
Non. Que m'importe? Ici qui peut vous amener?

ESTELLE.
Rougissez donc, ingrat, de m'oser soupçonner.

PEMBROCK.
Je ne souffre que trop à vous croire parjure;
Achevez.

ESTELLE.
Je m'adonne à la littérature.

PEMBROCK.
Vous!

ESTELLE.
La pièce est de moi.
PEMBROCK.
Vous auteur!
ESTELLE.
Eh! milord,
Quelle femme aujourd'hui ne brigue un si beau sort?
En vain l'autorité d'un ridicule usage
Confinait nos talents dans les soins d'un ménage :
Le Pinde est envahi par des femmes auteurs;
Devant nous la morale abaisse ses hauteurs;
Notre génie embrasse et peinture et musique,
Et dans ses profondeurs sonde la politique.
Des rigueurs du public j'osais braver l'écueil;
Je vous apparaissais, dans mes rêves d'orgueil,
Aux acclamations d'un parterre unanime,
Comme un astre, écartant la nuit de l'anonyme;
Je vous voyais surpris, stupéfait, enchanté.
Je n'ai rien fait, ingrat, pour la postérité;
L'amour seul me guidait au temple de Mémoire;
Oui, je voulais en dot vous apporter ma gloire,
Et vous suivre à l'autel le front ceint de lauriers.
PEMBROCK.
Quoi! la pièce qu'on donne... est-il vrai?... vous seriez...
Se peut-il? vous auteur! Je ne me sens pas d'aise :
J'aimais sans le savoir la Sapho bordelaise.
ESTELLE.
Mais quand je vois ma gloire en horreur à vos yeux...
PEMBROCK.
Comment?
ESTELLE.
Tout son éclat me devient odieux.
PEMBROCK.
Mais écoutez-moi donc.
ESTELLE.
O funeste délire!

Qui pensa me coûter le seul bien où j'aspire !
PEMBROCK.
De grâce...
ESTELLE, *entraînant Pembrock.*
Adieu, lauriers ! Venez.
PEMBROCK.
Mais...
ESTELLE.
Je le veux :
Que m'importe de plaire à nos derniers neveux ?
C'est de vous, de vous seul, que je veux être aimée ;
Je dois vous immoler jusqu'à ma renommée ;
Je vous la sacrifie... En vain vous résistez...
(*A part.*)
Venez... Je suis perdue !

SCÈNE IX.

PEMBROCK, ESTELLE, VICTOR, FLORIDORE,
MADAME BLINVAL.

VICTOR, *à Estelle.*
Ah ! madame, arrêtez !
Je suis abandonné, trahi par tout le monde ;
Qu'au moins dans ce débat votre voix me seconde.
Prenez mes intérêts, j'ose vous en prier.
PEMBROCK, *bas à Estelle.*
Quel est ce monsieur-là ?
ESTELLE, *bas à Pembrock.*
C'est un jeune premier
(*Haut à Victor.*)
Qui débute. L'ouvrage, en vous faisant connaître,
A mon faible talent eût fait honneur peut-être.
Le sort, qui m'interdit un espoir si flatteur,
Frappe du même coup et l'artiste et l'auteur.
Je ne puis rien pour vous.

VICTOR.
O Dieu!
PEMBROCK, *à Estelle.*
Qui vous oblige?...
ESTELLE, *l'entraînant.*
Non, c'en est fait! venez, je le veux, je l'exige.

SCÈNE X.

VICTOR, FLORIDORE, MADAME BLINVAL.

VICTOR.
Aurais-je dû m'attendre à ce retour soudain!
MADAME BLINVAL!
S'il la fait milady, j'en mourrai de chagrin.
VICTOR, *à madame Blinval.*
Madame, par pitié... la pièce est affichée.
MADAME BLINVAL, *lui rendant son rôle.*
Faites jouer Lucile, on n'en est pas fâchée;
Mais qu'elle brille seule! oh! cela n'est pas bien.
Ajoutez à mon rôle, ou retranchez du sien.
(*Elle sort.*)
VICTOR, *à Floridore.*
Monsieur...
FLORIDORE, *lui rendant son rôle.*
Épargnez-vous des frais de rhétorique;
Cheveux gris dans les vers me semble prosaïque;
Cheveux gris déplairait à tous les bons esprits;
Et je ne dirai pas, monsieur, mes cheveux gris.
(*Il sort.*)

SCÈNE XI.

VICTOR, PUIS GRANVILLE.

VICTOR.
Ciel! est-il dans le monde un sort plus misérable?

GRANVILLE, *à part.*
Pour sonder notre auteur l'instant est favorable.
(*A Victor.*)
Vous vous trouvez, je crois, dans un grand embarras?
VICTOR.
Tout arrogants qu'ils sont, ils parleraient plus bas,
Si certain inspecteur, dont on craint la présence,
Voulait prendre en pitié ma juste impatience.
GRANVILLE, *bas avec intention*
Peut-être est-il ici?
VICTOR.
Quoi?
GRANVILLE.
Brisons sur ce point.
Je prétends vous servir, mais je ne dirai point
Comment ces chers messieurs sont dans ma dépendance.
VICTOR.
Je le comprends! Comptez sur ma reconnaissance.
GRANVILLE.
Je mets à ce service une condition.
VICTOR.
Laquelle?
GRANVILLE.
Je tiens fort à mon opinion :
Blinval est à mon sens un profond politique...
VICTOR.
Ce n'est pas mon avis; mais parlez.
GRANVILLE.
Je m'explique :
Grâce à lui, dans vos vers j'ai saisi quelques traits,
Quelques allusions et même des portraits...
VICTOR.
Enfin...
GRANVILLE.
Qui blesseraient plus d'un grand personnage.

VICTOR.

Et, si je les retranche, on jouera mon ouvrage?

GRANVILLE.

Sans doute.

VICTOR.

En refusant peut-être je suivrai
Un sentiment d'honneur qu'on trouve exagéré.
L'excès peut tout gâter, tout, même la sagesse :
J'en conviens le premier ; mais c'est une faiblesse,
C'est une lâcheté, dont je me punirais,
D'immoler ma pensée aux plus chers intérêts.
Courage! en écrivant mettez-vous à la gêne :
Pour ne blesser personne où donc placer la scène ?
Parlez ; comment tromper ces gens à l'œil si fin,
Plus méchants mille fois que l'auteur n'est malin,
Ces amis obligeants prêts à donner l'alerte?
Il faudrait la placer dans une île déserte.

GRANVILLE.

Eh! ne peut-on, sincère avec timidité,
Pour l'offrir sans péril farder la vérité?

VICTOR.

Un faiseur de romans, dont la verve est glacée,
Peut par de vains détours énerver sa pensée,
Et, perdu dans le vague avec nos grands esprits,
Des brouillards d'Albion obscurcir ses écrits ;
Du théâtre français les muses plus sincères
De ce vague innocent ne s'accommodent guères.
Puis-je vous arracher ou le rire ou les pleurs,
Quand d'un tableau hardi j'efface les couleurs,
Quand ma main, trop timide à peindre la nature,
Masque la vérité des traits de l'imposture?
Le théâtre avant tout veut de la vérité.
Au sommet de son art si Molière est monté,
C'est qu'il fut toujours vrai, toujours peintre fidèle :
Plus d'un portrait chez lui fit pâlir le modèle.

GRANVILLE.

Croyez-moi, pardonnez au pauvre genre humain.
Laissez là le théâtre; et, l'épée à la main,
N'entrez pas comme un fou dans la littérature.
En style descriptif chantez l'agriculture;
A la femme du maire adressez un sonnet,
Ou sur la bienfaisance une épître au préfet.
C'est ainsi qu'on parvient, et les grands à leurs tables
Disent : Ce garçon-là fait des vers admirables.
On boit à vos succès, on vous fête, on vous rit;
Voilà ce que j'appelle exploiter son esprit.
Mais vous voulez fronder, et qui donc? l'hypocrite,
L'orgueilleux, le menteur, le fat, le parasite?
Ces travers surannés dont vous vous courroucez,
Thalie en fait justice et les a terrassés.
Tout va-t-il déclinant dans ce siècle prospère?
Et trouvez-vous le fils plus méchant que son père?

VICTOR.

Les hommes d'aujourd'hui valent bien leurs aïeux;
Mais je puis les railler s'ils ne valent pas mieux.
Le ridicule manque! Ah! qu'il naisse un Molière :
Notre âge à son génie offre une ample matière.
Tout change; reproduits sous mille aspects divers,
Nos travers chaque jour enfantent des travers.
Vous voulez enchaîner le démon qui m'inspire :
Soit, mais de la raison rétablissez l'empire,
Réformez les abus, ne peuplez nos salons
Que de sages sans morgue, et non pas de Catons;
Corrigez, s'il se peut, ce noble atrabilaire,
Pour qui l'honneur n'est rien s'il n'est héréditaire;
D'un pouvoir qu'ils servaient ces détracteurs outrés,
Encor meurtris des fers dont ils se sont parés;
Ramenez au bon sens la mère de famille
Qui gouverne l'État et néglige sa fille.
Estimons l'étranger sans rire à nos dépens;
Aimons les nouveautés en novateurs prudents :

Que le littérateur se tienne dans sa sphère;
Qu'il vise à l'Institut, et non au ministère :
Confondez les partis, et qu'il n'en reste qu'un,
Non le vôtre ou le mien, celui du bien commun.
Alors fronder nos mœurs n'est plus qu'un vain délire;
A chanter nos vertus je consacre ma lyre;
Heureux si je fais dire à la postérité
Qu'en vantant mon pays je ne l'ai point flatté!
####### GRANVILLE.
S'il ne vous tombe pas, par un hasard unique,
Quelque succession de l'Inde ou de l'Afrique,
Dans un lieu trop souvent aux poëtes fatal,
Vous pourrez de Gilbert mourir collatéral.
####### VICTOR.
Ah! si dans son cercueil Gilbert peut nous entendre,
Quelle ardeur de rimer doit tourmenter sa cendre!
Un instinct généreux, que je ne puis dompter,
Dans ces temps corrompus me pousse à l'imiter.
J'affronte son destin, je l'accepte en partage :
Vertu, gloire, malheur, c'est un noble héritage.
####### GRANVILLE, *à part.*
Son fanatisme, au moins, est celui du talent,
De l'honneur!

SCÈNE XII.

VICTOR, GRANVILLE, BERNARD, LUCILE.

####### VICTOR, *à Bernard qui lui rend son rôle.*
Vous aussi! vous! et dans quel moment!
####### BERNARD.
J'ai des intentions vraiment très-pacifiques;
Mais à qui désormais adresser mes répliques?
####### VICTOR.
Eh! ne deviez-vous pas contre eux vous révolter,
Faire parler mes droits?

ACTE III, SCÈNE XIV.

BERNARD.
Il faudrait disputer :
C'est pénible ; et pour peu que l'on ait l'âme bonne...
VICTOR.
Quand on est bon pour tous, on ne l'est pour personne.
Votre bonté ne veut, ne fait, n'empêche rien.
Mon Dieu ! soyez méchant, et faites-moi du bien.
BERNARD, *à Lucile.*
Viens, suis-moi, mon enfant ; jamais je ne querelle.
LUCILE, *les larmes aux yeux.*
Adieu, monsieur Victor.
VICTOR.
Adieu, mademoiselle.
(*Ils sortent.*)

SCÈNE XIII.

VICTOR, GRANVILLE.

VICTOR, *tombant dans un fauteuil.*
Elle fuit ; c'en est fait, allons, j'ai tout perdu.
GRANVILLE.
Pourquoi ? soyons d'accord, et tout vous est rendu...
Voyons, dans vos refus persistez-vous encore ?
VICTOR.
Toujours, monsieur.
GRANVILLE.
Tenez, ce mot-là vous honore,
(*A part.*)
Et je veux... Mais partons, car je l'embrasserais.

SCÈNE XIV.

VICTOR.

Vous avez sur ma tête épuisé tous vos traits,

8.

O destins ennemis! et me voilà tranquille;
(*Après un moment de silence.*)
Je n'ai plus rien à perdre... Ah! Lucile! Lucile!
Que d'affronts en un jour, et comme ils m'ont traité!
Ils rejettent ma pièce avec indignité...
(*Il se lève.*)
Eh bien! j'en suis content. Elle eût fait leur fortune.
Que pour la demander leur sénat m'importune;
Je veux leur dire à tous : Vous êtes des ingrats!
(*Il jette tous les rôles dans le foyer.*)
Je refuse à mon tour, vous ne la jouerez pas.
Muses, que j'honorai d'un culte si funeste,
Ce cœur trompé par vous désormais vous déteste.
(*Parcourant le théâtre à grands pas.*)
Et toi, théâtre, adieu; que maudit soit le jour
Où je te confiai ma gloire et mon amour!
Adieu, je t'abandonne aux discordes fatales,
Aux serpents de l'envie, au démon des cabales;
Loin d'eux et loin de toi je cours chercher la paix,
Et quitte ce foyer pour n'y rentrer jamais.
(*Il sort précipitamment.*)

ACTE QUATRIÈME

SCÈNE I.

BELROSE, MADAME BLINVAL.

BELROSE.

Dieu! quels flots d'amateurs! quel bruit! quelle recette!
Si le spectacle tient, la chambrée est complète.

ACTE IV, SCÈNE I.

Notre affiche sans bande étale à tous les yeux
De l'ouvrage nouveau le titre radieux.
Les bureaux vont s'ouvrir, et nos braves cohortes
Dans leur camp retranché se rangent près des portes.
Vous jouez, m'a-t-on dit?

MADAME BLINVAL.

C'est faiblesse, j'ai tort;
Mais comment résister aux prières d'un lord?

BELROSE.

Quoi! ce seigneur anglais vous a rendu visite?

MADAME BLINVAL.

Il sait m'apprécier; je lui crois du mérite.
Mon talent lui plaît fort; d'ailleurs il s'est chargé
De mes débuts à Londre, à mon premier congé.

BELROSE.

Pour l'intérêt d'autrui son ardeur est extrême;
Chez moi, comme chez vous, il s'est rendu lui-même.
Pour trouver Floridore il m'a quitté trop tard;
Mais il a vu Lucile et converti Bernard.
Il connaît donc Victor?

MADAME BLINVAL.
Non.

BELROSE.

Comment! il intrigue,
A courir tout Bordeaux par plaisir se fatigue,
Il perd auprès de nous ses discours et ses pas,
Pour un auteur sans nom et qu'il ne connaît pas?
Quel saint amour de l'art, quel démon littéraire
Tourmente, à nos dépens, cet honnête insulaire?

MADAME BLINVAL.

C'est Estelle.

BELROSE.
Vraiment?

MADAME BLINVAL.

Chut! il m'a tout conté.
C'est une horreur, mon cher, c'est une indignité.

Il croit qu'elle est baronne et même auteur comique,
Que nous représentons son œuvre dramatique.
BELROSE.
Voyez-vous!... Mais alors je ne puis concevoir
Que cette noble veuve ose jouer ce soir.
MADAME BLINVAL.
Autre mystère. On dit que votre ami Granville
L'a vue, a dit trois mots; à ses ordres docile,
Elle jouera.
BELROSE, *à part*.
J'y suis. Motus sur l'inspecteur!
MADAME BLINVAL.
Mais, pour se délivrer d'un fâcheux spectateur,
Elle a fait grand fracas du danger qu'elle affronte :
Tomber devant milord, elle en mourrait de honte.
Le public jouira du fruit de ses travaux,
Si milord pour ce soir veut bien quitter Bordeaux,
S'enfermer ici près dans ce petit domaine...
Où nous avons dîné le jour de ma migraine.
Honteuse d'une chute ou fière d'un succès,
Elle ira lui porter sa joie ou ses regrets.
Mais la pièce sifflée (et c'est ce qu'elle espère),
Tous deux le lendemain partent pour l'Angleterre.
Notre Anglais s'est soumis, non sans de grands débats;
Il cède, il promet tout, sa foi ne suffit pas;
On veut le voir partir, on ferme la portière,
Et puis, fouette cocher ! A peine à la barrière,
Mille noires terreurs assiégent son cerveau :
Si l'on ne donnait pas le chef-d'œuvre nouveau!
Les acteurs balançaient, il faut qu'il les décide,
Il n'y peut plus tenir : soudain on tourne bride,
Et milord dans Bordeaux, en prenant un détour,
Comme un conspirateur rentre au déclin du jour.
Il court chez l'un, chez l'autre, il promet, il supplie,
Parle au nom du public, des beaux-arts, de Thalie,
De la postérité, triomphe, et fait si bien

ACTE IV, SCÈNE I.

Qu'on va jouer Victor, qui n'y comprendra rien.

BELROSE.

Eh quoi! vous n'avez pas, d'un esprit charitable,
A Pembrock, en douceur, conté toute la fable?

MADAME BLINVAL.

J'ai fait mieux : je prépare une scène d'effet,
Qui doit être pour lui du plus vif intérêt.
Milord est connaisseur : la belle circonstance
Pour juger du talent des actrices de France!
Il voulait repartir, et je l'ai retenu :
De nous signaler tous le moment est venu,
Ai-je dit, la victoire est sûre, incontestable;
Mais prêtez-nous, vous-même, une main secourable.
Je le presse, il s'enflamme et prend trente billets
Qui, délivrés par lui, porteront l'ordre exprès
D'applaudir, d'entasser éloge sur éloge,
Au premier bruit flatteur échappé de sa loge.
Eh bien! qu'en dites-vous?

BELROSE.

Je vous admire.

MADAME BLINVAL.

Au moins,
La nouvelle entrevue aura quelques témoins.
Vous les figurez-vous, se voyant face à face :
Pembrock tout effaré, qui crie et qui menace,
Qui siffle...

BELROSE.

Eh! mais Victor?

MADAME BLINVAL.

Qu'y faire? c'est fâcheux,
Dans son second ouvrage il sera plus heureux.

BELROSE.

Je l'ai fait prévenir de se rendre au théâtre.
Viendra-t-il?

MADAME BLINVAL.

Pourquoi pas?

BELROSE.
Il est opiniâtre;
Il va se retrancher dans ses grands sentiments.
MADAME BLINVAL.
Il boude? les auteurs sont comme les amants;
Eussions-nous tous les torts que leur fierté nous prête,
Quand nous leur pardonnons, la paix est bientôt faite.
Mais tenez, le voilà : qu'ai-je dit?
BELROSE.
Oui, ma foi!
MADAME BLINVAL.
Je ne puis lui parler, je n'ai qu'une heure à moi :
Je cours à ma toilette.

SCÈNE II.

BELROSE.

Oh! la bonne figure!
Toutefois cet air sombre est d'assez triste augure.

SCÈNE III.

BELROSE, VICTOR.

VICTOR.
Pourquoi m'avoir écrit? dites, que me veut-on?
BELROSE.
Si vous vous en doutiez, vous changeriez de ton.
L'exorde est un peu brusque.
VICTOR.
Il est ce qu'il doit êtr
J'ai pris ces lieux en haine et rougis d'y paraître.
BELROSE.
Et cependant ce soir votre ouvrage est donné.

####### VICTOR.
A ne pas le souffrir je suis déterminé.
####### BELROSE.
Comprenez-vous le sens de ce que vous me dites?
####### VICTOR.
Encor des pourparlers, des débats, des visites!
Je me lasse à la fin.
####### BELROSE.
Mais vous touchez au but.
####### VICTOR.
Non, j'essuierais de vous quelque nouveau rebut,
Quelque affront..
####### BELROSE.
Eh! pour Dieu! souffrez qu'on vous annonce
Que...
####### VICTOR.
J'ai pris mon parti, c'en est fait, j'y renonce.
####### BELROSE.
C'est de lui maintenant que l'obstacle viendra.
Un seul mot!
####### VICTOR.
C'est en vain.
####### BELROSE.
Ah! comme il vous plaira.
Puisqu'il en est ainsi, monsieur, je me retire.
####### VICTOR.
Voyons, saurai-je enfin ce que vous voulez dire?
####### BELROSE.
Que vous seriez puni si je ne disais rien!
Il faut en convenir, le ciel vous veut du bien;
Tout le monde à présent sous vos drapeaux s'enrôle,
Et d'un commun accord redemande son rôle;
Et cela, s'il vous plaît, par intérêt pour vous.
####### VICTOR.
Voilà qui me surprend.

BELROSE.

Ainsi nous jouons tous.
Il faudra seulement décider Floridore.

VICTOR.

Devant lui vous voulez que je m'abaisse encore?

BELROSE.

Qui, moi? je ne veux rien.

VICTOR.

Et vous avez raison.

BELROSE.

Tenez ferme, parbleu! ne cédez pas.

VICTOR.

Oh! non...
Et comment voulez-vous d'ailleurs qu'on le décide?

BELROSE.

Il faudrait l'aborder d'un air doux et timide.

VICTOR.

Bien débuter. Après.

BELROSE.

Vous excuser un peu,
Et même le flatter sur son goût, sur son jeu.

VICTOR.

Son jeu! quand il répète il me met au martyre;
Son goût! mes plus beaux vers sont ceux qu'il veut proscrire.
Le bourreau.

BELROSE.

Lui céder, par le traité de paix,
Ces vers qui sont fort bons, mais qu'il trouve mauvais.

VICTOR.

Morbleu! j'entre en fureur!

BELROSE.

Contenez votre bile.
Floridore s'avance avec monsieur Granville.
Vous pouvez d'un seul mot fixer votre destin;
Dois-je aller endosser mon habit de Frontin?

ACTE IV, SCÈNE V.

Eh bien! oui... n'est-ce pas? adieu donc, je vous laisse.
Surtout de la douceur.

SCÈNE IV.

VICTOR.

Dieu! quelle est ma faiblesse?
A caresser un fat forçons-nous un moment :
Ma gloire et mon amour, tout mon sort en dépend.

SCÈNE V.

VICTOR, GRANVILLE, FLORIDORE.

VICTOR, *à Floridore.*

Est-ce trop présumer de votre complaisance
Que d'implorer de vous un moment d'audience?

FLORIDORE, *à Granville.*

Vous permettez?

GRANVILLE.

Comment!

FLORIDORE.

Veuillez donc vous asseoir,
(*Granville s'assied et les observe.*)
(*A Victor.*)
Je suis à vous. J'écoute.

VICTOR, *se contenant à peine.*

On m'a donné l'espoir
Qu'oubliant des débats que moi-même j'oublie...

FLORIDORE.

De quoi donc s'agit-il? de votre comédie?
Je ne la jouerai pas.

VICTOR.
Observez cependant
Que les bureaux, monsieur, s'ouvrent dans un instant.
FLORIDORE.
Comment donc! sur l'affiche on n'a pas mis de bande?
VICTOR.
Non, le public attend.
FLORIDORE.
Que le public attende.
Je ne la jouerai pas.
VICTOR.
Si...
FLORIDORE.
J'y suis résolu.
VICTOR.
Si je sacrifiais ce qui vous a déplu.
FLORIDORE.
Mon rôle, j'en suis sûr, ne fera pas fortune.
VICTOR.
Pourquoi?
FLORIDORE.
Pour cent raisons.
VICTOR.
Je n'en demande qu'une.
FLORIDORE.
Si j'en veux jusqu'au bout détailler les défauts,
Je ne finirai pas...
VICTOR.
Mais encore?...
FLORIDORE.
Il est faux.
Je prête au ridicule enfin dans votre ouvrage.
VICTOR, *se laissant emporter par degrés.*
Ce n'est pas vous, monsieur, mais votre personnage.
FLORIDORE.
Tenez, d'un bout à l'autre il le faudra changer.

ACTE IV, SCÈNE V.

VICTOR.

Y songez-vous, ô ciel!

FLORIDORE.

C'est à vous d'y songer.
En tout cas, il ne peut qu'y gagner, ce me semble.

VICTOR.

Valût-il cent fois mieux, que deviendra l'ensemble?

FLORIDORE.

Ce n'est pas mon affaire.

VICTOR, *hors de lui*.

Eh! c'est la mienne, à moi.
A quel titre, après tout, par quelle étrange loi,
Usurpant sur mon sort un pouvoir despotique,
M'osez-vous en tyran dicter votre critique?
Quand je vous lus ma pièce, elle obtint votre voix;
Il fallait exercer la rigueur de vos droits.
Ai-je demandé grâce? Un éloge unanime
Sur vos scrutins flatteurs consigna votre estime.
Les démentirez-vous, et votre jugement
Balancera-t-il seul le commun sentiment?
Ce qui vous parut bon vous semble pitoyable;
Votre humeur peut changer, mais l'art reste immuable;
Mais des torts de l'auteur l'ouvrage est innocent.
Vous redoutez pour vous le revers qui m'attend :
Ne peut-on siffler l'un sans déshonorer l'autre?
C'est mon ouvrage enfin qu'on donne, et non le vôtre.
Et savez-vous, monsieur, par quels soins, quels ennuis,
Quel sacrifice entier de mes jours, de mes nuits,
Par quels travaux sans fin, qu'ici je vous abrége,
J'ai payé d'être auteur le fâcheux privilége?
Ce rôle que proscrit votre légèreté,
Je l'ai conçu longtemps, et longtemps médité.
Ces vers, dont votre goût s'irrite et s'effarouche,
Ne sont pas sans dessein placés dans votre bouche.
Mais non, de juger tout le droit vous est acquis,
Et c'est à tout blâmer que brille un goût exquis.

Jugez donc, sans appel prononcez au théâtre,
Et recueillez l'encens d'une foule idolâtre.
Quand, poussés par l'humeur ou par votre intérêt,
Vous portez au hasard votre infaillible arrêt,
Notre partage, à nous, misérables esclaves,
C'est de bénir vos lois, d'adorer nos entraves,
Et de prendre pour nous en toute humilité
Les affronts d'un sifflet par vous seuls mérité.

FLORIDORE.

C'est éloquent; d'honneur, le dépit vous inspire :
Ce ton pourrait blesser, s'il ne faisait pas rire.
Vous vous plaignez de nous; d'où vient? Le comité
Reçoit votre grand œuvre à l'unanimité;
Après six ans au plus, par faveur singulière,
Le comité consent à le mettre en lumière.
On répète vos vers, et pendant cinq grands mois
On fatigue pour vous sa mémoire et sa voix.
Un passage déplaît, je demande, j'exige,
Dans son intérêt seul, que monsieur le corrige,
Monsieur prend feu soudain, c'est un bruit, des éclats...
On juge toujours mal quand on n'approuve pas,
Je le sais; mais pourtant c'est fort mal reconnaître
Les bontés que pour vous on a laissé paraître.

VICTOR.

Vos bontés? secourez ma mémoire en défaut :
Où sont donc ces bontés que vous prônez si haut?
Écouter les auteurs qui vous en semblent dignes,
Quel généreux effet de vos bontés insignes !
Un rôle qui vous plaît est par vous accepté;
Il doit vous faire honneur, n'importe, c'est bonté.
Dans l'espoir qu'un succès doublera vos richesses,
Vous poussez la bonté jusqu'à jouer nos pièces;
J'eus tort de l'oublier, et vous avez raison :
Je suis ingrat, monsieur, comme vous êtes bon.

FLORIDORE.

Tout beau, monsieur l'auteur! Comment? du persiflage!

Nous saurons vous forcer à changer de langage,
Nous verrons qui de nous doit faire ici la loi.
On ne vous jouera pas.

VICTOR.

Qui l'empêchera?

FLORIDORE.

Moi.

VICTOR.

Vous!

FLORIDORE.

Moi-même, et je cours...

VICTOR, *en fureur*.

Restez, il faut m'entendre :
A chercher vos mépris m'aurait-on vu descendre
Sans cet espoir secret qu'enfin la vérité
Devait en me vengeant consoler ma fierté?
Certes, c'est une audace étrange et merveilleuse
Qu'elle ait pu violer votre oreille orgueilleuse;
Mais quoi que vous fassiez, vous ne la fuirez pas :
Pour vous en accabler, je m'attache à vos pas.

(*Il le saisit par le bras.*)

De l'art où vous brillez quand vous plaidez la cause,
Vous nous exagérez les devoirs qu'il impose :
Mais les remplissez-vous? que sont-ils devenus,
A quoi les bornez-vous, ces devoirs méconnus?
A promener vos fronts, de couronne en couronne,
Du Midi dans le Nord, du Rhin à la Garonne,
A guider sur le Cours un char bien suspendu,
Signer chez le caissier quand son compte est rendu,
A bâtir des châteaux, à planter des parterres,
A courir mille arpents sans sortir de vos terres,
Et vivant en seigneurs, de la cour éloignés,
A remplir de vous seuls le bourg où vous régnez!

FLORIDORE.

Monsieur...

VICTOR, *le retenant par le bras.*

Vous m'entendrez. Oui, par votre indolence
Le théâtre avili marche à sa décadence.
Que de vieux manuscrits, qui sont encor nouveaux,
Dans vos cartons poudreux ont trouvé leurs tombeaux!
Que d'enfants inconnus du vivant de leurs pères,
En paraissant au jour sont nés sexagénaires,
Et, mutilés par vous quand vous nous les offrez,
Réduits à votre taille, énervés, torturés,
Ne rendent à l'oubli, qui soudain les réclame,
Que des corps en lambeaux, sans vigueur et sans âme!
Contre tant de dégoûts, que peuvent les auteurs?
Désespérés enfin d'un siècle de lenteurs,
Ils ravalent leur muse aux jeux du vaudeville,
Aux tréteaux de la farce où votre orgueil l'exile.
Ainsi périt en eux, dès leurs premiers essais,
Le germe des beaux vers et des nobles succès.
Tout périt; vous frappez notre littérature
Dans sa gloire passée et sa splendeur future...
Je le sais, ma franchise est un crime à vos yeux,
Je vois que je me perds; mais j'aime cent fois mieux
Tenir du travail seul une obscure existence,
En creusant un sillon vieillir dans l'indigence,
Sans espoir de repos, de fortune et d'honneur,
Que mendier de vous ma gloire ou mon bonheur.
Adieu.

GRANVILLE, *se levant, ramène Victor, et lui dit froidement en montrant Floridore.*

Monsieur jouera.

FLORIDORE.

Moi!

VICTOR.

Monsieur?

GRANVILLE.

Lui, vous dis-je.

FLORIDORE.

Jamais.

VICTOR.

En ma faveur vous feriez ce prodige ?
Quoi ! sans conditions ?

GRANVILLE.

La seule que j'y mets,
C'est de vous assurer si vos acteurs sont prêts.
Pour monsieur, rien ne presse : il entre au second acte.
Allez donc, mais sur l'heure, ou bien je me rétracte.

VICTOR.

J'obéis...

GRANVILLE, *lui tendant la main.*

Touchez là... mon cher, embrassons-nous.

VICTOR, *se jetant dans ses bras.*

Ah ! monsieur l'inspecteur, j'étais perdu sans vous.

SCÈNE VI.

GRANVILLE, FLORIDORE.

FLORIDORE.

Qu'entends-je ? Se peut-il ? Mais il est en délire.

GRANVILLE, *froidement.*

Non pas.

FLORIDORE.

Monsieur serait...

GRANVILLE, *avec dignité.*

Je n'ai rien à vous dire.

FLORIDORE.

Monsieur l'éprouve assez par nos égards pour lui ;
Près de nous le mérite est le meilleur appui.
Avant d'être connu vous aviez mon suffrage,
L'auteur n'est rien pour moi, je ne vois que l'ouvrage.

GRANVILLE, *tirant son manuscrit de sa poche.*
J'en ai la preuve en main.
FLORIDORE.
Que le vôtre m'a plu!
A peine je l'avais qu'aussitôt je l'ai lu.
GRANVILLE.
Je rends pleine justice à votre promptitude.
FLORIDORE.
De lire tout ainsi j'ai la bonne habitude.
GRANVILLE.
Quel travail!
FLORIDORE.
Avec moi l'on n'attend pas son tour;
Lu, présenté, reçu, le tout dans un seul jour;
Et l'on vient m'accuser!
GRANVILLE.
C'est pure calomnie.
FLORIDORE.
Vous pouvez, d'après moi, juger la compagnie.
Même goût, même tact, même sincérité,
Dans ses décisions même esprit d'équité.
En vain votre croyance un moment fut séduite;
A d'insolents discours j'oppose ma conduite :
Et si quelque imposteur nous noircit près de vous,
A votre manuscrit nous en appelons tous.
GRANVILLE, *lui remettant le manuscrit.*
Eh bien! qu'il vous réponde.
FLORIDORE, *l'ouvrant.*
Oh ciel! est-il possible?
Je suis sûr d'avoir lu...
GRANVILLE.
Mais moi, juge infaillible,
Je suis encor plus sûr de n'avoir rien écrit.
Ah! ah! vous pâlissez devant ce manuscrit!
Voilà qui vous confond, et qui prouve, j'espère,
Que vous êtes actif, juste, et surtout sincère.

FLORIDORE.

Monsieur...

GRANVILLE.

Cher président, j'estime qu'avant peu,
Vous et vos conseillers, vous allez voir beau jeu.

FLORIDORE.

Daignez...

GRANVILLE.

Vous êtes pris. De votre république
Vous avez compromis l'orgueil tragi-comique.
Ses membres, grâce à vous, vont être bafoués :
Vous jouez tout le monde, et je vous ai joués.

FLORIDORE.

Mais que vous ai-je fait?

GRANVILLE.

Et ce brave jeune homme,
Qu'ici pour son talent chacun de vous renomme,
Que chacun persécute, il a beau supplier;
Comment le traitez-vous? Comme un mince écolier.
Vous semblez à plaisir lasser sa patience;
Vous détruisez d'un mot sa plus chère espérance;
Que vous a-t-il fait, lui? Je prétends le venger.

FLORIDORE.

Y songez-vous? ô ciel!

GRANVILLE.

C'est à vous d'y songer.

FLORIDORE.

Vous me perdez, monsieur.

GRANVILLE.

Ce n'est pas mon affaire;
Vous le disiez tantôt.

FLORIDORE.

Voyons, que puis-je faire?
Comment vous désarmer?

GRANVILLE.

Victor vous l'apprendra.

9.

FLORIDORE.

Moi, je consentirais...

GRANVILLE.

Tout comme il vous plaira.
La chose en vaut la peine et j'en verrai l'issue.
Ah! ma pièce vous plaît! mais puisqu'elle est reçue,
Dût la troupe en fureur conjurer contre moi,
Morbleu! vous la jouerez ou vous direz pourquoi.

FLORIDORE.

Si je ne puis, monsieur, vous prouver mon estime
Qu'en vous sacrifiant un courroux légitime,
Je reprendrai mon rôle.

GRANVILLE.

A la fin, c'est parler.

FLORIDORE.

Dans quelques jours.

GRANVILLE.

Ce soir.

FLORIDORE.

Vous voulez m'immoler,
Sans pitié, sans égards...

GRANVILLE.

Adieu; cet opuscule
Ne vous couvrira pas d'un petit ridicule.
Je le vais publier, et dans l'avant-propos
En votre honneur et gloire imprimer quatre mots;
Et je veux que demain tout Bordeaux se régale
Des charmantes douceurs de crier au scandale,
Fasse pleuvoir sur vous cent couplets de chanson,
Qu'un rire inextinguible éclate à votre nom,
Qu'un orchestre inhumain en sifflant vous salue,
Au théâtre, au foyer, sur le Cours, dans la rue,
Et forme en bruits aigus un chorus d'opéra
Dont la fureur des vents jamais n'approchera.
Pour un indifférent l'aventure est commune;
Mais pour un inspecteur, c'est un coup de fortune.

FLORIDORE.

Ce nom si redouté m'inspire peu d'effroi,
Monsieur; par la menace on n'obtient rien de moi...
Je jouerai, mais pour vous dont l'estime m'est chère,
Pour un public nombreux qu'avant tout je révère;
Enfin pour ce Victor, qui n'est pas sans talent,
Une tête de feu!... mais un cœur excellent.
Je l'ai toujours aimé; je le vois qui s'avance :
Adieu, pour le succès j'ai beaucoup d'espérance.
(*Il sort.*)

SCÈNE VII.

GRANVILLE, VICTOR, BELROSE, LUCILE, MADAME BLINVAL, ESTELLE, BERNARD.

LUCILE, *à Granville.*

Floridore vous quitte; est-il vrai qu'à vos soins
Nous devrons le bonheur?...

GRANVILLE.

Je l'espère du moins :
Floridore à vos vœux cesse d'être contraire.
Malheureux ce matin de n'avoir pu vous plaire,
En termes assez durs j'ai reçu mon congé;
Je vous gardais rancune et je me suis vengé.

VICTOR.

Ah! ce trait généreux!

GRANVILLE.

Dans une loge en face,
En amateur zélé, je cours prendre ma place.
(*Il sort.*)

ESTELLE, *à part.*

Milord est loin d'ici, je ne redoute rien.

BELROSE, *bas à madame Blinval.*

Milord est dans sa loge.

MADAME BLINVAL.
Allons, tout ira bien.
Je me sens inspirée.
LUCILE.
Et moi, je perds courage.
BERNARD.
Moi, j'ai tous mes moyens, et mon jeu sera sage.
(*Regardant à sa montre.*)
Sept heures vont sonner, dans la salle on attend :
Est-on prêt?
VICTOR, *dans le plus grand trouble.*
Oui, frappez.
(*Bernard sort.*)
Dans ce dernier moment
Je veux... j'ai mille avis à vous donner encore.
Comment vous enflammer du feu qui me dévore?
(*A madame Blinval.*)
Que votre noble ardeur ne se démente pas;
Madame, de l'aplomb, surtout point d'embarras.
Lucile, au nom du ciel! faites tête à l'orage.
(*A Belrose.*)
Entrez bien dans l'esprit de votre personnage,
Belrose, du mordant, du nerf, de la chaleur...
Et votre grand couplet, le savez-vous par cœur?
(*A Estelle.*)
C'est sur votre récit que mon espoir se fonde;
Que votre verve entraîne, enlève tout le monde!
(*On frappe les trois coups.*)
Sauvez le dénoûment... Dieu! j'entends le signal.
(*Ils sortent.*)
Je ne vous retiens plus... Voici l'instant fatal.
Quel silence! écoutons... Je crois qu'on entre en scène...
Je suis devant mon juge; ah! ce n'est pas sans peine!

ACTE CINQUIÈME

SCÈNE I.

VICTOR, LUCILE.

LUCILE.
Au gré de vos désirs je vois tout succéder,
Et la victoire enfin semble se décider.
VICTOR.
Puisse le dernier acte emporter les suffrages !
Vous passez mon espoir; par quels soins, quels hommages
Vous payer d'un succès que je ne dois qu'à vous?
Non, jamais votre voix n'eut un accent plus doux,
Jamais la passion ne fut plus naturelle.
LUCILE.
Notre amour m'inspirait... Victor, je me rappelle
La scène de l'aveu, que vous redoutiez tant :
J'avais le cœur serré moi-même en l'écoutant ;
L'orchestre était muet, le parterre en balance...
Un murmure enchanteur a rompu le silence.
Je crois l'entendre encor.
VICTOR.
　　　　　Belrose était troublé ;
Il perdait la mémoire.
LUCILE.
　　　　　Oui, mais je l'ai soufflé.
Qu'on retient aisément des vers tels que les vôtres !
Je n'ai lu que mon rôle, et je sais tous les autres.

VICTOR.

Que n'êtes-vous mon juge! Est-il vrai? quoi! demain,
Ce soir, dans un moment, j'obtiendrais votre main!
Je devrais tout l'éclat, le bonheur de ma vie,
Ma première couronne, à ma meilleure amie!
Quel charmant avenir embellira des nœuds
Formés par deux amants sous cet auspice heureux!...
Mais, Lucile, où m'emporte une joie insensée?
Ma sentence peut-être est déjà prononcée.

LUCILE.

Ne tremblez point; que sert de vous troubler ainsi?
Imitez-moi...

VICTOR.

Je crois que vous tremblez aussi...
Allons, point de faiblesse, et d'une âme assurée
Défions...

SCÈNE II.

VICTOR, LUCILE, BLINVAL.

BLINVAL.

Floridore a manqué son entrée.

VICTOR.

Je suis perdu, trahi; c'est une indignité!
Le public...

BLINVAL

Le public ne s'en est pas douté;
Mais moi, qui connaissais...

VICTOR.

Que le ciel vous confonde!

LUCILE.

Il m'a fait une peur!

BLINVAL.

Voilà pourtant le monde!

Soyez officieux, rendez service aux gens;
On en est bien payé!
LUCILE.
Vos avis obligeants
Ne seront pas perdus. J'entre après Floridore;
De peur qu'un accident ne vous ramène encore,
Je cours jouer ma scène, et j'espère, au retour,
Par un tout autre avis l'obliger à mon tour.

SCÈNE III.

VICTOR, BLINVAL.

BLINVAL.
Je le voudrais aussi; mais...
VICTOR.
Quoi? soyez sincère.
Hélas! je le vois bien, vous ne l'espérez guère.
BLINVAL.
Je suis dans l'embarras... Je crains de vous fâcher.
VICTOR.
Qu'est-il donc arrivé? c'est trop me le cacher.
BLINVAL.
Ah! çà, du cœur!
VICTOR.
Un bruit de funeste présage
Aurait-il...
BLINVAL.
Jusqu'ici rien n'annonce un orage.
VICTOR.
Ah!
BLINVAL.
J'entends éclater des bravos imprévus,
A mille traits d'esprit que je n'avais pas vus;
Mais...

VICTOR.

Toujours mais. Voyons, parlez avec franchise;
Dites la vérité.

BLINVAL.

Que voulez-vous qu'on dise?
Chacun a son avis.

VICTOR.

Et le vôtre en est un.

BLINVAL.

Vous écrivez, mon cher, pour des gens du commun...
Des mœurs qu'on voit partout... rien n'y sent son grand monde
Dans votre pièce enfin la bourgeoisie abonde.
Pas un comte, un marquis, pas un petit baron,
Pour ennoblir un peu...

VICTOR.

Chrysale, Ariste, Orgon,
Pour être des bourgeois, sont-ils d'un bas comique?
Il semble, en écoutant cette absurde critique,
Qu'on déroge au théâtre, et qu'on n'a pas bon air
De rire d'un bon mot, s'il n'est d'un duc et pair.
Intérêt, vérité, naturel sans bassesse,
Voilà pour le public les titres de noblesse.

BLINVAL.

Vous vous fâchez?

VICTOR.

Non pas!

BLINVAL.

Est-ce ma faute, à moi,
Si votre dénoûment m'inspire de l'effroi?

VICTOR.

Mon dénoûment, ô ciel!

BLINVAL.

Je souhaite qu'il passe.

VICTOR.

En quoi vous déplaît-il?

ACTE V, SCÈNE IV.

BLINVAL.

C'est délicat...

VICTOR.

De grâce,
Est-il trop lent, trop froid, ou bizarre, ou brusqué?
Eh! parlez donc!

BLINVAL.

Il est... il est... il m'a choqué.

VICTOR.

La raison?

BLINVAL.

La raison!... je viens de vous la dire.

VICTOR, *furieux*.

Je n'y tiens plus!

BLINVAL.

Paix, paix, allons, je me retire.
Vous vous fâchez.

VICTOR, *brusquement*.
Bonsoir.

SCÈNE IV.

VICTOR.

Un éloge est charmant;
Il enivre un auteur qui l'obtient justement;
Son talent s'en accroît, tout lui semble possible.
La critique d'un sot est encor plus sensible!
Eh quoi! mon dénoûment qu'on a trouvé si bon...
Il a tort... très-grand tort... Dieu! s'il avait raison!...
J'ai plaint cent fois Damis dans *la Métromanie*;
Mais, au fond d'un château quand son mauvais génie
L'abandonne à l'horreur d'un noir pressentiment,
Il est seul, nul fâcheux n'irrite son tourment,
Il n'a dans ses terreurs d'ennemi que lui-même;

Si son malheur est grand, ma misère est extrême,
Horrible, insupportable : accablé d'embarras,
Pressant l'un, soufflant l'autre, arrêté par le bras,
Pour qu'un indifférent me flatte ou me censure,
Je vois tous les regards poursuivre ma figure.
Comment cacher mon trouble? où fuir les curieux?
Eh bien! regardez-moi, traîtres, de tous vos yeux...
Un pauvre auteur qui tombe est-il une merveille?
Qu'entends-je? un bruit sinistre a frappé mon oreille...
Non... ma tête se perd... O toi, que ton destin
Pousse pour ton malheur dans ce fatal chemin,
Qui crois le voir semé de lauriers et de roses,
Viens, contemple mon sort, et poursuis si tu l'oses.

SCÈNE V.

VICTOR, PEMBROCK.

PEMBROCK, *dans la coulisse.*

Je veux entrer, faquins, et c'est trop m'arrêter;
Je suis milord Pembrock, faut-il le répéter?

VICTOR.

Encore un importun.

PEMBROCK.

Ah! je vois un artiste!

Apprenez...

VICTOR, *voulant s'en aller.*

Pardon, mais...

PEMBROCK.

En vain on me résiste;
Mon bras s'est exercé sur vos laquais dorés :
J'ai forcé la consigne, et vous m'écouterez.
Voyez la perfidie!...

VICTOR.

Eh! chacun son affaire.

ACTE V, SCÈNE V.

PEMBROCK.
C'est elle, j'en suis sûr!

VICTOR.
Qui vous dit le contraire?

PEMBROCK.
Ah! vous convenez donc enfin qu'on m'a trompé?
Achevez! le seul mot qui vous est échappé
Prouve que rien ici n'est pour vous un mystère :
Vous parlerez.

VICTOR.
Morbleu!

PEMBROCK.
Vous ne pouvez vous taire.

VICTOR.
Est-on plus malheureux?

PEMBROCK.
Hem! quelle trahison!

VICTOR.
C'est être assassiné d'une horrible façon!

PEMBROCK.
Horrible! ah! oui, monsieur, horrible! abominable!

VICTOR.
Voulez-vous me laisser, fâcheux impitoyable?

PEMBROCK.
Nommez-moi la suivante.

VICTOR.
Estelle.

PEMBROCK.
C'est son nom!
Elle est actrice?

VICTOR.
Eh! oui; que serait-elle donc?

PEMBROCK.
Figurez-vous, monsieur, que, l'œil fixé sur elle,
Je crus pendant longtemps ma lorgnette infidèle;
Mais au quatrième acte, où, pour tromper Frontin,

L'ingrate dit : Je t'aime, et lui promet sa main,
J'ai reconnu sa voix, ce ton fait pour séduire,
Cet accent de l'amour...

VICTOR, *enchanté.*

La scène a donc fait rire?

PEMBROCK.

Pas moi, je vous le jure; indigné, furieux,
J'ai déserté ma loge et j'accours en ces lieux.
Eût-elle d'Apollon tous les dons en partage,
Puis-je lui pardonner un si sanglant outrage?
Je veux, je veux la voir; guidez-moi.

VICTOR.

Pas du tout!
Vous troubleriez son jeu.

PEMBROCK.

Je la suivrai partout,
En criant que l'auteur de la pièce qu'on donne...

VICTOR.

Eh bien?

PEMBROCK.

En fausseté ne le cède à personne.

VICTOR, *furieux.*

Ah! pour le coup!...

PEMBROCK.

Qu'il faut dans les prisons du roi
Lui faire apprendre un peu...

VICTOR, *criant.*

Mais cet auteur, c'est moi.

PEMBROCK.

Vous?

VICTOR.

Moi, qui n'entends rien à vos mésaventures,
Et veux avoir raison, monsieur, de vos injures.

PEMBROCK.

Mais c'est une caverne, et jamais les enfers
N'ont conçu...

SCÈNE VI.

VICTOR, PEMBROCK, ESTELLE.

ESTELLE, *à Victor.*

Venez donc, sur mes trois derniers vers
Je veux vous consulter.

PEMBROCK.

Ah! vous voilà, traîtresse!

ESTELLE, *tombant dans les bras de Victor.*

C'est milord, je me meurs!

VICTOR.

Elle tombe en faiblesse!
Ciel! et mon dénoûment!

PEMBROCK.

Manéges superflus!

VICTOR.

A quoi tient un succès!

PEMBROCK, *à Estelle.*

Vous ne m'y prendrez plus.

ESTELLE, *d'une voix éteinte.*

Si vous saviez, milord...

VICTOR.

De grâce, après la pièce...

PEMBROCK.

Malgré tous vos détours, je vous connais, princesse.

ESTELLE, *se relevant avec dignité.*

Eh bien! tout est rompu, mais je ne prétends pas
Souffrir de vos fureurs les scandaleux éclats.

PEMBROCK.

Quelle audace! ah! monsieur, l'auriez-vous bien pu croire?

VICTOR.

Elle est capable au moins d'en perdre la mémoire.

PEMBROCK.

Le grand mal!

VICTOR.

Tout conspire à me désespérer.

ESTELLE, *ouvrant son rôle.*

(*à Victor.*)
Voilà bien, n'est-ce pas, comme je dois entrer?

VICTOR.

A merveille!

PEMBROCK.

Avant tout, perfide, il faut me rendre...

ESTELLE.

Vos lettres! oui, milord.

PEMBROCK.

Non pas.

ESTELLE, *lisant.*

« Veuillez l'entendre,
« Ce fils, de vos vieux jours l'espérance et l'appui;
« Il est devant vos yeux, il m'écoute, et c'est lui. »

VICTOR, *frappant des mains.*

Bien! bien!

PEMBROCK.

C'est une horreur, mais ma vengeance est prête.

VICTOR, *à Estelle.*

Et dans votre récit...

ESTELLE.

Aucun vers ne m'arrête.
Je cours à ma réplique.

SCÈNE VII.

VICTOR, PEMBROCK.

VICTOR, *à Pembrock, qui s'élance pour sortir.*

Où voulez-vous aller?

ACTE V, SCÈNE VII.

PEMBROCK.
D'un concert de sifflets je veux la régaler.
VICTOR.
Juste ciel! arrêtez. Demain, si bon vous semble...
PEMBROCK.
Son récit finira par un morceau d'ensemble :
J'ai trente bons amis...
VICTOR.
Calmez votre courroux.
PEMBROCK.
J'y cours.
VICTOR.
Vous n'irez pas.
PEMBROCK.
Mais quel homme êtes-vous?
Quand je prétends rester, vous voulez que je sorte
Et, quand je veux sortir, vous me fermez la porte!
VICTOR, *suppliant*.
Ma pièce...
PEMBROCK.
C'est en vain.
VICTOR.
Craignez mon désespoir.
PEMBROCK.
Fût-il cent fois plus grand, je sifflerai ce soir.
VICTOR.
Je ne me connais plus...
PEMBROCK.
Laissez-moi.
VICTOR.
Par saint George,
Si vous faites un pas...
PEMBROCK.
Il me prend à la gorge!
Au meurtre! à l'assassin!

SCÈNE VIII.

VICTOR, PEMBROCK, LUCILE, puis ESTELLE, FLORIDORE, BELROSE.

LUCILE, *accourant*.
Succès, succès complet!
PEMBROCK.
Ouf! s'il était tombé, le bourreau m'étranglait.
VICTOR, *à Lucile*.
Mon cœur suffit à peine au transport de ma joie.
BELROSE, *montrant Pembrock*.
Messieurs, je vois un Grec dans les remparts de Troie.
PEMBROCK, *en fureur*.
Adieu, foyer maudit, et vous, acteurs, auteurs,
Vous tous, qui vous couvrez de masques imposteurs,
Adieu; je vais chercher quelque cité déserte,
Où jamais le démon n'amène pour ma perte
Fille ou veuve obstinée à me faire enrager,
Ni d'auteur furieux qui me veuille égorger.
(*Il sort.*)
BELROSE.
Fussiez-vous par delà les colonnes d'Alcide,
Vous y pourrez encor trouver une perfide.

SCÈNE IX.

VICTOR, LUCILE, ESTELLE, FLORIDORE, BELROSE.

BELROSE, *s'approchant d'Estelle d'un air goguenard*.
C'était un bon parti; mais, à défaut d'un lord,
Un garçon très-honnête et que j'estime fort...

ESTELLE.
Vous en dites du bien, à coup sûr c'est vous-même.
BELROSE.
Si je me proposais...
ESTELLE.
Mon malheur est extrême ;
Mais il faudrait, je pense, être en horreur aux dieux,
Pour choisir aussi mal, ou ne pas trouver mieux.
Vous, messieurs, pour Bordeaux cherchez une soubrette !
BELROSE, *lui offrant la main.*
Les gens de milady !... Que milady permette...
(*Elle sort.*)

SCÈNE X.

VICTOR, LUCILE, FLORIDORE, BELROSE.

BELROSE.
Elle enrage !
FLORIDORE, *à Victor.*
Il nous reste à vous féliciter ;
Présentez une pièce, on va la répéter.
VICTOR.
Mais...
FLORIDORE.
Le tour de faveur, c'est à vous qu'on le donne.
VICTOR.
Non, monsieur, mon bonheur ne doit nuire à personne.
LUCILE.
Bon Victor !
VICTOR.
Et Bernard ?
BELROSE.
D'un air très-amical
Il cause avec Granville. Agamemnon-Blinval

Vient de se retirer sans tumulte, sans pompe,
En murmurant tout bas que le public se trompe.
(*A Lucile.*)
Comme votre succès met sa femme aux abois,
Ils sont sortis d'accord pour la première fois.
Ils s'aiment par vengeance.

SCÈNE XI.

VICTOR, LUCILE, FLORIDORE, BELROSE, GRANVILLE, BERNARD.

BERNARD, *à Victor.*

Ah! que je vous embrasse!
Est-il quelque chagrin qu'un si beau jour n'efface?
La poésie, oui-dà, n'est pas un vil métier;
C'est un art, mais un art qu'on ne peut trop payer.

GRANVILLE, *à Victor, en lui montrant ses mains.*

Hem! vous ai-je servi d'une ardeur sans égale?
Quand pour le soutenir j'ameutais la cabale,
Je prêtais à l'ouvrage un secours superflu :
Que voulez-vous, mon cher! je ne l'avais pas lu.

BERNARD, *mettant la main de Lucile dans celle de Victor.*

Elle est à toi.

LUCILE.

Victor!

VICTOR.

Tant de bonheur m'oppresse...

GRANVILLE.

Et moi, qui veux ma part dans la commune ivresse,
De deux cent mille francs je dote les époux.

VICTOR, *avec dignité.*

Monsieur!

BERNARD.

Il a ce droit.

ACTE V, SCÈNE XI.

LUCILE, *à Granville.*
    Qui remercîrons-nous?
    GRANVILLE.
Demandez à Belrose.
    BELROSE.
    Un auteur, un confrère.
    GRANVILLE.
Non pas, non; Floridore est instruit du contraire.
   FLORIDORE, *s'inclinant.*
Monsieur est inspecteur.
    GRANVILLE.
     Non; consultez Bernard;
Il vous dira...
   BELROSE, *étonné.*
    Qui diable es-tu donc par hasard?
    GRANVILLE.
Je suis, puisque personne ici ne le devine,
Ce qu'il faut que je sois pour doter ma cousine,
Et l'embrasser.
   LUCILE, *à Bernard.*
    Comment?
    BERNARD.
     Ne t'ai-je pas parlé...
   LUCILE, *vivement.*
Ah! d'un mauvais sujet qui s'était exilé...
    GRANVILLE.
(*A Lucile.*) (*A Victor.*)
C'est moi!... Je t'ai prédit, cher nourrisson du Pinde,
Quelque succession de l'Afrique ou de l'Inde;
(*Lui présentant un portefeuille.*)
Je te l'apporte, tiens...
   VICTOR, *le refusant.*
    Eh! de grâce, un moment.
    BERNARD.
Prenez, vous saurez tout, j'ai vu le testament.

Il se fera prier pour être légataire !
>BELROSE.

Me voilà, moi, voyons ; je me laisserai faire.
>(*Bernard prend le portefeuille.*)
>FLORIDORE, *avec dépit.*

Que n'ai-je su plus tôt !...
>GRANVILLE.

Veuillez me pardonner ;
Tout n'est que fiction, hormis le déjeuner.
Pour réparer mes torts, j'entends qu'il soit splendide,
Qu'à trois actes pompeux l'allégresse y préside,
Qu'on y verse à grands flots et champagne et médoc,
Et que madame Estelle y trinque avec Pembrock.
>(*A Victor.*)

Toi, retiens bien ceci : le talent d'un poëte
Avorte dans le monde et croît dans la retraite.
Que d'oisifs du bon ton, ardents à t'inviter,
De frivoles devoirs viendront t'inquiéter !
Ne va pas, amoureux d'un brillant esclavage,
Jouer d'homme amusant le triste personnage,
Te travailler sans fruit à saisir l'à-propos,
Et consumer ta verve en stériles bons mots.
Crains les salons bruyants, c'est l'écueil à ton âge ;
Nous avons trop d'auteurs qui n'ont fait qu'un ouvrage.
Poursuis, soutiens l'honneur de tes premiers essais ;
Qu'en mer, sous l'équateur, j'apprenne tes succès,
Et qu'un jour, comme moi, courant la terre et l'onde,
La gloire de ton nom fasse le tour du monde.
>BELROSE, *montrant Victor.*

Bornons-nous à l'Europe, et, s'il en fait le tour,
Que dans un bon fauteuil il dorme à son retour !

FIN DES COMÉDIENS.

EXAMEN CRITIQUE DES COMÉDIENS

PAR M. ÉVARISTE DUMOULIN.

Faut-il s'étonner si, depuis quelque temps, la poésie dramatique et la haute littérature sont tombées en France, à un petit nombre d'exceptions près, dans une sorte de discrédit, et si Melpomène et Thalie semblent exilées de la patrie de Corneille et de Molière? Après les secousses terribles qu'elle a éprouvées, la France pouvait espérer de se reposer enfin de ses conquêtes, de sa gloire et de ses malheurs; les beaux-arts, enfants de la paix et de la liberté, allaient reprendre leur empire; les poëtes allaient monter leur lyre, lorsqu'au moment même où nous pouvions espérer tant de paisibles dédommagements, de nouvelles tribulations viennent nous assaillir; lorsqu'après tant de revers presque oubliés la nation se trouve menacée de perdre le fruit de ses pénibles et glorieux sacrifices; lorsqu'on veut lui ravir ses droits toujours reconnus et jamais consolidés; lorsqu'enfin les paisibles habitants des chaumières, comme les plus opulents citadins, sont également troublés dans leur sécurité, menacés dans leur avenir, dans leurs intérêts les plus chers et les plus sacrés. On se plaint de ce que la politique occupe tous les esprits, absorbe toutes les idées; c'est que la politique, telle que l'entendent aujourd'hui la plupart des gouvernements, est hostile contre les peuples; que les peuples instruits et éclairés sentent les dangers qu'ils courent; que tous leurs vœux, toutes leurs pensées, doivent tendre exclusivement à éviter les écueils sans nombre, les piéges funestes qu'on sème partout sous leurs pas, et qu'ils veulent avant tout s'affranchir du despotisme qui les menace et du jésuitisme qui les envahit.

Tout semble conspirer d'ailleurs à la ruine de ce bel art qui réjouissait la France, selon la naïve expression du bon, de l'inimitable La Fontaine; les ridicules des grands sont privilégiés par les suppôts de la police; leurs vices, leurs travers, sont saisis comme des marchandises de contrebande par les douaniers de la pensée, et les tartufes de religion et de politique sont protégés partout, même sur la scène. Certes c'est aujourd'hui, plus encore qu'à l'époque où *les Comédiens* furent joués pour la première fois, qu'on peut dire :

le théâtre français marche à sa décadence.

Tout l'y conduit, tout l'y pousse avec violence ; les poëtes comiques sont réduits au silence et à l'inaction ; on dirait qu'on veut déshériter la France de la plus belle portion de sa gloire. Figaros modernes, les dictateurs de la censure disent tout bas aux auteurs, car il n'est plus permis de le leur répéter tout haut sur le théâtre : « Pourvu que vous ne parliez en vos pièces, ni de l'autorité, ni du « culte, ni de la politique, ni de la morale, ni des gens en place, « ni des corps en crédit, ni de l'Opéra, ni des autres spectacles, « ni de personne qui tienne à quelque chose, vous pouvez tout dire « librement, sous l'inspection de deux ou trois censeurs. » Si Beaumarchais eût écrit de nos jours, il aurait ajouté : « Gardez-vous « surtout de prononcer un seul mot qui puisse alarmer les faux « dévots, blesser ces hommes que vous rencontrez à chaque pas, « *qui font de dévotion métier et marchandise*, et qui, transigeant « avec les objets les plus sacrés, répètent qu'*il est avec le ciel des* « *accommodements.* »

Le monde pullule aujourd'hui de ces gens qui pensent et disent avec Don Juan :

« L'hypocrisie est un vice à la mode, et tous les vices à la mode « passent pour vertus. La profession d'hypocrite a de merveilleux « avantages. C'est un art de qui l'imposture est toujours respectée ; « et, quoiqu'on la découvre, on n'ose rien dire contre elle. Tous les « autres vices des hommes sont exposés à la censure, et chacun a « la liberté de les attaquer hautement ; mais l'hypocrisie est un « vice privilégié, qui de sa main ferme la bouche à tout le monde, « et jouit en repos d'une impunité souveraine. On lie, à force de « grimaces, une société étroite avec tous les gens du parti. Qui en « choque un se les attire tous sur les bras ; et ceux que l'on sait « agir même de bonne foi là-dessus, et que chacun connaît pour « véritablement touchés, ceux-là, dis-je, sont le plus souvent les « dupes des autres ; ils donnent bonnement dans le panneau des « grimaciers, et appuient aveuglément les singes de leurs actions. « Combien crois-tu que j'en connaisse qui, par ce stratagème, ont « rhabillé adroitement les désordres de leur jeunesse, et, sous « un dehors respecté, ont la permission d'être les plus méchants « hommes du monde ? On a beau savoir leurs intrigues, et les con-« naître pour ce qu'ils sont ; ils ne laissent pas pour cela d'être en « crédit parmi les gens, et quelque baissement de tête, un soupir « mortifié, deux roulements d'yeux, rajustent dans le monde tout « ce qu'ils peuvent faire. C'est sous cet abri favorable que je veux

« mettre en sûreté mes affaires. Je ne quitterai point mes douces
« habitudes; mais j'aurai soin de me cacher, et me divertirai à
« petit bruit. Que si je viens à être découvert, je verrai, sans me
« remuer, prendre mes intérêts à toute ma cabale, et je serai dé-
« fendu par elle envers et contre tous. Enfin c'est là le vrai moyen
« de faire impunément tout ce que je voudrai. Je m'érigerai en cen-
« seur des actions d'autrui, jugerai mal de tout le monde, et n'au-
« rai bonne opinion que de moi. Dès qu'une fois on m'aura choqué
« tant soit peu, je ne pardonnerai jamais, et garderai tout douce-
« ment une haine irréconciliable. Je me ferai le vengeur de la vertu
« opprimée ; et, sous ce prétexte commode, je pousserai mes en-
« nemis, je les accuserai d'impiété, et saurai déchaîner contre eux
« des zélés indiscrets, qui, sans connaissance de cause, crieront
« contre eux, qui les accableront d'injures, et les damneront hau-
« tement de leur autorité privée. C'est ainsi qu'il faut profiter des
« faiblesses des hommes, et qu'un sage esprit s'accommode aux
« vices de son siècle. »

Qui ne croirait que ce code de l'hypocrisie est d'hier? il y a
pourtant cent soixante ans que ce tableau a été tracé par Molière.
A présent un pareil tableau serait proscrit sans retour ; il est trop
fidèle pour qu'il fût permis de l'exposer au grand jour de la scène.
C'est bien là le cas de répéter avec M. Casimir Delavigne :

> Le théâtre avant tout veut de la vérité.
> Au sommet de son art si Molière est monté,
> C'est qu'il fut toujours vrai, toujours peintre fidèle;
> Plus d'un portrait chez lui fait pâlir le modèle.

Il est douteux que la pièce des *Comediens* elle-même, qui pourtant ne se trouve dans aucune des catégories de Figaro, parvînt à
sortir saine et sauve à présent des mains terribles et meurtrières de
la censure dramatique. On laisserait peut-être bien dire à Belrose :

> Tout s'arrange en dînant dans le siècle où nous sommes,
> Et c'est par les dîners qu'on gouverne les hommes.

Car, depuis cinq ans, les choses ont bien changé, et les dîners ne
suffisent plus ; mais combien de saillies vives et piquantes, de traits
comiques seraient maintenant retranchés sans pitié ! Qui sait même
si, par égard pour les convenances et la morale, il serait permis à
un jeune homme bien né d'épouser une actrice, à moins qu'elle ne
se fût réconciliée avec l'Église ?

Au milieu de ce chaos qui tend à tout bouleverser, à tout diviser,
à tout acheter, à substituer le mensonge à la vérité, il est consolant
pour les amis des lettres et de la morale de voir un jeune poëte
également cher à Melpomène et à Thalie résister aux séductions et
aux corruptions qui le menacent, pour parcourir, sinon avec liberté,

du moins avec indépendance, la noble carrière où il est si glorieusement entré.

M. Casimir Delavigne, qui, dès ses premiers pas dans la carrière, a dédaigné de se jeter dans les routes battues, en cherchant à se créer pour ainsi dire des sentiers non encore fréquentés, a suivi le même système dans la seconde pièce qu'il a livrée au public. Doué d'une imagination riche et brillante, d'un talent poétique que personne ne saurait lui contester, il a cru pouvoir composer une comédie en cinq actes dans laquelle on ne retrouvât ni la peinture d'un caractère prononcé, ni les portraits du grand monde, ni les travers ordinaires de la société ; une pièce dont le plan fût presque indéterminé, dont la conduite et l'intrigue fussent à peine nouées par des ressorts dramatiques. Le succès seul pouvait légitimer la témérité d'une telle entreprise, et M. Casimir Delavigne a réussi, sans que la raison, les règles de l'art et le bon goût puissent contester les nouveaux suffrages qu'il a recueillis. Avant tout, M. Casimir Delavigne consulte ses propre sensations, et ce sont elles seules qui l'inspirent. Il avait à peine terminé ses études, que, selon l'usage, il fait une tragédie ; il court la présenter aux Comédiens-Français ; on le traite comme un jeune homme échappé du collège ; on l'accueille avec dédain, on l'écoute à peine, et sa pièce obtient seulement les honneurs d'une réception à correction, réception qui équivaut à un refus. Cette pièce était la tragédie des *Vêpres siciliennes*, qui, malgré les défauts qu'une critique équitable peut lui reprocher, a mérité par la hardiesse de sa conception, par la force, l'élégance de son style, et par les mâles beautés qu'elle contient, les applaudissements de toute la France.

A peine entré dans le monde, M. Casimir Delavigne a appris à connaître la morgue, les ridicules et les travers des comédiens, et ce sont des comédiens qu'il a mis en scène ; il s'y est mis lui-même avec eux ; car l'auteur dramatique, qui se trouve en butte à toutes les prétentions rivales des acteurs, à toutes leurs intrigues, ressemble d'autant plus à M. Casimir Delavigne que c'est un jeune poëte rempli d'ardeur, d'imagination, de verve et de talent. Il a fait recevoir par les comédiens de Bordeaux une comédie pour laquelle on lui fait essuyer mille tribulations et mille impertinences ; cependant les acteurs ont appris leurs rôles, et la pièce doit être représentée le soir même ; l'auteur attache d'autant plus de prix au succès, que de ce succès dépend son mariage avec une jeune et jolie actrice qu'il aime et dont il est aimé. C'est là la partie essentielle de l'action des *Comédiens* ; mais cette portion de l'intrigue se croise, se heurte et se lie avec d'autres intrigues accessoires : d'une part, c'est un cousin de la jeune actrice, qui arrive *incognito* des Grandes-Indes pour épouser sa parente, ou pour lui remettre au moins la part qui lui revient dans l'héritage d'un oncle mort en laissant une grande fortune. Ce cousin rencontre le *comique* de la troupe ou de la compagnie, qu'il a connu au collége ; il apprend que sa cousine a embrassé la carrière théâtrale ; il veut la connaître sans en être connu, et il imagine, pour être admis dans l'intérieur des coulisses, de donner à entendre qu'il est un inspecteur des théâtres qu'on attend de Paris, et qui doit, dit-on, se présenter sous un nom supposé. De plus, le *comique* le transforme en auteur, lui donne un rouleau de papier blanc, qui est humblement présenté au président du comité, lequel, à la recommandation de son camarade, promet sa protection à cette œuvre nouvelle. Il s'engage même à lire le prétendu manuscrit ; il soutient bientôt qu'il l'a lu en effet, et il s'épuise en éloges sur la pièce de l'auteur inconnu, qui l'a invité à dîner pour le lendemain.

D'une autre part, se trouve un jeune lord auquel le hasard a procuré la connaissance d'une baronne, veuve et séduisante, dont il s'est subitement épris et qu'il veut épouser. Cette baronne est une soubrette que l'Anglais reconnaît en la voyant sur la scène.

Il faut encore ajouter à ces divers personnages une actrice, qui cherche à pénétrer toutes les intrigues des coulisses ; son mari, le père noble, qui est venu débuter à Paris, qui s'y est fait siffler parce qu'il est mauvais acteur, et qui prétend qu'on ne l'a maltraité qu'à cause de ses opinions ; et enfin le tuteur de l'amoureuse, lequel joue les utilités et distribue les billets de location.

Tous ces personnages ont chacun une teinte particulière, parfois originale et comique. Au moment de représenter la pièce du jeune auteur, une nouvelle intrigue la fait encore retarder. La coquette ne veut plus de son rôle parce qu'il n'est pas aussi brillant que celui de l'amoureuse, et le jeune premier refuse le sien parce qu'il y est question de cheveux gris. Cependant, après cent autres difficultés, l'aventure du manuscrit en blanc, que monsieur l'inspecteur menace de publier, rend le vieux jeune premier plus docile ; les autres acteurs cèdent aussi, et la pièce est jouée enfin et reçoit le plus brillant accueil. Nous sommes ici au dénoûment ; selon l'usage, tout s'éclaircit : l'épouseur britannique est furieux d'avoir été pris pour dupe ; le cousin des Grandes-Indes renonce à la main de sa cousine, qui se trouve riche de deux cent mille francs, et les deux amants sont unis. Cette jeune personne est un modèle de décence et de vertu ; mais l'auteur a mis tant d'adresse dans la peinture de ce caractère neuf au théâtre, qu'il a paru naturel.

Les Comédiens brillent surtout par la vivacité du dialogue, par les traits nombreux dont il est semé, et par une foule de détails comiques. Plus d'un poëte renommé se ferait honneur des pensées remarquables, des vers heureux qui abondent dans la pièce de M. Delavigne, dont le front, si jeune encore, est déjà couronné de palmes académiques et de lauriers noblement recueillis dans le domaine de Molière et de Corneille.

Il y a déjà plus de cinq ans que *les Comédiens* ont été représentés pour la première fois à Paris; depuis cette époque, ils ont couru les départements et partout l'ouvrage a été applaudi, bien qu'il y ait une sorte de spécialité dans les mœurs et les travers des personnages que l'auteur a mis en scène. On peut dire qu'en vieillissant la pièce voit augmenter son succès et l'estime qu'on lui porte. Il est digne de remarque que le dernier vers des *Comédiens* exprime le vœu de voir un jour assis au rang des quarante immortels le jeune poëte que M. Casimir Delavigne a peint avec tant de talent, de charme et de naturel. Après avoir fait le tour de l'Europe,

Que dans un bon fauteuil il dorme à son retour,

dit Belrose, en parlant de Victor. M. Delavigne a réalisé cette espèce de prédiction. On peut dire qu'il a forcé les portes de l'Académie; il vient d'être appelé au fauteuil qu'il souhaitait à son personnage; mais au lieu d'y dormir, qu'il y veille au contraire, qu'il y médite, qu'il y trouve des inspirations, et la littérature française comptera quelques chefs-d'œuvre de plus. La France a droit d'en attendre d'un poëte à qui elle doit LES MESSÉNIENNES, LES VÊPRES SICILIENNES, LE PARIA et L'ÉCOLE DES VIEILLARDS.

LE PARIA

TRAGÉDIE EN CINQ ACTES,

REPRÉSENTÉE SUR LE THÉATRE DE L'ODÉON, LE 1ᵉʳ DÉCEMBRE 1821.

DÉDICACE

A MON PÈRE. — Je t'offre aujourd'hui celui de mes ouvrages que je crois le moins imparfait. Puisses-tu trouver dans cet hommage public une nouvelle preuve de la reconnaissance et du respectueux attachement de ton fils   CASIMIR DELAVIGNE.

PERSONNAGES.

AKÉBAR, grand-prêtre, chef de la tribu des brames.
IDAMORE, chef de la tribu des guerriers.
ZARÈS, père d'Idamore.
ALVAR, Portugais.
EMPSAEL, brame.
NÉALA, fille d'Akébar.
ZAIDE, jeune prêtresse.
MIRZA, jeune prêtresse.
BRAMES, PRÊTRESSES. — GUERRIERS, PEUPLE.

(La scène se passe dans un bois sacré près de Bénarès.)

ACTE PREMIER

SCÈNE I.

IDAMORE, ALVAR.

ALVAR.

Tout repose dans l'ombre, et le seul Idamore
Des murs de Bénarès s'échappe avant l'aurore !

Quel est ce bois antique où vos pas m'ont conduit?
Mais j'entrevois un temple, et l'astre de la nuit,
Dont les faibles rayons nous guident sous l'ombrage,
Du dieu de l'Indostan me découvre l'image...
Sans répondre à ma voix, d'où vient que vous errez
Sous ces palmiers épais à Brama consacrés?
IDAMORE.
Bientôt du jour naissant les clartés vont éclore,
Et pourtant Néala ne paraît point encore.
ALVAR.
Dieu! quel nom vénérable osez-vous proférer?
Néala... Près de vous quel soin peut l'attirer?
La fille d'Akébar, d'un prêtre, d'un bramine!
IDAMORE.
Oui, cet unique fruit d'une tige divine,
Cette beauté cachée à l'ombre des autels,
Qui n'éblouit nos yeux qu'en des jours solennels,
Et qui, des lis du Gange au temple couronnée,
Fut à l'hymen du fleuve en naissant destinée,
Je l'adore...
ALVAR.
Ah! qu'entends-je?
IDAMORE.
Et mon amour jaloux
Prétend la disputer à son céleste époux.
Le message secret que ses mains m'ont fait rendre
Dans ce lieu redouté m'ordonne de l'attendre;
Elle y doit devancer l'instant où le soleil
Voit le peuple en prière adorer son réveil;
Mais, si j'en crois les fleurs dont le triste assemblage
Du cœur de Néala m'a transmis le langage,
Si mes yeux ont bien lu dans leurs sombres couleurs,
Je dois me préparer à d'étranges malheurs.
Sans t'avoir consulté, ma tendresse importune
Par un danger nouveau t'enchaîne à ma fortune;
Pardonne: en ces climats, quel autre qu'un chrétien

ACTE I, SCÈNE I.

Eût protégé le cours d'un semblable entretien?
Mais ta raison, Alvar, instruite aux bords du Tage
Des dogmes de Brama, repousse l'esclavage,
Et conçoit qu'une vierge, infidèle à ses dieux,
Leur préfère un guerrier qui triompha pour eux.

ALVAR.

Ne vous assurez point dans vos pieux trophées;
Les clameurs des soldats, par la crainte étouffées,
Sont un faible rempart au chef audacieux
Qui brave le courroux d'un ministre des cieux.
De ce danger moi-même utile et triste exemple,
J'avais vengé mon roi, mon pays et mon temple;
Malheureux! j'éveillai par un seul jour d'erreur
D'un tribunal sacré l'ombrageuse fureur :
Du ciel pour me punir descendit l'anathème;
Il sécha sur mon front l'eau pure du baptême;
Convive rejeté de la table de Dieu,
Je vis devant mes pas se fermer le saint lieu.
J'errais loin de l'asile où le crime s'expie;
Le pain de la pitié fuyait ma bouche impie;
Que devenir? Alors, aux récits de Gama,
La soif de conquérir sur nos bords s'alluma.
Nos guerriers, en espoir dépouillaient votre monde
Des tributs éclatants qu'il recueille à Golconde,
Voguaient vers ces climats où l'Océan pour eux
Sur l'ambre et le corail roule ses flots heureux.
Alméida, leur chef, me vit d'un œil de frère;
Au fond de ses vaisseaux il cacha ma misère :
Adieu, dis-je, vallons que je ne verrai plus!...
Mais la flotte emporta mes regrets superflus,
Toucha le cap terrible, et, nommant sa conquête,
Fit asseoir l'espérance où mugit la tempête.
J'apportais l'esclavage, et je reçus des fers.
Vos soins ont adouci les maux que j'ai soufferts.
Ah! prenez en échange une vie agitée,
Que loin du sol natal l'orage a transplantée;

Disposez d'un captif libre par vos bienfaits,
Mais du beau ciel d'Europe exilé pour jamais!

IDAMORE.

Des bouts de l'univers quel destin nous rassemble,
Pour nous aimer, nous plaindre, et pour souffrir ensemble!
L'erreur t'a repoussé du milieu des chrétiens...
L'homme est partout le même, et tes maux sont les miens.
Il est sur ce rivage une race flétrie,
Une race étrangère au sein de sa patrie;
Sans abri protecteur, sans temple hospitalier,
Abominable, impie, horrible au peuple entier,
Les Parias; le jour à regret les éclaire,
La terre sur son sein les porte avec colère,
Et Dieu les retrancha du nombre des humains
Quand l'univers créé s'échappa de ses mains.
L'Indien, sous les feux d'un soleil sans nuage,
Fuit la source limpide où se peint leur image,
Les doux fruits que leur main de l'arbre a détachés,
Ou que d'un souffle impur leur haleine a touchés.
D'un seul de leurs regards a-t-il reçu l'atteinte,
Il se plonge neuf fois dans les flots d'une eau sainte :
Il dispose à son gré de leur sang odieux;
Trop au-dessous des lois, leurs jours sont à ses yeux
Comme ceux du reptile ou des monstres immondes
Que le limon du Gange enfante sous ses ondes.
Profanant la beauté, si jamais leur amour
Arrache à sa faiblesse un coupable retour,
Anathème sur elle, infamie et misère !
Morte pour sa tribu, maudite par son père,
Promise après la vie au céleste courroux,
Un exil éternel la livre à son époux.
Eh bien!... Mais je frémis! tu vas me fuir peut-être;
Ami d'un malheureux, tu vas cesser de l'être :
Je foule un sol fatal à mes pas interdit;
Je suis un fugitif, un profane, un maudit...
Je suis un Paria...

ALVAR.
Vous!
IDAMORE.
Encor si ma race
Eût par de grands forfaits mérité sa disgrâce,
Ce fardeau de malheur qu'en naissant j'ai porté
N'eût pas de ma raison confondu l'équité.
Je ne t'accuse pas, auteur de la nature;
Mais je les convaincrai d'orgueil et d'imposture,
Ces élus de Brama, dont l'infaillible voix
Explique sa parole et révèle ses lois.
Leur tribu, disent-ils, de son front élancée,
Sur le peuple à genoux régna par la pensée;
La tribu des guerriers, ouvrage de ses bras,
Eut la force en partage et courut aux combats;
Nous, il nous enfanta dans un jour de vengeance,
La poudre de ses pieds nous donna la naissance.
Je le croyais, ami, quand mon cœur se lassa
De l'éternel printemps des forêts d'Orixa.
Leurs gazons, leurs rochers importunaient ma vue;
Mes yeux du haut des monts dévoraient l'étendue,
Quand mon père attachait mes esprits enchantés
Aux tableaux fabuleux qu'il traçait des cités :
J'en découvrais de loin les pompeux édifices,
J'en devinais les arts, j'en rêvais les délices,
Je brûlais, consumé du désir curieux
D'admirer ces mortels, ces rois, ces demi-dieux,
Ces êtres inconnus... O Zarès, ô mon père,
Que ton réveil fut triste et ta douleur amère,
Quand ton œil sur ma couche errant avec effroi
Lui demanda ton fils qui fuyait loin de toi!

ALVAR.
Quoi! vous l'avez quitté?
IDAMORE.
Voilà, voilà mon crime;
Voilà de mes malheurs la source légitime.

Zarès au doux sommeil s'abandonnait encor :
Je pars; fuyant sans guide aux champs de Balassor,
Des pieds des voyageurs j'interrogeais la trace.
Farouche, étincelant de vigueur et d'audace,
Les tigres des déserts, par mes bras terrassés,
Me couvraient tout entier de leurs poils hérissés.
Ainsi de ma tribu les vêtements serviles
N'écartaient point mes pas de l'enceinte des villes.
J'y courais; des clairons les belliqueux accents
Pour la première fois font tressaillir mes sens :
J'écoute... il me sembla qu'ils parlaient un langage
Connu de mon oreille et doux à mon courage.
La plaine se couvrit d'armes et d'étendards :
Je les vis, ces mortels qu'appelaient mes regards;
Je cherchai sur leur front quelque marque divine
Où fût empreint l'éclat de leur noble origine;
Vain espoir! Qu'ai-je vu? des traits efféminés,
Vieillis par les plaisirs, par les pleurs sillonnés,
Sous un faste imposant des corps dont la mollesse
Faisait mentir le fer qui chargeait leur faiblesse.
Je jurai d'asservir ces fantômes guerriers,
Je l'ai fait. Dans leurs rangs, armé pour leurs foyers,
J'ai prodigué ces jours dont leur foule est avare;
J'ai rougi de mon sang les flèches du Tartare;
J'ai livré cent combats, Alvar, et le dernier,
En me créant leur chef, te fit mon prisonnier.
J'entrai dans Bénarès par mes mains délivrée;
Je voulais contempler cette ville sacrée,
L'admirer et la fuir. Insensé, j'espérais
La fuir pour mon vieux père et mes tristes forêts.
D'un peuple adulateur l'ardente idolâtrie,
Ces mots nouveaux pour moi, de gloire et de patrie,
Ce prodige des arts, ce bruit des instruments,
L'encens et l'aloès autour de moi fumants,
D'un essaim de beautés la danse enchanteresse,
Tout pénétra mes sens de langueur et d'ivresse;

Mais Néla parut, et dans ce cœur dompté
Je sentis s'amollir un reste de fierté :
Je fléchis le genou, je vis une immortelle,
Et mon front malgré moi se courba devant elle.
ALVAR.
Oui, ce jour m'est présent; elle vous couronna
Des lauriers suspendus à l'autel de Crisna.
Jamais plus de beauté, jamais plus d'innocence,
N'ont soumis nos respects à leur double puissance.
Hélas! c'était ainsi que dans des jours plus beaux
La Vierge des chrétiens bénissait mes drapeaux.
IDAMORE.
Je l'aimai; je connus ce premier esclavage
Qu'embrasse avec transport une âme encor sauvage,
Ce tumulte des sens et ces brûlants désirs,
Ces craintes, ces fureurs dont il fait des plaisirs;
Je connus cet amour qui charme et désespère.
Que voulais-tu de moi, vain souvenir d'un père?
Impuissante raison, vertu, respect des lois,
Que vouliez-vous? j'aimais pour la première fois.
Je surpris Néala non loin du sanctuaire
Qui cache aux feux du jour son culte solitaire,
Sous ces bois d'orangers, dont deux fleuves rivaux
Ont consacré les bords en confondant leurs eaux.
J'osai de mes tourments peindre la violence.
Ah! que la vérité nous donne d'éloquence!
Cet aveu trouva grâce à ses yeux attendris,
Dans sa bouche entr'ouverte il arrêta ses cris :
Que dis-je! elle m'aima; mais tremblante, incertaine,
Triste, et passant pour moi de l'amour à la haine,
Elle oublie à ma voix un époux immortel,
Et court en me quittant embrasser son autel.
De mon sang réprouvé si la source est connue,
Je ne suis plus qu'un monstre exécrable à sa vue.
Que de fois dans ce cœur, honteux de la tromper,
Je retins mon secret qui voulait m'échapper!

Paria! ce nom seul la glace d'épouvante;
La prêtresse frissonne, et je n'ai plus d'amante.
Voilà quel est mon sort : longtemps mon amitié
T'épargna les chagrins d'une vaine pitié;
Sans qu'un malheur prochain m'étonne ou m'intimide,
J'ai besoin qu'un ami me console et me guide,
Je le sens, et toi seul... Qui porte ici ses pas?
On s'approche... C'est elle! Alvar, ne vois-tu pas,
A travers l'épaisseur de ce feuillage sombre,
Ce vêtement sacré qui la trahit dans l'ombre?
Ami, si quelque Brame errait autour de nous,
Cours, montre-lui ton glaive, et contiens son courroux;
Force-le de rentrer dans sa sainte demeure :
Qu'il vive, s'il se tait; s'il pousse un cri, qu'il meure.
Reviens pour la sauver.

SCÈNE II.

NÉALA, IDAMORE.

NÉALA.

Idamore! ah! parlez;
Idamore, est-ce vous?

IDAMORE.

Néala!... vous tremblez.
Ne craignez plus.

NÉALA.

O dieux!

IDAMORE.

Que ma voix vous rassure.

NÉALA.

Quoi! j'ai percé l'horreur de cette nuit obscure!
Où suis-je, et qu'ai-je fait? Venez, quittons ces lieux...

IDAMORE.

Vous les avez choisis.

NÉALA.

Moi!... j'outrageais les cieux.
Venez... Divinités de ce bois formidable,
J'épargne à votre oreille un entretien coupable;
Ne me punissez pas! Où fuir, et quels chemins
Déroberaient ma honte aux regards des humains?

IDAMORE.

Demeurez, Néala; pouvez-vous craindre encore,
Quand vous vous appuyez sur le bras d'Idamore?

NÉALA.

Mes yeux n'ont rencontré que présage de deuil :
Du temple, en m'échappant, j'avais heurté le seuil,
La flamme des trépieds jetait des feux sinistres,
J'ai frémi!... Si quelqu'un de nos pieux ministres,
Si mon père...

IDAMORE.

Tout dort, bannissez votre effroi.

NÉALA.

Eh! dorment-ils, ces dieux que je trahis pour toi?
Va, leur voix empruntait, pour troubler mon courage,
Le murmure des vents et le bruit du feuillage;
Et quand dans ces rameaux, qui m'accusaient tout bas,
Mes voiles arrêtés ralentissaient mes pas,
C'était la main des dieux, oui, leur main vengeresse,
Qui, prête à la punir, arrêtait leur prêtresse.

IDAMORE.

Eh bien! retournez donc au pied de votre autel,
Portez-lui vos terreurs; offrez à l'Éternel
Mes soupirs dédaignés, mes feux en sacrifice;
Du crime sur moi seul détournez le supplice :
Allez, près de l'époux qu'ici vous regrettez,
Chercher d'un autre amour les saintes voluptés,
Soyez heureuse : allez.

NÉALA.

Il est vrai, je t'offense :
Que puis-je redouter? tu prendrais ma défense.

Pardonne, je suis faible; et si je l'étais moins
Me viendrais-je à ta foi remettre sans témoins?
Aurais-je enfreint les lois que j'observais sans peine,
Avant qu'un fol amour m'en fît sentir la chaîne?
Aussi le juste ciel, qui veillait sur mes jours,
D'un œil impitoyable a regardé leur cours :
Ces purs ravissements, cette divine extase
D'une âme sans remords que la ferveur embrase,
Cette ineffable paix que donne la vertu,
M'ont punie, en fuyant, d'avoir mal combattu;
Mais je ne me plains pas, non, je les abandonne
Pour ce bonheur amer que la crainte empoisonne,
Pour te voir, te parler, pour entendre ta voix,
Et j'ai voulu l'entendre une dernière fois.

IDAMORE.

Achève, Néala; parle, quelle puissance
Veut rompre de nos cœurs la secrète alliance?
Quelle autre que la mort nous pourrait séparer?

NÉALA.

Celle que mon enfance apprit à révérer,
Celle que la nature a commise au grand prêtre.

IDAMORE.

Ah! c'est lui!...

NÉALA.

C'est mon père et mon souverain maître.
Le Gange, où du soleil brillaient les derniers feux,
Recevait en tribut mon offrande et mes vœux;
Sans fixer mes esprits qui les suivaient à peine,
Mes lèvres murmuraient une prière vaine,
Et dans ce trouble heureux dont j'aimais l'abandon
Mêlaient aux mots sacrés tes aveux et ton nom.
Le grand prêtre parut; je pâlis, insensée,
Comme s'il eût pu lire au fond de ma pensée!
« Néala, me dit-il, apprenez par ma voix
« Qu'un oracle du Gange a révoqué son choix.
« Avant qu'à ses autels le serment vous engage,

ACTE I, SCÈNE II.

« Il veut vous affranchir d'un éternel veuvage.
« A l'hymen d'un mortel il vous cède aujourd'hui.
« Quand ce mortel viendra, vous quitterez pour lui
« Cet asile de paix dont l'ombre et le silence
« Des conseils corrupteurs gardaient votre innocence.
« Recevez cet époux avec un cœur pieux,
« Comme le don d'un père et le présent des cieux. »

IDAMORE.

Eh quoi ! dans mon orgueil, quoi ! dans ma folle audace,
J'étais jaloux d'un dieu dont j'usurpais la place ;
Mortel, je m'indignais qu'un dieu fût mon rival,
Et d'un homme aujourd'hui je ne suis plus l'égal !
Et ce dieu, lui livrant mon amante ravie,
Lui transporte d'un mot mon bonheur et ma vie !
Tu ne m'appartiens plus, tu veux m'abandonner,
Dans le fond d'un sérail ils vont t'emprisonner !
Non ! quel est cet époux ? est-il prince ou bramine ?
Oh ! qu'il a dû vanter son illustre origine !
Quel est son rang, son nom ? où le faut-il chercher ?
Quel temple ou quel palais peut encor le cacher ?

NÉALA.

Calmez-vous, je l'ignore ; hélas ! je crains mon père ;
Je ne sais point braver sa majesté sévère.
Par un soin curieux je pourrais l'outrager ;
J'écoute, je réponds, et n'ose interroger.

IDAMORE.

Alors c'est donc à moi d'écarter le nuage
Où se cache des dieux cette invisible image.
Il s'arroge une part dans leur divinité ;
Il voit comme un néant la faible humanité ;
Il se trouble à l'éclat de sa grandeur suprême ;
Il s'impose, il s'adore, il a foi dans lui-même.
J'irai le détromper.

NÉALA.

Parlez plus bas ; les vents
Peut-être à son oreille ont porté vos accents.

IDAMORE.

C'est mon vœu, mon espoir! eh bien, qu'il se présente,
Qu'il vienne de mes bras arracher mon amante!
Déjà contre le mien son pouvoir s'est heurté :
Il crut, dans ses complots contre ma liberté,
Me trouver à ses dons une vertu facile,
Ou briser mon orgueil comme un roseau fragile;
J'ai repoussé les dons que présentait sa main,
Et son joug s'est rompu contre ce front d'airain.

NÉALA.

Quel triomphe pour vous! quelle vertu sublime,
D'insulter aux objets d'un culte légitime!
De la nature au moins n'outragez pas les lois.
Parlez, si votre père eût réclamé ses droits,
Auriez-vous méconnu sa voix auguste et chère?
S'il respirait encore...

IDAMORE.

Il vit! ah! je l'espère!
Il vit!... De quel malheur viens-tu m'épouvanter?
Excuse des transports que je n'ai pu dompter.
J'ignore l'art trompeur, inventé dans les villes,
D'enchaîner à son gré ses passions dociles.
Les lois, les vains égards, les devoirs convenus,
M'ont chargé de liens jusqu'alors inconnus.
Jeté, farouche encore, à travers ces entraves,
Je frémis sous leur poids, léger pour des esclaves.
Oui, jusque dans tes fers ton amant a porté
Des monts qui l'ont nourri la sauvage âpreté.
Si tu me connaissais, si jamais ma naissance...
Ah! je dois respecter ta juste obéissance;
Poursuis, affranchis-toi d'un sacrilége amour.

NÉALA.

Qui que tu sois, mon cœur est à toi sans retour.

IDAMORE.

Sais-tu, fille d'un brame, à qui ton cœur se donne?

ACTE I, SCÈNE III.

NÉALA.
Le trône de Delhi, que la gloire environne,
Dût-il de mes splendeurs rendre les rois jaloux,
Un désert avec toi m'aurait semblé plus doux.
IDAMORE.
Un désert! ah! qu'entends-je? ah! vierge infortunée,
Dans le fond des déserts pourquoi n'es-tu pas née,
Ou pourquoi les destins, contre nous irrités,
Ne m'ont-ils pas fait naître au milieu des cités?
C'est trop me déguiser sous l'éclat qui t'abuse,
A tromper plus longtemps ma fierté se refuse;
Connnais-moi tout entier...
NÉALA.
Idamore, écoutez;
On s'avance vers nous à pas précipités;
C'en est fait! sauvez-moi.
IDAMORE.
Quel mortel las de vivre,
Te voyant sous ma garde, osera te poursuivre?
Viens... Mais c'est un ami, c'est un guerrier chrétien
A qui j'ai révélé mon secret et le tien,
Qui veillait sur tes jours.

SCÈNE III.

NÉALA, IDAMORE, ALVAR.

ALVAR.
Fuyez. L'aube nouvelle
Ramène à sa clarté tout un peuple fidèle.
Ces bois vont retentir des hymnes du matin,
Et du concert pieux j'entends le bruit lointain.
(*Ici les premières mesures du chœur.*)
IDAMORE.
Quoi! sitôt!...

NÉALA.

Ah! fuyez.

IDAMORE.

Vous reverrai-je encore ?

NÉALA.

Peut-être.

IDAMORE.

Accordez-moi la faveur que j'implore,
Et je pars.

NÉALA.

Eh bien!... oui.

IDAMORE.

Demain, au même lieu.

NÉALA.

Demain.

IDAMORE.

Vous le jurez ?

NÉALA.

Oui, mais fuyez...

IDAMORE.

Adieu!

SCÈNE IV.

NÉALA, *tombant à genoux.*

O toi! dont la puissance éclata la première,
Quand Brama de la nuit sépara la lumière,
Soleil, dieu créateur, tes rayons bienfaisants
Aux plus vils des humains prodiguent leurs présents;
Entends du haut des cieux, entends ma voix timide:
Au laurier qui t'est cher si j'offre une eau limpide,
Des couleurs de ton choix si mon front s'est paré
A la fête où ton nom se plaît d'être honoré,
Permets que sous son voile une ombre favorable
Dérobe au châtiment la fuite d'un coupable,

Respecte le secret d'un amant malheureux,
Dont ton œil vigilant a surpris les aveux;
Mais si, contre son sang, ta clarté s'est armée,
S'il est puni, s'il meurt pour m'avoir trop aimée,
Adieu, Soleil, adieu, demain tu reviendras,
Et mes yeux pour te voir ne se rouvriront pas!

SCÈNE V.

CHŒUR.

BRAMES, portant des instruments; GUERRIERS, PEUPLE.

PREMIER BRAME.

Du Soleil qui renaît bénissez la puissance;
Chantez, peuples heureux, chantez :
Couronné de splendeur, il se lève, il s'avance.
Chantez, peuples heureux, chantez
Du Soleil qui renaît les dons et les clartés.

LE PEUPLE.

Il se lève, il s'avance;
Publions sa puissance,
Adorons ses clartés.

SECOND BRAME.

Sept coursiers, qu'en partant le dieu contient à peine[1],
Enflamment l'horizon de leur brûlante haleine :
O Soleil fécond, tu parais!
Avec ses champs en fleurs, ses monts, ses bois épais,
Sa vaste mer de tes feux embrasée,
L'univers plus jeune et plus frais
Des vapeurs du matin sort brillant de rosée!

PREMIER BRAME.

Disparaissez, démons enfantés par la nuit,
Du meurtrier sinistres guides;
Vous qui trompez par des lueurs perfides
Le voyageur charmé dont l'erreur vous poursuit,
Tombez, disparaissez sous ses flèches rapides!

[1] Bhagual-Geeta.

CHOEUR DES BRAMES.

Et vous, peuples heureux, chantez
Les démons dispersés par ses flèches rapides;
Et vous, peuples heureux, chantez
L'astre victorieux qui vous rend ses clartés.

LE PEUPLE.

Publions sa victoire,
Adorons ses clartés.

UN BRAME.

Sous douze noms divers les mois chantent sa gloire [1].

UN AUTRE.

Douze palais égaux, où l'entraîne le temps,
Reçoivent tour à tour ses coursiers haletants.

PREMIER BRAME.

Chaque saison lui doit les attraits qu'elle étale :
Le printemps les parfums que son haleine exhale,
L'été ses fruits et ses moissons;
Il gonfle de ses feux les trésors dont l'automne
En riant se couronne;
Chantons en lui le père des saisons.

LE PEUPLE.

Chantons, chantons en lui le père des saisons,
Qui doivent à ses dons
L'éclat changeant de leur couronne.

UNE VOIX, parmi le peuple.

Ce doux pays, agréable à ses yeux,
Est un jardin paré de ses largesses;
Ce doux pays reçoit du haut des cieux
De ses rayons les premières caresses.

UNE AUTRE.

Sous une forme humaine il habita nos monts;
Des fureurs du serpent délivra nos campagnes;
Il apprit aux bergers de divines chansons,
Que répétaient en chœur neuf vierges ses compagnes [2].

CHOEUR.

Ce doux pays, agréable à ses yeux,
Répète encor ses vers mélodieux.

---

1 Bhaguat-Geeta.
2 Sonnerat, Wm. Jones.

ACTE I, SCÈNE V.

SECOND BRAME.

Eh! comment garder le silence?
Le réveil de la terre est un hymne d'amour :
   Dans les forêts que leur souffle balance
Les brises du matin célèbrent son retour ;
La mer, qui se soulève, en grondant le salue ;
Tourné vers l'orient où brille un nouveau jour,
Le lion se prosterne et rugit à sa vue ;
Pour lui porter ses vœux au céleste séjour,
   L'aigle, en poussant des cris, s'élance...
   Eh! comment garder le silence?
Le réveil de la terre est un hymne d'amour.

UN GUERRIER.

Je viens d'armer mon fils ; Soleil, de ton passage
Que, féconde en bienfaits, sa gloire offre l'image :
Qu'on admire l'éclat de ses exploits naissants,
   Que le midi de sa noble carrière
Brille, comme le tien, de feux éblouissants,
Qu'il meure comme toi dans des flots de lumière !

UNE JEUNE FILLE.

   Ma mère aux portes du tombeau
   Languit dans une nuit épaisse,
   Les doux rayons de ton flambeau
   N'écartent plus le noir bandeau
   Dont l'ombre sur ses yeux s'abaisse.

   Si je la perds, que puis-je aimer ?
   Elle seule était ma famille ;
   Sous mes baisers viens rallumer
   Ses yeux que la mort va fermer ;
   Permets-lui de revoir sa fille.

UN BRAME.

Dieu des divins accords, souris à nos accents.

UN GUERRIER.

Ma main, dieu des guerriers, te consacre ces armes.

UN PASTEUR.

Reçois, dieu des pasteurs, mes fruits et mon encens.

LA JEUNE FILLE.

Dieu de tous, je suis pauvre et je t'offre mes larmes.

CHŒUR DES BRAMES.

   Chantez, peuples heureux, chantez
Du Soleil qui renaît les dons et les clartés.

CHOEUR GÉNÉRAL.
Eh! comment garder le silence?
Avec tout l'univers célébrons son retour.
Couronné de splendeur, il se lève, il s'élance;
Eh! comment garder le silence?
Le réveil de la terre est un hymne d'amour.

ACTE DEUXIÈME

SCÈNE I.

EMPSAEL, LE CHOEUR.

EMPSAEL.
L'astre dont vos concerts ont publié la gloire,
De vos vœux, dans son cours, gardera la mémoire.
Dans le sein des sillons, à ses feux présenté,
Il répandra la vie et la fécondité.
Peuple, offrez-lui toujours d'abondants sacrifices,
Et de riches moissons en paieront les prémices.
Prêtres, persévérez dans vos austérités ;
Vos maux ont un témoin, vos soupirs sont comptés.
Sous le fer, sous le feu, qui creusent vos blessures,
De la chair et du sang réprimez les murmures ;
Dieu vous garde une place auprès de vos aïeux :
La vie est un combat dont la palme est aux cieux.
Sous vos ombrages frais Akébar va descendre ;
Écartez l'imprudent qui le pourrait surprendre.
Le temple s'ouvre, il vient ; à ses pieds prosternés,
Ne levez point vos yeux vers la terre inclinés ;
Gardez-vous d'altérer par leur coupable atteinte
Cette paix des élus sur son visage empreinte.
Qu'on se retire, allez.
(*Les brames et le peuple se retirent sans regarder
Akébar.*)

SCÈNE II.

EMPSAEL, AKÉBAR.

AKÉBAR. *Il descend lentement les degrés du temple et s'approche d'Empsaël, qui se prosterne devant lui.*

Levez-vous, Empsaël.
Ne puis-je redouter l'abord d'aucun mortel?
Ces accents dont Brama daigne emprunter l'organe,
N'iront-ils point frapper une oreille profane ?

EMPSAEL.

Quand tu veux te cacher, flambeau de vérité,
Quel souffle ternirait ton éclat respecté ?
Nul n'osera mêler un regard infidèle
A ce commerce auguste où ta bonté m'appelle ;
Sois sans crainte.

AKÉBAR.

O bonheur de se voir adoré,
Qu'avec emportement mon cœur t'a désiré !
Et, pour livrer ma vie à tes pompeux spectacles,
Combien j'ai surmonté de chagrins et d'obstacles !
Je te possède... Hélas !

EMPSAEL.

Quoi ! voulez-vous toujours
De vos prospérités empoisonner le cours,
Souffrir avec ennui que le peuple vous voie
Respirer sans plaisir l'encens qu'il vous envoie ?
N'aimez-vous plus ce trône où des lointains climats
Les rois viennent baiser la trace de vos pas ?

AKÉBAR.

Je l'aimais, quand un autre y siégeait à ma place ;
Entre nous à regret je mesurais l'espace,
A ses débiles mains j'enviais l'encensoir.
Le voilà donc, ce trône où j'ai voulu m'asseoir !

Composer ses regards, veiller sur son visage,
Affecter la froideur d'une insensible image,
O tourment! que mon front, lassé de ses splendeurs,
Se courbe avec dégoût sous le poids des grandeurs!
Que le temple et sa pompe, et sa triste harmonie,
Ont fatigué mes sens de leur monotonie!
(*Il tombe assis sur un banc de gazon.*)

EMPSAEL.

Contre l'ennui secret qui consume vos jours,
Dans l'étude autrefois vous cherchiez un secours.

AKÉBAR.

Oui, j'ai longtemps pâli sur ces tables antiques,
Des quatre âges du monde infaillibles chroniques,
Et tant d'écrits savants, entassés dans nos murs,
Ont chargé mon esprit de leurs dogmes obscurs.
Après trente ans d'efforts, j'ai percé dans les ombres
Des caractères saints, des figures, des nombres ;
Les éclats de la foudre et le cri des oiseaux
Ont d'oracles certains payé mes longs travaux.
Qui d'un vol plus hardi consultera les astres
Sur des succès futurs ou de prochains désastres,
Et d'un songe équivoque envoyé par les dieux
Lira d'un œil plus sûr l'avis mystérieux ?
Science que j'aimais, séduisante chimère,
Ta coupe inépuisable à ma bouche est amère ;
Tes charmes sont trompeurs, et tu m'as enivré
Sans étancher la soif dont je suis dévoré !
Quoi! tout est vain ?...

EMPSAEL.

            Jamais vos misères passées
N'ont d'un chagrin plus sombre obscurci vos pensées.
Quel est ce mal cuisant pour vous seul réservé,
Dont vous cachez la plaie à mon zèle éprouvé?

AKÉBAR. *Il se lève.*

Quel bonheur, Empsaël, quelle volupté pure
D'abandonner ses sens au vœu de la nature!

Par ces chemins de fleurs, dont j'ai fui les appas,
Qu'il est doux d'égarer ses désirs et ses pas !
Ce bonheur est le tien, ô fougueux Idamore !
                    EMPSAEL.
Son triomphe importun vous poursuit-il encore?
            AKÉBAR, *avec violence.*
Il osa me braver : sans fléchir les genoux,
De mon œil menaçant il soutint le courroux !
On l'admire pourtant, on l'exalte, on l'encense ;
L'amour qui l'environne impose à ma puissance :
Il règne, et qu'a-t-il fait ? le devoir d'un soldat ;
Un misérable sang, qu'il verse pour l'État,
L'emporte sur celui dont mon pieux courage
De Brama sur l'autel vient arroser l'image.
Quel effort douloureux s'est-il donc imposé ?
Par quels jeûnes cruels son corps s'est-il usé ?
Sa langue, dont le ciel tolère l'insolence,
N'a pas langui dix ans dans un morne silence.
Il est libre, et son cœur, fier de ses sentiments,
N'en contraignit jamais les heureux mouvements.
Il se livre au penchant dont l'erreur le caresse,
De la gloire à longs traits il savoure l'ivresse ;
Tandis qu'enseveli dans ma noble prison,
J'arme contre mes sens une froide raison ;
Tandis que, m'exerçant par d'obscurs sacrifices,
Je suis mort à la joie, au monde, à ses délices,
Aux douceurs de l'espoir, aux flammes des désirs.
Pour moi sont les tourments, et pour lui les plaisirs ;
Et le bien, le seul bien où mon amour s'attache,
Comblé de tous les dons, c'est lui qui me l'arrache :
Ma puissance, il l'outrage, il l'ose mépriser ;
Sous mes foudres sacrés j'hésite à l'écraser !
Dieux ! ma tête a blanchi dans mon saint ministère,
Et vous donnez sa honte en spectacle à la terre !
Vengez-moi : triste objet d'envie et de pitié,
Grands dieux ! dans mon exil m'avez-vous oublié ?

EMPSAEL.

Ah! qu'ils ne privent pas de ce chef intrépide
La tribu des guerriers, qui l'a choisi pour guide.
Qu'importe à vos dégoûts qu'il se soit révolté
Contre les droits divins de votre autorité?
Elle n'est, dites-vous, qu'un illustre esclavage...

AKÉBAR.

Je n'en puis, sans mourir, endurer le partage.
Triste effet des grandeurs! leur amour malheureux
Égare nos esprits en de contraires vœux;
S'il échappe à nos mains, ce pouvoir qui nous pèse,
Il nous laisse un regret que nul charme n'apaise,
Un vide, un vide affreux que rien ne peut combler :
De sa vieillesse oisive on se sent accabler ;
Un je ne sais quel vague empoisonne l'étude,
Corrompt de nos plaisirs l'innocente habitude ;
Alors il faut mourir !... Encor quelques instants,
Je connaîtrai mon sort : il viendra, je l'attends...
Ah! qu'il honore en moi l'autorité suprême,
Et je ne le hais plus, je l'adopte, je l'aime.
Qu'il parle : que veut-il? des biens? des dignités?

EMPSAEL.

Quels dons par vous offerts n'a-t-il pas rejetés?

AKÉBAR.

Peut-être il en est un qui fléchira sa haine :
Par ce lien auguste il faut que je l'enchaîne ;
Je le veux. Cet honneur est sans doute inouï,
Et son farouche orgueil en doit être ébloui.
Je le veux...

EMPSAEL.

    Pour bannir le soin qui vous tourmente,
Souffrez que devant vous Néala se présente ;
Et bientôt à sa voix ce déplaisir mortel
Fera place aux transports de l'amour paternel.

AKÉBAR.

Moi, la voir! ah! demeure. Infortuné! j'évite

Jusqu'aux doux mouvements dont son aspect m'agite.
Ils troublent ma ferveur ; je m'accuse en secret
D'un sentiment humain dont Dieu n'est pas l'objet.
Mais je l'aime, et, soigneux de cacher ma faiblesse,
Je me fais un tourment de ma propre tendresse.
Néala me redoute ; en lui tendant les bras
Jamais je n'enhardis son timide embarras ;
Jamais je n'adoucis par un tendre sourire
L'austère majesté qui sur mes traits respire.
Quand un père à sa fille ouvre ses bras tremblants,
Lui laisse avec amour baiser ses cheveux blancs,
Je m'indigne, je pleure, et vois d'un œil d'envie
Ce bonheur inconnu dont j'ai privé ma vie.
Ma fille !... Et je la perds ! Le ciel veut qu'à ce prix
Je rachète un pouvoir qu'il m'a trop tôt repris !
Ma mort suivra de près cette épreuve dernière...
Mais j'emporte au tombeau ma grandeur tout entière.
Eh bien ! n'hésitons plus, j'y souscris, c'en est fait !

EMPSAEL.

Ah ! sachez vous contraindre : Idamore paraît.
Pourrez-vous déguiser l'horreur qu'il vous inspire ?...

AKÉBAR, *froidement*.

Quelle horreur ? qu'avez-vous, et que voulez-vous dire ?
Voyez, je suis tranquille, et sur mon front serein
Mon trouble n'a laissé ni courroux, ni chagrin.
Sortez.

SCÈNE III.

AKÉBAR, IDAMORE.

IDAMORE.

Votre message a droit de me surprendre ;
A cet excès d'honneur j'étais loin de m'attendre.
Vous souhaitez me voir, vous, seigneur ! et pourquoi ?
Pontife du Très-Haut, que voulez-vous de moi ?

AKÉBAR, *à part.*
De quel œil ce profane insulte à ma présence !
(*A Idamore.*)
Contre ma faible voix vous vous armez d'avance :
Vous apportez sans doute à ce grave entretien
Un cœur aigri, blessé, bien différent du mien ;
Vous le connaissez mal.

IDAMORE.
　　　　　Il a changé peut-être.
Pour moi, je suis le même, et je veux toujours l'être ;
Juste, mais inflexible.

AKÉBAR.
　　　　　Ainsi votre fierté
Prend le mépris des lois pour l'austère équité.
Ce bras, qui les détruit, met la force à leur place,
N'écoute de conseils que ceux de son audace.
Un vainqueur tel que vous se croirait avili
S'il n'affectait l'horreur de tout ordre établi.
Vous laissez le vulgaire accorder à l'usage
Ses aveugles respects et son servile hommage ;
Mais vous !...

IDAMORE.
　　　De mes avis le sacrilége orgueil
Du temple où vous régnez a-t-il franchi le seuil ?
L'a-t-on vu s'arroger quelques droits despotiques
Sur vos rites secrets, vos pieuses pratiques ?
Content d'y présider, laissez, laissez mes mains
Se charger du fardeau des intérêts humains.
Soyez plus qu'un mortel, j'y consens, si nous sommes,
Vous le dernier des dieux, moi le premier des hommes.

AKÉBAR.
Poursuivez, Idamore ; il est digne de vous
D'accabler un vieillard sans force et sans courroux.
Est-ce là ce guerrier si grand, si magnanime ?
Insensé ! quelle erreur contre moi vous anime ?
Suis-je votre ennemi ?

ACTE II, SCÈNE III.

IDAMORE.

Vous l'êtes, je le sais.
Mon ennemi! qui, vous?... plus que vous ne pensez...
Plus que je ne puis dire.

AKÉBAR.

Eh! comment? je l'ignore.
Qu'ai-je fait?

IDAMORE.

Mon malheur. Vous qu'un vain peuple adore,
Qui portez saintement d'inévitables coups ;
Oui, vous mon ennemi, le plus cruel de tous ;
Oui, ce que n'auraient pu ni chrétiens ni Tartares,
Vous l'avez fait : c'est vous... Malheureux, tu t'égares !

AKÉBAR.

Que répondre, Idamore, à ces vagues discours,
Dont la fureur commence et rompt soudain le cours ?
O vous qui m'accusez, je plains votre délire.
Connaissez-la cette âme, où vous avez cru lire :
Moi, me préoccuper de soins ambitieux,
Quand la nuit du tombeau se répand sur mes yeux,
Quand l'eau lustrale attend ma dépouille glacée ?
Qu'un plus sublime objet absorbe ma pensée !
Le bonheur de ma fille, après de longs combats,
Est l'unique devoir qui me trouble ici-bas.
Le ciel, dont la bonté la rend à mes tendresses,
A dérobé sa tête au bandeau des prêtresses.
Une illustre alliance embellirait ses jours ;
J'ai cherché dans l'armée, au temple, dans les cours,
Quelque mortel si grand que son sang trouvât grâce
Devant l'éclat divin des auteurs de ma race.

IDAMORE.

Il est choisi sans doute ?

AKÉBAR.

Oui, seigneur. Je le croi,
Digne de mes aïeux, de ma fille et de moi.

IDAMORE.

Son nom !...

AKÉBAR.

Il porte un nom que l'Indostan révère,
Le destin des combats ne lui fut point sévère,
est brave, puissant...

IDAMORE.

Mais enfin, cet époux,
Ce vainqueur, ce héros, quel est-il donc?

AKÉBAR.

C'est vous.

IDAMORE.

Qu'entends-je !

AKÉBAR.

Le voilà, cet ennemi terrible...

IDAMORE.

Ah! croyez... J'ignorais... O ciel! est-il possible?
Qui? moi?

AKÉBAR.

De cet espoir je flattais mes douleurs,
Et ce jour, le premier de la saison des fleurs,
Ce jour, que nous comptons parmi nos jours propices,
Eût éclairé vos nœuds formés sous ses auspices.

IDAMORE.

Mon père! l'Éternel me parle par ta voix ;
Il t'inspire, il me nomme, il a dicté ton choix.
J'accepte ses bienfaits, j'adore tes oracles.
Un seul mot de ta bouche enfante des miracles ;
Oui, mon orgueil vaincu s'humilie à tes pieds.
Que par mon repentir mes torts soient expiés.
J'avais vu Néala, j'aimais sans espérance ;
J'ai maudit tes autels, vos lois, ma dépendance,
Toi-même, toi, mon père ;... et tu combles mes vœux!
D'un amour téméraire excuse les aveux ;
Pardonne à mes fureurs. J'abjure, je déteste
De ce cœur révolté l'égarement funeste ;

Mais du moins à la haine il fut toujours fermé :
Mon crime, ah! mon seul crime est d'avoir trop aimé!
AKÉBAR.
Ne vous condamnez point : peut-être ma sagesse
Gênait par ses leçons votre ardente jeunesse.
Je puis à votre oreille épargner mes avis...
IDAMORE.
Non, parlez, commandez : ils seront tous suivis.
Prenez sur ma raison un souverain empire.
Eh! ne vous dois-je pas le seul bien où j'aspire?
Néala, mon amante... ah! daignez l'appeler.
Ne puis-je la revoir? vais-je enfin lui parler?
Quel lieu doit nous unir? quelle heure fortunée
Verra bénir par vous un si cher hyménée?
AKÉBAR.
Eh bien, que de nos lois la sainte austérité
Fléchisse pour vous seul devant ma volonté!
Ces bois religieux, dont un antique usage
Aux pompes de l'hymen consacre le feuillage,
Vers la quatrième heure entendront vos serments ;
Qu'ils soient de vos aveux les premiers confidents.
Attendez votre épouse aux lieux où je vous laisse.
Adieu, mon fils.
 (*Il présente sa main à Idamore, qui s'incline pour la baiser.*)
 (*A part.*)
Superbe, enfin ton front s'abaisse.

SCÈNE IV.

IDAMORE.

Son fils! je suis son fils! l'époux de Néala!
Son fils... De ce doux nom un autre m'appela.
Il me pleure... il me cherche, et mon hymen s'apprête.
Il n'assistera point à cette auguste fête.

Zarès n'est plus mon père, hélas! il ne l'est plus!...
Des biens communs à tous, les hommes l'ont exclus,
Et tu t'es fait leur frère à force d'imposture!
Ton âme s'avilit en fuyant la nature :
Ils t'ont rendu cruel, perfide, ingrat comme eux;
Renonce à ton vieux père, achève et sois heureux.
Quel bonheur de tromper une vierge innocente,
De frémir au doux son de sa voix caressante,
De la craindre en l'aimant, de dire avec effroi :
Ce cœur, s'il me connaît, va se fermer pour moi!
D'étouffer un secret dont le poids vous oppresse!...
Et s'il éclate, ô ciel! quel prix de sa tendresse?
La malédiction dont mes jours sont couverts,
L'exil, le désespoir, la mort dans les déserts!...
Non : elle connaîtra le proscrit qu'elle adore...
Mais contre ses terreurs si l'amour lutte encore,
De ces nœuds réprouvés affrontant le danger,
Si de mon avenir elle ose se charger,
Nature, il faut céder, j'oublierai tout pour elle.
Dieux! je la vois : heureuse, elle en paraît plus belle.
De quel funeste aveu je la vais accabler!
Je tremble!!... Elle m'apprend que je pouvais trembler.

SCÈNE V.

IDAMORE, NÉALA.

NÉALA.

Accusez-vous encor la justice éternelle?
Le pontife à sa voix vous trouve-t-il rebelle?
Il vous donne sa fille, il parle, et son pouvoir
Change une ardeur coupable en un pieux devoir.
Que béni soit le jour qui nous rend l'innocence!
Le Très-Haut nous a vus d'un regard d'indulgence,
Et les divinités qui peuplent ces forêts
Devant lui sans colère ont porté nos secrets.

Au pied de son autel confondons nos hommages,
Venez... mais sur vos traits quels sinistres nuages !

IDAMORE.

Néala !

NÉALA.

Qu'avez-vous ?

IDAMORE.

Si vous saviez...

NÉALA.

Eh bien ?

IDAMORE.

Détruirai-je d'un mot mon bonheur et le sien ?
Vous m'aimez ?

NÉALA.

Moi, grands dieux !

IDAMORE.

Mais d'un amour extrême,
Sans borne, égal au mien ?

NÉALA.

J'en appelle à vous-même.

IDAMORE.

C'est moi que vous aimez, non le chef des guerriers,
Non l'éclat de mon rang, mes titres, mes lauriers ?
Quel que soit l'abandon où l'avenir me livre,
A ces biens fugitifs votre amour doit survivre ?

NÉALA.

En doutez-vous ?

IDAMORE.

Jamais vous ne les avez plaints,
Ces malheureux, privés de l'aspect des humains...

NÉALA.

Comment ?

IDAMORE.

Dont la tribu, proscrite et vagabonde,
Traîne après soi l'horreur et les mépris du monde ?

NÉALA.

N'achevez pas : leur nom est funeste, odieux ;
Il souillerait l'air pur qu'on respire en ces lieux.

IDAMORE.

Un d'eux... il était las de son sort misérable...
Secouant tout à coup l'opprobre qui l'accable,
Il vient, combat, triomphe : admis dans les cités,
Il profane les murs par vous-même habités.

NÉALA.

Ah! que de son abord votre bras m'affranchisse;
Un ennemi du ciel, un monstre!... Qu'il périsse!
Point de pitié, frappez !

IDAMORE.

Frappez donc votre époux :
Cet ennemi, ce monstre embrasse vos genoux.
Frappez.

NÉALA *se précipite vers la statue de Brama, qu'elle embrasse.*

Toi qui l'entends, protége ta prêtresse ;
Dieu, fais luire entre nous ta foudre vengeresse ;
Que ce marbre insensible, ébranlé par mes cris,
Entre l'impie et moi renverse ses débris.

IDAMORE, *à genoux.*

Ma vie est un fardeau ; prenez-la, je l'abhorre :
Mon amitié flétrit ; mon amour déshonore,
Mon nom glace d'effroi.

NÉALA, *sans le regarder.*

Les cieux m'en puniront ;
Mais le tranchant du fer n'atteindra pas ton front.
Infortuné, va-t'en !

IDAMORE.

Hélas! dans quelles villes,
Sous quel heureux climat, sur quels bords si fertiles,
Où les plaisirs pour moi ne soient sans volupté,
Le printemps sans parure, un beau jour sans clarté?
Vous fuirai-je aux déserts? mais où fuir ce qu'on aime?

Dans quel antre profond me cacher à moi-même ?
Où ne verrai-je plus ces flambeaux de la nuit,
Dont les feux si souvent à vos pieds m'ont conduit ?
Par quel chemin vous fuir ? quel rocher, quelle source,
Pour me parler de vous, ne suspendra ma course ?
Beaux lieux, sans m'arrêter comment vous parcourir,
Et puis-je en la fuyant m'arrêter sans mourir ?
Fleuve heureux, bois si cher à ma reconnaissance,
Je vous reverrai donc, mais pleins de son absence !...
A travers les rameaux, là, j'observais ses pas :
Là, pour l'entretenir, j'affrontai le trépas ;
Là, les heures pour moi s'allongeaient dans l'attente ;
Ici, je lui donnai ce doux titre d'amante ;
Plus loin... ô Néala, quel prix de mes exploits !
Je leur dus de vous voir pour la première fois.
Couronné par vos mains, que j'étais fier de l'être !
Ah ! vous m'aimiez alors, vous m'admiriez peut-être !
Oui, malgré vos mépris, oui, malgré mon malheur,
Ce jour atteste encor que j'eus quelque valeur ;
Quelques dons m'élevaient au-dessus du vulgaire,
Et j'avais des vertus, puisque j'ai pu vous plaire.

NÉALA.

Ils me furent cruels, ces dangereux trésors,
Dont j'exaltais le prix pour tromper mes remords.
Pourquoi m'ont-ils caché, sous leur brillant mensonge,
L'abîme inévitable où mon erreur me plonge ?
Malheur au cœur aimant que leur charme séduit :
C'est par eux qu'à jamais mon bonheur fut détruit.

IDAMORE.

Il ne l'est pas encor ; du moins il peut renaître.
La pompe se prépare, eh bien !... dois-je y paraître ?
Cet aveu qu'en tremblant j'ai versé dans ton sein,
N'y laisse plus pour moi qu'horreur et que dédain :
D'un amour confiant il est l'excès sublime,
Mon seul droit au pardon, mon titre à ton estime.
Je disais : Il m'est doux de lui livrer mon sort,

D'arracher à sa crainte un si pénible effort,
Si grand, si généreux, que jamais avant elle
La plus parfaite ardeur n'en laissa de modèle :
Donnons-lui ce triomphe : honneurs, lauriers, pouvoir,
Jetons tout à ses pieds, je veux tout lui devoir !
Je l'ai fait sur la foi de ta sainte promesse,
J'en ai cru ta pitié, j'en ai cru ta tendresse ;
Chassé, maudit par toi, j'en crois encor tes pleurs ;
Voilà tous mes garants ; parle, sont-ils trompeurs ?

NÉALA.

Eh ! quel est ton espoir ? que d'une âme affermie
J'accepte en t'épousant l'exil et l'infamie ?...
Je le veux ; mais demain quel sera mon appui,
Si l'ange de la mort m'appelle devant lui ?
Surprise dans les nœuds d'un hymen sacrilége,
A ce juge irrité, dis-moi, que répondrai-je ?
Le courroux des humains ne peut m'épouvanter ;
Mais le sien, mais pour toi le faut-il affronter ?
Mais faut-il échanger contre des cris funèbres,
Contre le noir séjour des esprits de ténèbres,
Contre des châtiments qui prolongent mes maux
Au delà de ce monde, au delà des tombeaux,
Cette paix, ces plaisirs, ces innocentes joies,
Que Dieu garde aux tribus qui marchent dans ses voies,
Dieu même, et les clartés de ce palais divin
Où rayonne un jour pur sans aurore et sans fin ?

IDAMORE.

Non ; mais je t'y suivrai. Quel forfait m'en exile ?
Le sein de l'Éternel est aussi notre asile.
Va, ces mortels si fiers, qui nous ont rejetés,
De ce bonheur en vain nous croient déshérités.
Nous sommes ses enfants. Comme sur leur visage
N'a-t-il pas sur le nôtre imprimé son image ?
De nos jours et des leurs, qu'il pèse également,
Au même feu céleste il puisa l'aliment.
Nos sens formés par lui, nos traits, tout est semblable.

Ont-ils un œil plus sûr, un bras plus redoutable?
Dieu dans leur voix plus mâle a-t-il mis d'autres sons?
Le soleil, pour eux seuls prodigue de moissons,
N'échauffe-t-il pour nous que poisons homicides?
Les fruits se sèchent-ils sur nos lèvres avides?
Les flots, dont notre soif implore le secours,
Pour tromper ses ardeurs détournent-ils leur cours?
Ces mortels, comme nous, sont condamnés aux larmes,
Soumis aux mêmes maux, blessés des mêmes armes;
Les mêmes passions nous brûlent de leurs feux;
Ils souffrent comme nous, et nous aimons comme eux...
Ah! cent fois davantage... Et Dieu, lui, notre père,
N'eût fait de tant d'amour qu'un jeu de sa colère!
L'homme a seul méconnu ce doux instinct des cœurs;
Des frères, qu'il proscrit, il sépare les sœurs.
La mort rassemblera cette famille immense;
Dieu nous appelle tous : le brame qui l'encense,
Et l'enfant du désert repoussé des autels,
Reposeront unis dans ses bras paternels.

NÉALA.

Je goûte à t'écouter un charme trop funeste;
D'un courroux qui s'éteint ne m'ôte pas le reste.
Ah! fuis, séparons-nous!

IDAMORE.

            Tu l'ordonnes, je pars;
Mais vers moi pour adieu tourne au moins tes regards.
Ne me refuse pas...

NÉALA, *se retournant vers lui.*

Idamore!

IDAMORE, *se rapprochant d'elle par degrés.*

            Ma vue
N'a pas troublé tes sens d'une horreur imprévue.
Non. Qu'avais-tu pensé? que tu reconnaîtrais
Le sceau de la vengeance empreint sur tous mes traits;
Se sont-ils revêtus d'une forme nouvelle?
Crois-tu qu'un feu sinistre en mes yeux étincelle?...

Ils brillent, Néala, de tendresse et d'espoir.
Laisse-les s'enivrer du plaisir de te voir.
Ne tremble pas ainsi ; que mon bras te soutienne ;
Que je sente ta main tressaillir dans la mienne...
Eh bien ! le Tout-Puissant, de mon bonheur jaloux,
Pour désunir nos mains, descend-il entre nous ?
Sa fureur sous tes pieds n'ébranle pas la terre ;
Il ne t'accuse pas par la voix du tonnerre :
Il pardonne, il sourit à d'innocents transports ;
Pardonne à son exemple, étouffe un vain remords,
Consens à notre hymen...

NÉALA.

Je ne puis, je frissonne.
Qu'un moment à moi-même en paix je m'abandonne.
Ton funeste secret me trouble et me poursuit !
J'ai peine à rappeler ma raison qui me fuit. [frandes ;
L'heure approche où mes sœurs couvrent l'autel d'of-
Elles vont m'entourer... que je crains leurs demandes !
Comment à leurs regards déguiser mon effroi ?
Où me cacher ?... je veux... De grâce épargne-moi !

IDAMORE.

Ah ! d'un doute accablant qu'un seul mot me délivre :
Dois-je fuir ou rester, dois-je mourir ou vivre ?

NÉALA.

Reste pour mon malheur...

IDAMORE.

Arbitre de mes jours,
Va, décide à ton gré du sort de nos amours.
Tout est douleur pour moi, tout, jusqu'à l'espérance.
Qu'il soit prompt, cet arrêt que ma terreur devance ;
Dût-il me condamner, j'aspire à le savoir :
Il finira mes maux ; réduit au désespoir,
Un cœur tel que le mien n'est pas longtemps à plaindre,
Et préfère un refus au tourment de le craindre !

(*Idamore sort d'un côté, Néala de l'autre ; les prê-
    tresses entrent par le fond.*)

SCÈNE VI.

CHOEUR.

PRÊTRESSES.

UNE D'ELLES.

Néala !

UNE AUTRE.

Néala !

LA PREMIÈRE.

Pourquoi fuir loin de nous ?
Mais c'est en vain que je l'appelle.

LA SECONDE.

Aurions-nous donc, mes sœurs, allumé son courroux ?

UNE AUTRE.

Quel trouble s'est emparé d'elle ?

UNE AUTRE.

Absente, quand le fleuve a reçu nos présents,
Elle n'a point offert les vœux que notre zèle
Adresse chaque jour à ses flots bienfaisants ;
Quel trouble s'est emparé d'elle ?

CHOEUR.

Confiante amitié, que ton charme vainqueur
Prête une voix à ses peines secrètes,
Et que la paix qui règne en ces retraites,
Confiante amitié, rentre enfin dans son cœur !

UNE PRÊTRESSE.

Reprenons nos travaux, et, durant son absence
Puissent-ils charmer notre ennui !
Contre l'effort des vents ces myrtes sans appui
Accusent notre indifférence.
Des banians touffus par le brame adorés
Depuis longtemps la langueur nous implore :
Courbés par le midi, dont l'ardeur les dévore,
Ils étendent vers nous leurs rameaux altérés.

UNE AUTRE.

Invoquons la faveur de ces puissants génies,

A qui des bois sacrés les nymphes sont unies[1].

LA PREMIÈRE.

Esprits aériens de la terre et des eaux,
   Dont les soupirs parfument ces berceaux,
   Qui murmurez dans le creux des ruisseaux,
Et que le vent du soir apporte sur ses ailes !

LA SECONDE.

   Demi-dieux, dont les mains fidèles
Allument de la nuit les innombrables feux,
Épanchent les rosées, ouvrent les fleurs nouvelles,
   Et des insectes amoureux
Suspendent aux gazons les vives étincelles !...

CHOEUR.

   Descendez du haut des airs,
   Quittez le cristal humide
   De vos ruisseaux toujours clairs ;
   A des soins qui vous sont chers
   Que votre faveur préside ;
   Descendez d'un vol rapide,
   Légers habitants des airs.

UNE PRÊTRESSE.

   Venez ; la nymphe invisible,
   Qui, dans sa prison flexible,
   Reçoit vos embrassements,
   Sous l'écorce qui la presse
   Répond à votre tendresse
   Par de doux frémissements.

UNE AUTRE.

   Venez rafraîchir les roses
   Qui, sous votre haleine écloses,
   Couronnent nos bords heureux ;
   Que le parfum, qui s'exhale
   De ces trésors du Bengale,
   Vers vous monte avec nos vœux.

CHOEUR.

   Quittez le cristal humide
   De vos ruisseaux toujours clairs ;
   Qu'en ces lieux l'amour vous guide ;
   A des soins qui vous sont chers
   Que votre faveur préside ;

---

[1] Forster.

ACTE II, SCÈNE VI.

Descendez d'un vol rapide,
Légers habitants des airs.

UNE PRÊTRESSE.

Quel noir penser vous inquiète ?
Ma sœur, ce vase échappe à vos bras languissants...

UNE AUTRE.

Au bruit de nos concerts votre bouche muette
S'efforce, mais en vain, de mêler ses accents.

UNE AUTRE.

Je songe à Néala ; d'une pitié nouvelle
Son souvenir vient attrister mes sens.
Quel trouble s'est emparé d'elle ?

CHOEUR.

Confiante amitié, que ton charme vainqueur
Prête une voix à ses peines secrètes,
Et que la paix qui règne en ces retraites,
Confiante amitié, rentre enfin dans son cœur !

UNE PRÊTRESSE.

Quand un lis virginal penche et se décolore,
Par un ciel brûlant desséché,
Sous l'urne qui l'arrose il peut renaître encore ;
Mais quand un ver rongeur dans son sein est caché,
Quel remède essayer contre un mal qu'on ignore ?

CHOEUR.

Confiante amitié, que ton charme vainqueur
Prête une voix à ses peines secrètes,
Et que la paix qui règne en ces retraites,
Confiante amitié, rentre enfin dans son cœur !

UNE PRÊTRESSE.

Mais que vois-je ? Mirza par sa tendre éloquence,
Zaïde par ses soins touchants,
Sans doute ont de ses maux calmé la violence.
Chères sœurs, suspendons nos chants :
Respectons ses chagrins ; elle approche, silence !

CHOEUR.

Chères sœurs, suspendons nos chants :
Respectons ses chagrins, elle approche, silence !

ACTE TROISIÈME

SCÈNE I.

NÉALA, ZAIDE, MIRZA, LE CHOEUR.

NÉALA, *aux prêtresses.*

Zaïde, et toi, Mirza, vous, qu'un vœu solennel
Réunit dès l'enfance autour du même autel,
Longtemps par les plaisirs permis dans ces demeures
Notre tendre amitié remplit le cours des heures ;
Ces arbres l'ont vu naître, et, témoins de nos jeux,
En croissant chaque jour l'ont vu croître avec eux.
La fête qu'on prépare en va rompre les charmes,
Et vous vous étonnez de voir couler mes larmes!

ZAÏDE.

Aimable et cher objet de nos soins assidus,
Tes soupirs sont compris et te sont bien rendus ;
Et, si ce prompt départ te semble un coup si rude,
Que de fois, en songeant à notre solitude,
Que de fois de nos mains les festons et les fleurs,
Préparés pour ton front, tombent mouillés de pleurs!

MIRZA.

Notre jeune compagne à nous quitter s'apprête ;
Mais l'avenir pour elle est un long jour de fête.
L'hymen n'a point de gloire ou de riants appas
Dont il ne prenne soin d'environner ses pas.
On l'aime, elle est heureuse, est-ce à nous de nous plaindre?

NÉALA.

Hélas!

MIRZA.

Pourquoi gémir?

ZAÏDE.
        Ne cherche pas à feindre ;
Tu le voudrais en vain.
            MIRZA.
               Parle, un songe imposteur
Des troubles de ton âme est peut-être l'auteur?
            NÉALA.
Celui par qui du ciel la volonté s'explique,
Mon père, en eût levé le voile prophétique.
            ZAÏDE.
Entends-tu quelque dieu, que le fer a touché,
Se plaindre sous l'écorce où Brama l'a caché?
Quel bruit te fait pâlir? Quelle voix inconnue
Perce les marbres saints ou déchire la nue?
Aurait-on profané cet asile de paix?
            NÉALA, *vivement.*
Non, ne le croyez pas; eh! comment? non, jamais!
Qui l'eût osé?
            MIRZA.
          Serait-ce une secrète haine
Qui de ton jeune époux te fait craindre la chaîne?
            NÉALA.
Ah! je ne le hais pas! je m'engage aujourd'hui
A vivre, et, s'il le faut, à souffrir avec lui.
Que ses maux soient les miens, et que l'hymen nous lie
Pour toujours, pour le temps et l'éternelle vie.
            ZAÏDE.
Cesse donc, Néala, de voir avec effroi
L'existence nouvelle ouverte devant toi.
Va, nos divinités te défendront sans cesse :
Elles n'oublieront point que tu fus leur prêtresse;
Qu'à tes devoirs par toi nuls objets préférés
N'ont distrait tes esprits sous ces bosquets sacrés;
Qu'on n'eût pas vu ta bouche approcher d'une eau pure,
Sans que ta piété rafraîchit leur verdure,
Et que ta main jamais, dans son respect pour eux,

Ne leur fît un larcin pour parer tes cheveux.
Ce monde séduisant, qui cause tes alarmes,
Sans danger pour ton cœur, aura pour lui des charmes.
Quel bien à ses plaisirs se pourrait comparer,
Puisqu'à la vertu même on peut les préférer?
   NÉALA.
Ils ne me rendront pas nos tranquilles études,
Nos secrets entretiens, nos douces habitudes.
Je vous quitte à regret, les dieux m'en sont témoins;
Puissent-ils vous bénir! Je confie à vos soins
Les plantes que par choix cultivait ma tendresse,
Les rameaux que mes dons courbaient sous leur richesse,
Les oiseaux familiers qui, nourris dans ces bois,
Descendaient sur ma trace et venaient à ma voix.
Qu'au lever du soleil ma gazelle chérie
Trouve sur vos genoux l'onde et l'herbe fleurie;
En souvenir de moi protégez-la toujours;
Mêlez, en lui parlant, mon nom à vos discours.
De ma longue amitié gardez chacune un gage.
  (*A une prêtresse.*)
Toi, ces voiles brillants dont tu vantais l'ouvrage;
Mirza, les ornements que mes bras ont portés...
Mais Zaïde, mes sœurs, n'est plus à nos côtés.
D'où vient que ses regards sont troublés par la crainte?
   ZAÏDE.
Voyez, un étranger pénètre en cette enceinte.
   NÉALA.
Ce guerrier, dont la bouche honore un autre dieu,
Le devance, lui parle, et lui montre ce lieu;
Il le quitte.
   MIRZA.
   Vers nous ce voyageur se traîne
Sous d'obscurs vêtements qui le couvrent à peine;
Il vient, un frêle appui guide ses pas pesants;
Sa barbe et ses cheveux sont blanchis par les ans.
Mes sœurs, rentrons au temple.

NÉALA.

Eh! pourquoi? quelle offense
Craignez-vous d'un vieillard sans force et sans défense?
Osons le secourir; ses vœux reconnaissants
Seront pour le Très-Haut plus doux que notre encens.

SCÈNE II.

NÉALA, ZAIDE, MIRZA, ZARÈS, LE CHOEUR.

ZARÈS. *Il s'avance appuyé sur un bâton.*

Prêtresses des forêts, j'ignore vos usages;
Puis-je au pied de vos murs m'asseoir sous ces ombrages?
D'un moment de repos ma faiblesse a besoin.

NÉALA.

Vieillard, vous le pouvez.

ZARÈS.

J'arrive de si loin!

NÉALA, *s'approchant pour le soutenir.*
Tout en vous nous révèle un pieux solitaire.

ZARÈS.

Moi!

NÉALA.

Qui donc êtes-vous?

ZARÈS.

Étranger sur la terre.
(*Aux prêtresses qui l'entourent.*)
Je ne mérite pas ces secours empressés.

NÉALA.

Vous êtes malheureux?

ZARÈS.

Je le suis.

NÉALA.

C'est assez;
(*Zarès s'assied sur un banc de gazon.*)

Je dois vous les offrir. Pourquoi, courbé par l'âge,
Entreprendre sans guide un pénible voyage?
ZARÈS.
Je n'ai pas un ami.
NÉALA.
De l'hospitalité
Nul n'a rempli pour vous le devoir respecté!
Qui vous nourrit?
ZARÈS.
Les dons du passant que j'implore;
Pauvre, demandant peu, recevant moins encore,
Satisfait cependant...
NÉALA.
O dieux, que je vous plains!
Vous venez visiter les tombeaux de nos saints,
Consulter le grand prêtre, ou bien votre vieillesse
D'un long pèlerinage accomplit la promesse?
ZARÈS.
Non.
NÉALA.
Que cherchez-vous donc?
ZARÈS.
Un bien que j'ai perdu.
NÉALA.
S'il dépend d'un mortel, il vous sera rendu.
Faut-il armer pour vous l'autorité suprême?
Mon père est tout-puissant.
ZARÈS.
Vous l'aimez, il vous aime...
Ne le quittez jamais!
NÉALA.
D'où vient que vous pleurez?
ZARÈS.
Hélas! c'est malgré moi.
NÉALA.
Mais, si vous l'implorez,

ACTE III, SCÈNE II.

Akébar va d'un mot finir votre misère.

ZARÈS.

Un seul homme le peut : il le voudra, j'espère...
Le chef de vos guerriers.

NÉALA.
Idamore?

ZARÈS.
C'est lui.

NÉALA.

Vieillard, pour le fléchir empruntez mon appui.

ZARÈS. *Il se lève.*

Il est connu de vous?

NÉALA.
Aujourd'hui l'hyménée
Pour jamais à la mienne unit sa destinée.

ZARÈS.

Je n'ai plus qu'à mourir.

NÉALA.
Vous vivrez s'il m'entend.
Soulagez vos douleurs en me les racontant.

ZARÈS.

Non, non, dans son cœur seul mon secret doit descendre ;
J'expire d'un chagrin que lui seul peut comprendre.

NÉALA.

Il vient.

ZARÈS.
Mon sang se glace, et, prêt à lui parler,
Je sens ma voix s'éteindre et mes genoux trembler.
Je ne me soutiens plus.

(*Il retombe assis.*)

SCÈNE III.

ZARÈS, NÉALA, IDAMORE, ALVAR, LE CHOEUR.

ALVAR, *à Idamore.*
Aux portes de la ville,

Sur une pierre assis, il pleurait immobile.
Je m'approche, à ses pleurs je me laisse attendrir :
« Idamore est le seul qui les puisse tarir. »
Il dit. Je cours au temple, où ma voix importune
Trouble de ce récit votre heureuse fortune ;
Mais j'ai fait le devoir d'un ami, d'un chrétien ;
Et c'est à l'homme heureux que la pitié sied bien.
Consolez ce vieillard.

NÉALA, *s'approchant d'Idamore.*

Ah ! si je vous suis chère,
Daignez en sa faveur accueillir ma prière.

IDAMORE.

Eh quoi ! près d'Akébar au temple rappelé,
Quand j'apprends que par vous mon espoir est comblé,
Quand cet aveu m'arrache aux horreurs de l'attente,
Celle à qui je dois tout me parle en suppliante !
Ah ! venez...

NÉALA.

Il ne veut pour confident que vous.
Adieu. Rentrons, mes sœurs.

IDAMORE.

Cher Alvar, laisse-nous.

SCÈNE IV.

ZARÈS, *assis,* IDAMORE.

IDAMORE.

Étranger, quel revers faut-il que je répare ?
Puis-je vous rendre un bien dont le sort vous sépare ?
Répondez.

ZARÈS.

C'est lui-même ! il m'a parlé ! j'entends
Cette voix, dont les sons m'avaient fui si longtemps !

IDAMORE.

Dans mon cœur attendri quel souvenir s'éveille ?

ACTE III, SCÈNE IV. 223

Où suis-je, et quels accents ont frappé mon oreille?
Je les connais... Que vois-je?

ZARÈS.

Un vieillard insensé,
Qui poursuit un ingrat dont il fut délaissé,
Qui voulait de rigueur armer son front sévère,
Et sent frémir pour toi ses entrailles de père.

IDAMORE.

Dieux! vous m'ouvrez vos bras!

ZARÈS.

La nature a ses droits,
Plus forts que ma raison. Viens, viens, je te revois!
J'ai pardonné!

IDAMORE.

Mon père!

ZARÈS.

O moment plein de charmes!
Idamore, ô mon fils! ô jour! ô douces larmes!
Tu m'aimais, je le sens; pourquoi m'as-tu quitté?
Quel horrible abandon! et je l'ai supporté!
Je résiste à l'ivresse où mon âme se noie!
On ne peut donc mourir de douleur ni de joie!

IDAMORE.

Quoi! vous me pardonnez?

ZARÈS. *Il se lève et regarde son fils.*

Heureux progrès des ans!
Que son port est plus fier, ses traits plus imposants!
Que son aspect m'enchante!

IDAMORE.

O ciel! par quel ravage
Les ans sur son front pâle ont marqué leur passage!

ZARÈS.

Ce ne sont pas les ans, mon fils, mais les chagrins.
Vos jours dans les cités ne sont pas tous sereins;
Et pourtant quel mortel, maudit des destinées,
Vit en plus sombres nuits s'y changer ses journées?

Fut-il pour l'œil d'un père un plus affreux réveil ?
Malheureux, j'ai vu naître et pâlir le soleil,
Sans que ses premiers feux ni sa clarté mourante
De mes sens éperdus aient calmé l'épouvante.
Je marchais, je courais, je criais : O mon fils !
Mon fils !... L'écho, lui seul, répondait à mes cris.
Je rentrai vers le soir, me disant sur ma route :
Près du toit paternel mon fils m'attend sans doute.
Personne sur le seuil, nul vestige, aucun bruit ;
Je m'y retrouvai seul, et seul avec la nuit.
Que son astre à regret sembla mesurer l'heure !
Combien ma solitude agrandit ma demeure !
Mes yeux, de pleurs noyés, s'attachaient sans espoir
Sur cette place vide, où tu devais t'asseoir.
J'accusai de ta mort le tigre, le reptile,
Nos rochers, dont les flancs te devaient un asile,
Ces arbres du vallon, mes hôtes, mes amis,
Muets témoins du crime et qui l'avaient permis,
Tout, l'univers entier, les humains et moi-même,
Avant de t'accuser, ô toi, mon bien suprême,
Toi, l'unique soutien d'un père vieillissant,
Toi, que j'avais nourri, toi mon fils, toi mon sang !
Confondant jusqu'aux dieux dans ma haine implacable,
Je n'excusai que toi, toi seul étais coupable !

IDAMORE.

O crime ! à quels tourments je vous ai condamné !

ZARÈS.

Ce n'était rien encor, mais je te soupçonnai ;
Sur mes lèvres soudain mes plaintes expirèrent,
Un frisson me saisit, mes larmes s'arrêtèrent ;
Je crus mourir. Alors la triste vérité
Jusqu'au fond de mon âme entra de tout côté.
Dans toute sa grandeur j'embrassai ma misère :
Injustement flétri dans les flancs de ma mère,
En horreur aux humains que j'aimais malgré moi,
Cet amour dédaigné, je le versai sur toi...

Et tu m'abandonnais ! Dans un transport de rage,
Quoi ! m'écriai-je enfin, voilà donc ton ouvrage,
Brama ! tu l'as voulu ! non, tu n'existes pas ;
Je ne crois plus aux dieux, je crois aux fils ingrats ;
Je crois à mon malheur ! Mais, hélas ! quel supplice
De nier dans son cœur l'éternelle justice,
De vieillir sans espoir de revoir ses aïeux,
Seul au monde, étranger entre l'homme et les cieux ;
Trop plein d'un sentiment que nul ne veut vous rendre,
Et qui même en un dieu n'a plus où se répandre !
Tel fut mon sort. Trois ans j'en supportai l'horreur :
J'avais de ton retour nourri la folle erreur.
Tu ne revenais pas ; las d'espérances vaines,
Je tentai du désert les routes incertaines ;
J'offris ma tête nue à l'ardeur des étés ;
Je poursuivis la mort jusqu'au sein des cités.
Plaint, sans être connu, j'y dus à la nuit sombre
Quelques habits grossiers que j'implorais dans l'ombre.
Caché sous ces lambeaux, j'errais sur les chemins.
Pour la première fois j'abordai les humains :
Ton nom, qu'ils publiaient, me découvrit tes traces ;
Je me hâte, j'accours, je te vois, tu m'embrasses,
Et c'est lorsqu'aux autels tu vas par tes serments
Me priver pour toujours de tes embrassements !

IDAMORE.

Ciel ! que vous a-t-on dit ?

ZARÈS.

Prouve-moi qu'on m'abuse ;
Je te croirai : partons.

IDAMORE.

Eh ! le puis-je ?

ZARÈS.

Il refuse !

IDAMORE.

Dans quels lieux cherchez-vous cette tranquillité,
Ce bonheur mutuel qu'en fuyant j'emportai ?

Là, chaque monument de ma première enfance,
Me reprochant ma faute, aigrit votre souffrance.
Là, tout parle à vos yeux de malheurs trop connus...
ZARÈS.
On se plaît au récit des maux qu'on ne sent plus.
Allons.
IDAMORE.
Ah! laissez-moi, combattant votre envie,
A leur charme funeste arracher votre vie :
Avec elle au désert loin de m'ensevelir,
Au fond de mon palais laissez-moi l'embellir,
Entourer son déclin de plaisirs, dont l'ivresse
Écartent les langueurs où s'éteint la vieillesse,
Rassembler sous vos pas tous les tributs des arts;
Que leur faste opulent éclate à vos regards.
Partagez mes honneurs, jouissez de ma gloire.
ZARÈS.
Après l'avoir perdue, ôte-moi la mémoire,
S'il faut que je préfère à mes plaisirs passés
Tes faux biens sans attrait pour mes sens émoussés.
Que m'importent des arts dont j'ignore l'usage!
Tout leur faste vaut-il ma liberté sauvage?
Par quels spectacles vains crois-tu tenter mes yeux?
Quels trésors me plairaient? quels honneurs glorieux?
Mes spectacles, à moi, sont un ciel sans nuages,
L'immensité des mers, les astres, les orages,
L'aurore, dont l'éclat va renaître pour moi,
Si je puis sur nos monts l'admirer avec toi;
Mes honneurs sont tes soins; mon unique richesse,
C'est toi, c'est le bonheur de te parler sans cesse,
De reposer ma tête en te voyant le soir,
Et de la relever, mon fils, pour te revoir.
Que m'offres-tu? des jours passés dans la contrainte,
A gémir, à t'attendre, à te voir avec crainte,
Quand la gloire ou l'amour voudra bien par pitié
Te céder pour une heure à ma triste amitié.

Je t'aime avec excès, sois à moi sans partage :
Ne crois pas que ce cœur, que ta froideur outrage,
Ce cœur, qui brûle encor, se donne tout entier
Pour ces restes du tien dont tu le veux payer.
Non, c'est trop me céler le lien qui t'arrête;
Un noble hymen t'appelle et la pompe en est prête.
Je sais tout par l'objet de tes feux insensés...

IDAMORE.

Vous voulez que je parte et vous la connaissez?
C'est peu de tant d'attraits dont l'heureux assemblage
Sans doute a dès l'abord emporté votre hommage;
Sa bonté, pardonnez si j'en appelle à vous,
Prête une grâce auguste à des charmes si doux.
Je l'adore, elle m'aime... Ah! tendresse intrépide!
Elle m'aime, et mon sort n'a rien qui l'intimide
Orgueil du sang, devoir, elle a tout oublié ;
A l'exil qui m'attend son destin s'est lié.
Et je n'acceptais donc ce touchant sacrifice,
Que pour lui préparer un éternel supplice?
Dois-je l'abandonner, ou le soin de ses droits
Doit-il se révolter contre vos justes lois?
Quoi que mon choix décide, il fait une victime,
Et mon honneur flottant, que presse un double crime,
Ne peut par un refus payer votre pardon,
Ni trahir son amour par ce lâche abandon.

ZARÈS.

C'est tenir trop longtemps votre choix en balance.
Je me rends importun par tant de violence.
Je pars, mais satisfait, car je puis vous haïr...
Une seconde fois courez donc me trahir;
Rejoignez la beauté qui m'a ravi votre âme;
Votre heureux père attend, allez, il vous réclame.
Moi, qui n'ai plus de titre et respecte les leurs,
J'irai jusqu'où mes pas porteront mes douleurs...

(Reprenant son bâton de voyage.)

Seul et fidèle appui, qui reste à ton vieux maître,

Viens, sois mon guide au moins, puisqu'il ne veut pas l'être.
O forêts d'Orixa, bords sacrés, doux sommets,
Humble toit, qu'il jura de ne quitter jamais,
Mer prochaine, où mes bras instruisaient son courage
A se jouer des flots brisés sur ton rivage,
Me voici, recevez un père infortuné;
Je reviens mourir seul aux champs où je suis né.
Celui qui me doit tout repousse ma prière;
Ses mains ont refusé de fermer ma paupière;
(*Il se retire à pas lents.*)
Je n'attends plus de lui pitié ni repentir;
Je le fuis, je le hais... Tu me laisses partir,
Idamore?

IDAMORE.

Arrêtez.

ZARÈS.

Tu me retiens! tu pleures!
Ah! le remords te parle : à regret tu demeures :
Tu me suivras. Pour vaincre il suffit d'un effort;
Prends courage à ma voix, achève, plains mon sort,
Songe à mon désespoir; regarde-moi : mes larmes,
Pour dompter ton amour, te donneront des armes.
Rends-moi ton cœur, mes droits, mes plaisirs, mon pays;
Rends-moi, rends-moi mes dieux en me rendant mon fils.
Cède, obéis, partons; ah! partons!...

IDAMORE.

Eh! mon père,
Puis-je en l'abandonnant emporter sa colère?
Souffrez que je la voie une heure, un seul moment,
Et je vous jure...

ZARÈS.

Eh bien!

IDAMORE.

Oui, j'en fais le serment...
Je vous suivrai.

ZARÈS.

Je crains cet entretien funeste;
Mais je veux croire encor ce que ta bouche atteste.
Reviens me joindre ici, sois fidèle, ou je cours
Livrer au peuple entier mon secret et mes jours :
Je me perdrai, te dis-je !

IDAMORE.

Ah ! calmez-vous ! je tremble :
Si des yeux ennemis nous surprenaient ensemble,
Le trouble où je vous vois, les pleurs que nous versons
Iraient bientôt du Brame éveiller les soupçons.

ZARÈS.

A ce pressant danger ces bois vont me soustraire :
Ils n'auront point, mon fils, de lieu trop solitaire,
De détour trop caché, dans leur sombre épaisseur,
Pour protéger des jours dont je sens la douceur.
Dans tes embrassements j'ai perdu mon audace;
Un regard, un vain signe, un bruit léger me glace;
Je crains tout désormais... je suis heureux !

(*Il l'embrasse et sort.*)

SCÈNE V.

IDAMORE.

Il fuit !
Où suis-je? qu'ai-je fait? quel espoir le séduit?
Comment m'a-t-il surpris ce serment que j'abjure?...
Mais je suis parricide aussitôt que parjure.
Quoi ! n'accorder qu'une heure à mon cœur combattu !
N'importe, il faut la voir... Eh ! que lui diras-tu ?
Plus d'hymen, je vous fuis, loin de vous on m'entraîne;
Adieu !... Non, je n'ai point cette force inhumaine,
Non, je cours de Zarès embrasser les genoux...
Alvar, que me veux-tu ?

SCÈNE VI.

IDAMORE, ALVAR.

ALVAR.

Venez, illustre époux :
Instruit d'une amitié que vos bienfaits publient,
Akébar rend hommage aux chaînes qui nous lient;
Avant les doux moments par son choix destinés
A consacrer ici des nœuds plus fortunés,
Il s'est remis sur moi du soin de vous apprendre
Qu'au peuple impatient il veut montrer son gendre.
Les chemins parfumés de lauriers sont couverts;
L'encens fume; le ciel retentit de concerts;
Sur les trépieds ardents l'huile à grands flots ruisselle;
Les rameaux dans les mains, le peuple vous appelle;
De nos rites chrétiens l'imposant appareil
Seul étale aux regards un spectacle pareil...
Mais quel remords secret contre vos vœux conspire?

IDAMORE, *à part.*

Je la perds si je fuis; si je reste il expire.

ALVAR.

Néala vous attend.

IDAMORE.

Allons, je suis tes pas.

ALVAR.

Venez.

IDAMORE.

Non, cet hymen ne s'achèvera pas.
Que dis-je? il doit combler ou finir mon supplice;
Et, quel qu'en soit le sort, il faut qu'il s'accomplisse.
Néala par mes pleurs se laissera toucher;
Son époux à ses pas la verra s'attacher.
Obscur ou fastueux, qu'importe notre asile?

Ah! le premier des biens est un amour tranquille;
C'est là de tous nos vœux l'unique et digne objet :
Le reste, Néala, ne vaut pas un regret.
Ami...

ALVAR.

Qu'exigez-vous?

IDAMORE.

Ce vieillard, il me quitte;
J'ignore où le conduit le trouble qui l'agite.
Peut-être de tes soins j'emprunte un vain secours;
Mais, si je tarde, il meurt. Tu l'atteindras, va, cours.
Il m'est si cher! Dis-lui que son fils... qu'Idamore...
Que d'un devoir sacré la loi m'arrête encore;
Qu'il attende la nuit, qu'à ses pieds je reviens.
Ah! cours, vole; il y va de ses jours et des miens.

SCÈNE VII.

CHŒUR.

BRAMES, GUERRIERS, PRÊTRESSES.

PREMIER BRAME.

Vous, brûlez les parfums; vous, posez sur la terre
L'autel où de l'hymen vont briller les flambeaux.

UN GUERRIER.

Que ces armes, soldats, s'élevant en faisceaux,
Entourent les époux d'un appareil de guerre.

UNE PRÊTRESSE, à ses compagnes.

Approchez sans terreur des lances et des dards;
Cachez sous vos fraîches guirlandes
Le fer sanglant des étendards.

SECOND BRAME.

Du peuple à ces rameaux suspendez les offrandes.

PREMIER BRAME.

Jusqu'en ses profondeurs le Gange s'est troublé;
Son prophète à ce bruit tremblant, échevelé,

S'est prosterné sur le rivage ;
Du sein des flots émus son oracle a parlé,
Et la beauté va s'unir au courage.

TOUT LE CHOEUR.

Souris, dieu de la volupté !
Dieu des chastes amours, entends notre prière !
Que soit béni par vous, qu'à jamais soit chanté
L'hymen dont la solennité
Unit la tribu sainte à la tribu guerrière.

LES PRÊTRESSES.

A la beauté rendons honneur !

LES GUERRIERS.

Honneur au fils de la victoire !

LES PRÊTRESSES.

Elle a mérité cette gloire.

LES GUERRIERS.

Il est digne de son bonheur.

UNE PRÊTRESSE.

De ses jeunes appas tout ressent la puissance.

UN GUERRIER.

Tout fuit devant ses traits, dont les coups sont mortels.

LA PRÊTRESSE.

L'amour naît sur ses pas.

LE GUERRIER.

La terreur le devance.

LA PRÊTRESSE.

Elle chante les dieux.

LE GUERRIER.

Il défend leurs autels.

LA PRÊTRESSE.

Les pleurs de la pitié l'embellissent encore :
Espoir des affligés, sa vue est pour leurs yeux,
Comme au désert un fruit délicieux
Pour la soif d'un mourant que la chaleur dévore.

LE GUERRIER.

Aux yeux des oppresseurs il parut dans nos rangs,
Semblable à ces astres errants
Qui, traînant après soi des flammes prophétiques,

ACTE III, SCÈNE VII.

Prédisent, au milieu des tempêtes publiques,
La chute de l'orgueil et la mort des tyrans.

CHOEUR.

Honneur au fils de la victoire !
A la beauté rendons honneur !
Elle a mérité cette gloire ;
Il est digne de son bonheur.

UNE PRÊTRESSE.

Néala va quitter ce solitaire asile.

UN GUERRIER.

Quel asile plus sûr que les bras d'un héros ?

LA PRÊTRESSE.

Tous ses jours s'écoulaient dans un si doux repos !

LE GUERRIER.

Que de grandeur succède à ce bonheur tranquille !

LA PRÊTRESSE.

Telle une source pure, après de longs détours
    Dans des retraites révérées,
Pour des bords plus fameux où l'entraîne son cours,
    Quittant ses premières amours,
Aux flots bruyants d'un fleuve unit ses eaux sacrées.

LE GUERRIER.

Tel un jeune laurier, qui n'a point de rivaux,
    Reçoit dans ses rameaux
Une tige modeste, ornement de la terre,
L'embrasse, et relevant son front victorieux,
    Qui la garantit du tonnerre,
    L'emporte avec lui dans les cieux.

LES PRÊTRESSES.

Ainsi notre compagne abandonne l'asile
Où ses jours s'écoulaient dans un si doux repos.

LES GUERRIERS.

Époux de Néala, c'est ainsi qu'un héros
Fait succéder la gloire à son bonheur tranquille.

TOUT LE CHOEUR.

Souris, dieu de la volupté !
Dieu des chastes amours, entends notre prière !
Que soit béni par vous, qu'à jamais soit chanté
    L'hymen dont la solennité

Unit la tribu sainte à la tribu guerrière,
  Et le courage à la beauté !

PREMIER BRAME.

Compagnons d'Idamore, allez, troupe fidèle,
Allez, qu'au pied du temple il soit conduit par vous.
Vierges de Bénarès, venez au jeune époux
  Présenter l'épouse nouvelle ;
Nous, dans le sanctuaire attendons à genoux
Que pour suivre ses pas Akébar nous appelle.

LE CHOEUR.

A la beauté rendons honneur !
Honneur au fils de la victoire !
Elle a mérité cette gloire ;
Il est digne de son bonheur.

ACTE QUATRIÈME

IDAMORE, ALVAR, Guerriers.

IDAMORE.

Eh bien ! m'accorde-t-il la grâce que j'implore ?

ALVAR.

J'ai couru du côté que regarde l'aurore ;
J'ai repris au couchant les plus étroits sentiers,
Et, suivant dans son cours la source des palmiers
Jusque sous les rochers où se cache son onde,
J'ai des plus noirs détours percé la nuit profonde.
Mais leur obscurité n'offre de toutes parts
Que des abris trop sûrs qui trompaient mes regards.
Lui-même, que troublait ma recherche inquiète,
Eût craint par un soupir de trahir sa retraite,
Ou, d'un soin curieux vers le peuple poussé,
Dans la foule en secret s'était déjà glissé.

ACTE IV. SCÈNE I.

IDAMORE.

Il se croira trahi; son attente déçue.
De ces apprêts cruels ne peut prévoir l'issue.
Dieux! s'il allait d'un mot renverser mon dessein?
Aux pointes de leurs dards s'il présentait son sein?

ALVAR.

Ah! gardez qu'on entende, ou que votre visage
N'explique vos discours par son muet langage.

IDAMORE.

Peut-être tes soupçons à tort m'ont alarmé;
Zarès dans son asile est encore enfermé.
Tu l'as dit : il craignait d'affronter ta présence;
A la voix de son fils il rompra le silence.
Je cours l'instruire, ami...

ALVAR.

     Que voulez-vous tenter?
L'élite des guerriers ne vous doit plus quitter,
Et du titre d'époux le pompeux privilége
De leur foule à vos pas enchaîne le cortége.

IDAMORE.

Gloire importune, Alvar, honneur infortuné,
Qui fait d'un chef du peuple un captif couronné!
Je maudis, mais trop tard, ma noble servitude.
Demeurons... Je succombe à mon inquiétude.
Je hâte de mes vœux et voudrais différer
L'instant que mon amour doit craindre et désirer.
Voilà donc l'union où j'attachais ma vie,
Que mes ardents soupirs ont longtemps poursuivie!
Je courais la former, je me croyais heureux;
Le plus beau de mes jours en est le plus affreux.

ALIVAR.

En vain sur d'autres bords j'ai cru fuir ma sentence,
Entre nous l'Océan mit en vain sa distance;
Le courroux du Seigneur, pour un temps suspendu.
Jusque sur mon ami s'est enfin répandu.
Malheur à moi!

IDAMORE.

Cruel, votre injustice ajoute
A l'horreur de mon sort le remords qu'il vous coûte.
Laissez-moi des chagrins que j'ai seul mérités.
Combien de droits jaloux, que d'orgueils révoltés
Se vengent tôt ou tard sur celui qui s'élance
Hors du rang où le ciel a caché sa naissance !
Au faîte des grandeurs pour tomber parvenu,
S'il trompe il doit trembler, périr s'il est connu.
Remplissons mon destin. Mais Zarès ! ô justice !
De l'erreur que j'expie il n'était pas complice.
On vient; c'est Néala. Ce bandeau nuptial
N'est-il, pour tant d'attraits, qu'un ornement fatal ?

SCÈNE II.

IDAMORE, NÉALA, ALVAR, Guerriers, Prêtresses.

NÉALA.

Pourquoi me déguiser vos nouvelles alarmes ?
Ces hommages publics, ces emblèmes, ces armes,
Des festons suspendus les riantes couleurs,
Importunaient vos yeux où j'ai surpris des pleurs.
Avez-vous des chagrins que vous deviez me taire ?
J'en saurai sans effort respecter le mystère ;
Quand d'un zèle inquiet je cherche à l'éclaircir,
C'est moins pour les savoir que pour les adoucir.

IDAMORE.

Néala, chère épouse, ô noble et tendre amie,
Contre une horreur pieuse es-tu bien affermie ?
Tes crédules esprits détrompés par ma voix,
Cédant au vœu d'un père, ont confirmé son choix ;
Mais c'est peu, si troublé d'une frayeur nouvelle
A l'autel près de moi ton courage chancelle.
Est-il bien sûr de lui ?

ACTE IV, SCÈNE II.

NÉALA.

Ne vous abusez plus :
Vos discours ont fixé mes vœux irrésolus,
Mais n'ont pu dans mon sein étouffer la croyance
Qu'une longue habitude y nourrit dès l'enfance.
Mon cœur, se détournant d'une fausse clarté,
Connaît, respecte encore et fuit la vérité :
Au penchant qui l'entraîne, esclave, il s'abandonne;
Il n'est pas convaincu, mais il aime, il se donne.
Un Dieu qui vous repousse en vain me tend les bras.
Comment serais-je heureuse où vous ne serez pas?

IDAMORE.

Et sur toi, dès ce jour, si mon exil appelle
Ces malheurs éloignés que l'avenir recèle,
S'il faut dès ce jour même... Hélas! le pourras-tu?
Ne sentiras-tu pas expirer ta vertu
Au seul penser de fuir, et pour ta vie entière,
Les objets et les lieux qui te la rendaient chère?

NÉALA.

Quoi? déjà! Quoi? ce soir nous exiler tous deux!
D'une race en horreur les vêtements hideux
Succéderont demain à ces habits de fête;
Je n'aurai plus d'asile où reposer ma tête!
Ah! cruel!

IDAMORE.

Il est vrai; désespéré, confus,
J'ai honte de ma rage et j'implore un refus.
O généreux objet de mon idolâtrie,
Tu m'as sacrifié ta céleste patrie :
Je veux te ravir l'autre! Ah! tu m'as trop aimé.
Repousse un furieux à ta perte animé.
Puisses-tu le haïr autant qu'il se déteste!
Il en est temps encor : romps cet hymen funeste...

NÉALA.

Quand voulez-vous partir? Commandez, je vous suis.

IDAMORE.

Je dois te refuser, hélas! et ne le puis.
Contre ton dévoûment ma gloire en vain s'indigne;
Je sens, quand j'y souscris, que je n'en suis pas digne.
O mon père!

NÉALA.

Et le mien!

IDAMORE.

Les ministres sacrés
Du temple en ce moment descendent les degrés.
Séparons-nous... Alvar, que la cérémonie
Prépare à ma tendresse une lente agonie!
Ah! veille à mes côtés...

SCÈNE III.

LES PRÉCÉDENTS, AKÉBAR, BRAMES, *portant le feu sacré et les prémices; deux d'entre eux sont arm de haches.*

AKÉBAR, *du haut des degrés du temple.*

Si quelque audacieux,
Retranché par la loi du commerce des cieux,
Vient chercher leur courroux jusqu'en ce sanctuaire,
Que du profanateur la mort soit le salaire.
(*Il descend sur le devant de la scène.*)
Flambeaux de nos conseils, prêtres qui m'entendez;
Vous, bras du Dieu vivant, vous, qui nous défendez,
Guerriers; et vous aussi, dont l'active industrie
Fait couler l'abondance au sein de la patrie;
Peuple entier, qui présente à la divinité
Le simulacre humain de sa triple unité;
Voici l'instant venu qu'une auguste alliance
Doit d'un héros pieux couronner la vaillance.
Brama dans nos périls suscita ce guerrier,

ACTE IV, SCÈNE IV.

Pour couvrir ses élus comme d'un bouclier.
Contre ce jeune bras, vainqueur par nos prières,
Les chrétiens ont brisé leurs phalanges altières;
Il les a chassés tous, eux et les ennemis
Que les sables voisins dans nos champs ont vomis.
Qu'il soit récompensé par delà ses mérites :
Les dieux dans leurs bienfaits gardent-ils des limites?
Sur les livres de vie il m'a juré sa foi
De prendre mes conseils pour lumière et pour loi.
Peuple, de son serment restez dépositaire.
Mes enfants, approchez : d'un double ministère
Akébar revêtu pour bénir vos destins,
Comme père et pontife étend sur vous ses mains.
(*Idamore et Néala sont à genoux; tout le peuple se prosterne.*)

CHŒUR.

Puisse-t-il d'Akébar prolonger la carrière,
Ce noble hymen, dont la solennité
Unit la tribu sainte à la tribu guerrière,
Et le courage à la beauté !

AKÉBAR.

Astre brillant des jours au penchant de ta course,
Et toi, du haut des cieux d'où s'écoule ta source,
Gange, roi de ces bords, divinités des champs,
Brama, l'espoir du juste et l'effroi des méchants,
Assistez à la fête où ma voix vous convie....

SCÈNE IV.

LES PRÉCÉDENTS, EMPSAEL.

EMPSAEL.

Arrêtez... Qu'ai-je vu? la force m'est ravie...

AKÉBAR.

Parlez.

EMPSAEL.

Un Paria s'est glissé parmi nous.

AKÉBAR.

Qu'entends-je?

ALVAR.

Mon ami!

IDAMORE.

Mon père!

NÉALA.

Mon époux!

AKÉBAR.

Quel est-il?

EMPSAEL.

Dans les flots qui baignent cette enceinte,
Pour les libations je plongeais l'urne sainte.
Un vieillard se présente, il s'arrête et pâlit,
S'approche, apprend par moi que l'hymen s'accomplit :
Soudain son œil s'égare; il pousse un cri farouche :
Le nom de sa tribu s'échappe de sa bouche.
Il se roule à mes pieds. Je recule, en fuyant,
Loin du contact impur de son bras suppliant.
Étendu sur la terre, il la trempait de larmes;
Il demandait la mort...

IDAMORE.

Eh bien?

EMPSAEL.

J'étais sans armes.
De liens à ma voix les brames l'ont chargé.
Il résistait en vain. Par vous interrogé,
Qu'il révèle à l'instant quel noir dessein l'amène,
Et qu'au pied de l'autel souillé par son haleine,
Sous la hache des dieux tout son sang répandu
Rende à nos feux sacrés l'éclat qu'ils ont perdu.
Il vient!

IDAMORE.

C'est lui!

NÉALA.

Je tremble!

AKÉBAR.

O fureur criminelle!

SCÈNE V.

LES PRÉCÉDENTS, ZARÈS.

ZARÈS.

Où me conduisez-vous? quelle pitié cruelle
Me refuse la mort que je venais chercher?
Que vois-je? et quel secret voulez-vous m'arracher?
J'ai tout dit : je suis seul; je n'ai point de complice,
Je suis seul. D'un coupable ordonnez le supplice.

AKÉBAR.

Par un prompt châtiment étouffez donc ses cris;
Au fer qui leur est dû livrez ses jours proscrits.

IDAMORE.

Ah! barbare!...

NÉALA, *qui l'arrête.*

Idamore!...

ALVAR.

O toi, le digne organe
Du dieu de ces climats, dont ta puissance émane,
L'esprit de vérité, de son sein descendu,
Sur tous tes jugements fut par lui répandu;
Un meurtre en ternirait le sacré caractère.
Quel que soit ce vieillard, il est homme et ton frère.

AKÉBAR.

Lui!

ALVAR.

Ne l'immole pas dans ce séjour de paix,
Que les plus vils troupeaux n'ensanglantent jamais.

Voudrais-tu te venger? non, j'en crois ta grande âme,
Contre lui par ta voix c'est l'État qui réclame.
Pontife, à ta rigueur je suis loin d'insulter :
La loi fût-elle injuste, il la faut respecter ;
Mais songe à ses vieux ans, épargne sa démence ;
Ton droit le plus divin n'est-il pas la clémence?

NÉALA, timidement.

Grâce!

IDAMORE.

Pardonnez-lui.

AKÉBAR, indigné.

Vous aussi, mes enfants!
Non, frappez, je l'ordonne.

IDAMORE.

Et je vous le défends.

AKÉBAR.

Qu'il meure!

IDAMORE, s'élançant devant Zarès.

Immolez donc le fils avec le père.

AKÉBAR.

Qu'as-tu dit?

IDAMORE.

Oui, le sang que poursuit ta colère,
C'est le mien, c'est celui que pour toi j'ai versé.
Qu'on l'épargne à sa source, où les ans l'ont glacé.
Le mien vous sauva tous, que ta main le répande ;
Il est pour tes autels une plus digne offrande.

NÉALA. *Elle tombe dans les bras des prêtresses.*
Soutenez-moi!

ZARÈS.

J'ai seul mérité le trépas.

IDAMORE.

ô mon père!

ZARÈS.

Guerrier, je ne te connais pas.

IDAMORE.

C'est mon père ! c'est lui ! croyez-en ses alarmes,
La pâleur de son front, ses yeux noyés de larmes,
Ses bras que malgré lui je force à se rouvrir...
Il m'embrasse, frappez, c'est à moi de mourir !

AKÉBAR, *aux prêtresses.*

Dérobez à leurs yeux cette jeune victime.
      (*On entraîne Néala.*)
Elle n'a pas nourri d'ardeur illégitime.
Ma fille est innocente ; oui, peuple, elle ignorait
Quel effroyable hymen mon erreur consacrait.
Mais toi... d'un noir courroux tout mon cœur se soulève !
Tu n'es donc... se peut-il ?... ah ! misérable !

IDAMORE.
          Achève,
Oui, je suis paria, je le suis ; mais l'État
Ne dut sa liberté qu'à mon noble attentat.
Je descendis des monts : vos tribus dispersées
A l'approche du joug s'étaient déjà baissées.
Je l'écartai moi seul, qui seul restai debout.
La mort entre elle et toi m'a rencontré partout,
Peuple : loin des cités, des enfants et des femmes,
Je détournais le fer, je repoussais les flammes ;
Mon front, plus que vous tous des chrétiens redouté,
Leur renvoyait l'effroi qu'ils avaient apporté,
Quand ces brames si fiers, que je courais défendre,
Cachés au fond du temple et courbés sous la cendre,
Implorant un appui qu'ils n'osaient vous offrir,
Priaient, tremblaient pour vous, et vous laissaient périr !

AKÉBAR.

Tu l'entends, et la foudre, à tes pieds assoupie,
Ne se réveille pas pour dévorer l'impie,
Brama ; c'est donc à nous de venger tes affronts ;
Ton silence est un ordre, et nous obéirons...
Défenseurs de l'État, loin de moi la pensée

D'immoler votre chef à ma gloire offensée!
Trop pesant pour moi seul, ce droit de le juger
M'impose un soin cruel que je veux partager.
De vos sages vieillards que le conseil prononce,
Et puisse à l'indulgence incliner leur réponse.
Décidons aujourd'hui si d'éclatants exploits
Placent un révolté hors du pouvoir des lois,
Ou doivent sur sa tête appeler un supplice
Honteux et solennel, fameux par sa justice,
Terrible, et tel enfin qu'il puisse épouvanter
Quiconque a vu la faute et voudrait l'imiter.

ALVAR, *aux guerriers.*

Vous, dont je l'ai connu l'amour et le modèle,
N'a-t-il plus dans vos rangs un compagnon fidèle?

ZARÈS.

Serez-vous de nos maux d'insensibles témoins?
Quoi! vous restez muets?

IDAMORE.

                Je n'attendais pas moins.
Mais tout ingrats qu'ils sont, tourmentés par ma gloire,
Ils en voudraient en vain secouer la mémoire;

(*A Zarès.*)

Elle pèse sur eux. Ils vous respecteront,
Et pour les contenir mes regards suffiront.
Leur crainte survivra : pour leur amour, qu'importe?
Il est juste qu'il meure où ma puissance est morte.
Sortons.

ALVAR.

Alvar, du moins, ne vous trahira pas.

SCÈNE VI.

AKÉBAR, GUERRIERS, BRAMES, PEUPLE.

AKÉBAR.

Dans ces bois profanés qu'on retienne leurs pas.

ACTE IV, SCÈNE VII.

D'un cercle impénétrable entourez ces perfides;
Qu'ils y restent captifs.
(*Une partie des brames et des guerriers suivent Idamore.*)
Mais de leurs chairs livides
Si les oiseaux du ciel se repaissent demain,
Bramines, levez-vous, et, la flamme à la main,
Renouvelez les airs, consumez le feuillage
Qui les couvre à regret d'un sacrilége ombrage,
Et que tous les chemins, par vous purifiés,
Perdent jusqu'à la trace où s'impriment leurs pieds.
Vous, guerriers, connaissez quel horrible anathème
Doit suivre la révolte et punir le blasphème.
Frémis, chef ou soldat, qui que tu sois, frémis,
Si, l'arrêt prononcé, tu plains nos ennemis :
Je dévoue à l'exil ta tête criminelle;
Va, fuis; l'humanité te rejette loin d'elle.
Fuis, j'attache à tes pas l'abandon et l'effroi;
Le foyer paternel n'a plus de feux pour toi,
L'autel plus de refuge : abominable immonde,
Va, sois maudit comme eux, sois errant dans le monde
Jusqu'au jour où de Dieu l'ange exterminateur
T'apportera tremblant devant ton Créateur,
Pour tomber, au sortir de ses mains redoutables,
Dans les gouffres ardents qu'il réserve aux coupables.

SCÈNE VII.

CHŒUR.

BRAMES, GUERRIERS, PEUPLE.

PREMIER BRAME.

Peuple, il viendra ce jour d'épouvante profonde,
Où des pâles humains Brama sera connu;
Ce jour des châtiments, ce dernier jour du monde,
Il vient, pécheurs, il est venu !

CHOEUR DES BRAMES.

Spectacle affreux, bruit inconnu !
Les airs sont troublés, le ciel gronde :
Il vient le dernier jour du monde ;
O Brama, ton jour est venu !

DEUXIÈME BRAME.

Des signes destructeurs ont parcouru l'espace ;
Un vertige soudain saisit les éléments ;
Du monde un voile épais enveloppe la face,
Et le monstre divin[1], sur qui pèse la masse
    De ses antiques fondements,
Commence à l'agiter par de longs tremblements

LE PEUPLE.

Spectacle affreux ! terreur profonde !
Il vient, il vient le dernier jour du monde ;
Il vient le jour des châtiments.

UN BRAME.

Le signal est donné : pour ravager la terre,
    De ses extrémités
    Les vents précipités
Mêlent leur voix lugubre aux éclats du tonnerre,
Déracinent les monts, emportent les cités,
    Et le souffle de leur colère
    Du soleil éteint les clartés.

UN AUTRE.

Dans nos temples en vain vous cachez votre tête.
Des combles ébranlés je vois s'ouvrir le faîte...
Mourez, tout doit mourir, et nos saints monuments
S'abîment avec vous, sans laisser plus de trace
    Qu'un sillon qui s'efface
Sur un sable mobile ou des flots écumants.

LE PEUPLE.

Il vient le jour des châtiments !

PREMIER BRAME.

    Les astres brisant leurs orbites
    Se choquent dans l'immensité ;
    La mer, comme un tigre irrité,
    S'élance et franchit ses limites :
Prête à les dévorer, la mer en rugissant
Aux derniers fils de l'homme ouvre une horrible tombe.

---

[1] L'éléphant qui porte la terre.

Sur ses flots révoltés le ciel en feu descend,
S'écroule et tombe.

UNE VOIX, parmi le peuple.

J'ai senti vers mon cœur se retirer mon sang.

UNE AUTRE.

Ma raison, qui me fuit, se confond et succombe.

DEUXIÈME BRAME.

Toi, qui peuplas les airs d'immortels habitants,
Suspendis sous leur pieds les orbes éclatants,
Et dont le bras faisait signe à la foudre ;
Pour créer l'univers et le réduire en poudre,
Que te fallait-il ? deux instants.

TOUT LE CHOEUR.

Le voilà donc ce jour d'épouvante profonde !
Par la voûte des cieux l'air n'est plus contenu,
A la terre attaché le feu lutte avec l'onde.
O Brame, ton jour est venu !

UN BRAME.

Entendez-vous ces cris funèbres ?
Les démons ont ouvert leurs gouffres embrasés,
Et les morts, arrachés de leurs tombeaux brisés,
S'interrogent dans les ténèbres.

UNE VOIX, parmi le peuple.

Pontifes du Très-Haut, parlez, quel repentir
Doit trouver grâce pour nos crimes ?

UNE AUTRE.

Quels dons exigez-vous ?

UNE AUTRE.

Quel sang ?

UNE AUTRE.

Quelles victimes ?

LA PREMIÈRE

Éteignez, éteignez la flamme des abîmes,
Qui s'ouvrent pour nous engloutir !

CHOEUR DU PEUPLE.

Ministres saints, quel repentir
Doit trouver grâce pour nos crimes ?

PREMIER BRAME.

Interrogez ce dieu, si longtemps méconnu

Terrible, il vient s'asseoir sur les débris du monde :
Vous nous demandez grâce ; il vient, qu'il vous réponde ;
    Il vient, pécheurs, il est venu !

UN AUTRE.

Aux pieds d'un juge inexorable
    Tremblez, intrépides guerriers !
Évanouissez-vous, vains titres, vains lauriers,
    Gloire impuissante du coupable ;
Devant l'éternité, qui commence pour tous,
    Evanouissez-vous,
    Immortalité périssable !

UN AUTRE.

Des célestes jardins ils franchiront le seuil [1],
Ceux qui nous secouraient dans notre humble indigence ;
Ceux qui, sans la juger, devant notre vengeance
    De leur raison ont abaissé l'orgueil,
Des célestes jardins ils franchiront le seuil.

PREMIER BRAME.

Les concerts des élus publieront leurs louanges :
    Entrez, dira le chœur des anges,
O vous, d'un dieu de paix les enfants bien-aimés ;
Que les flots d'un lait pur et les vins parfumés,
Que les fruits bienfaisants vous offrent leurs prémices ;
Pour nourrir de vos feux les doux emportements,
    Que mille objets charmants
A vos sens inondés d'ineffables délices
    Offrent d'éternels aliments.

CHOEUR DU PEUPLE.

O purs ravissements !

SECOND BRAME.

Mais vous, que Dieu maudit, vous, que l'enfer réclame [2],
Sur des fleuves glacés et des torrents de flamme,
Sur le tranchant du glaive à jamais étendus,
    Pleurez, pleurez, enfants rebelles ;
Pareils aux noirs esprits que l'orgueil a perdus,
    Avec eux pleurez confondus
    Dans des souffrances éternelles.

PREMIÈRE PARTIE DU CHOEUR.

O vengeances cruelles !

---

1 Sonnerat.
2 IDEM.

SECONDE PARTIE DU CHOEUR.

O purs ravissements!

LE PREMIER CHOEUR.

Les brames à leur voix nous trouveront fidèles.

LE SECOND CHOEUR.

Nous jurons d'accomplir leurs saints commandements,
Pour goûter dans leurs bras vos douceurs éternelles;

LE PREMIER.

Pour ne pas mériter vos éternels tourments,
O vengeances cruelles!

LE SECOND.

O purs ravissements!

ACTE CINQUIÈME

SCÈNE I.

ALVAR.

Ses juges assemblés devant eux l'ont admis,
Le suivre est un bonheur qu'ils ne m'ont pas permis.
Je m'humilie en vain sous le bras qui m'accable;
Il dédaigne mes pleurs.

(*Contemplant une croix suspendue sur sa poitrine.*)

O toi, signe adorable
D'un mystère sanglant dont j'ai perdu le fruit,
Ranime un faible espoir que chaque instant détruit.
Ce Dieu, quittant le monde, y laissa l'espérance :
Lui-même a tant souffert! il plaindra ma souffrance :
Qu'il ouvre à mes remords son sein longtemps fermé,
Qu'il me rende un ami; lui-même a tant aimé!

Oui, prends pitié d'un cœur digne d'être fidèle,
Seigneur, s'il connaissait ta parole éternelle,
Et, pour le soutenir contre d'injustes coups,
Relève un frêle appui plié par ton courroux.
Je ne demande pas que des jours plus prospères
Me retrouvent assis sous le toit de mes pères;
Je rendrai ma dépouille à ces bords étrangers;
Mais Idamore est seul au milieu des dangers :
Puissé-je l'embrasser avant son sacrifice,
Affermir son courage, et, s'il faut qu'il périsse,
Sans murmure avec lui mourant pour t'apaiser,
Aux cieux dans ta clémence avec lui reposer!..
Entouré de soldats je le vois qui s'avance.
Est-il absous, grand Dieu?

SCÈNE II

ALVAR, IDAMORE, GUERRIERS.

IDAMORE, *à un d'eux*.

Cachez-lui ma sentence :
Pourra-t-il de son fils supporter les adieux?
Que, trompé sur mon sort, on l'amène en ces lieux;
Akébar l'a permis. Allez; comme à lui-même
Qu'on m'obéisse encore à mon heure suprême!

ALVAR.

Quoi! n'est-il plus d'espoir?

IDAMORE.

Alvar, je vais mourir.

ALVAR.

Tant de bienfaits passés n'ont pu les attendrir?

IDAMORE.

De leurs faibles esprits Akébar seul dispose.
Si le glaive à la main j'avais plaidé ma cause,
On l'eût vu le premier m'absoudre en pâlissant.

Désarmé, que lui dire? Il a soif de mon sang;
Eh bien donc, qu'il s'y plonge!
ALVAR.
Instruit qu'à vous entendre
Son orgueil en secret avait daigné descendre,
J'ai cru que la pitié ramenait sa faveur
Sur le héros déchu qu'il nomma son sauveur.
IDAMORE.
Il tremblait pour l'honneur de sa noble famille :
D'une flamme coupable on accuse sa fille,
Lui-même la soupçonne, et, n'osant pardonner,
Si j'atteste son crime, il la doit condamner ;
Victime du pouvoir qu'un vain peuple lui donne,
Par les devoirs étroits où son rang l'emprisonne,
Il s'est plaint des vieillards, dont l'orgueil irrité
Arrachait ma sentence à sa triste équité;
Mais, sans effet pour moi, sa divine influence
Pouvait d'un bien plus cher acheter mon silence :
La grâce de Zarès en devenait le prix.
Pour lui, pour Néala, que n'aurais-je entrepris!
Le conseil m'attendait, j'y cours ; mon témoignage
De leurs soupçons loin d'elle a repoussé l'outrage.
Puis, de la voix d'un chef qui parle à des soldats,
Tel, et plus fier encor qu'au milieu des combats :
« Point de grâce, ai-je dit, point de pitié : justice!
« J'attends ma récompense ainsi que mon supplice.
« En épargnant mon père, accordez à la fois
« Sa vie à mes bienfaits et ma mort à vos lois. »
Émus par ce discours, surpris, honteux de l'être,
Tous cherchaient leur avis dans les yeux du grand prêtre;
Lui, pourvu qu'il immole un rival dangereux,
Que font à sa grandeur les jours d'un malheureux?
Aussi s'est-il levé, fidèle à sa promesse;
D'un père au désespoir excusant la tendresse,
Du pardon de ses dieux il vient de le couvrir.
Pour moi, je te l'ai dit, Alvar, je vais mourir.

ALVAR.

Que deviendra Zarès sans appui sur la terre?
Quels accents répondront à sa voix solitaire?
Il n'aura plus de fils.

IDAMORE.

Eh! ne vivras-tu pas?

ALVAR.

Qui? moi?

IDAMORE.

Ta liberté doit suivre mon trépas :
Eh bien! à ce vieillard mon amitié l'engage;
Des soins que je lui dois accepte l'héritage.

ALVAR.

Oui, je le remplirai, ce vœu de l'amitié;
Du poids de ses regrets je prendrai la moitié;
Sa douleur sur mon sein coulera moins amère,
Vous lui laissez un fils : qui me rendra mon frère?

IDAMORE.

Prends soin de fuir les lieux où mes restes épars
Viendraient sur votre route effrayer ses regards.
N'attendez pas la nuit, partez : crains pour toi-même
Le sort contagieux d'un réprouvé qui t'aime.
Il ne pourra demain t'accorder son appui :
Ce jour qui va s'éteindre est le dernier pour lui.
L'arrêt porté par eux, et qu'un héraut proclame,
Ordonne que la mort réservée à l'infâme,
Au lâche, au meurtrier, qui n'ont point de tombeaux,
De mon corps lapidé disperse les lambeaux.

ALVAR.

Et je vous quitterais, alors que leur vengeance
Rassemble autour de vous l'outrage et la souffrance,
Présente à vos esprits ce trépas douloureux
Comme un affreux chemin à des maux plus affreux!...
J'écarterai de vous ces images funèbres;
Je fermerai vos yeux; j'irai dans les ténèbres
Vous creuser un asile, et, trompant leurs mépris,

ACTE V, SCÈNE II.

De ce devoir furtif honorer vos débris.
Qui d'entre eux vous rendrait ce dangereux hommage?
Je l'oserai moi seul...

IDAMORE.

Eh! qu'importe à ma rage
Que mon corps en pâture aux vautours soit livré,
Ou d'un bûcher pompeux par leurs mains entouré?
Qu'on l'abandonne aux vents, que le vautour dévore
Celui qui les fit vaincre et qui fut Idamore!
Et viennent à ce bruit, du fond de l'Occident,
Ces chrétiens renversés par mon seul ascendant!
J'appelle en ces climats leurs flottes vengeresses :
Ils reviendront, Alvar, ils ont vu nos richesses.
Qu'ils descendent, pareils aux insectes ailés,
Par un souffle brûlant dans les airs rassemblés;
Qu'ils inondent nos bords; qu'ils changent cette terre
En une arène ouverte où renaisse la guerre;
Qu'ils portent dans ses murs l'épouvante et la croix;
Qu'ils détrônent ses dieux, qu'ils écrasent ses rois;
Que leur foule étrangère et balaie et remplace
Les lâches possesseurs endormis sur sa face,
Pour adieux, en partant, pour prix de ses trésors,
Lui laissent des débris, de la cendre et des morts;
Et quelques châtiments que me garde la tombe,
Si ce peuple est puni, s'il pleure, s'il succombe,
J'oublierai mes revers en apprenant les siens,
Et l'horreur de ses maux finira tous les miens!

ALVAR.

Dans quels vœux vous égare une aveugle furie!
Quels que soient avec nous les torts de la patrie,
Le fils qui la maudit, ce fils dénaturé
Prouve qu'elle était juste, et meurt désespéré.
Mais vous, ah! croyez-moi, quand votre heure est prochaine,
Comme un poids importun déposez votre haine.
Les turbulents transports par la rage inspirés,
La soif de voir punis ceux par qui vous souffrez,

N'aident point à franchir ce pénible passage.
De ma religion le précepte plus sage
Nous apprend que l'oubli de nos ressentiments
Verse un calme inconnu sur nos derniers moments,
Nous dit de pardonner même à qui nous immole;
Il en fait un devoir, et ce devoir console.

IDAMORE.

Tes discours dans mon cœur font descendre la paix,
Et, nouveau pour mes yeux, d'où tombe un voile épais,
Je ne sais quel espoir m'éclaire et me ranime :
Je combattrais encor pour l'État qui m'opprime.
Mais c'en est fait, Alvar, non, je ne dois plus voir
Les étendards flottants dans les airs se mouvoir;
Non, je n'entendrai plus le signal des batailles;
Je ne dois plus rentrer vainqueur dans ces murailles,
Et, déposant mon glaive à l'ombre des drapeaux,
Goûter près d'une épouse un glorieux repos.
Demeure... Jeune, aimé, célèbre par les armes,
Je sens trop que la vie avait pour moi des charmes.
Prêt à me détacher de tout ce que j'aimais,
De toi j'attends ma force!... Ah! si tu vois jamais
Cet objet d'une ardeur si tendre et si funeste,
De mes cheveux sanglants porte-lui quelque reste.
Rends-lui son dernier don, ce message de mort,
Ces fleurs, qui par leur deuil m'avaient prédit mon sort;
Dis-lui... Mais de mon père épargnons la faiblesse :
Tes larmes détruiraient l'erreur où je le laisse.
Sors; je te rejoindrai plus tôt que tu ne veux,
Et jusqu'au lieu fatal nous marcherons tous deux.

SCÈNE III.

IDAMORE, ZARÈS, GUERRIERS.

ZARÈS.

On ne me flattait pas d'une trompeuse joie,

Akébar désarmé permet que je te voie !
Il a donc pardonné ? réponds ; tu m'es rendu ?
Je retrouve mon fils, que je croyais perdu !
Lui, me suivre ! est-il vrai ?... Je m'abuse peut-être.
IDAMORE.
Sans vous devant le peuple il doit encor paraître.
ZARÈS.
Mais, ce devoir rempli, tu reviens, nous fuyons ?
Dût le jour à nos pas refuser ses rayons,
Sous ces murs menaçants que rien ne te retienne !
Soutenu par ton bras, une main dans la tienne,
Sous ta garde, avec toi, par ta voix ranimé,
La nuit n'a point d'horreur dont je sois alarmé.
Que dis-je ! un sang nouveau bouillonne dans mes veines
Des douleurs et des ans j'ai dépouillé les chaînes.
Le cœur rempli d'un feu qu'il ne peut contenir,
De joie à tes côtés je me sens rajeunir.
Tu n'auras pas l'ennui de traîner à ta suite
Un vieillard chancelant qui gênerait ta fuite :
Ma force qui renaît t'épargnera ce soin !..
IDAMORE.
Hélas ! dans un moment vous en aurez besoin.
ZARÈS.
Ah ! que ta défiance irrite mon courage !
Tout est plaisir pour moi dans ce prochain voyage :
Chaque jour de fatigue au bonheur me conduit.
L'œil fixé sur le but que mon espoir poursuit,
Vers nos monts en idée avec toi je m'élance.
J'en connais les chemins ; c'est moi qui te devance,
C'est moi qui suis ton guide, et quelle volupté
De nous asseoir tous deux où seul je m'arrêtai !
Je t'embrasse au lieu même où, me rendant la vie,
Ton nom frappa soudain mon oreille ravie...
Que vois-je ? ô mon pays ! ô jour cent fois heureux !
Mes pleurs baignent ces champs qu'ont animés tes jeux.
Leurs charmes sont flétris, leur enceinte est déserte...

Qu'ils cessent désormais de déplorer ta perte!
Oui, le voilà! c'est lui! je reviens triomphant :
Je ramène mon fils, non plus un faible enfant,
C'est mon ferme soutien, mon orgueil, ma conquête.
Prévois-tu les transports que ce beau jour m'apprête?
Conçois-tu quelle ivresse inondera mes sens,
Quand nos échos chéris rediront tes accents ;
Quand je verrai la mer réfléchir ton image,
Et, moins beau que mon fils, ce palmier du même âge,
Qui semblait loin de toi pleurer son frère absent,
Se couronner de fleurs en te reconnaissant?

IDAMORE, *à part*.

Je cède à la pitié que son erreur m'inspire.
Mon père... Je ne puis, et mon courage expire.

ZARÈS.

Que dis-tu? j'ai des droits sur tes chagrins secrets.
Tu n'oses dans mon sein répandre tes regrets?
Crains-tu de m'offenser si tu me les confies?
Non, pleurons-les, ces biens que tu me sacrifies :
Cette jeune beauté qui t'engageait sa foi,
Par sa grâce modeste elle est digne de toi.

IDAMORE.

Hélas!

ZARÈS.

Son amour même à son sort m'intéresse,
Et la voir ta compagne eût comblé mon ivresse.
Pleurons-la, parlons d'elle et laissons faire au temps.
Sans flatter ton orgueil par des nœuds éclatants,
Ma tribu peut t'offrir une épouse aussi chère...
Tu me croiras, mon fils, au tombeau de ta mère.

IDAMORE.

Ah! que son souvenir me protége à vos pieds :
Dites-moi qu'en son nom mes torts sont oubliés.

ZARÈS.

Toi seul tu t'en souviens.

IDAMORE.
De ce touchant langage
Que vos embrassements me soient un nouveau gage.
ZARÈS, *l'embrassant.*
Crois-les donc, si ton cœur doute de mes discours.

SCÈNE IV.

IDAMORE, ZARÈS, AKÉBAR, EMPSAEL,
GUERRIERS.

EMPSAEL, *du haut des degrés du temple.*
Le jour fuit, tout est prêt, le peuple attend.
IDAMORE.
J'y cours.
ZARÈS.
Tu me quittes encor?
IDAMORE.
Je vous l'ai dit, mon père.
ZARÈS.
C'est la dernière fois du moins?...
IDAMORE.
Oui, la dernière!
(*Il l'embrasse de nouveau; les guerriers l'environ-
nent; il sort avec Empsael.*)

SCÈNE V.

ZARÈS, AKÉBAR.

AKÉBAR.
Profane, éloigne-toi!
ZARÈS.
Supportez sans témoins
L'aspect d'un malheureux consolé par vos soins.

####### AKÉBAR
Par pitié pour toi-même, éloigne-toi, te dis-je.
####### ZARÈS.
Un moment, et je pars.
####### AKÉBAR.
Laisse-moi, je l'exige.
####### ZARÈS.
Mais mon fils?...
####### AKÉBAR.
C'en est trop!
####### ZARÈS.
Je l'attends...
####### AKÉBAR.
Vain espoir.
####### ZARÈS.
Il reviendra bientôt?
####### AKÉBAR.
Tu ne dois plus le voir.
####### ZARÈS.
Est-il possible?
####### AKÉBAR.
Il meurt.
####### ZARÈS.
Mon fils!... quoi! son silence
Trompait de mes terreurs la juste violence?
Il meurt! c'est pour toujours qu'il vient de me quitter!
Où cet ordre inhumain doit-il s'exécuter?
J'y cours, je veux le suivre... Ou plutôt je t'implore,
Par ce muet témoin que ta ferveur adore,
Par l'autel dont mes pleurs n'ont pas droit d'approcher,
Par ces pieux habits que je n'ose toucher,
Par tes dieux, par toi-même, au nom de la tendresse,
Des respects dont ta fille honore ta vieillesse...
####### AKÉBAR, *attendri*.
Ma fille!

ZARÈS.
Au peuple ému montre son souverain.
D'un regard de tes yeux brise ces cœurs d'airain ;
Arrache-leur mon fils ; viens, courons sur sa trace :
Le fer tombe à ta vue et ton front porte grâce ;
Viens, parais, ou du moins ne me refuse pas
Le bonheur douloureux d'expirer dans ses bras.
AKÉBAR.
Sainte horreur de l'impie, affermis ma constance !...
Non, je ne puis des dieux révoquer la sentence.
ZARÈS.
S'ils existent, tes dieux, tremble dans ton amour ;
Le coup qui m'a frappé doit t'accabler un jour :
Puisse de ton enfant l'irréparable perte
Te laisser dans le cœur une blessure ouverte,
Où tous les plaisirs vains, dont tu voudras jouir,
Comme au fond d'un tombeau viendront s'évanouir !
Puisse-tu, de toi-même éternelle victime,
Entasser les honneurs sans combler cet abîme ;
Et pauvre au sein des biens, faute d'un bien si doux,
Morne au milieu du bruit, seul au milieu de tous,
Trouver, sur le sommet de tes grandeurs stériles,
Un plus affreux désert que ceux où tu m'exiles !
AKÉBAR.
Si je t'épargne encor, rends grâce à mon serment...
Mais demeure, Empsaël t'apporte un châtiment.
ZARÈS. *Il tombe sur le banc, abîmé dans sa douleur.*
Ciel !

SCÈNE VI.

ZARÈS, AKÉBAR, EMPSAEL.

EMPSAEL.
Le peuple, accouru pour demander sa proie,
Mêlait des cris de rage aux clameurs de sa joie.

Idamore paraît, superbe et l'œil serein ;
Il écarte la foule, il marche en souverain,
Nous guide, et semble encor, comme au jour de sa gloire,
Promener dans nos murs l'orgueil d'une victoire.
Ce captif ennemi, toléré parmi nous
Tant qu'un indigne chef nous vit à ses genoux,
Alvar, qui l'attendait, à ses côtés s'élance,
Et nous prenons nos rangs dans un morne silence.
Pendant que le chrétien, prolongeant ses adieux,
D'une pitié coupable importunait nos yeux,
Lui, des derniers accents de sa voix sacrilége,
Bravait à chaque pas son funèbre cortége :
« Hâtez-vous, criait-il, quel brame ou quel guerrier
« Se réserve l'honneur de frapper le premier ? »
Puis, passant près des lieux où du haut des murailles
Son bras armé pour nous semait les funérailles :
« Choisissez, a-t-il dit, pour déchirer mes flancs,
« Ces rocs, dont j'écrasais vos ennemis tremblants ! »
Le peuple s'en indigne, et sa prompte justice
Pour ce crime nouveau cherche un second supplice,
Le trouve, et dans son cours soi-même s'irritant,
Au massacre d'Alvar prélude en l'insultant.
Idamore s'arrête à leur voix menaçante :
Déjà les plus hardis reculaient d'épouvante,
Quand mille bras vengeurs sur lui de toutes parts
Font pleuvoir les débris dans la poussière épars.
Un nuage s'élève, il s'ouvre, et la tempête
Éclate sur son sein, siffle autour de sa tête...
Il défend son ami, l'embrasse, oppose en vain
Au coup, qui cherche Alvar, sa poitrine et sa main ;
Ce chrétien sans fureur, qui succombe et qui prie,
Sur le signe impuissant de son idolâtrie
Attache un œil d'amour, l'invoque, et radieux
Tombe aux pieds d'Idamore en lui montrant les cieux :
Seul debout, l'insensé, faible et presque sans vie,
Lève à travers l'orage un front qui nous défie,

Protége encor Alvar, pâlit, tombe accablé,
Et le couvre en mourant de son corps mutilé.
AKÉBAR.
Je n'ai plus de rival, et ma fille me reste!
EMPSAEL.
Mais une femme accourt, elle approche, elle atteste,
Sur ces membres flétris qu'ont dispersés nos coups,
Qu'elle aimait Idamore et qu'il est son époux.
« J'ai profané, dit-elle, un divin ministère,
« Pour vous j'offrais au Gange un encens adultère ;
« J'ai trahi son hymen, j'ai violé mes vœux,
« Et j'attends de vos lois le prix de ces aveux. »
L'infidèle à ces mots dans les traits d'Idamore
Cherche et ne trouve plus l'image qu'elle adore,
Pleure, et sur son visage, à ce spectacle affreux,
Ramène avec effroi son voile et ses cheveux.
Les brames, par mon ordre, entourent la coupable.
De l'exil, qui l'attend, l'arrêt inévitable
Doit signaler ici votre juste courroux.
On murmure contre elle, on s'attendrit sur vous ;
Vous-même frémirez quand vous l'allez connaître.
Le peuple la devance, et je la vois paraître.

SCÈNE VII.

ZARÈS, AKÉBAR, EMPSAEL, NÉALA, BRAMES, GUERRIERS, PEUPLE.

AKÉBAR.
Néala!
ZARÈS, *qui s'est ranimé par degrés.*
Se peut-il ?
AKÉBAR.
C'est elle! Dieu puissant,
Que ne prévenais-tu l'opprobre de mon sang?

(*A Néala.*)
Toi, dont le front baissé fuit mon regard sévère,
Que viens-tu faire ici? que cherches-tu?

NÉALA, *s'approchant de Zarès.*

Mon père.

AKÉBAR.

Lui!

ZARÈS.

Qu'entends-je?

NÉALA.

Oui, mon père; il le fut, quand j'appris
Que les jours d'Idamore étaient par vous proscrits.
Il comprendra mes maux, notre perte est la même;
Je m'exile avec lui pour pleurer ce que j'aime.
Ne me soupçonnez pas de vouloir vous braver;
Mais de son seul appui je viens de le priver,
Je devais le lui rendre en publiant ma faute.
Vous ne gémirez pas sur ce peu qu'il vous ôte.
Des terrestres liens votre cœur détaché
Pour moi d'un tendre soin ne fut jamais touché.
Ravi par sa ferveur au-dessus des faiblesses,
Il ne pouvait descendre à souffrir mes caresses;
Vous n'osiez pas m'aimer. Heureux, comblé de biens,
Vos jours sont beaux sans moi : j'adoucirai les siens;
A son fils qui n'est plus je me suis immolée.
Que cette ombre chérie, un instant consolée,
Transmette à mon amour ses devoirs et ses droits.
Le moment n'est pas loin où, réunis tous trois,
Nous n'accuserons plus la mort qui nous sépare;
Je le sens!

AKÉBAR.

Eh! sais-tu quel destin te prépare
Cette mort, seul refuge ouvert à votre espoir?

NÉALA.

Hélas! je dois souffrir, mais je dois le revoir!
Je vous quitte à jamais, vous, qui m'avez chérie,

Vous, dont je fus la sœur, et toi, douce patrie!
(*Au grand prêtre.*)
Adieu!... J'attends l'arrêt que vous devez porter.
AKÉBAR.
O tendresse! ô devoir! qui des deux écouter?
(*Après un moment de silence.*)
Je dévoue à l'exil ta tête criminelle...
Va, fuis, l'humanité te rejette loin d'elle;
Fuis, j'attache à tes pas l'abandon et l'effroi;
Je te maudis... Mes pleurs s'échappent malgré moi.
NÉALA, *à Zarès.*
Il est temps de partir, la nuit vient, et pour guide,
Mon père, vous n'avez qu'une vierge timide.
On va, si nous tardons, nous chasser des saints lieux.
ZARÈS.
Ma fille!
NÉALA.
Levez-vous.

ZARÈS *regarde un moment Néola, qu'il embrasse, puis Akébar, et s'écrie:*

Pontife, il est des dieux!

(*Il s'éloigne soutenu par Néala; le peuple se retire pour leur ouvrir un passage; Akébar, la tête appuyée sur la statue de Brama, reste plongé dans la douleur.*)

FIN DU PARIA.

NOTES.

Un critique, à la bienveillance et à l'urbanité duquel je me plais à rendre hommage, a cru devoir signaler, comme faute de prosodie, l'emploi que j'ai fait du mot *croient* dans ces deux vers :

> Va, ces mortels si fiers, qui nous ont rejetés,
> De ce bonheur en vain nous CROIENT déshérités.

Le respect que tout écrivain doit à la langue m'eût fait un devoir de corriger ce passage, si je n'avais pas pour moi l'exemple de Racine, qui a dit :

> Qu'ils SOIENT comme la poudre et la paille légère,
> Que le vent chasse devant lui.

Le mot employé dans *Esther*, et celui dont je me suis servi, sont tous deux monosyllabiques; ils sont formés presque en entier des mêmes lettres, et ils apportent à l'oreille la même terminaison masculine; si l'un est admis dans le vers, pourquoi l'autre en serait-il banni? La langue poétique en France est-elle assez riche pour se montrer dédaigneuse, ou marche-t-elle si librement qu'elle doive s'imposer à elle-même de nouvelles entraves?

Dans les vers suivants, la règle des participes a paru violée :

> Notre tendre amitié remplit le cours des heures;
> Ces arbres l'ont VU NAITRE.

Ici le plus harmonieux et le plus correct de nos poëtes vient encore à mon secours. Racine a fait dire à Néron, en parlant à Junie :

> Immobile, saisi d'un long étonnement,
> Je l'ai LAISSE passer dans son appartement.

De plus, j'ai en ma faveur l'autorité de Condillac. Il établit pour règle que tout participe suivi d'un infinitif demeure invariable, quels que soient d'ailleurs le genre et le nombre du régime qui précède, et même lorsque l'infinitif est un verbe neutre. (Voyez la *Grammaire* de Condillac, page 193, in-8°, 1795.)

On a adressé à notre poëte une critique étrange à propos de ces vers du chœur du deuxième acte :

> Des BANIANS touffus par le brame adorés
> Depuis longtemps la langueur nous implore;
> Courbés par le midi, dont l'ardeur les devore,
> Ils étendent vers nous leurs rameaux altérés.

Un journaliste allemand a accusé M. Casimir Delavigne d'avoir pris pour un arbre une secte religieuse de l'Inde. Le reproche est grave, du moins en apparence; aussi prendrons-nous la peine d'y répondre. Ce qui nous y engage surtout, c'est l'empressement qu'ont mis certains journaux français à donner cours à cette critique d'outre-Rhin, sans, au préalable, s'être informés, auprès du plus humble botaniste de leur connaissance, qui de M. Casimir Delavigne ou du docteur allemand s'était réellement fourvoyé. Ils auraient pu facilement juger alors de la valeur d'une pareille accceusation, et ils ne se seraient pas imprudemment exposés, par une aveugle confiance en l'érudition d'un autre, à encourir le juste reproche de légèreté et d'ignorance.

Il nous suffira d'entrer dans quelques détails pour justifier pleinement notre auteur.

Le *banian* est un arbre du genre figuier, bien différent cependant de notre figuier commun : il pousse de ses branches de longs jets tout à fait semblables à des cordes ou à des baguettes : ces jets gagnent la terre, s'y enracinent et forment de nouveaux troncs, qui, de la même manière, en reproduisent d'autres à leur tour; en sorte qu'un seul arbre, se multipliant ainsi de tout côté et sans interruption, offre une seule cime d'une immense étendue, posée sur un grand nombre de troncs de diverses grosseurs, et qui ressemble à la voûte d'un édifice soutenu par une multitude de colonnes.

Marsden dit avoir vu, dans le Bengale, un *banian* dont le dôme de verdure n'avait pas moins de 1,116 pieds de circonférence : le tronc se composait d'à peu près cinquante à soixante tiges.

Cet arbre est en grande vénération, surtout chez les païens, et c'est de là sans doute que lui est venu le nom de *banian*, sous lequel sont désignés communément tous les peuples de l'Inde, que les mahométans regardent comme idolâtres.

C'est le *Ficus indica* des botanistes.   (*Note des éditeurs.*)

L'ÉCOLE DES VIEILLARDS

COMÉDIE EN CINQ ACTES, EN VERS,

REPRÉSENTÉE SUR LE THÉATRE-FRANÇAIS, LE 6 DÉCEMBRE 1823.

DÉDICACE

A SON ALTESSE SÉRÉNISSIME MONSEIGNEUR
LE DUC D'ORLÉANS,
PREMIER PRINCE DU SANG,
Comme un hommage de respect et de reconnaissance

Ce 15 décembre 1823.   CASIMIR DELAVIGNE.

PERSONNAGES.

DANVILLE, ancien armateur.
BONNARD, son ami.
LE DUC D'ELMAR.
VALENTIN, domestique de Danville.
MADAME DANVILLE.
MADAME SINCLAIR.
UN LAQUAIS. — DEUX DOMESTIQUES.

(La scène se passe à Paris.)

ACTE PREMIER

SCÈNE I.

DANVILLE, BONNARD.

BONNARD.
Que j'éprouve de joie, et que cette embrassade
A réchauffé le cœur de ton vieux camarade !

ACTE I, SCÈNE I.

DANVILLE.

Débarqué d'hier soir, j'arrive et je t'écris.

BONNARD.

Cher Danville!

DANVILLE.

Je viens me fixer à Paris.

BONNARD.

Je ne puis concevoir de raisons assez bonnes...
Bah! tu veux plaisanter?

DANVILLE.

Non, Bonnard.

BONNARD.

Tu m'étonnes.
Toi, grand propriétaire, autrefois armateur,
Du Havre, où tu naquis, constant admirateur,
Tu cesses de l'aimer?...

DANVILLE.

Qui, moi? charmante ville!
Elle fut mon berceau; doux climat, sol fertile;
D'aimables habitants... un site! ah! quel tableau!
Après Constantinople il n'est rien d'aussi beau.

BONNARD.

Pourquoi t'en éloigner?

DANVILLE.

C'est que... je vais te dire...
Mais promets-moi d'abord que tu ne vas pas rire.

BONNARD.

Eh! dis toujours.

DANVILLE.

Je suis...

BONNARD.

Quoi?

DANVILLE.

Je suis marié.

BONNARD.
Rien qu'à ton embarras je l'aurais parié.
Pour la seconde fois !

DANVILLE.
J'étais las du veuvage.

BONNARD.
A soixante ans et plus !

DANVILLE.
Ma foi, c'est un bel âge.

BONNARD.
Sans m'avoir averti !

DANVILLE.
Bon ! mon billet de part
Aurait trop exercé ton esprit goguenard.

BONNARD.
Ta femme a quarante ans ?

DANVILLE.
Pas encore.

BONNARD.
Au moins trente ?

DANVILLE.
Pas tout à fait.

BONNARD.
Combien ?

DANVILLE.
Bonnard, elle est charmante !
C'est une grâce unique, un cœur, un enjouement !...
Je me sens rajeunir d'y penser seulement.
Son père, resté veuf, chercha fortune aux îles.
Hortense, loin de lui, coulait des jours tranquilles
Auprès de son aïeule, une dame Sinclair,
Bonne femme, un peu vive, et femme du bel air,
Qui sait rire, et qui garde, en sa verte vieillesse,
Pour les plaisirs du monde un grand fonds de tendresse ;
Des succès de sa fille amoureuse à l'excès,
Si l'on peut trop chérir de si justes succès.

ACTE , SCÈNE I 269

Hortense est un modèle ; oui, Bonnard, je l'adore.
Je la voyais souvent, je la vis plus encore ;
Je la vis tous les jours : bref, je parlai d'hymen :
Je craignais de subir un fâcheux examen.
Malgré mes cheveux blancs, dans sa reconnaissance,
Dans son respect pour moi son amour prit naissance,
Et je vis s'embellir mon arrière-saison
Des charmes du bel âge unis à la raison.
Notre hymen fut conclu. Sa respectable aïeule
Eut toujours par nature horreur de vivre seule :
Ma maison fut la sienne, et par elle j'appris
Qu'en secret leur chimère était de voir Paris ;
Bien plus, qu'à leur santé l'air du Havre est contraire...
Je les force à partir. Loin d'Hortense une affaire
M'a retenu deux mois, à mon grand désespoir,
Et c'est à peine hier si j'ai pu l'entrevoir ;
Elle avait pour la cour un billet de spectacle :
Moi, mettre à ses plaisirs le plus léger obstacle !
Bien qu'elle y consentît, c'était un coup mortel !
Et j'ai, pour me distraire, admiré mon hôtel.

BONNARD.
Celui du duc d'Elmar.

DANVILLE.
C'est mon propriétaire.

BONNARD.
Voici, depuis un mois, son oncle au ministère.
Doyen des receveurs dans son département,
Je perçois les deniers d'un arrondissement.
Le duc est très-puissant ; c'est un homme à la mode.

DANVILLE.
Vraiment ?... dans son hôtel, plus grand qu'il n'est commode
Il occupe au premier un superbe local ;
Mais pour un philosophe un second n'est pas mal.

BONNARD.
C'est un palais, mon cher ; peste ! quelle richesse !
En entrant j'ai manqué de te traiter d'altesse...

Ah çà! comment ton fils a-t-il pris ton départ?
DANVILLE.
Mon fils, depuis l'hiver, a son ménage à part :
Ma femme est de trois ans plus jeune que la sienne ;
Comment les accorder? Pour qu'une maison tienne,
Il faut de l'unité dans le gouvernement.
Toutes deux gouvernaient contradictoirement.
Hortense aime beaucoup...j'aime beaucoup le monde:
Mon fils ne se complaît qu'en une paix profonde.
Il a quitté la place, et vit comme un reclus.
Je le chéris toujours.
BONNARD.
Mais tu ne le vois plus.
Tes conseils le guidaient dans l'état qu'il exerce.
Tu livres sa fortune aux chances du commerce ;
Tu t'éloignes de lui ; c'est un grand tort, et, tien,
Je connais en province un fils comme le tien,
Qu'un père comme toi vient de laisser sans guide.
Le fils a mal compté, voilà sa caisse vide ;
Le mois touche à sa fin ; dans ce besoin urgent,
Pour le tirer d'affaire il faut beaucoup d'argent.
Il aurait dû lever cet impôt sur son père ;
Mais comme ils sont brouillés, c'est en moi qu'il espère :
Il faut vingt mille francs : peux-tu me les prêter?
DANVILLE.
C'est ma femme, monsieur, qui va vous les compter :
Elle est mon trésorier.
BONNARD.
C'est superbe! et d'avance
Je lui veux de ma place offrir la survivance.
Ta femme!.. Ah! mon ami, que tes goûts ont changé!
Que je t'ai vu plus sage à mon dernier congé !
Tu t'occupais alors de tes travaux champêtres,
A l'ombre des pommiers plantés par tes ancêtres ;
Debout avant le jour, doucement tourmenté
Du démon vigilant de la propriété,

Tu pâlissais de crainte au bruit d'une visite ;
A tirer des perdreaux tu bornais ton mérite,
Ta joie à faire en paix bonne chère et grand feu,
Et ton piquet du soir, quand j'avais mauvais jeu.
Te voilà citadin! le luxe t'environne;
Un gros suisse est là-bas qui défend ta personne :
Et tout cela, pourquoi? ta femme l'a voulu.

DANVILLE.

Hortense! elle me laisse un pouvoir absolu ;
Mais elle y voit très-clair; quand on a ma fortune,
Une capacité qu'elle croit peu commune,
Sans prétendre à Paris au rang d'un potentat,
Dans un poste honorable on peut servir l'État.
L'espoir qu'elle a conçu me semble légitime,
Et je lui sais bon gré d'une si haute estime.
Toi-même, qu'en dis-tu?

BONNARD.
Rien.

DANVILLE.
Parle franchement.

BONNARD.

Sur une chose à faire on dit son sentiment,
C'est d'abord mon système; et, quand la chose est faite,
J'ai pour système aussi de la trouver parfaite.
Mais, tiens, Paris abonde en amis obligeants,
Qui se font un doux soin de marier les gens;
Ils m'avaient découvert une honnête personne,
Savante comme un livre, aimable, toute bonne ;
Au cousin d'un ministre elle tenait de près ;
Ces chers amis pour moi l'avaient fait faire exprès;
Eh bien! j'ai refusé.

DANVILLE.
D'où vient?

BONNARD.
Elle est jolie,
Elle est jeune.

DANVILLE.

Tant mieux. Depuis quand, je te prie,
La jeunesse à tes yeux paraît-elle un défaut?
BONNARD.
Depuis que j'ai vieilli. Dans ma femme il me faut,
Pour que le mariage entre nous soit sortable,
Une maturité tout à fait respectable.
Or une vieille femme a pour moi peu d'appas ;
Une jeune, à son tour, peut ne m'en trouver pas.
Pour agir prudemment dans cette conjoncture,
J'ai fait du célibat ma seconde nature ;
J'y tiens, j'y prends racine, et je suis convaincu
Que je mourrai garçon, ainsi que j'ai vécu.
DANVILLE.
L'hymen a des douceurs que ta vieillesse ignore.
BONNARD.
Il a tel déplaisir qu'elle craint plus encore.
Je ne suis pas de ceux qui font leur volupté
Des embarras charmants de la paternité,
Pauvres dans l'opulence, et dont la vertu brille
A se gêner quinze ans pour doter leur famille ;
De ceux qu'on voit pâlir, dès qu'un jeune éventé
Lorgne en courant leur femme assise à leur côté,
Et, geôliers maladroits de quelque Agnès nouvelle,
Sans fruit en soins jaloux se creuser la cervelle.
Jamais le bon plaisir de madame Bonnard,
Pour danser jusqu'au jour, ne me fait coucher tard,
Ne gonfle mon budget par des frais de toilette ;
Et jamais ma dépense, excédant ma recette,
Ne me force à bâtir un espoir mal fondé
Sur le terrain mouvant du tiers consolidé.
Aussi, sans trouble aucun, couché près de ma caisse,
Je m'éveille à la hausse ou m'endors à la baisse.
A deux heures je dîne : on en digère mieux.
Je fais quatre repas comme nos bons aïeux,
Et n'attends pas à jeun, quand la faim me talonne,

Que ma fille soit prête, ou que ma femme ordonne.
Dans mon gouvernement despotisme complet :
Je rentre quand je veux, je sors quand il me plaît;
Je dispose de moi, je m'appartiens, je m'aime,
Et sans rivalité je jouis de moi-même.
Célibat! célibat! le lien conjugal
A ton indépendance offre-t-il rien d'égal?
Je me tiens trop heureux; et j'estime qu'en somme
Il n'est pas de bourgeois récemment gentilhomme,
De général vainqueur, de poëte applaudi,
De gros capitaliste à la bourse arrondi,
Plus libre, plus content, plus heureux sur la terre,
Pas même d'empereur, s'il n'est célibataire.

DANVILLE.

Et je te soutiens, moi, que le sort le plus doux,
L'état le plus divin, c'est celui d'un époux
Qui, longtemps enterré dans un triste veuvage,
Rentre au lien chéri dont tu fuis l'esclavage.
Il aime, il ressuscite, il sort de son tombeau :
Ma femme a de mes jours rallumé le flambeau.
Non, je ne vivais plus : le cœur froid, l'humeur triste,
Je végétais, mon cher, et maintenant j'existe.
Que de soins! quels égards! quels charmants entretiens!
Des défauts, elle en a, mais n'as-tu pas les tiens?
Tu crains pour mes amis les travers de son âge?
J'ai deux fois plus d'amis qu'avant mon mariage.
Ma caisse dans ses mains fait jaser les railleurs?
Je brave leurs discours, je suis riche, et d'ailleurs
Une bonne action que j'apprends en cachette
Compense bien pour moi les rubans qu'elle achète.
Hortense a l'humeur vive; et moi ne l'ai-je pas?
Nous nous fâchons parfois, mais qu'elle fasse un pas,
Contre tout mon courroux sa grâce est la plus forte.
Je n'ai pas de chagrin que sa gaîté n'emporte.
Suis-je seul? elle accourt; suis-je un peu las? sa main,
M'offrant un doux appui, m'abrége le chemin.

J'ai quelqu'un qui me plaint quand je maudis ma goutte;
Quand je veux raconter, j'ai quelqu'un qui m'écoute.
Je suis tout glorieux de ses jeunes attraits;
Ses regards sont si vifs! son visage est si frais!...
Quand cet astre à mes yeux luit dans la matinée,
Il rend mon front serein pour toute la journée;
Je ne me souviens plus des outrages du temps:
J'aime, je suis aimé, je renais, j'ai vingt ans.

BONNARD.

Quel feu!

DANVILLE.

Je veux fêter le jour qui nous rassemble;
Au bonheur des maris nous trinquerons ensemble;
Oh! je t'y forcerai. Tu soupes, me dis-tu?
Admire dans ma femme un effort de vertu:
Les soupers sont proscrits, et vraiment c'est dommage,
Je veux qu'elle ait l'honneur d'en ramener l'usage.
Rien n'est tel pour causer que le repas du soir.
A table, entre nous deux, elle viendra s'asseoir.
Bientôt, cher receveur, vous la verrez paraître,
Et vous accepterez quand vous l'allez connaître.
Oui, vous que rien n'émeut, vous aurez votre tour:
Bonnard, monsieur Bonnard, vous lui ferez la cour.

SCÈNE II.

LES PRÉCÉDENTS, VALENTIN.

DANVILLE.

Qu'est-ce donc, Valentin? quel air sombre!

VALENTIN.

Mon maître.
(*A Bonnard.*)
J'aurais à vous parler... Monsieur, j'ai l'honneur d'êt.

####### DANVILLE.
C'est ce brave marin, mon ancien serviteur;
Tu sens bien qu'à son âge il sert... en amateur :
J'exige peu de lui, sa franchise m'amuse...
Que veux-tu?

####### BONNARD.
    Ta bonté n'a pas besoin d'excuse ;
Ma gouvernante, à moi, me parle sans façon.
Tous deux ont fait leur temps : un honnête garçon,
Après un long service attesté par ses rides,
A, comme un vieux soldat, des droits aux invalides.

####### DANVILLE.
Qui l'amène? voyons!

####### VALENTIN.
    Je vous l'avais bien dit
Qu'un jour...

####### DANVILLE.
   De ce refrain le bourreau m'étourdit.

####### VALENTIN.
Avant votre arrivée il s'est passé des choses...

####### BONNARD.
Adieu, Danville.

####### DANVILLE.
  Eh! non.

####### BONNARD.
     Prends garde, tu t'exposes.

####### DANVILLE.
Que peut-il raconter? va donc, explique-toi :
Achève.

####### VALENTIN.
  Eh bien! madame est trop jeune pour moi.

####### DANVILLE.
Oui dà!

####### VALENTIN.
   Contre mon gré, monsieur, ne vous déplaise;
Par votre ordre, en courrier, j'ai précédé sa chaise :

On n'apprend pas sur mer à monter à cheval.
Sur une rosse étique, assis tant bien que mal,
Pour me rompre les os j'étais à bonne école.
Madame à chaque bond riait comme une folle.

DANVILLE.

En te voyant par terre, elle t'eût plaint beaucoup;
J'en suis sûr.

VALENTIN.

Beau profit, si j'étais mort du coup!
Mais une fois ici, j'eus bien d'autres affaires :
Vieilli dans la marine à bord de vos corsaires,
Sous ces galons d'argent qu'on me fit endosser,
Au bon ton des laquais on voulut me dresser.
L'exercice est moins dur : Tiens-toi; lève la tête;
Fais ceci, fais cela ; maladroit! qu'il est bête!
Que sais-je! j'en maigris : c'est un métier d'enfer,
Et j'aurais mieux aimé dix campagnes sur mer.

BONNARD.

Ce pauvre Valentin!

VALENTIN.

Et pour votre carrosse,
On m'a fait un affront.

BONNARD.

Comment! depuis la noce
Nous n'allons plus à pied?

DANVILLE.

Il rêve.

VALENTIN.

Pas du tout :
Madame a pris voiture, et trouvait de son goût,
Pour me faire en marin terminer ma carrière,
De me loger debout sur le gaillard d'arrière.

DANVILLE.

Le grand mal!

VALENTIN.

Ne pouvant vaincre ma juste horreur,

ACTE I, SCÈNE II.

Ne m'a-t-elle pas fait...

DANVILLE.

Eh! quoi donc?

VALENTIN.

Son coureur.

BONNARD.

Son coureur!

VALENTIN.

A quinze ans j'étais des plus ingambes;
Mais devenir coureur quand on n'a plus de jambes!
Ce Paris! on s'y perd : le Havre tout entier,
En se pressant un peu, tiendrait dans un quartier :
Et je cours! mais je cours!... Dès que la porte s'ouvre,
Vite au Palais-Royal, du Marais vite au Louvre,
Du premier sous les toits!... et pas plus tard qu'hier
J'ai porté des secours...

DANVILLE.

Hé quoi! tu n'es pas fier
De consacrer tes pas à de pareils messages?

VALENTIN.

Je ne suis jamais fier de monter cinq étages.
Puis, à peine au logis, j'ai la serviette en main;
Des dîners!... on en a pour jusqu'au lendemain :
Ils doivent coûter cher!

BONNARD.

Ah! diable! tu te piques
De donner, quoique absent, des festins magnifiques?

DANVILLE.

Il a perdu le sens.

VALENTIN.

Je sais ce que je dis :
Vous donnez à dîner, monsieur, tous les lundis;
La veille, grands apprêts; adieu notre dimanche!
Le jour que je préfère est celui qu'on retranche.

DANVILLE.

Paresseux!...

VALENTIN, *à Bonnard.*
Vous savez...
BONNARD.
Tu vaux ton pesant d'or,
Je le sais, mais tais-toi.
VALENTIN.
Je l'ai bien dit...
DANVILLE.
Encor!
VALENTIN.
Que, si le mariage entre par une porte,
Par l'autre, avant ma mort, il faudra que je sorte.
DANVILLE.
Hé bien! va-t'en!
BONNARD, *à Danville.*
Tout doux!
VALENTIN.
Oui, je veux m'en aller.
BONNARD, *à Valentin.*
Non pas; voyons, ensemble il faut capituler :
Valentin se taira, mais consens qu'il demeure
Pour ne servir que toi.
DANVILLE.
Qu'il reste.
VALENTIN.
A la bonne heure.
DANVILLE, *à Bonnard.*
Je n'ai qu'à dire un mot et qu'à le plaindre un peu,
Ma femme en sa faveur comme toi prendra feu.
VALENTIN.
Je conviens qu'elle est bonne.
DANVILLE.
Excellente! accomplie!
Elle vient, tu vas voir... La trouves-tu jolie,
Hein! Bonnard?

BONNARD.
Bien, très-bien!

SCÈNE III.

DANVILLE, BONNARD, VALENTIN, HORTENSE;
PLUSIEURS VALETS.

HORTENSE, *aux valets qui la suivent.*

       Allez, trente couverts.
Vous, comme chez le duc, rangez vos arbres verts,
Allez. Vous, pour le soir, voyez si tout s'apprête :
Trois lustres au salon, des fleurs, un air de fête...
Le beau jour! mon ami, partagez mon bonheur;
Je veux que votre hôtel demain vous fasse honneur.
    (*Saluant Bonnard.*) (*A Danville.*)
Je vous revois enfin!... Monsieur... Je suis ravie!
Hier de m'amuser certes j'avais envie ;
Mais j'ai de vous quitter senti quelques remords ;
Adieu tout mon plaisir! Je reconnais mes torts :
Embrassez-moi, pardon.

      DANVILLE.

     Je suis le seul coupable,
 (*A Bonnard.*)
C'est moi qui l'ai voulu. Parle, est-on plus aimable?

      HORTENSE.

Croyez qu'à l'avenir... Ah! c'est vous, Valentin :
Pour ma loge aux Bouffons vous irez ce matin ;
 (*A Danville.*)
Je veux vous y mener, vous aimez la musique.
 (*A Valentin.*)   (*A Danville.*)
De là chez mon libraire... Un roman qu'on critique,
Mais qu'on dit effrayant ; ne vous en moquez point :
Tout ce qui me fait peur m'amuse au dernier point.

(*A Valentin.*)
De la chez le docteur et puis chez le vicomte ;
De là chez le glacier pour demander son compte ;
Enfin chez le brodeur, courez vite... ah !•de là..

VALENTIN.
Mes jambes me font mal quand j'entends ce mot-là...
(*A Danville.*)
Monsieur !...

DANVILLE.
Ma bonne Hortense, il te demande grâce :
Il a droit de se plaindre : une course encor passe ;
Mais vingt, mais tous les jours ! il est vieux, et je doi
L'employer désormais à ne servir que moi.

HORTENSE.
Je crois que pour courir tout le monde a mon âge ;
Je l'accable, c'est vrai ; je veux qu'il se ménage :
(*A Valentin.*)
Vous êtes à monsieur, n'obéissez qu'à lui,
A lui seul.

VALENTIN.
J'en suis quitte au moins pour aujourd'hui.

DANVILLE, *à Bonnard*.
Qu'ai je dit?

HORTENSE.
Par malheur ici je n'ai personne.
(*A Danville.*)
Un jour, encore un jour, et je vous l'abandonne.

DANVILLE.
Tu ne peux pas, mon vieux, trouver cela mauvais,
Pour un jour, allons, va.

BONNARD, *à part*.
J'en étais sûr.

VALENTIN, *tristement*.
J'y vais.

DANVILLE, *à Bonnard*.
A-t-elle assez bon cœur ?

SCÈNE IV.

DANVILLE, BONNARD, HORTENSE.

DANVILLE.

Tu vois, ma chère Hortense,
Un camarade à moi, mon compagnon d'enfance,
Mon mentor au collége ; élève à Mazarin,
Bonnard m'a sur les bancs disputé le terrain ;
Je l'aimais à quinze ans, et je te le présente
Comme un des vrais amis que j'estime à soixante.

HORTENSE.

Monsieur m'est connu.

BONNARD.

Moi !

HORTENSE.

Votre fraternité
Fit proverbe autrefois dans l'université.

BONNARD.

Il est sûr qu'avec lui je vivais comme un frère.

HORTENSE.

Si nous en exceptons vos débats sur Homère.

BONNARD.

Achille était son dieu.

HORTENSE.

Vous préfériez Hector.

BONNARD.

Vous le savez ?

HORTENSE.

Bon Dieu ! j'en sais bien plus encor ;
Danville est très-causeur.

BONNARD.

Causeur par excellence,
C'est vrai.

HORTENSE.

Vous souvient-il de certaine imprudence
Qui lui valut de vous un superbe sermon?

DANVILLE.

Il sermonnait toujours.

BONNARD.

Lui, c'était un démon!

HORTENSE.

D'un prix de vers latins...

BONNARD.

Madame!

HORTENSE.

D'une thèse
Qui vous fit un honneur!

BONNARD.

C'est en soixante-treize;
Oui, vraiment : quoi! madame, on vous en a parlé!
Quel charmant souvenir vous m'avez rappelé!
(*A Danville.*)
Elle a beaucoup d'esprit.

DANVILLE.

N'est-ce pas?

HORTENSE.

Je m'arrête;
Vos triomphes passés vous tourneraient la tête.
Mais voyez-nous souvent : en causant tous les trois,
Nous ferons reverdir vos lauriers d'autrefois.
Pour madame Bonnard, je veux aller moi-même...

BONNARD, *embarrassé*.

Je suis...

DANVILLE.

Il est garçon, et garçon par système.

BONNARD.

Me voilà converti.

HORTENSE.

Monsieur, prouvez-le donc,

Un garçon a parfois des moments d'abandon,
D'ennui ; venez nous voir, et que notre ménage
Vous raccommode un jour avec le mariage.
BONNARD.
Je ferai d'un tel soin mon plus doux passe-temps
Et voudrais près de vous prolonger ces instants ;
Mais un mot très-pressé que je ne puis remettre...
(*Bas à Danville.*)
Il faudra que la somme arrive avec la lettre.
DANVILLE.
Sois tranquille. Eh ! parbleu ! pour écrire un billet,
Tu n'es pas mieux chez toi que dans mon cabinet.
Regarde... un bureau neuf, loin du bruit des voitures,
Et ton cher *Moniteur* ouvert sur des brochures...
Dans peu je te rejoins.
BONNARD.
A ton aise, mon cher ;
Un caissier le dimanche est libre comme l'air ;
Souviens-toi seulement qu'à deux heures je dîne.
(*Bas à Danville.*)
Ah ! je te félicite, et ta femme est divine.

SCÈNE V.

DANVILLE, HORTENSE.

HORTENSE, *riant aux éclats.*
Dieu ! qu'il est amusant ! Mais c'est un vrai trésor.
Il a ressuscité les mœurs du siècle d'or ;
Il dîne le matin, à l'antique il s'habille,
Et j'ai cru voir marcher un portrait de famille.
DANVILLE.
Oh ! n'en ris pas : je l'aime.
HORTENSE, *riant toujours.*
Et quel regard vainqueu

Quand j'exaltais sa gloire!
DANVILLE.

Oui, mais il a bon cœur;
C'est un homme excellent, rangé, sûr en affaire,
Et tu peux l'obliger.
HORTENSE, sérieusement.

Voyons, je veux le faire.
DANVILLE.

Le jour de ton départ je t'avais confié
Cinquante mille francs; donne-m'en la moitié;
Il a besoin d'argent.
HORTENSE.

Courez donc à la Banque :
Je n'en saurais prêter quand moi-même j'en manque.
DANVILLE.

Que me dites-vous là?
HORTENSE.

Ma bourse est aux abois;
C'en est fait!
DANVILLE.

En deux mois?
HORTENSE.

Mais c'est bien long, deux mois.
DANVILLE.

Cinquante mille francs!... Comment, ma bonne amie!..
HORTENSE.

Vous ne me louez pas sur mon économie?
DANVILLE.

Ah! parbleu! c'est trop fort.
HORTENSE.

Chez moi je n'ai voulu
Rien que le nécessaire, et pas de superflu.
DANVILLE.

Comment donc, s'il vous plaît, nommez-vous ces dorures,
Ces cristaux suspendus, ces vases, ces figures,
Ce fragile attirail dont on n'ose approcher,

Et ces meubles si beaux que je crains d'y toucher ?
Est-ce utile ? parlez.

HORTENSE.

C'est plus ; c'est nécessaire.
Cet appareil pour vous n'a rien que d'ordinaire.
Vous voulez devenir receveur général ;
Logez-vous donc au ciel, et logez-vous très-mal,
Qui parlera de vous ? qui vous rendra visite ?
L'opulence à Paris sert d'enseigne au mérite.
Étalez des trésors si vous voulez percer ;
Une place est de droit à qui peut s'en passer.
Ma mère me répète : Éblouis le vulgaire ;
Qu'on dise : il est très-riche, il est millionnaire ;
Demandons tout alors, et nous aurons beau jeu.
J'ai voulu par le luxe en imposer un peu.
Je dis un peu ; beaucoup, je me croirais coupable ;
Un peu, c'est nécessaire et même indispensable.

DANVILLE.

Voilà quelques motifs qui sont d'assez bon sens :
Mais au moins ces dîners d'eux-mêmes renaissants,
Ces éternels dîners, qu'une fois par semaine
Un bienheureux lundi pour trente élus ramène,
Je les crois superflus.

HORTENSE.

Erreur ! Quoi ! vous traitez
Mes dîners du lundi de superfluités !
Mais rien n'est plus utile, et sur cette matière
Vous êtes, mon ami, de cent ans en arrière.
Il faut avoir un jour fixé pour recevoir
Ses prôneurs à dîner, et ses amis le soir ;
De nos auteurs en vogue il faut avoir l'élite ;
On en fait les honneurs aux grands que l'on invite.
Aussi je vois souvent plusieurs des beaux esprits
Dont je vous ai là-bas adressé les écrits :
Ils parlent, on s'anime, on rit, la gaîté gagne,
Et l'on a ces messieurs comme on a du champagne.

Notre siècle est gourmand, on peut blâmer son goût :
On fronde les dîners, et l'on dîne partout.
Mais n'en donner jamais, pas même un par semaine,
C'est en solliciteur vouloir qu'on vous promène.
Qui, vous solliciteur? vous êtes candidat;
Vous ne demandez rien, vous acceptez. L'État
N'a pas dans ses bureaux de puissance intraitable
Pour l'heureux candidat qui la courtise à table;
Protégés, protecteurs, au dessert ne font qu'un :
Mais ne me parlez pas d'un protecteur à jeun.
Recevoir me fatigue, et, pour être sincère,
C'est un mal, j'en conviens, mais un mal nécessaire.

DANVILLE.

Donnez donc vos dîners, madame, et donnez-les
Sans nourrir à l'office un peuple de valets,
Sans payer un cocher, et sans faire étalage
D'un grand chasseur perché derrière un équipage.
Ce carrosse, à quoi bon? que n'a-t-il pas coûté?
Qui vous force à l'avoir?

HORTENSE.

    Qui? la nécessité;
Vous-même : oui, pour vous j'en ai fait la dépense.
Quand on est candidat on court plus qu'on ne pense.
Visitez donc les grands durement cahoté
Sur les nobles coussins d'un char numéroté :
Vous jouerez à leur porte un brillant personnage!
Y viendrez-vous à pied? ce n'est plus de votre âge.
De fatigue accablé, que ferez-vous le soir?
Qu'il se présente alors quelque spectacle à voir,
Eh bien! j'irai donc seule, et j'irai sans m'y plaire;
Car vous m'y forcerez. Quel plaisir au contraire,
L'un près de l'autre assis, tête à tête, en causant,
D'aller chercher sans peine un spectacle amusant!
D'en jouir tous les deux!... Peut-être c'est faiblesse,
Mais, heureuse avec vous, j'y veux être sans cesse.
Je fis tout dans ce but, j'ai tort; mais un tel soin,

Superflu pour vous seul, est mon premier besoin.
####### DANVILLE.
Et moi qui t'accusais! je suis touché, j'ai honte
D'avoir...
####### HORTENSE.
De votre argent je veux vous rendre compte :
Vous ne savez pas tout; je veux, pour votre honneur,
Justifier en vous ce mouvement d'humeur.
La lecture vous plaît; d'un cabinet d'étude
J'ai su vous préparer l'aimable solitude.
Il me coûte un peu cher; mais vos auteurs chéris,
Rangés autour de vous, en couvrent les lambris.
Le duc, qui vous protége, est plein de complaisance;
Il m'a de son jardin cédé la jouissance,
Pour qui? pour vous, monsieur; ne convenez-vous pas
Qu'un jardin a pour vous de merveilleux appas?
J'ai pris soin de l'orner; sous son ombre tranquille
Vous vous reposerez du fracas de la ville.
On ne fait rien pour rien; mais qu'importe le prix?
Vous aurez la campagne au milieu de Paris.
Votre orgueil conjugal jouit de ma parure :
J'ai fait des frais pour lui, c'est complaisance pure.
J'ai choisi les couleurs que vous aimez le mieux,
Les bijoux dont l'éclat flatte le plus vos yeux;
De tout ce qui vous plaît je me suis embellie,
Et rien ne m'a coûté pour vous sembler jolie.
Mes crimes, les voilà. Voyons, recommencez,
Courage, grondez-moi... Mais non, vous faiblissez,
Le repentir vous prend, et, si je ne m'abuse,
Vous sentez que vous seul avez besoin d'excuse;
Demandez-moi pardon d'un injuste courroux,
Et vous l'aurez, méchant, car je vaux mieux que vous.
####### DANVILLE.
Oui, tu vaux mieux cent fois. Pardonne, mon Hortense;
En vain l'âge entre nous a mis quelque distance,

Tes procédés pour moi me la font oublier,
Et devant tant d'amour je dois m'humilier.

SCÈNE VI.

DANVILLE, HORTENSE, MADAME SINCLAIR.

MADAME SINCLAIR.

Embrassez-la, c'est bien ; mais hâtez-vous, mon gendre,
Je l'emmène.

DANVILLE.

Comment ?

HORTENSE.

Ma mère, on peut attendre...

MADAME SINCLAIR.

Non pas, sur une emplette il me faut un conseil ;
Et nous profiterons d'un rayon de soleil
Pour notre promenade...

DANVILLE.

Où donc ?

MADAME SINCLAIR.

Aux Tuileries,
Le temple de la mode et des galanteries,
L'école des grands airs ; sa grâce, heureux époux,
Dans ce brillant séjour vous fait mille jaloux ;
Sa marche est un triomphe, on la suit, on l'admire...

HORTENSE, *à Danville*.

Ah ! venez avec nous.

MADAME SINCLAIR.

Hortense a dû vous dire
Qu'on vous attend, mon cher, chez le premier commis.

DANVILLE.

Qui, moi ? quand ce devoir d'un jour serait remis,
Qu'importe ?

ACTE I, SCÈNE VII.

HORTENSE, *gravement.*

La démarche est des plus nécessaires.
(*Plus bas.*)
Et le banquier?

DANVILLE.

C'est juste!

MADAME SINCLAIR.

Avant tout les affaires.

DANVILLE.

Mais...

HORTENSE.

Au revoir, Danville.

DANVILLE.

Encore un mot!

MADAME SINCLAIR.

Bonjour;
Elle sera rentrée avant votre retour.

SCÈNE VII.

DANVILLE.

Là, nous causions si bien! me quitter de la sorte!...
Aussi j'avais des torts. Pourtant la somme est forte.
Au Havre, à ce prix-là, j'aurais eu deux maisons;
Mais elle m'a donné d'excellentes raisons.
Ayons soin que Bonnard ignore l'aventure;
Courons vite : est-ce heureux d'avoir une voiture!
(*Regardant par la fenêtre.*)
Tiens, ma femme l'a prise...Ah, bah! j'aime à marcher,
L'exercice m'est bon; je vais me dépêcher :
Pour la revoir plus tôt soyons infatigable.
Il faut en convenir, ma femme est bien aimable!

ACTE DEUXIÈME

SCÈNE I.

DANVILLE, MADAME SINCLAIR.

DANVILLE.
Non, vos façons d'agir ne me vont pas du tout,
Et les courses à pied sont fort peu de mon goût.
MADAME SINCLAIR.
Vous prendrez la voiture. Eh bien, votre visite?
DANVILLE.
Je ne la veux pas faire, et vous m'en tiendrez quitte.
MADAME SINCLAIR.
Vous avez de l'humeur ?
DANVILLE.
Beaucoup, et j'ai raison :
Je vais chez deux banquiers ; mais l'un dîne à Meudon,
L'autre est à Saint-Germain. Je cours chez mon notaire;
Monsieur, jusqu'à lundi, se délasse à Nanterre.
Quand on meurt le dimanche, on peut apparemment
Remettre au lendemain pour faire un testament.
MADAME SINCLAIR.
Le dimanche à Paris n'est pas un jour commode.
DANVILLE.
Et puis vantez-moi donc vos jardins à la mode!
Curieux comme un sot, ou poussé par l'orgueil,
J'y vais, pour voir ma femme et jouir du coup d'œil ;
Je ne sais quel démon m'avait mis dans la tête
De régaler mes yeux d'un plaisir aussi bête.

J'entre ; un pareil délire a de quoi m'étonner :
Dans un jardin immense on peut se promener,
On ne suit qu'une allée, une seule, et laquelle?
J'en ai bien compté dix, dont la moindre est plus belle.
Mais personne n'y va ; non : Paris tout entier
Vient s'entasser en long dans un petit sentier.
Quelle foule! on s'étouffe, et là, je vois Hortense,
A travers un rempart qui me tient à distance ;
Et sans artillerie on n'aurait pu percer
Ce cortége autour d'elle ardent à s'amasser.
Je marchais, j'enrageais ; j'avais beau faire un signe,
Deux, trois, bon! d'un regard un mari n'est pas digne;
Et revenant toujours et toujours écarté,
Et molesté, heurté, porté, presque insulté,
Je m'enfuis tout en eau, je me sauve, j'arrive ;
Et qu'ai-je fait?... J'ai vu ma femme en perspective.

MADAME SINCLAIR.

Mais quel triomphe aussi! de quoi vous plaignez-vous?
On adopte un chemin que l'on préfère à tous.
Les autres sont déserts, la raison en est bonne :
Si personne n'y va, c'est qu'on n'y voit personne.
On se promène ailleurs ; à Paris, c'est bien mieux,
On vient se faire voir; donc on cherche les yeux.

DANVILLE.

Mais quel est ce jeune homme, heureux à sa manière,
Qui d'un si bon courage avalait la poussière,
Que ma femme écoutait, qui ramassait son gant,
Qui...

MADAME SINCLAIR.

C'est le duc d'Elmar ; hein? qu'il est élégant!
On le croirait chez lui. Quel ton! dans son aisance
Perce un air de grandeur qui vous séduit d'avance.
Qu'un négligé de cour lui sied bien à mon gré
Sous le signe éclatant dont il est décoré!
Quand ma fille a son bras, que je trouve de charmes
A voir chaque soldat leur présenter les armes!

C'est glorieux pour vous.

MADAME SINCLAIR.

DANVILLE.

Je vous suis obligé,
Mais je ne vois pas là le grand honneur que j'ai.
Ils sont liés?...

MADAME SINCLAIR.

Bien plus depuis notre voyage.

DANVILLE.

Il la connaissait donc avant mon mariage?

MADAME SINCLAIR.

Sans doute; auprès du Havre il vint passer l'été,
Et rendit comme un autre hommage à sa beauté,
Je sus, quand il partit, saisir la circonstance :
Appelant ses bontés sur le père d'Hortense,
Je parlai d'un retour, impossible aujourd'hui :
Le duc fera pour vous ce qu'il eût fait pour lui.
Nous nous sommes revus par un bonheur unique :
Je cherchais un hôtel, c'est le sien qu'on m'indique.
Le hasard fait chez lui vaquer un logement,
Celui-ci, c'est heureux.

DANVILLE.

Oui, ma foi, c'est charmant!

MADAME SINCLAIR.

Pour comble de bonheur son oncle est aux finances;
Le duc, à lui tout seul, vaut deux ou trois puissances.
Pour vous, grâce à nos soins, le voilà très-zélé.
Mais de vos soixante ans nous n'avons point parlé;
Par son âge souvent la vieillesse indispose,
Et l'on croit qu'un vieillard n'est pas propre à grand'chose.

DANVILLE.

Merci!

MADAME SINCLAIR.

Mais vous pouvez cacher dix ou douze ans.

DANVILLE.

Non, vos honneurs pour moi ne sont plus séduisants
J'entrevois des dangers à trop courir les places.

MADAME SINCLAIR.
Lesquels? A pleines mains le duc répand les grâces.
Courage; Hortense et moi, nous avons du crédit.
Le duc me rend des soins dont tout bas on médit :
J'ai sa loge aux Français quand un acteur débute.
Pour les chambres, j'y vais les jours où l'on dispute.
J'ai vu dans leur splendeur les quarante immortels,
Et suivi par plaisir deux procès criminels.
Le duc me conduisait, et quand j'étais rentrée,
Ici, loin du grand monde, il passait la soirée.

DANVILLE.
C'est vous qu'il venait voir?

MADAME SINCLAIR.
Au point qu'on s'en moquait;
Un jour que j'étais seule, il a fait mon piquet.
Je dis seule, ma fille était là ; mais qu'importe !...

DANVILLE.
Il importe beaucoup, et j'agirai de sorte
Que ces vastes salons ne soient plus encombrés
De tous vos beaux messieurs titrés ou non titrés ;
Et qu'Hortense, loin d'eux, cherche dans son ménage
Un plaisir moins bruyant qui convienne à mon âge.
Que fait-elle? en visite elle a perdu ses pas
Chez des gens très-connus, que je ne connais pas,
Et par respect humain, pour briller, asservie
A de frivoles soins qui surchargent sa vie,
De peur que mon bonheur ne me fît des jaloux,
Elle a vu tout le monde, excepté son époux.
Moins d'éclats, plus d'égards. Ai-je pris une femme
Pour illustrer monsieur du bruit que fait madame,
Rester veuf à sa suite avec vos bons maris,
Ou pour en décorer les jardins de Paris?
Dites-lui s'il vous plaît...

MADAME SINCLAIR.
Vous parlerez vous-même.
Je vous trouve aujourd'hui d'une injustice extrême

Et je ne vois pas, moi, le mal assez urgent
Pour me charger d'un soin qui n'est point obligeant.
Je vous laisse y rêver, et ne sais pas, mon gendre,
Supporter une humeur que je ne puis comprendre.

SCÈNE II.

DANVILLE.

Je hasarde un conseil; mais qu'il soit sage ou non,
N'importe : elle est grand'mère, et veut avoir raison,
Ne voit de mal à rien, tant sa tête est frivole,
Et sa petite-fille est pour elle une idole.
Elle a beau se placer entre ma femme et moi,
Moi, je veux me fâcher, car le duc... Hé bien, quoi?
Ce duc perdra ses pas, et le mieux est d'en rire...
Ah! ce duc me tourmente. On vient; mon Dieu! que dire?
Bonnard, et pas d'argent!

SCÈNE III.

DANVILLE, BONNARD.

BONNARD, *sa montre à la main.*

Sais-tu qu'il est très-tard?
Deux heures à ma montre, et, tiens, déjà le quart.
Bien que du *Moniteur* la lecture soit bonne,
Je n'ai pas pu finir ma septième colonne;
Mon cher, je meurs de faim.

DANVILLE.

Pardon, j'étais dehors...

BONNARD.

Tu ne tiens plus chez toi, tu t'amuses, tu sors,
Et ton ami Bonnard va, grâce à ta sortie,
Trouver son dîner froid et la poste partie.

ACTE II, SCÈNE III.

Je t'ai laissé le temps de voir ton trésorier.
DANVILLE, *à part.*
Si j'accuse ma femme, il va se récrier.
BONNARD.
Mon argent? Hâtons-nous.
DANVILLE.
Je te dirai...
BONNARD.
Non, donne ;
Ne me dis rien.
DANVILLE.
Il faut... c'est que... je n'ai personne
Pour...
BONNARD.
Appelle madame, ou fais-moi la faveur
De me signer pour elle un billet au porteur.
DANVILLE.
Elle a, je l'oubliais, payé certaine somme...
Quel intérêt si grand t'inspire ton jeune homme?
BONNARD.
Qu'entends-je?
DANVILLE.
Un étranger !
BONNARD.
Tu le connais.
DANVILLE.
Qui, moi?
BONNARD.
Cet étranger, mon cher, n'en est pas un pour toi.
DANVILLE.
Comment! et de son nom tu m'as fait un mystère!
BONNARD.
C'est qu'il m'a défendu de le dire à son père.
DANVILLE.
Dieu! ce serait...

BONNARD.

Ton fils. D'après sa volonté,
Je n'ai dû le nommer qu'à toute extrémité.
Par lui, depuis longtemps, je savais ton histoire;
Ton silence avec moi n'est pas trop à ta gloire,
Et j'ai voulu tantôt te donner l'embarras
De m'apprendre un hymen que je n'ignorais pas.

DANVILLE.

C'est mon fils!

BONNARD.

Oui vraiment.

DANVILLE.

Mon fils dans la détresse!
Et ce n'est pas à moi que d'abord il s'adresse!
Il va chercher un tiers!

BONNARD.

Ah! qu'est-ce que tu veux?
Il faut toujours qu'un tiers se place entre vous deux;
Du moins il me l'écrit, et ce tiers-là le gêne;
Voilà ce qu'après soi le mariage amène.
La femme et les enfants sont rarement d'accord;
A l'un des deux partis il faut qu'on donne tort;
De beaux yeux plaident bien, et le juge préfère
Le bonheur de l'époux au devoir du bon père.

DANVILLE.

Mais mon fils est un fou!

BONNARD.

Pourquoi l'avoir quitté?
Instruit d'hier au soir, que n'ai-je pas tenté!
J'ai pour combler le vide épuisé bien des bourses;
Restent vingt mille francs, et je suis sans ressources;
Toi seul peux le sauver.

DANVILLE.

Ah! voyage maudit!
Ah! ma femme, ma femme!

ACTE II, SCÈNE III.

BONNARD.
Hein?
DANVILLE.
Quoi? je n'ai rien dit.
(*Après une pause.*)
Bonnard, mon cher Bonnard!
BONNARD.
Tu me fais peur : abrége;
C'était, je m'en souviens, ton exorde au collége,
Quand dans un mauvais pas tu voulais m'engager.
DANVILLE.
Tu dois avoir des fonds, et tu peux m'obliger.
BONNARD.
Un caissier n'en a point : quand il prête il s'expose;
Le public ne sait pas de quels fonds il dispose.
DANVILLE.
J'en réponds.
BONNARD.
Non.
DANVILLE.
L'argent te rentrera demain.
BONNARD.
Non, non.
DANVILLE.
Sauve mon fils : allons, toi, son parrain;
Mon bon, mon vieil ami!
BONNARD.
Tu plaides comme un ange;
Mais, quand on m'attendrit, moi, cela me dérange.
DANVILLE.
Bonnard, mon cher Bonnard!
BONNARD.
J'aurai tort; c'est égal,
(*Il s'en va, et revient.*)
Je trouverai l'argent... Mais je dînerai mal.

17.

DANVILLE.

Nous en souperons mieux.

BONNARD.

Tiens la chose secrète.
(*Il revient.*)
Adieu... C'est qu'il y va, mon cher, de ma recette.

DANVILLE.

Sois sans crainte... A propos, tu m'as parlé, je crois,
Du jeune duc d'Elmar.

BONNARD.

Je l'ai vu quelquefois,
Très-galant, beau danseur, tirant fort bien l'épée,
Redoutable aux maris par plus d'une équipée...

DANVILLE.

Redoutable aux maris!

BONNARD.

D'autant plus dangereux,
Qu'il aime comme un fou quand il est amoureux;
Et le monde prétend qu'une femme jolie
Ne peut voir sans pitié qu'on l'aime à la folie.
On le plaint, et, ma foi... Qu'as-tu donc?

DANVILLE.

Rien du tout.

BONNARD.

La femme qui lui plaît le rencontre partout;
Dans les jardins publics...

DANVILLE.

Ah! oui.

BONNARD.

Dans les spectacles.

DANVILLE.

Mais les maris sont là.

BONNARD.

Bon! il rit des obstacles :
Quelquefois il fait mieux; il place les maris,

Il les place très-bien ; mais Dieu sait à quel prix !
Tu m'entends?
DANVILLE.
Oh! de reste!
BONNARD.
Enfin tu vois du monde !
Crois-moi, j'ai pour ta femme une estime profonde,
Mais ne le reçois pas.
DANVILLE.
Non, je te le promets.
UN LAQUAIS.
Monsieur le duc d'Elmar !
BONNARD.
Tu le vois donc?
DANVILLE.
Jamais.
S'il vient, c'est pour affaire au moins, pas davantage.
BONNARD, *en souriant*.
Ou bien, c'est qu'en montant il s'est trompé d'étage.

SCÈNE IV.

DANVILLE, BONNARD, LE DUC D'ELMAR.

LE DUC.
Eh! c'est monsieur Bonnard ! enchanté de le voir :
Le ministre en riant me disait hier soir :
Parbleu! monsieur Bonnard ne le cède à personne ;
C'est un esprit exact qu'aucun chiffre n'étonne ;
Pour le trouver en faute il faut qu'on soit sorcier,
Et, comme on naît poëte, il était né caissier.
BONNARD.
Ah! monsieur! que d'honneur me fait Son Excellence !
C'est vrai ; je sais d'un compte établir la balance.
Dame! après quarante ans !... mais pardon...

LE DUC.

Vous sortez
Pour revoir si vos fonds sont bien ou mal comptés;
Et grâce au saint effroi qui pour eux vous tourmente,
Jamais de votre caisse un denier ne s'absente.
Bravo, monsieur Bonnard !

BONNARD, *au duc.*

Merci du compliment.

(*A Danville.*)
Dis donc, pour me le faire, il prend bien son moment.

DANVILLE, *à Bonnard.*

Du courage, à ce soir.

SCÈNE V.

DANVILLE, LE DUC.

DANVILLE, *au duc.*

Monsieur veut quelque chose?...
C'est madame Sinclair qu'il vient voir, je suppose?

LE DUC.
Et madame sa fille; elle n'est pas ici?

DANVILLE.
Non, je l'attends.

LE DUC.
Alors je vais l'attendre aussi.

(*A part.*)
Quel est donc ce monsieur?

DANVILLE, *à part.*

A merveille, il demeure.

LE DUC.
J'y songe; pour la voir j'avais mal choisi l'heure;
Elle est chez la baronne?

DANVILLE.
Ah! cela se peut bien.

(*A part.*)
Il sait où va ma femme, et moi, je n'en sais rien.
LE DUC.
Monsieur est depuis peu dans notre grande ville?
DANVILLE.
D'hier.
LE DUC.
Il est ami de madame Danville?
DANVILLE, *en souriant*.
Je lui tiens de plus près.
LE DUC.
Parent?... Ah! je m'en veux!
Oui, je n'en doute plus; que je m'estime heureux!
A cet air respectable ai-je pu méconnaître...
DANVILLE.
Quoi! je vous suis connu?
LE DUC.
Pouvez-vous ne pas l'être?
Recevez donc ici mon juste compliment:
Oui, madame Danville est un objet charmant;
Aussi j'avais trouvé certain air de famille...
Vous avez là, monsieur, une adorable fille!
DANVILLE.
Moi! comment?
LE DUC.
Heureux père! ah! je suis attendri.

SCÈNE VI.

DANVILLE, LE DUC, HORTENSE.

HORTENSE.
Eh quoi! monsieur le duc seul avec mon mari!
LE DUC.
(*A part.*)   (*Haut.*)
Son mari!... Qu'il m'est doux de rencontrer si vite

L'homme dont ce matin j'ai vanté le mérite!
Mais il ne me doit rien, je l'avoue, et ses droits
Plaident en sa faveur cent fois mieux que ma voix.
Est-ce aux gens tels que lui qu'on peut faire des grâces?
Si le mérite seul avait marqué les places,
Monsieur, à meilleur titre usant du droit que j'ai,
Serait le protecteur, et moi le protégé.

HORTENSE.
Jamais monsieur le duc ne dit rien que d'aimable.

LE DUC.
Ce discours n'est que juste.

DANVILLE.
     Il m'est trop favorable;
Aussi me touche-t-il comme il me doit toucher;
Mais je crois qu'au ministre on ne doit rien cacher;
J'ai déjà soixante ans...

LE DUC, *vivement*.
     C'est l'âge qu'il préfère,
Et c'est un vrai présent que je m'en vais lui faire.
Depuis près de dix jours madame m'a promis
D'embellir chez mon oncle une fête entre amis.
Elle vous attendait, ma mémoire est fidèle,
J'ai reçu sa parole et pour vous et pour elle.
Venez donc, c'est au bal qu'il faut solliciter.
Chez mon oncle, ce soir, je veux vous présenter;
C'est conclu : ma voiture ensemble nous y mène,
Et...

DANVILLE.
Je suis fatigué, monsieur, j'arrive à peine.

HORTENSE.
Le bal délasse.

DANVILLE.
   Et puis, moi-même je reçois.

HORTENSE.
Qui? votre ami Bonnard, ce monsieur d'autrefois?

ACTE II, SCÈNE VI.

DANVILLE.
Monsieur l'estime fort.

HORTENSE.
Et conviendra, je gage,
Que du siècle passé c'est la vivante image.

LE DUC, *en riant.*
Madame...

DANVILLE.
Il vient ce soir.

HORTENSE.
Pour le recevoir mieux,
Avez-vous invité quelqu'un... de vos aïeux?

DANVILLE.
Hortense !

HORTENSE.
C'est fini. Paix; allons, je plaisante;
On croirait à vous voir que je suis médisante.
(*Au duc.*)
Le suis-je? Jugez-nous.

DANVILLE.
Brisons là.

HORTENSE.
Non, je veux
Que le duc aujourd'hui soit juge entre nous deux.

DANVILLE, *à part.*
J'ai peine à me contraindre.

LE DUC.
Excusez-moi, madame;
Mais je ne puis trahir le penchant de mon âme.
Encore un coup; pardon, j'aime monsieur Bonnard ;
C'est la probité même, oui, c'est un homme à part,
Un esprit hors de ligne, et, dès qu'un mot l'offense,
On me voit des premiers voler à sa défense.

DANVILLE, *enchanté, et regardant sa femme.*
Très-bien, monsieur le duc!

LE DUC.

Mais si l'on n'a lancé
Qu'un trait dont son honneur ne puisse être blessé;
Si l'on a dit... eh quoi?... qu'il vit en patriarche,
Qu'il dîne encore à l'heure où l'on dînait dans l'arche,
Ou quelqu'un de ces mots qui seuls sont des portraits,
Que madame rencontre et que je chercherais;
Quel mal cela fait-il? c'est s'amuser, c'est rire,
C'est se jouer de rien; mais ce n'est pas médire.

HORTENSE, *en regardant son mari.*
Oh! le duc a raison.

LE DUC, *à Danville.*

Monsieur, moins de rigueur;
La conversation périrait de langueur
Sans ce tour amusant qu'un esprit fin lui donne;
Tout le monde y perdrait, et vous, plus que personne.

DANVILLE.
Je n'en disconviens pas, mais brisons sur ce point.

LE DUC.
Et pourquoi votre ami ne vous suivrait-il point?

HORTENSE.
Sans doute!

DANVILLE.

Un patriarche a l'humeur sédentaire,
Et s'arrange assez peu d'un bal au ministère.
D'ailleurs, souper ensemble est pour nous un bonheur.

HORTENSE, *en riant.*
Souper! il vient souper?

DANVILLE, *à sa femme, avec dignité.*

Il nous fait cet honneur.
(*Au duc.*)
Bien que de refuser mon regret soit extrême,
Trouvez bon qu'à mon tour j'en appelle à vous-même,
Monsieur; vous m'approuvez, et, connaissant Bonnard,
Vous me reprocheriez de traiter sans égard
L'ami qui m'est lié par un commerce intime,

Et que vous honorez d'une si haute estime.
LE DUC.
Cette excuse m'arrête, et je n'ose insister ;
Mais, madame, parlez : qui peut vous résister ?
J'implore en m'éloignant cet appui tutélaire,
Ou je vais de mon oncle encourir la colère.
Monsieur, vous céderez, et moi, dans cet espoir,
Je viendrai, s'il vous plaît, m'en assurer ce soir.

SCÈNE VII.

DANVILLE, HORTENSE.

HORTENSE.
Vous irez au bal ?
DANVILLE.
Non.
HORTENSE.
Vous irez, j'en suis sûre.
DANVILLE.
Je vous promets que non.
HORTENSE.
Si fait.
DANVILLE.
Non, je vous jure.
HORTENSE.
Eh! pourquoi, sans raison, vous priver d'y venir ?
DANVILLE.
C'est que ce plaisir-là ne peut me convenir.
HORTENSE.
Mais quel est le motif de cette répugnance ?
DANVILLE.
Pouvez-vous m'accorder un moment d'audience ?
HORTENSE.
Moi!

DANVILLE.

Depuis mon retour des soins plus importants,
Des amis plus heureux s'arrachaient vos instants ;
Et, las de renfermer ce que je vais vous dire,
J'ai cru dans mon dépit qu'il faudrait vous l'écrire.
Mais, puisqu'il m'est permis d'en décharger mon cœur,
Je vous le dis tout net ; ce petit air moqueur
Pour mon ami Bonnard m'offense et me chagrine.
Le besoin de briller à tel point vous domine,
Qu'avec un jeune fou je vous vois de moitié
Contre ce digne objet d'une ancienne amitié.
Vous riez du bonhomme, eh oui ! c'est un bonhomme,
Un bonhomme que j'aime ; et plus d'un qu'on renomme,
Dont l'honneur fait grand bruit, dont l'esprit est vanté,
N'a ni son noble cœur, ni sa franche gaîté.
On l'attaque lui seul, et tous deux on nous blesse,
Et chaque trait piquant lancé sur sa vieillesse
Ne peut devant un tiers l'immoler aujourd'hui,
Sans retomber sur moi qui suis vieux comme lui.

HORTENSE.

Mais le duc vous l'a dit, ce n'est qu'un badinage,
Et le duc, à mon sens, raisonnait comme un sage.

DANVILLE.

Votre duc ! il me choque au suprême degré.
Je connais peu de gens qui ne soient à mon gré ;
Mais lui, de me déplaire il a le privilége.
Me croit-il, ce monsieur, dupe de son manége ?
Ce zèle officieux qu'il fait sonner si fort,
Cet air de vous blâmer pour mieux me donner tort,
Tout ce jeu me déplaît. Pour des raisons sans nombre,
Il n'est pas bon qu'un duc soit là comme votre ombre.
La réputation d'une femme de bien
Dans la communauté ne compte pas pour rien ;
Et, s'il n'est défendu contre tous, à toute heure,
Ce fruit de tant de soins en un instant s'effleure.
Il ne faut qu'un jeune homme un peu trop assidu,

Que le discours d'un sot par un autre entendu :
Le mal est déjà fait : le mensonge circule ;
La femme est méprisée, et l'époux ridicule,
Et trente ans de vertu loin du monde et du bruit
Ne sauraient réparer ce qu'un jour a détruit.
HORTENSE.
Pour quel écrit moral faites-vous ce chapitre ?
Mais dans un autre temps vous m'en direz le titre.
Irez-vous à ce bal où l'on veut vous avoir ?
DANVILLE.
Non : je vais chez des gens que je peux recevoir.
HORTENSE.
Mais le duc vient chez vous.
DANVILLE.
C'est trop de complaisance.
Qu'il daigne à l'avenir m'épargner sa présence.
Il me fait un honneur dont je suis peu flatté.
Rien de mieux, j'en conviens, qu'un beau nom bien porté ;
A sa juste valeur j'estime la noblesse.
Qu'on reçoive chez soi marquis, duc et duchesse,
C'est bien, si l'on est duc, et je ne le suis pas.
Ma maison me convient ; mais, si je risque un pas,
Dans ce cercle titré dont l'éclat vous transporte,
A cent devoirs fâcheux je cours ouvrir ma porte.
Mon appétit s'en va, lorsque je vois siéger
Tout l'ennui des grands airs dans ma salle à manger ;
Ma langue est paresseuse à rompre le silence,
S'il faut, au lieu de *vous*, dire *votre excellence*,
Ou, Mécène du jour, flatter les favoris
De l'Apollon bâtard qu'on adore à Paris.
Je ne sais pas encor de quel air on écoute
Vos auteurs nébuleux auxquels je n'entends goutte,
Et tout leur bel esprit ne fait que m'étourdir,
Moi, qui cherche à comprendre avant que d'applaudir.
De traiter ces messieurs j'aurais eu la manie,
Si j'étais assez sot pour me croire un génie ;

Mais, grâce à du bon sens, je sais ce que je vaux.
Jouissez sans fracas du fruit de mes travaux,
Avec de bonnes gens, des gens qu'on puisse entendre,
Qui de leur nom pour nous n'aient pas l'air de descendre,
Qui ne m'observent pas pour me prendre en défaut,
Si je parle sans gêne ou si je ris trop haut,
Et ne croient pas me faire une grâce infinie
En me trouvant chez moi de bonne compagnie.
Voilà mes gens ; voilà les amis que je veux,
Sûr qu'ils seront pour moi ce que je suis pour eux.

HORTENSE.

Revenons à ce bal, et jugez mieux la chose.
Ce n'est pas un plaisir qu'ici je vous propose ;
Mais c'est une démarche, et voyez le grand mal
De passer pour affaire une heure ou deux au bal !
Il faut faire sa cour : voilà comme on prospère ;
Mais vous, de vous placer vraiment je désespère.

DANVILLE.

Eh ! ne me placez pas, madame, laissez-moi,
Heureux avec la foule, y vieillir sans emploi.
J'y suis libre ; il vaut mieux, receveur des plus minces,
Toucher ses revenus que ceux de dix provinces ;
Et je ne veux pas, moi, pour me hausser d'un cran,
Vendre ma liberté cent mille écus par an.

HORTENSE.

Eh bien ! comme au spectacle, allez à cette fête ;
Pour moi, là, voulez-vous ? Venez, j'en perds la tête :
Que d'objets, que de gens inconnus jusqu'alors !
Tous les ambassadeurs, des maréchaux, des lords,
Des artistes, la fleur de la littérature,
Des femmes ! Quel éclat, quel goût dans leur parure !
Dieu ! les beaux diamants !... Et c'est ce soir, j'irai,
Oui, j'irai, nous irons, monsieur... ou j'en mourrai.

DANVILLE.

Non, vous n'en mourrez pas, et vous verrez, ma chère,
Qu'on peut avec Bonnard, bien qu'il ne danse guère,

ACTE II, SCÈNE VII.

Passer le soir gaîment, sans façon, sans apprêts,
Souper même au besoin, et vivre encore après.

HORTENSE.

Voulez-vous sans pitié chagriner votre Hortense?
Me tiendrez-vous rigueur?... Et quelle est mon offense
Moi, qui n'ai fait qu'un vœu, celui de vous revoir,
Faut-il en arrivant me mettre au désespoir?
Avec monsieur Bonnard ai-je été trop méchante?
Jamais je ne veux l'être; il me plaît, il m'enchante,
Je l'aime, il m'aimera, je lui ferai ma cour;
Mais pas ce soir, oh non! plus tard, un autre jour,
Demain... c'est arrangé, vous acceptez l'échange:
Danville, mon ami, mon cher époux, mon ange,
Soyez bon, grâce, allons, cédez...

DANVILLE, *avec effort.*

Non, je ne puis.

HORTENSE, *en pleurant.*

Que je suis malheureuse! ô ciel! que je le suis!

DANVILLE, *attendri.*

Elle pleure, ah! mon Dieu!

HORTENSE, *hors d'elle-même.*

C'est un acte arbitraire;
C'est une tyrannie, et je dois m'y soustraire.
Je me révolte enfin; vous croyez sans raison
Dans votre hôtel désert me garder en prison?
Non : avec votre ami vous serez seul à table;
Non, non : je le déteste, il m'est insupportable;
Mais entre deux époux le pouvoir est égal.
Restez, monsieur, ma mère est invitée au bal;
Une fille est au mieux sous l'aile de sa mère,
Et j'irai malgré vous au bal du ministère,
Et j'irai de bonne heure, et j'en reviendrai tard,
Et je ne verrai pas votre monsieur Bonnard,
Et vous ne pourrez pas m'enterrer toute vive
Dans l'ennuyeux souper d'un si triste convive.

DANVILLE, *en fureur*.

Vous irez, dites-vous, malgré moi vous irez?
Je vous le défends.

HORTENSE.

Bon!

DANVILLE.

Nous verrons.

HORTENSE.

Vous verrez.

DANVILLE.

Madame, pensez-y : l'ordre est irrévocable.
De supplications il se peut qu'on m'accable...

HORTENSE.

Non, monsieur.

DANVILLE.

Mais, dût-on m'implorer à genoux,
Ni prières, ni pleurs, n'obtiendront rien pour vous.

HORTENSE.

Oh! le méchant mari!

DANVILLE.

Fi! l'affreux caractère!
Dans mon appartement courons fuir sa colère.

HORTENSE.

Allez : loin d'un tyran qui me veut opprimer,
Dans le mien, comme vous, je cours me renfermer.
Adieu, monsieur!

DANVILLE.

Adieu! respectez ma défense.
(*Après une pause.*)
L'agréable entrevue après deux mois d'absence!

ACTE TROISIÈME

SCÈNE I.

HORTENSE, *à un domestique qui la suit.*

Retournez vers monsieur.
(*Le domestique sort.*)
Il veut m'entretenir,
Et par ambassadeur il m'en fait prévenir.
Qu'il vienne; je suis prête. Il s'attend à des larmes;
Mais il va pour le bal me trouver sous les armes.
J'ai tout dit à ma mère avec sincérité;
Elle a mis comme moi les torts de son côté.
Ces fleurs sont de bon goût... il me traite en esclave.
Il croit m'intimider; faux calcul : je suis brave.
Je ne céderai pas. Courage! le voici.

SCÈNE II.

HORTENSE, DANVILLE.

DANVILLE, *dans le fond.*

La brillante toilette! et qu'elle est bien ainsi!...
(*Il s'approche.*)
A me désobéir vous êtes décidée,
Hortense, je le vois.
HORTENSE.
Chacun a son idée;
La vôtre est de rester, la mienne est de sortir.

DANVILLE.
Vous n'avez nul remords?

HORTENSE.
Qui? moi? nul repentir.

DANVILLE.
Un reste de dépit vous rend presque hautaine.

HORTENSE.
Du dépit! du dépit! dites mieux : de la haine.

DANVILLE.
Ah! c'est aller bien loin.

HORTENSE.
Non, monsieur, j'ai pour vous...
(*A part.*)
Je ne m'attendais pas à le revoir si doux.

DANVILLE.
J'ai longtemps réfléchi depuis notre querelle.
La colère à votre âge est assez naturelle;
Mais au mien la raison doit parler sans fureur :
La raison qui s'emporte a le sort de l'erreur.
Ma justice à vos yeux tiendrait de la vengeance;
Je me punirai seul, et c'est par votre absence.
Goûtez un plaisir pur, puisqu'il sera permis;
Allez au bal, allez, et soyons bons amis :
Voulez-vous?

HORTENSE.
Mais...

DANVILLE.
Allez seule avec votre mère...
Elle a dû, comme vous, me trouver bien sévère :
Contre deux ennemis je n'avais pas beau jeu;
Avez-vous dit de moi beaucoup de mal?

HORTENSE.
Un peu.

DANVILLE.
Vous n'en penserez plus, et cela me console.
S'il a pu m'échapper un ordre, une parole,

Un regard qui vous blesse, il faut tout oublier.
J'ai mon excuse aussi : Bonnard est singulier,
D'accord ; mais quand, d'un ton qu'il ne méritait guère,
Sur des travers légers vous lui faisiez la guerre,
C'était à l'instant même où, malgré son effroi,
En me rendant service, il s'exposait pour moi.

HORTENSE.

Comment?

DANVILLE.

C'est un secret.

HORTENSE.

C'est un secret? ah! dites,
Dites, j'oublierai tout.

DANVILLE.

Ces brillants parasites
Que ma table nourrit à vous conter des riens,
Vivent à mes dépens, et lui m'oblige aux siens.
Mon fils dans ses calculs a manqué de sagesse ;
J'aurais dû le prévoir ; mais, tout à ma tendresse,
Laissant sa jeune tête agir à l'abandon,
Pour vous j'ai compromis sa fortune et mon nom.
Sans argent, grâce à vous, Hortense, que serait-ce,
Si Bonnard n'eût prêté... peut-être sur sa caisse?
De tous les receveurs, Bonnard le plus craintif,
Bonnard dont sur ce point l'honneur est si rétif,
D'un courage héroïque a vaincu son scrupule,
Il a sauvé mon fils !... est-il si ridicule?

HORTENSE.

Non, non, de mes amis aucun n'eût fait cela ;
Plus que tous leurs discours j'admire ce trait-là.
Il n'est pas de bon mot qui vaille un bon office ;
Mais votre femme aussi peut faire un sacrifice.
Ce bal, où sous vos yeux je dansais en espoir,
Ce bal, il fut huit jours mon rêve chaque soir,
Huit jours, à mon réveil, ma première pensée :
Eh bien! je n'irais pas, quand j'y serais forcée!

C'en est fait, votre ami lui sera préféré.
DANVILLE.
Vous aurez ce courage, est-il vrai?
HORTENSE.
Je l'aurai.
Adieu tous mes projets, je reste sans murmure,
Et pour monsieur Bonnard je garde ma parure.
Je reste avec plaisir. Tout à l'heure à vos yeux
J'étais bien, n'est-ce pas? Maintenant je suis mieux,
J'en suis sûre.
DANVILLE.
Ah! cent fois!
HORTENSE.
M'aimez-vous?
DANVILLE.
Je t'adore.
HORTENSE.
Mes torts étaient bien grands.
DANVILLE.
Les miens plus grands encore.
HORTENSE.
A vos ordres jamais je ne veux résister.
DANVILLE.
Non, jamais contre toi je ne veux m'emporter.
HORTENSE.
Loin de nous ces débats qui troublent les ménages.
DANVILLE.
Les raccommodements ont bien leurs avantages.
HORTENSE.
Mon ami!
DANVILLE.
Chère Hortense!
HORTENSE.
Au fond, convenez-en,
Vous défendez Bonnard en zélé partisan,
Et vous avez raison, puisqu'il vous rend service;

ACTE III, SCÈNE II.

Mais vous traitez le duc avec moins de justice.
DANVILLE.
Pour moi, je me crois juste, et juste au dernier point.
HORTENSE.
Moi, je crois entrevoir que vous ne l'êtes point.
DANVILLE.
C'est qu'à vingt ans, Hortense, on juge à la légère.
HORTENSE.
C'est que plus tard, Danville, on est par trop sévère.
DANVILLE.
Vous pourriez vous tromper.
HORTENSE.
Je puis avoir raison.
DANVILLE.
Je n'en crois rien.
HORTENSE.
C'est sûr.
DANVILLE.
Non pas.
HORTENSE.
Mais si.
DANVILLE.
Mais non.
HORTENSE.
Je soutiens...
DANVILLE.
Arrêtez ! eh quoi ! notre querelle
Pour Bonnard et le duc déjà se renouvelle ?
HORTENSE.
Oui, parlons sans humeur : faut-il, pour aimer l'un,
Quand l'autre vous sert bien, le trouver importun ?
DANVILLE.
Oh ! c'est tout différent ; l'un a mon âge, et l'autre...
HORTENSE.
Eh bien ! achevez donc.

DANVILLE.
Eh bien ! il a le vôtre.
Pardonnez : mon amour est étrange, et je sens
Que le temps, la raison sont des freins impuissants;
Que le cœur d'un vieillard, en proie à cette ivresse,
Cède à tous les transports d'une aveugle tendresse.
Quand on aime avec crainte, on aime avec excès.
Jeune, on sent qu'on doit plaire, on est sûr du succès;
Mais vieux, mais amoureux au déclin de sa vie,
Possesseur d'un trésor que chacun nous envie,
On en devient avare, on le garde des yeux.
Comment voir cet essaim de rivaux odieux,
Parés de leur bel âge et des charmes funestes
Dont chaque jour qui fuit nous vole quelques restes,
Sans se glacer le cœur par la comparaison,
Sans voir ses cheveux blancs, sans perdre la raison!
Je ne suis pas jaloux, mais je sais me connaître.
Celui qui vous arrache, en vous lassant peut-être,
Un regard, un sourire, un instant d'entretien,
Me semble un ennemi qui me ravit mon bien.
J'aime plus, tout le dit; ma crainte en est le gage;
Mais que me sert d'aimer, s'il vous plaît davantage?
Je dois trembler, je tremble... hélas! voilà mon sort;
Voilà pourquoi le duc me chagrine si fort.
Il offusque ma vue, il me pèse, il me gêne.
Je sens qu'à son aspect je me contiens à peine;
Je sens qu'un mot amer, qui vient me soulager,
En suspens sur ma langue est prêt à me venger.
Je me maudis, j'ai tort; c'est faiblesse ou délire,
C'est ce qu'il vous plaira; je souffre et je désire,
Non pas que votre amour, mais que votre amitié,
Qui connaît mon supplice, en ait quelque pitié.

HORTENSE.
Que votre modestie à vous-même est cruelle!
Croyez qu'avec raison, je murmure contre elle.
Ces rivaux, où sont-ils? que produiraient leurs soins?

Soyez juste envers vous, et vous les craindrez moins.
Est-il quelqu'un d'entre eux qu'avec plaisir j'écoute?
C'est que de votre éloge il m'entretient sans doute,
Et cet air d'intérêt, dont vous êtes jaloux,
N'est qu'un remercîment du bien qu'on dit de vous.
Vous entendre louer me rend heureuse et fière ;
Mais pourquoi des grandeurs vous fermer la carrière?
Laissez un peu d'éclat publier mon bonheur :
De vous, de vos talents, je veux me faire honneur,
Et vous prouver que, juste autant qu'il est sincère,
Ce n'est pas par devoir que mon cœur vous préfère.

DANVILLE.
N'employez pas le duc, et je consens à tout.

HORTENSE.
Voyez donc ce monsieur qu'on reçoit bien partout;
Oui, ce premier commis; son crédit peut suffire :
Mais chez lui, dès ce soir, allez vous faire écrire.

DANVILLE.
Hortense, tu le veux?

HORTENSE.
Non, je ne le veux pas,
Non... mais je vous en prie.

DANVILLE.
Ah ! j'y cours de ce pas...
Et Bonnard que j'attends; je ne sais qui l'arrête;
S'il arrivait !

HORTENSE.
Partez; moi, je lui tiendrai tête,
Je vais par le collége entamer l'entretien ;
Il ne s'ennuiera pas.

DANVILLE.
Je cours et je revien.
Après une querelle, il est doux de s'entendre,
Et le débat fini rend l'amitié plus tendre.

18.

SCÈNE III.

HORTENSE.

Le sacrifice est fait! En suis-je triste? Oh! non.
Il me coûtait un peu; mais Danville est si bon!...
Cette fête, à vrai dire, était très-séduisante.
Dans tous ses agréments je me la représente :
Pour danser c'est à moi que le duc eût songé;
Les dames de la cour en auraient enragé!
Quel plaisir! quel triomphe! Au fait, c'est bien dommage.
Pour plaire aux deux amis écartons cette image.
Je les verrai contents; si je ris, ils riront,
Et j'attends mon plaisir de celui qu'ils auront.

UN DOMESTIQUE.

Le duc fait demander si madame est visible.

HORTENSE.

Oui, qu'il entre. Ah! mon Dieu! voici l'instant terrible!

SCÈNE IV.

HORTENSE, LE DUC.

LE DUC.

Le soin qui me ramène est bien intéressé,
Madame; dans le doute où vous m'avez laissé,
Je n'ai rien vu ce soir qu'avec indifférence.
Invité chez le fils d'un de nos pairs de France,
J'y fus d'un long dîner le triste spectateur;
Les heures se traînaient avec une lenteur!...
Plein d'une seule idée où l'esprit s'abandonne,
Soi-même l'on s'oublie, on n'est plus à personne;
Il a fallu céder, et bientôt du salon
Je me suis échappé comme on sort de prison.

ACTE III, SCÈNE IV.

Mais quels charmants apprêts! quel goût!.. Cette parure
Pour mon vœu le plus cher est d'un heureux augure.

HORTENSE.

Hé non! monsieur le duc, ne comptez pas sur moi.

LE DUC.

Comment? Se pourrait-il? Vous restez?

HORTENSE.

Je le dois.

LE DUC.

Mais ne devez-vous pas tenir votre promesse?
Ne l'ai-je pas reçue? et quand ma voix vous presse
De remplir un devoir que je crus un plaisir,
N'est-elle plus d'accord avec votre désir?

HORTENSE.

Que ne m'est-il permis de le prendre pour guide?
Mais non, monsieur Danville autrement en décide.

LE DUC.

Ah! pouvez-vous m'apprendre avec cet air léger
Un refus qui m'étonne et qui doit m'affliger!
Madame, pour fixer votre choix en balance,
Je vois qu'on vous a fait bien peu de violence.
Pourquoi m'avoir déçu par un espoir si doux?
La perte, j'en conviens, est légère pour vous :
Un triomphe nouveau, des honneurs, des hommages,
Sont à peine à vos yeux de faibles avantages;
Pour vous, par l'habitude, ils ont perdu leur prix;
Mais quand il s'est flatté d'éblouir tout Paris,
Un maître de maison, dans son jour de conquête,
Perd beaucoup en perdant l'ornement de sa fête,
Et pour moi, le plaisir que je laisse en partant
Me rend presque insensible à celui qui m'attend.

HORTENSE.

C'est trop vous alarmer, monsieur, et mon absence
N'aura pas, croyez-moi, cette triste influence.

LE DUC.

Vous vous trompez, madame, et vous seule ignorez

A quels regrets mortels vous nous condamnerez.
La modestie, au fond, a son côté blâmable.
On ne sait pas souvent combien l'on est coupable;
Vous le serez beaucoup si vous me résistez.
Qui nous rendra ce soir ce que vous nous ôtez?
Eh! ne suffit-il pas d'une seule personne
Pour embellir au bal tout ce qui l'environne?
Elle arrive, à sa vue on est moins exigeant,
Et le cœur satisfait rend l'esprit indulgent.
L'amusement succède au dégoût qui m'accable;
L'homme qui m'ennuyait devient un homme aimable.
Elle part, c'en est fait, tout le charme est détruit,
Rien n'est plus à mon gré, je n'entends que du bruit.
Vingt autres, direz-vous, sont aimables et belles...
On l'ignorait, madame; a-t-on des yeux pour elles?
On n'en avait vu qu'une, et, ce moment passé,
Il semble, au vide affreux qu'elle seule a laissé,
Que l'assemblée entière en un instant s'écoule :
On est dans le désert au milieu de la foule.

HORTENSE.

Si je pouvais vous croire, au moins je m'en voudrais;
Mais vous ne doutez pas du plaisir que j'aurais.

LE DUC.

Venez.

HORTENSE.

N'insistez pas.

LE DUC.

Vous viendrez..

SCÈNE V.

LE DUC, HORTENSE, MADAME SINCLAIR.

LE DUC, *à madame Sinclair.*

Ah! madame,
Veuillez me seconder, il le faut, je réclame

ACTE III, SCÈNE V.

Pour mon oncle, pour moi, pour tous ceux qu'aujourd'hui
L'attrait d'un grand plaisir doit attirer chez lui.

MADAME SINCLAIR.
Mais je ne pense pas que ma fille refuse.

HORTENSE.
Monsieur fera, j'espère, agréer mon excuse.

MADAME SINCLAIR.
C'est triste : à te parer j'avais pris tant de soin !
Chez soi de tant d'éclat n'avoir qu'un seul témoin !
On eût dit : Quelle est donc cette belle personne
Qui fixe tous les yeux, que la foule environne?
C'est ma fille, monsieur ! Chacun de te vanter ;
Le ministre à son tour vient me complimenter....
Mais ton mari prononce, alors je me récuse :
Une grand'mère est faible, et son amour l'abuse.
Je reste, si tu veux.

LE DUC.
Ah ! que deviendrons-nous ?
(*A madame Sinclair.*)
Que fera la princesse? Elle comptait sur vous.
Pour elle votre esprit doit se mettre en dépense :
J'ai dit, pardonnez-moi, j'ai dit ce que je pense,
C'est que vous conversez avec un abandon,
Un choix de mots, un charme, oh ! chez vous c'est un don !
Elle vient pour vous voir, elle veut vous connaître ;
Mais de la prévenir il serait temps peut-être?

MADAME SINCLAIR.
Non pas, monsieur le duc, oh ! non ; je vous en veux
De m'avoir compromise avec de tels aveux.
Une princesse ! ô Dieu ! ma fille, une princesse !

HORTENSE.
Oui, je sens bien...

MADAME SINCLAIR.
Rester tient de l'impolitesse.

LE DUC, *à madame Sinclair.*
Et puis je vous préviens que le vieux chevalier

Vous appelle au piquet en combat singulier.
Ah! c'est un beau joueur, un joueur admirable :
Sitôt qu'il est assis on fait cercle à sa table.
C'est l'homme du piquet ; enfin, sous le soleil,
Pour les quatre-vingt-dix il n'a pas son pareil.

MADAME SINCLAIR.

J'espère que monsieur me fait l'honneur de croire
Qu'on pourra quelque temps disputer la victoire!

LE DUC.

Il est bien fort.

MADAME SINCLAIR, *à Hortense*.

Pourtant juge, examine, voi,
C'est pour toi que j'y vais, je n'y vais que pour toi.
Si ton mari s'obstine, en femme bien soumise...

HORTENSE.

A vous suivre, il est vrai, Danville m'autorise,
Et tout à l'heure encore il vient de m'inviter...

LE DUC.

Plus d'obstacle à présent.

MADAME SINCLAIR.

Qui peut donc t'arrêter,
S'il te l'a permis?

HORTENSE.

Mais...

LE DUC.

L'agréable soirée!
Je vous vois par mon oncle accueillie, admirée.
A votre aspect s'élève un murmure soudain;
Les cavaliers en foule assiégent votre main;
Tout danse et se confond au bruit de la musique :
Les grâces de la cour, l'orgueil diplomatique,
La banque, l'Institut, et jusqu'aux facultés,
Jusqu'aux fleurons d'argent des graves députés !
Mais c'est peu, vous verrez : quel champ pour la satire!
Ce ténébreux auteur dont vous aimez à rire,
Qui, perdu dans un bal, promène tristement,

Sous un long frac anglais, son grand air allemand,
Semble de se voir là s'adresser des excuses,
Et ne danse jamais par respect pour les muses;
Ce savant, qui pour vous déridant son front sec...

HORTENSE.

Un jour sur mon album écrivit un mot grec?

LE DUC.

Et le gros général qui rit bien comme trente.
Par malheur sa gaîté suit le cours de la rente;
Je n'en répondrais pas; mais sans lui nous rirons.
Pour des originaux, ma foi, nous en aurons;
Tout Paris y sera, jugez!... Dans le grand monde,
Si l'esprit est commun, le ridicule abonde.
Vos bons mots vont courir, et, répétés cent fois,
Feront vivre les sots défrayés pour un mois,
Et la ville et la cour diront que tant de charmes,
Bien qu'ils soient tout-puissants, sont vos plus faibles armes.

HORTENSE.

A m'amuser beaucoup comme vous je pensais,
J'en conviens, mais prétendre à de si grands succès!

LE DUC.

Près des femmes! oh! non! redoutez leur colère:
On ne vante jamais que ceux qu'on ne craint guère.
Que de dames ce soir vont mourir de dépit!

HORTENSE.

Vous croyez?

LE DUC.

      J'en suis sûr. Nos beautés en crédit
Ne pourront sans fureur vous céder la victoire;
Mais beaucoup d'ennemis prouvent beaucoup de gloire;
A force de succès on s'en fait tant qu'on peut:
Vous en aurez bon nombre, et n'en a pas qui veut.
Venez.

HORTENSE.

Si par un mot j'avertissais Danville?

LE DUC.

Ah! quelle heureuse idée!

MADAME SINCLAIR.

Et quoi de plus facile?
(*Faisant asseoir Hortense auprès d'une table, et arrangeant sa coiffure pendant qu'elle écrit.*)
Peins-lui ton embarras, le mien, en ajoutant
Que tu ne veux d'ici t'absenter qu'un instant.

LE DUC.

Entre les candidats le ministre balance.

MADAME SINCLAIR.

Il est très-important de voir Son Excellence.

HORTENSE, *en écrivant.*

Il n'aura pas le temps d'en prendre du chagrin,
Nous allons revenir.
(*A madame Sinclair.*)
Valentin!

MADAME SINCLAIR.

Valentin!

SCÈNE VI.

LE DUC, HORTENSE, MADAME SINCLAIR, VALENTIN.

VALENTIN.

Que vous plaît-il, madame?

MADAME SINCLAIR.

Un billet qu'il faut rendre...

VALENTIN.

A qui?

MADAME SINCLAIR.

C'est à monsieur.

VALENTIN.

Je ne saurais comprendre...

Où donc, madame?

ACTE III, SCÈNE VIII.

MADAME SINCLAIR.
Ici.

VALENTIN.
Que lui dirai-je?

MADAME SINCLAIR.
Rien.

HORTENSE, *remettant la lettre*
Je n'ose examiner si je fais mal ou bien.
Partons vite, ou je reste.

SCÈNE VII.

VALENTIN.
Ils s'en vont, on l'entraîne.
Monsieur seul avec moi va faire quarantaine;
Mais gare la tempête, il pourra s'en fâcher.
Les voilà descendus, et puis fouette cocher.
Ils sont, ma foi, partis. Une lettre, c'est drôle;
Monsieur, à mon avis, joue un singulier rôle.
En vain pour tout saisir j'ai l'esprit à l'affût :
Quand il était au Havre, où je voudrais qu'il fût,
Et que madame ici faisait sa résidence,
Je concevais entre eux une correspondance;
Mais dans le même hôtel, pouvant au coin du feu...
Ces courses-là du moins me fatigueront peu.

SCÈNE VIII.

DANVILLE, VALENTIN.

DANVILLE, *s'essuyant le front*.
Te voilà, Valentin, tiens, vois, je suis en nage!
Fais-moi donc souvenir que j'ai mon équipage;
J'y pense quand je rentre, et vraiment je suis las.
(*Il s'assied.*)

VALENTIN.

Vous vous fatiguez trop.

DANVILLE.

Hein! quand j'étais là-bas,
Que j'arrivais le soir après ma promenade,
Souvent tu m'as surpris bien triste, bien maussade.
Pourquoi! j'étais garçon : j'ai ma femme aujourd'hui;
Elle est là; loin de moi la tristesse et l'ennui!

VALENTIN.

Il me fait de la peine.

DANVILLE.

En crois-tu tes présages?
Pour ma femme et pour moi quels chagrins! que d'orages!
(*Il se lève.*)
Pauvre fou! grâce au ciel, tu n'as pu m'effrayer.
Je cours rejoindre Hortense, elle va m'égayer.
Guéri des visions qui te troublaient la tête,
Sens-tu qu'un vieux corsaire est un mauvais prophète?

VALENTIN.

Monsieur.

DANVILLE.

Qu'est-ce?

VALENTIN.

Une lettre.

DANVILLE.

Ah! donne, et tu la tiens?

VALENTIN.

De madame.

DANVILLE.

(*Il lit.*)
Comment? Qu'ai-je appris? Va-t'en... viens.
(*Froidement.*)
Madame est donc sortie?

VALENTIN.

Oui, monsieur.

DANVILLE.

Et sa mère?

ACTE III, SCÈNE VIII.

VALENTIN.

Oui, monsieur.

DANVILLE.

Et le duc?

VALENTIN.

Oui, monsieur.

DANVILLE.

La colère,
La surprise... Est-il vrai? je demeure interdit!
Laisse-moi. Se peut-il?
(*Il tombe dans un fauteuil.*)

VALENTIN.

Je vous l'avais bien dit,
Qu'un jour...

DANVILLE, *furieux*.

Va-t'en. Le sot!... A peine je la quitte,
Qu'avec le duc. le duc dont le nom seul m'irrite,
Elle qui tout à l'heure... Ah! que de fausseté!
Et qui donc l'y forçait? quel prix de ma bonté!
Quand j'avais tout permis, céder sans résistance,
Et m'éloigner exprès... Hortense! ô ciel! Hortense,
Qui semblait s'attendrir en me voyant heureux...
Je ne l'aurais pas cru, c'est bien mal, c'est affreux!
Et sa mère!... ah! morbleu! quand une vieille femme
Aime encor les plaisirs, pour eux elle est de flamme.
Je dois, je dois punir tant de légèreté;
Courons à cette fête où je suis invité.
En galants procédés vous êtes un grand maître,
Monsieur le duc; eh bien! vous allez me connaître.
On trouve à qui parler quand on s'adresse à moi.
J'irai, je le verrai, je veux lui dire... Eh! quoi?
Que je viens... moi, jaloux! non, cette frénésie
N'a point part aux transports dont mon âme est saisie:
Je ne suis point jaloux; ma femme est jeune encor,
Je veux l'accompagner pour qu'elle ait un mentor,

Par simple bienséance, oui. Quelqu'un ! qu'on s'empresse!
Mon habit!
VALENTIN.
Quoi, monsieur?
DANVILLE.
Obéis et me laisse.
VALENTIN.
Où voulez-vous aller?
DANVILLE.
Je veux... je vais... je sors.
Obéis.
VALENTIN.
Il est tard : que ferez-vous dehors?
DANVILLE.
(*Valentin sort.*)
Ah! je te chasserai... C'est vrai, que vais-je faire?
Un éclat! non, sans doute. Amant sexagénaire,
Suivant ma femme au bal d'un pas mal affermi,
J'y vais pour l'épier, j'y vais en ennemi,
Et là, comme un fantôme errant avec tristesse,
J'y vais troubler ses jeux et glacer son ivresse.
Pauvre Hortense, elle est jeune! est-ce un crime à mes yeux?
Peut-elle se vieillir parce que je suis vieux?
A sa suite aujourd'hui, si le dépit m'entraîne,
J'irai demain, toujours, et toujours à la chaîne;
Plus esclave cent fois, cent fois plus inquiet,
Rongé de plus d'ennuis qu'au temps où l'intérêt
Tenait à ses calculs ma jeunesse asservie,
Je vais à soixante ans recommencer ma vie!
Allons, Danville, allons, sois homme, il faut rester.
(*Valentin rentre.*)
Au fait, sa mère est là, que puis-je redouter?
(*Il met son habit.*)
Je reste : prouvons-lui qu'on peut se passer d'elle.
Mon chapeau!... Des amis Bonnard est le modèle!

On nous laisse, tant mieux! nous serons entre nous,
Nous rirons, et déjà je suis... je suis jaloux!
Je ne puis résister au démon qui m'obsède :
Il maîtrise mes sens, il me conduit, je cède.
Adieu donc pour toujours, ma chère liberté !
Bonheur que j'ai connu, repos et dignité,
Adieu! je n'en crois plus ni pitié, ni scrupule.
Soyons, c'est mon destin, soyons donc ridicule,
J'y consens; mais du moins échappons au tourment
De douter, de trembler, de mourir lentement :
Ce supplice est horrible...

VALENTIN.

Il a perdu la tête.

DANVILLE.

Qu'il finisse; partons. Ma voiture!

VALENTIN.

Elle est prête.

DANVILLE, *rencontrant Bonnard.*

Ah! courons. Ciel!

SCÈNE IX.

DANVILLE, VALENTIN, BONNARD.

BONNARD, *gaiement.*

C'est moi, mon cher, je viens souper.
Il est tard; de ton fils j'avais à m'occuper.
De plus je viens à pied, n'ayant pas de carrosse,
Et, ma foi... mais, dis donc, c'est ton habit de noce;
Quel honneur!

DANVILLE.

Ah! pardon!...

BONNARD.

Je n'y vois aucun mal ;
Je te trouve, mon cher...

DANVILLE.

Mais ma femme est au bal,
Et...

BONNARD.

Tu restes pour moi, c'est d'un ami fidèle.

DANVILLE.

J'allais la chercher.

BONNARD.

Bon! quelqu'un est avec elle,
Il la ramènera.

DANVILLE.

Non pas, non pas.

BONNARD.

Pourquoi?
Serais-tu donc jaloux quand ta femme est sans toi?

DANVILLE.

Non, certe.

BONNARD.

Eh bien! alors, quelle mouche te pique?
Tu m'étonnes, tu vas, tu viens, et, c'est unique,
Tu n'as pas l'air content de me voir.

DANVILLE.

Dieu! Bonnard,
Je suis heureux, ravi; mais je... tu viens si tard!
Excuse-moi, vois-tu... cette fête est charmante,
Et je voudrais... pardon, c'est une envie ardente
Que j'ai... j'aime le bal, un bal fait mon bonheur!
Tu comprends?

BONNARD.

Pas du tout.

DANVILLE.

Un bal de grand seigneur,
C'est si gai! cet éclat, ce bruit, cette jeunesse...
Si fait, ce cher Bonnard, il comprend mon ivresse,
Il l'excuse, il permet...

ACTE III, SCÈNE IX.

BONNARD.
Oh! ne badinons pas.
DANVILLE.
Je n'irai qu'un moment.
BONNARD.
Je te tiens par le bras.
DANVILLE.
Viens avec moi.
BONNARD.
Tu sais que ce plaisir m'assomme;
Si j'étais comme toi, si j'étais un jeune homme,
D'accord; mais entre nous ton goût met quarante ans.
Qui diable aurait prévu ce nouveau contre-temps?
Joseph est au spectacle avec ma gouvernante;
Il te prend pour la danse une ardeur surprenante,
Des retours impromptus dont je suis alarmé.
Chez moi je n'ai personne et tout est enfermé.
Je suis sur le pavé, mon souper m'embarrasse.
Quand on dîne le soir, comme toi, l'on s'en passe;
Mais moi...
DANVILLE.
Du célibat fais l'éloge à présent!
BONNARD.
Oui-dà, le mariage est bien plus amusant.
(*Le rappelant.*)
Cours donc, va danser... Ah!... que voulais-je te dire!
Je ne m'en souviens plus... m'y voilà, je désire
Que tu dînes chez moi. Quel est ton jour?
DANVILLE.
Le tien.
BONNARD, *le retenant*.
Voyons, il faut choisir : veux-tu mardi?
DANVILLE.
C'est bien.

BONNARD, *le rappelant.*

Ah!

DANVILLE.

Quoi?

BONNARD.

Ma gouvernante aimera mieux la veille.

DANVILLE.

Bon.

BONNARD.

Attends donc! Sais-tu mon adresse?

DANVILLE.

A merveille. Adieu.

BONNARD, *le rappelant.*

Danville.

DANVILLE.

Encor! Parle.

BONNARD, *après une pause.*

Bien du plaisir.

(*Danville sort à grands pas; Bonnard le suit lentement en levant les épaules.*)

SCÈNE X.

VALENTIN.

Vieux mari, vieux garçon, si j'avais à choisir,
Je... Ma foi! j'ai bien fait d'entrer jeune en ménage;
Avec les mêmes goûts on arrive au même âge.
Ma femme a son humeur, j'ai su m'y faire; enfin
Quand j'ai sommeil je dors, et soupe quand j'ai faim.

ACTE QUATRIÈME

SCÈNE I.

HORTENSE, MADAME SINCLAIR.

MADAME SINCLAIR.
Non, je ne puis, Hortense, approuver tes manières.
A peine te montrer, revenir des premières !
HORTENSE.
C'est qu'avant d'être au bal j'avais senti mes torts.
MADAME SINCLAIR.
Il est une heure au plus, on arrive, et tu sors.
HORTENSE.
Trop tard. Il est parti, pour me chercher, sans doute.
Son premier mouvement est le seul qu'il écoute.
Ma faiblesse à ses yeux tient de la trahison ;
Je vous ai résisté ; n'avais-je pas raison ?
Dieu ! que je me repens de vous avoir suivie !
MADAME SINCLAIR.
Certes, je n'ai rien fait pour t'en donner l'envie.
HORTENSE.
A vous accompagner quand le duc m'engageait,
Il fallait m'affermir dans mon sage projet.
MADAME SINCLAIR.
Par exemple ! il est bon qu'à présent tu me blâmes !
Eh ! ne l'ai-je pas fait ? Voilà les jeunes femmes !
HORTENSE.
Qui, moi, vous accuser ! Je suis folle aujourd'hui.
Pardon, ma bonne mère ; ah ! je souffre pour lui.

Que ma légèreté doit lui causer de peine!
Quels chagrins pour tous deux à sa suite elle amène!
Je vois, j'aime le bien, c'est le mal que je fais;
Et qu'une inconséquence a de tristes effets!

MADAME SINCLAIR, *tendrement*.

Hé bien! oui, je conviens qu'en mère de famille
Je devais... Que veux-tu! je t'aime trop, ma fille.

HORTENSE.

Il ne reviendra pas!...

MADAME SINCLAIR.

Mais est-il arrivé?

HORTENSE.

Voilà le dernier coup qui m'était réservé.

MADAME SINCLAIR.

Quand on part de bonne heure, on passe, on se faufile;
Mais avec sa voiture, engagé dans la file,
On gèle, on se dépite, et l'on n'avance pas;
Peut-être dans la rue est-il encore au pas?

HORTENSE.

Fatigué, malheureux, après un long voyage...
Chaque mot que j'entends me fait perdre courage.
A travers ce chaos que l'on appelle un bal,
Il va pour nous trouver se donner tant de mal!
Rencontrant dans la foule obstacle sur obstacle...

MADAME SINCLAIR.

Oui, l'on étouffe un peu, mais c'est un beau spectacle!
Il ne le connaît point; ma fille, espérons mieux,
Le plaisir qu'il aura va t'absoudre à ses yeux.

HORTENSE.

Je le voudrais.

MADAME SINCLAIR.

Dis donc, as-tu vu la princesse,
Et ce vieux chevalier qu'on nous vantait sans cesse?
J'avais fait dans ma tête, et je voulais lancer
Deux ou trois petits mots, que je n'ai pu placer.
Personne...

ACTE IV, SCÈNE I.

HORTENSE.
Je le vois, le duc est seul coupable.
MADAME SINCLAIR.
Il ne t'a pas quittée.
HORTENSE.
Il est pourtant aimable.
MADAME SINCLAIR.
Le ministre t'a fait un excellent accueil ;
Tu n'as pas remarqué qu'il nous suivait de l'œil ?
HORTENSE.
Si fait.
MADAME SINCLAIR.
Avec mystère il semblait nous sourire.
HORTENSE.
Je le sais.
MADAME SINCLAIR.
A Danville, ô Dieu ! s'il allait dire...
HORTENSE.
Qu'il est nommé ?... mais non, non, je ne crois plus rien.
Le duc pour m'entraîner a saisi ce moyen.
Danville est là sans guide ; il ne connaît personne ;
Et comment voulez-vous, mon Dieu, qu'on l'y soupçonne ?
MADAME SINCLAIR.
Si le duc le rencontre, il va le présenter.
HORTENSE.
Dieu ! s'ils se rencontraient, j'ai tout à redouter :
Fier, et jusqu'à l'excès poussant la violence...
MADAME SINCLAIR.
Tu rêves des malheurs qui sont sans vraisemblance.
Allons, viens, je suis lasse et vais me retirer ;
Viens-tu ?
HORTENSE.
Non, laissez-moi, j'aime mieux différer ;
Je veux revoir Danville.
MADAME SINCLAIR.
Allons.

HORTENSE.
Non, je vous prie.

MADAME SINCLAIR, *avec bonté.*

Reste; mais j'ai ma part de ton étourderie;
Que ton mari le sache, accuse-moi de tout.
Je sais que pour le monde il va blâmer mon goût.
N'importe, sans humeur je m'avouerai coupable;
Mais pour peu qu'il te gronde, ah! je suis intraitable.

SCÈNE II.

HORTENSE.

A quel frivole espoir mon cœur s'abandonna!
On prévoit un plaisir, c'est un chagrin qu'on a;
Cet heureux lendemain, qui promettait merveille,
Il arrive, et souvent on regrette la veille.
Cependant cette fête enchantait mes regards,
Je triomphais, le duc me montrait tant d'égards!
Que d'esprit! quelle grâce!... il n'était pas possible,
Quand il m'offrait ses soins, d'y paraître insensible.
Et moi, j'y répondais... sans doute; eh! pourquoi pas?
J'éprouve, en y songeant, un secret embarras.
(*Elle prend un livre.*)
N'y pensons plus, lisons... mon œil court sur la page,
Sans fixer mon esprit, que trouble une autre image.
De tout ce que j'ai vu le tableau me poursuit;
De l'orchestre, en lisant, j'entends encor le bruit...
Et Danville! attendons. Quel tourment que l'attente!
Qu'il tarde à revenir! que cette aiguille est lente!
Par ces mortels délais voudrait-il se venger?
Souffre-t-il loin de moi? court-il quelque danger?
J'entends... non, je me trompe. Oui, c'est une voiture.
Il vient, il va monter, c'est lui! je me rassure.
C'est Danville, courons... Le duc!

SCÈNE III.

HORTENSE, LE DUC.

LE DUC.
         Ah! pardonnez
Au plus triste de ceux que vous abandonnez.
Je rentrais, et, cédant à mon inquiétude,
Je vous trouble à regret dans votre solitude.

HORTENSE.
Monsieur...

LE DUC.
      Vous nous fuyez, et sans m'en avertir;
J'ai cru qu'un mal soudain vous forçait de partir.

HORTENSE, *saluant comme pour se retirer.*
Aucun, monsieur le duc, je me sens un peu lasse;
Rien de plus. Je suis bien, très-bien, je vous rends grâce.

LE DUC.
Me voilà rassuré! je vous quitte... Et pourtant
Je puis vous confier un secret important.

HORTENSE.
Parlez...

LE DUC.
     J'étais porteur d'une grande nouvelle.
J'ai peur d'être indiscret, je vous quitte.

HORTENSE.
          Laquelle?

LE DUC.
J'aurais dû, moins zélé, la remettre à demain;
J'ai craint de différer votre plaisir...

HORTENSE.
       Enfin?

LE DUC.

Il a fallu des soins, et la brigue était forte;
Mais notre candidat est celui qui l'emporte.

HORTENSE.

Danville?

LE DUC.

Il est nommé.

HORTENSE.

J'avais perdu l'espoir;
Ah! que je suis heureuse!

LE DUC.

Et mon oncle, ce soir,
Par le choix qu'il a fait, jaloux de vous surprendre,
Se réservait chez lui l'honneur de vous l'apprendre,
Il m'a remis ce soin, ne vous trouvant plus là,
Et cet heureux brevet, je le tiens, le voilà.

HORTENSE.

Que Danville en rentrant va bénir tant de zèle!...
Car Danville est au bal.

LE DUC.

C'est lui, je me rappelle,
C'est lui que j'ai cru voir; même j'ai fait un pas...
Mais vous m'aviez tant dit que nous ne l'aurions pas.

HORTENSE.

En lisant ce papier, concevez-vous sa joie?
Et ma mère... oh! je veux que ma mère le voie;
Oui, je cours...

LE DUC, *vivement.*

Arrêtez : vous allez me priver
D'un plaisir qu'à mon tour j'osais me réserver :
Que la nouvelle au moins par vous lui soit transmise
Quand je pourrai plus tard jouir de sa surprise.

HORTENSE.

Ah! c'est tout naturel, vous défendez vos droits;
(*Elle rend le brevet au duc, qui le pose sur la table.*)

ACTE IV, SCÈNE III.

Mais quels remercîments nous vous devons tous trois !
Que mon cœur est ému ! que je me plais d'avance
A vous entretenir de leur reconnaissance !

LE DUC.

La vôtre me suffit, la vôtre est tout pour moi.
N'ajoutez rien, madame, au prix que je reçoi :
Il est déjà trop grand, et je n'en suis pas digne.
De ce peu que j'ai fait mon zèle ardent s'indigne.
Payé d'un mot de vous, puis-je désirer mieux ?
Ou le plaisir que j'ai se peint mal dans mes yeux ;
Ou vous devez y lire à quel excès me touche
Un mot reconnaissant qui sort de votre bouche.

HORTENSE.

Si ces remercîments ont tant de prix pour vous,
Que ceux de mon mari vont vous paraître doux !
Combien son amitié...

LE DUC.

Parlez-moi de la vôtre ;
Près de ce bien si cher je n'en conçois pas d'autre ;
Lui seul, il satisfait aux besoins de mon cœur.
Puissé-je l'obtenir, cette amitié de sœur !
Moi, votre ami, madame ! ah ! fier d'un tel partage,
Que je devrais alors m'estimer davantage !
Votre ami ! quelle gloire, et quel charme à la fois
D'en mériter le titre et d'en avoir les droits !
Respectable union, attachement sincère,
Lien durable et pur que l'estime resserre !
Ah ! loin d'un monde vain où je ris sans plaisir,
Où je flotte incertain de désir en désir,
Que n'aurais-je à gagner dans ce commerce aimable !
Ardent, léger, frivole, et quelquefois... coupable,
Je trouverais en vous un guide, un confident
Sage, mais sans rigueur, facile, mais prudent ;
Et vous n'auriez en moi qu'un disciple fidèle,
Enchaîné pour la vie aux pieds de son modèle.

HORTENSE.

C'est m'honorer beaucoup ; mais ce sublime emploi,
Ce titre de mentor est bien grave pour moi,
Et ce serait, je pense, une folie extrême
De donner des avis dont j'ai besoin moi-même.

LE DUC.

Pourquoi donc? à mon tour, dans nos doux entretiens,
Il me serait permis de hasarder les miens.
Je ne vous vante pas ma raison trop fragile;
Mais le conseil d'un fou parfois peut être utile.

HORTENSE.

Danville, comme nous, n'est pas sage à demi;
Voilà mon vrai mentor, mon guide, mon ami;
En est-il un meilleur?

LE DUC.

Comment? je le révère;
Mais... dans son indulgence un vieillard est sévère.
Ses conseils sont fort bons, d'accord! mais... absolus.
On est moins tolérant pour des goûts qu'on n'a plus.
Au même âge on s'entend, l'un l'autre on se pardonne;
Dans cet échange égal on reçoit ce qu'on donne.
Votre époux de sa femme est l'orgueil et l'appui;
Mais que sa jeune épouse est encor plus pour lui!
Quel charme elle répand sur sa triste vieillesse!
Il l'adore, il l'admire, il peut la voir sans cesse;
Il lui peint ses transports, il n'a pas le tourment
De feindre une froideur que son trouble dément;
Il peut, sans l'offenser, lui dire : Je vous aime.

HORTENSE, *naïvement*.

Pourquoi m'en offenser? je le lui dis moi-même.

LE DUC.

Vous!... Aussi j'admirais ce bonheur mutuel.
Moi seul... étrange effet d'un souvenir cruel!...
Pardonnez au désordre où la douleur me plonge;
Autrefois j'espérai... Cet espoir fut un songe.

Hélas! je me souviens, troublé par vos aveux,
Qu'un bonheur aussi grand fut permis à mes vœux.
HORTENSE.
A vous, monsieur le duc?
LE DUC.
      Et l'on me porte envie!
Et le plaisir lui seul semble remplir ma vie!
Doux et triste voyage où je vins me livrer
A l'attrait du poison qui devait m'enivrer!
Ah! qu'un premier amour a sur nous de puissance!
J'aimai... c'était la grâce unie à l'innocence :
Naïve comme vous, elle charmait sans art.
Votre voix est la sienne ; elle avait ce regard ;
Et sa beauté, la vôtre à mes yeux la rappelle ;
Mais non, plus jeune alors, elle était bien moins belle.
Si sa grâce eût brillé de cet éclat vainqueur,
Aurais-je pu cacher le trouble de mon cœur?
Mes traits, mes yeux, ma voix, tout jusqu'à mon silence
Eût de ma passion trahi la violence ;
Mais jeune, mais tremblant, la fuyant à regret,
Peut-être moins épris, j'ai gardé mon secret ;
Et depuis...
HORTENSE.
    Quel motif peut vous forcer encore
A renfermer l'aveu d'un amour qui l'honore?
LE DUC.
La peur de l'offenser m'a toujours retenu.
HORTENSE.
Comment?
LE DUC.
    Tout mon malheur ne vous est pas connu.
HORTENSE.
Quel nom pour une épouse est plus beau que le vôtre?
LE DUC.
La femme qui m'est chère est l'épouse d'un autre!

HORTENSE.

Ciel!.

LE DUC, *vivement*.

Et juste pourtant, j'estime, j'ai servi
Cet heureux possesseur du bien qui m'est ravi.
Mais celle que j'aimai, je l'aime, je l'adore;
Le feu qui me brûlait aujourd'hui me dévore;
Elle me voit, m'entend, j'ai bravé son courroux;
Oui, je tombe à ses pieds, je vous aime, c'est vous!

HORTENSE.

Se peut-il? vous osez... Muette à ce langage,
J'hésite, et doute encor qu'à ce point l'on m'outrage.

LE DUC.

Pardonnez; cet aveu n'eût pas dû m'échapper.
Mais sur vos sentiments j'eus droit de me tromper.
Vous vous plaisiez aux soins que j'aimais à vous rendre;
Votre accueil fut si doux que j'ai pu m'y méprendre.
Non, vous m'avez compris; non, vous ne croyez pas
Qu'on puisse impunément admirer tant d'appas;
Vous vous faisiez un jeu de me voir misérable;
Ah! je le suis; mais vous, vous seule êtes coupable!

HORTENSE.

Quoi! j'ai pu mériter!... Levez-vous, laissez-moi,
Vous remplissez mon cœur de remords et d'effroi.

LE DUC.

De vos feintes bontés mon erreur fut la suite.

HORTENSE.

O juste châtiment de ma folle conduite!
Sortez!

LE DUC.

Ah! pardonnez!

HORTENSE.

Jamais, jamais; sortez!

LE DUC.

Dites-moi...

####### HORTENSE.
Je vous dis que vous m'épouvantez !
Si Danville... Ah ! grand Dieu ! tous deux seuls ! à cette heure!
De honte à son aspect voulez-vous que je meure !
####### LE DUC.
Pardonnez, et je fuis.
####### HORTENSE.
Mais quel bruit ! je l'entends ;
Il monte ; c'est sa voix, fuyez... il n'est plus temps.
####### LE DUC.
Que m'ordonnez-vous ?
####### HORTENSE.
Rien... je ne sais, je frissonne...
Ainsi que la raison la force m'abandonne.
####### LE DUC.
Calmez-vous.
####### HORTENSE.
Eh ! le puis-je ?... ah ! si quelque amitié...
Si j'en crois vos aveux... de grâce... ah ! par pitié...
Monsieur, je me tairai, cachez-vous à sa vue.
Là, là, j'oublierai tout. Ah ! vous m'avez perdue.
(*Le duc entre dans le cabinet qui fait face à l'appartement de Danville.*)
Mais non, quelle imprudence ! il vaut mieux... Le voici !

SCÈNE IV

DANVILLE, HORTENSE, *assise auprès de la table;
elle a saisi un livre qu'elle semble lire.*

####### DANVILLE, *à part.*
Valentin m'a dit vrai : ce trouble... il est ici.
Vous êtes seule, Hortense ?
####### HORTENSE. *Elle se lève.*
Ah ! c'est vous. Je respire...
J'attendais... j'étais là... je... j'essayais de lire.

DANVILLE.
Ce livre vous émeut, et beaucoup, je le vois.
HORTENSE.
Mais... beaucoup, oui.
DANVILLE.
Donnez : Molière... ah ! je conçois :
Au fait, c'est très-touchant.
HORTENSE.
Non, j'avais pris ce livre,
Je ne le lisais pas, je parcourais... sans suivre.
DANVILLE.
J'entends, et pour vous voir personne n'est venu ?
HORTENSE, *vivement*.
Le ministre avec vous s'est-il entretenu ?
DANVILLE.
Il ne m'a point parlé... Mais ce trouble m'étonne.
HORTENSE.
Ah ! ce n'est rien, non, c'est...
DANVILLE.
Il n'est venu personne ?
HORTENSE.
C'est que, l'esprit frappé de vous savoir absent...
Je m'en inquiétais.
DANVILLE.
J'en suis reconnaissant ;
Oui, c'est moi qui vous trouble.
HORTENSE.
Hélas ! je dois vous craindre :
De moi, je le sens bien, vous avez à vous plaindre.
DANVILLE.
Pas du tout : en esclave à vous suivre réduit,
Captif dans un carrosse un bon quart de la nuit,
Coudoyé dans un bal, épuisé, hors d'haleine,
Je rentre au désespoir d'une recherche vaine :
Mon Dieu ! c'est moins que rien.

HORTENSE.

Vous êtes irrité;
Accablez-moi, c'est juste, et je l'ai mérité.
    DANVILLE.
Votre duc! il m'a vu, mais sans me reconnaître;
Vous n'étiez plus présente, il a dû disparaître.
    HORTENSE, *prenant le brevet sur la table.*
J'y songe! Ah! mon ami... quoi! j'ai pu l'oublier!
Le ministre... lisez.
    DANVILLE.

Quel est donc ce papier?
(*Il lit.*)

(*A part.*)
La preuve est dans mes mains, je tremble de colère.
Et qui vous l'a remis?
    HORTENSE, *timidement.*
Le duc.
    DANVILLE.

Au bal?
    HORTENSE.

J'espère
Qu'avec plus de chaleur on ne peut vous servir.
    DANVILLE.
Au bal?
    HORTENSE.
Cette nouvelle aurait dû vous ravir,
Et...
    DANVILLE, *avec violence.*

C'est au bal? Le duc!... Ma fureur se réveille;
Là, cent propos cruels ont blessé mon oreille.
Il ne vous quittait pas; vous suivant, vous parlant,
Il affichait pour vous un amour insolent,
Et fort de ma vieillesse...
    HORTENSE, *effrayée.*

Ah! songez que nous sommes...

DANVILLE.
(*Elevant la voix.*)
Tous deux seuls!... Je le tiens pour le dernier des hommes...

HORTENSE.

Monsieur!

DANVILLE, *élevant toujours la voix.*
Pour un faux brave.

HORTENSE.

Ah! monsieur!

DANVILLE, *de même.*

Que ce bras
Peut châtier encor...

HORTENSE, *qui se tourne involontairement vers le cabinet.*

Monsieur, parlez plus bas!

DANVILLE, *qui l'a suivie des yeux.*
(*A part.*)
Il est là.

HORTENSE.

Si vos gens venaient à vous entendre!

DANVILLE.

Scrupule très-prudent auquel je dois me rendre!
J'ai besoin de repos; rentrez chez vous... Eh bien!
Vous n'obéissez pas, Hortense.

HORTENSE.

Et le moyen,
Quand nous restons fâchés, quand je suis au martyre?

DANVILLE.

Vous voulez demeurer? C'est moi qui me retire.
Adieu.

HORTENSE.

Danville!

DANVILLE.

Eh quoi?

HORTENSE.

Donnez-moi votre main.
Je suis coupable.

DANVILLE, *vivement.*

Vous!

HORTENSE.

Je le suis, et demain
Je veux faire à vous seul un aveu qui me coûte.

DANVILLE, *avec colère.*

Lequel? expliquez-vous. Parlez, j'attends, j'écoute...

HORTENSE.

Non, monsieur, non, demain, demain; dans ce moment
Vous ne pourriez, je crois, l'entendre froidement.

DANVILLE.

A la bonne heure. Adieu.

HORTENSE.

Mais cet adieu me glace;
Vous ne m'embrassez pas ce soir?

DANVILLE. *Il l'embrasse.*

(*A part.*)
Oui. Quelle audace!

(*Il rentre dans son appartement dont il ferme
la porte.*)

HORTENSE, *qui l'observe, fait un pas vers le cabinet,
s'arrête, et dit en sortant :*

Il pourra s'échapper!

SCÈNE V.

DANVILLE, *revenant vivement sur la scène.*

Je suis seul, son erreur
Laisse enfin un champ libre à ma juste fureur!

SCÈNE VI.

DANVILLE, LE DUC.

DANVILLE, *courant ouvrir le cabinet.*

(*A voix basse.*)
Sortez, c'est trop longtemps éviter ma présence.
Venez.

LE DUC.

Que voulez-vous?

DANVILLE.

Punir votre insolence.

LE DUC.

Qui, vous?

DANVILLE.

Moi.

LE DUC.

Mais, monsieur...

DANVILLE.

Quand? dans quel lieu? comment?

LE DUC.

Que votre sang plus froid se calme un seul moment.

DANVILLE.

Ah! ce peu que j'en ai, s'il est glacé par l'âge,
Bouillonne et rajeunit aussitôt qu'on l'outrage.
Vous m'aviez confondu parmi ces vils époux,
Qui, de tous méprisés, et bien reçus de tous,
Diffamés par l'affront moins que par le salaire,
Vivent du déshonneur qu'ils souffrent sans colère.

LE DUC.

Pourquoi le supposer, et qui vous le prouvait?

DANVILLE.

Avant de le nier, reprenez ce brevet.

ACTE IV, SCÈNE VI.

Tenez, prenez-le donc, tenez, je le déchire.
Je ne vous dois plus rien, et je puis tout vous dire.
LE DUC.
Du moins si mon amour follement déclaré
Offense un titre en vous qui dut m'être sacré,
Votre épouse innocente...
DANVILLE.
A quoi bon cette ruse?
LE DUC.
Ma voix doit la défendre.
DANVILLE.
Et votre aspect l'accuse.
LE DUC.
Quand c'est moi qui l'atteste, osez-vous en douter?
DANVILLE.
Quand c'est une imposture, osez-vous l'attester?
LE DUC.
Cette lutte entre nous ne saurait être égale.
DANVILLE.
Entre nous votre injure a comblé l'intervalle :
L'agresseur, quel qu'il soit, à combattre forcé,
Redescend par l'offense au rang de l'offensé.
LE DUC.
De quel rang parlez-vous? si mon honneur balance,
C'est pour vos cheveux blancs qu'il se fait violence.
DANVILLE.
Vous auriez dû les voir avant de m'outrager;
Vous ne le pouvez plus quand je veux les venger.
LE DUC.
Je serais ridicule, et vous seriez victime.
DANVILLE.
Le ridicule cesse où commence le crime,
Et vous le commettrez, c'est votre châtiment.
Ah! vous croyez, messieurs, qu'on peut impunément,
Masquant ses vils desseins d'un air de badinage,
Attenter à la paix, au bonheur d'un ménage!

On se croyait léger, on devient criminel :
La mort d'un honnête homme est un poids éternel.
Ou vainqueur, ou vaincu, moi, ce combat m'honore;
Il vous flétrit vaincu, mais vainqueur plus encore :
Votre honneur y mourra. Je sais trop qu'à Paris
Le monde est sans pitié pour le sort des maris;
Mais dès que leur sang coule, on ne rit plus, on blâme.
Vous, ridicule! non, non : vous serez infâme!

LE DUC.

C'en est trop à la fin, et j'ai fait mon devoir :
Ma crainte fut pour vous, j'ai pu la laisser voir;
Mais, contraint de céder, je vais vous satisfaire.
Vous êtes, je l'avoue, un bien digne adversaire.
Ah! pourquoi votre bras est-il donc aujourd'hui
D'un aussi noble cœur un aussi faible appui?

DANVILLE.

Ma vengeance par lui ne sera pas trompée.

LE DUC.

Votre heure?

DANVILLE.

Au point du jour.

LE DUC.

Et votre arme?

DANVILLE.

L'épée.

LE DUC.

Le lieu?

DANVILLE.

J'irai vous prendre.

LE DUC.

Adieu ; je vous attends.

DANVILLE.

Vous n'aurez pas l'ennui de m'attendre longtemps.

ACTE CINQUIÈME

SCÈNE I.

DANVILLE, VALENTIN.

(*Ils se regardent quelque temps sans rien dire.*)
VALENTIN.
Nous avons fait, monsieur, une belle campagne !
DANVILLE.
Désarmé ! le malheur en tout lieu m'accompagne.
Ah ! pourquoi de mon fils me suis-je séparé ?
Il m'aurait vengé, lui !
VALENTIN.
Mais...
DANVILLE.
Je le reverrai.
VALENTIN.
Vous battre, vous !
DANVILLE.
Sais-tu que ce discours m'assomme ?
VALENTIN.
Allons, n'en parlons plus... Ce duc est un brave homme.
DANVILLE.
Lui !
VALENTIN
Mais, monsieur...
DANVILLE.
Lui ! traître !
VALENTIN.
Il se bat sans témoin :

C'est un bon procédé.

DANVILLE.

Je reconnais ce soin;
Il pensait à ma femme.

VALENTIN.

En outre, après l'affaire,
Que d'excuses sans nombre il est venu vous faire!
Que de raisonnements, qui m'ont paru fort beaux!
Son récit m'a touché.

DANVILLE.

Je te dis qu'il est faux.
Mais je n'y croirais pas, non, fût-il véritable.

VALENTIN.

Oh! pour moi, j'y croirais : c'est bien plus agréable.

DANVILLE.

Imbécile! Va voir si quelqu'un est debout.

VALENTIN.

Je pense qu'à présent on est levé partout.

DANVILLE.

Il est donc tard?

VALENTIN.

Très-tard. Quoi! cela vous étonne?
De Vincenne à l'hôtel d'abord la course est bonne;
Le combat fut très-court.

DANVILLE, *avec impatience.*

Ah!

VALENTIN.

Monsieur, j'en convien,
Il fut court, le combat, mais non pas l'entretien.
Le duc, pour vous calmer...

DANVILLE.

Que fait, que dit ma femme?

VALENTIN, *montrant l'appartement de Danville.*

Je venais de chez vous, j'ai rencontré madame
Cette nuit...

DANVILLE.
Eh bien donc?
VALENTIN.
Il a fallu mentir.
« Le duc est-il ici? — Non, il vient de sortir.
— Mais a-t-il vu monsieur? — Non pas, non, je suppose :
Monsieur était chez lui, déjà même il repose. »
C'était adroit!
DANVILLE.
Après?
VALENTIN.
En quittant le salon,
Elle m'a dit bonsoir, mais d'un air, mais d'un ton!
DANVILLE.
Ensuite?
VALENTIN.
Ce matin beaucoup moins agitée,
Deux fois à votre porte elle s'est présentée.
La première, on a dit : « Monsieur n'est pas levé; »
Et ce mot de Dubois me semble bien trouvé.
« Monsieur sort à l'instant, » voilà pour la seconde;
Mais la troisième fois, que faut-il qu'on réponde?
DANVILLE.
Que... non, rien.
VALENTIN.
Pensez-vous, monsieur, à déjeuner?
DANVILLE.
Ce misérable-là veut me faire damner!
VALENTIN.
Ne prenez pas en mal ce que je viens de dire;
C'est l'appétit que j'ai qui pour vous me l'inspire.
Le grand air du matin...
DANVILLE.
On vient, c'est elle; eh! non,
C'est sa mère. Va, sors.

SCÈNE II.

DANVILLE, MADAME SINCLAIR.

MADAME SINCLAIR.

N'avais-je pas raison,
Quand je vous ai prédit, et mille fois pour une,
Qu'ici vous attendaient les honneurs, la fortune?
Receveur général! le beau titre! et je peux
Vous saluer enfin de ce titre pompeux!

DANVILLE.
Ma femme viendra-t-elle?

MADAME SINCLAIR.
Ah! quel trésor, mon gendre!

DANVILLE.
Oui, j'ai depuis hier des grâces à lui rendre.

MADAME SINCLAIR.
Vous m'en devez aussi.

DANVILLE.
Vous aurez votre tour.
Ma femme doit savoir que je suis de retour.
Je veux lui parler seul; est-elle enfin visible?

MADAME SINCLAIR.
Non, mon cher.

DANVILLE.
Comment, non!

MADAME SINCLAIR.
Pour vous seul, impossible.
Elle n'eût pas reçu, si je l'avais permis;
Mais non. Sans le savoir, que nous avions d'amis!
Pour Hortense, entre nous, je ne puis la comprendre,
Regardant sans rien voir, écoutant sans entendre,
Elle parle au hasard, à peine elle sourit;
Votre bonheur, je crois, lui trouble un peu l'esprit.

Au reste, c'est un bruit ! visite sur visite :
Chacun nous fait la cour, chacun nous félicite,
Vous vante, et dit tout haut que de tous les époux,
Passés, présents, futurs, le plus heureux, c'est vous.

DANVILLE.

Quoi ! ma femme tient cercle ?

MADAME SINCLAIR.

Et ce qui m'a fait rire,
C'est que le grand salon ne pouvait plus suffire.

DANVILLE.

Ce nouveau contre-temps est aussi trop cruel !

MADAME SINCLAIR.

C'en est un véritable : il faut changer d'hôtel.
Demain, pour chercher mieux, je cours toute la ville.

DANVILLE.

Je n'y tiens plus.

SCÈNE III.

DANVILLE, MADAME SINCLAIR, BONNARD.

BONNARD, *en dehors*.

Danville ! où le trouver ? Danville !
Danville !

DANVILLE.

Eh ! qu'as-tu donc pour crier aussi fort,
Bonnard ?

BONNARD.

Ce que j'ai ? Dieu !

DANVILLE.

D'où te vient ce transport ?

BONNARD.

Ce que j'ai ?

DANVILLE.

Voyons, parle.

BONNARD.

Il faut que je t'embrasse.

DANVILLE.

Il ne parlera pas.

BONNARD.

Et ta place, ta place !
Ah ! que je suis content !

MADAME SINCLAIR, *à Danville.*

Soyez donc plus joyeux.

DANVILLE.

Mais tous ces bruits sont faux.

BONNARD.

Non, non, j'en crois mes yeux.
Tu ne peux récuser cet oracle suprême :
Le *Moniteur*, Danville, est la vérité même.
Ah ! tu n'es pas nommé ? regarde, lis :

DANVILLE.

O ciel !

On n'en doutera plus.

BONNARD.

Parbleu, c'est officiel !
Et d'autant plus heureux que, tremblant pour ma place,
J'oppose ton crédit au coup qui la menace ;
Car tous les beaux serments, quand on en vient au fait,
Sont, comme tes soupers, de grands mots sans effet.
Mon affaire avec toi prend un tour fort sinistre :
J'ai su qu'on en parlait hier chez le ministre.

DANVILLE.

(*A madame Sinclair.*)
Voilà le dernier coup ! Comment !...

MADAME SINCLAIR.

Sans contredit :
Il l'a dit à sa femme, Hortense me l'a dit ;
Moi, je l'ai dit au bal ; le tout pour votre gloire.

DANVILLE.

Exposer un ami !

MADAME SINCLAIR.

Non, je ne puis le croire.
Un mot d'Hortense au duc, et tout est arrangé.

BONNARD, *avec joie*.

Ah!

DANVILLE.

L'on t'abuse ici sur le crédit que j'ai;
Je n'en ai pas, Bonnard.

MADAME SINCLAIR.

Monsieur, venez me prendre;
Avec vous chez le duc c'est moi qui veux descendre.
Tout à l'heure en son nom je vais vous présenter.

DANVILLE.

Eh! madame!

BONNARD.

Mon cher, permets-moi d'accepter.
Répare au moins le mal que tu viens de me faire.

DANVILLE, *à part*.

Maudit respect humain qui me force à me taire!

BONNARD, *à madame Sinclair*.

J'ai deux mots à lui dire, et vous m'excuserez,
Deux mots, et je vous suis.

MADAME SINCLAIR.

Monsieur, quand vous voudrez.

SCÈNE IV.

DANVILLE, BONNARD.

BONNARD.

Tu sauras, mon ami, que ton bonheur m'enchante!
Je m'en fais une image agréable et touchante;
D'un désir tout nouveau je me sens embrasé,

J'en rêve... Je t'ai dit qu'on m'avait proposé
Une jeune personne aimable et fort jolie...
DANVILLE.
Et de te marier tu ferais la folie?
BONNARD.
Du ton que tu prends là je suis émerveillé,
N'est-ce pas toi, mon cher, qui me l'as conseillé?
DANVILLE.
Te marier, Bonnard!
BONNARD.
Vois, dans un ministère,
Supprime-t-on quelqu'un, c'est un célibataire.
Les pères de famille ont un titre éloquent,
Qui plaide en leur faveur dès qu'un poste est vacant,
Les défend dans leur place; eh bien! je me marie,
Pour me trouver enfin dans leur catégorie.
DANVILLE.
A ton âge!
BONNARD.
De grâce, es-tu moins vieux que moi?
DANVILLE.
Oh! moi, c'est autre chose, entends-tu bien; mais toi,
Je te vois en victime aller au sacrifice,
Tu cours tête baissée au fond du précipice.
Quand tu vas t'y jeter, je dois te retenir.
Hé! sais-tu, malheureux, sais-tu quel avenir
Te punirait un jour d'une telle incartade?
Cette idée, à ton âge, est d'un cerveau malade.
Mon Dieu! qu'un vieux garçon connaît mal son bonheur!
Fuis d'un nœud inégal le charme suborneur.
C'est unir par contrat la raison au délire,
Et l'amour qu'on éprouve au dégoût qu'on inspire.
Prendre une jeune femme à soixante ans passés,
Pour mourir de chagrin, vois-tu, c'en est assez.
Il faut rester garçon, il faut que tu me croies,

ACTE V, SCÈNE IV.

Ou l'abîme t'attend, tu te perds, tu te noies,
Tu n'en reviendras pas.
BONNARD.
Ton effroi me confond :
Et que fais-je après tout? ce que bien d'autres font,
Ce que tu fis toi-même.
DANVILLE.
Oh! moi, c'est autre chose,
Mais toi, songe à quel sort un fol hymen t'expose!
Va, le grand mot lâché, ton bonheur aura fui,
Tes rêves orgueilleux s'en iront avec lui.
Que devient de tes goûts le flegme sédentaire,
Si ta femme, à vingt ans, n'a pas ton caractère?
Elle ne l'aura pas. Tu seras tourmenté,
Tu seras le jouet de sa frivolité.
Tu chéris au Marais ton pacifique asile,
Et tu suivras ta femme au centre de la ville:
Un vieil ami te reste, et ta femme en rira.
Tu veux dormir, ta femme au bal te conduira;
Ta femme a ton argent, et sa dépense est folle;
Ta femme a ton secret, et ton secret s'envole.
Alors l'humeur, les cris, les pleurs à tout propos,
Et les nuits sans sommeil, et les jours sans repos.
Voilà, voilà ta femme!
BONNARD.
Ah! çà, mais c'est étrange!
Pourquoi voudrais-tu donc, quand la tienne est un ange,
Que la mienne, mon cher, fût un démon? Pourquoi?
DANVILLE.
Oh! moi, c'est autre chose, encore un coup; mais toi!...
Heureux, si la traîtresse, à ton amour ravie,
D'un chagrin plus amer n'empoisonne ta vie!
Tu verras malgré toi, du jour au lendemain,
Ce volage trésor s'échapper de ta main.
Tu deviendras jaloux, Bonnard, et quel supplice
Si tu surprends chez elle un amant, un complice!

Enflammé d'un beau feu pour l'honneur de ton nom;
Tu te battras.
BONNARD.
Du tout.
DANVILLE.
Tu te battras.
BONNARD.
Eh! non!
Tu peux pour ton honneur prendre ainsi fait et cause;
Mais je dis, à mon tour, que, moi, c'est autre chose.
Je ne me battrai pas. M'exposer! un moment!
Un duel pour cela ne m'irait nullement.
Tu me parles d'un ton qui fait que je balance;
Mais ailleurs notre affaire exige ma présence.
Je me rends sans tarder chez notre protecteur,
J'y cours. Peste! un duel! je suis ton serviteur.

SCÈNE V.

DANVILLE, puis HORTENSE.

DANVILLE.
Ce vieux Bonnard! où diable avait-il la cervelle?
HORTENSE, *une lettre à la main.*
Dubois! Picard! Quelqu'un! Viendra-t-on quand j'appelle?
(*Apercevant Danville, et cachant la lettre dans son sein.*)
Mon mari!... Pour vous voir j'ai couru ce matin;
Je vous ai cru souffrant, je vous savais chagrin;
J'étais très-inquiète, et l'on m'a rassurée.
« Il repose... » A l'instant je me suis retirée
Sur la pointe du pied, sans bruit, parlant tout bas;
Vous reposiez encor, mon ami, n'est-ce pas?
DANVILLE.
Sans doute

ACTE V, SCÈNE V.

HORTENSE, *à part.*
Il ne sait rien.
DANVILLE.
Et cette confidence
Que vous deviez me faire...
HORTENSE, *embarrassée.*
Est de peu d'importance...
DANVILLE.
Vous teniez un papier!
HORTENSE.
Qui n'a nul intérêt.
DANVILLE.
Intéressant ou non, quel est-il?
HORTENSE.
Un billet.
DANVILLE.
Vous me le montrerez.
HORTENSE.
C'est un mot que j'envoie.
DANVILLE.
A qui donc?
HORTENSE.
Eh!... qu'importe?
DANVILLE, *avec violence.*
Il faut que je le voie.
HORTENSE.
Pourquoi? De quel soupçon semblez-vous agité?
Je ne vous vis jamais tant de sévérité.
Indigné contre moi...
DANVILLE.
Je le suis, je dois l'être.
D'étouffer sa fureur mon cœur n'est plus le maître.
Il s'ouvre, il laisse enfin éclater ses transports,
Et leur trop juste excès les répand au dehors.
Je vous aimais, ingrate, et jusqu'à la faiblesse.
Que vous a refusé mon aveugle tendresse?

Ai-je forcé vos vœux? ai-je contraint vos goûts?
Quel innocent plaisir ai-je éloigné de vous?
Suis-je un vieillard morose, un tyran qui vous gêne?
Vous ai-je fait sentir le poids de votre chaîne?
Et vous l'avez rompue! et vous m'avez trahi!
Ah! je vous aimais trop pour n'être point haï!
Mais me rendre à jamais malheureux, ridicule,
Mais me déshonorer!

HORTENSE.
Croyez...

DANVILLE.
Je fus crédule,
Et je ne le suis plus; je sais tout, j'ai surpris
Celui de qui l'affront me condamne au mépris.
J'en ai voulu raison, et j'ai fait peu de compte
D'un vain reste de sang dont je lavais ma honte.

HORTENSE.
Vous, Danville? Ah! d'effroi tout le mien est glacé!

DANVILLE.
Ne vous alarmez pas, le duc n'est pas blessé.

HORTENSE.
Ah! monsieur!

DANVILLE.
Il l'emporte, et ma honte me reste;
Mais que le sort bientôt me soit ou non funeste,
Je ne vous dois plus rien, plus d'amour, de respect;
Tout me devient permis, lorsque tout m'est suspect;
Le passé contre vous tient mon âme en défense.
Je veux voir ce billet, quel qu'il soit, il m'offense.
Vous le rendez coupable en le cachant ainsi;
Je veux, je veux le voir; je le veux.

HORTENSE.
Le voici.

DANVILLE.
Il ne saurait m'apprendre un malheur que j'ignore,

Et je tremble... Ah! je sens que je doutais encore.
(*Lisant l'adresse.*)
Ciel! au duc!

HORTENSE.

A lui-même.

DANVILLE.

Au duc! j'avais raison.
Mon cœur m'avertissait de cette trahison.

HORTENSE.

Lisez.

DANVILLE.

Il le faut bien; mais non, mon œil se trouble,
Ne lit rien, ne voit plus, et ma fureur redouble.
Ah! perfide!

HORTENSE.

Donnez.
(*Elle lit la lettre.*)

« Monsieur le duc,

« C'est une femme que vous avez offensée qui vous
« adresse ses justes plaintes contre vous-même. J'ai
« pu vous paraître légère, mais je ne pensais pas
« avoir mérité l'outrage d'un aveu que j'ai rougi
« d'entendre et que j'ai honte de rappeler. J'aime
« mon mari, je l'aime de toute mon âme, et croyez-
« moi, monsieur le duc, je pourrais vous revoir sans
« danger; mais je dois à mon honneur blessé, au-
« tant qu'à la tranquillité de M. Danville, de vous
« interdire désormais sa maison. En cessant de m'ac-
« corder votre attention dans le monde, vous me
« prouverez que vous me croyez digne de votre
« estime et que vous méritez encore la mienne. »

DANVILLE, *reprenant la lettre.*

Est-il vrai? Qu'ai-je lu?

HORTENSE.

De grâce, écoutez-moi, Danville; j'ai voulu,
Craignant de vos transports la juste violence,
D'un rival à vos yeux dérober la présence :
J'amenai le péril en pensant l'éloigner,
Et j'exposai vos jours, que je crus épargner,
Vos jours qui sont les miens!... mais, tremblante, éperdue,
La terreur m'égarait et fut seule entendue.
Au moment de me vaincre et de tout déclarer,
Je sentis mon aveu dans ma bouche expirer;
Et même ce matin, décidée à me taire,
Sauvons, m'étais-je dit, sauvons par ce mystère
Un chagrin à Danville, et faisons mon devoir,
En ordonnant au duc de ne plus me revoir.
Je n'ai rien déguisé, je ne veux rien défendre;
Mais consultez ce cœur qui pour moi fut si tendre,
Qu'il me juge, il le peut, j'ai parlé sans détours.

DANVILLE.

Est-il vrai?... cette lettre... oui, le duc... ses discours,
Pour vous justifier s'offrent à ma mémoire...

HORTENSE, *avec tendresse.*

Ou vous ne m'aimez plus, ou vous devez me croire.

DANVILLE.

Ah! je vous aime encore, et ma crédulité
Prouve à quel fol excès cet amour est porté.
Ce que le duc m'a dit me semblait impossible,
Et prend d'un mot de vous une force invincible.
Mon trop facile cœur s'élance malgré moi
Au-devant de l'appât qu'on présente à sa foi,
Et, fût-il abusé, se trahissant lui-même,
Il ne se débat point contre une erreur qu'il aime.
Je ne puis démentir une aussi douce voix;
Je me rends, vous parlez, Hortense, et je vous crois.

HORTENSE.

Que cette confiance et me touche et m'accable!
Je veux la mériter, je serais trop coupable

ACTE V, SCÈNE VI.

Si dans votre bonheur vous n'en trouviez le prix.
Eh bien! soyez heureux, partons, quittons Paris :
Il le faut; d'aujourd'hui je conçois vos alarmes,
Dans ce monde enchanteur le piége a trop de charmes.
Plus loin que je ne veux peut-être je suivrai
Ce brillant tourbillon qui m'entraîne à son gré;
Il exalte ma tête, il m'étourdit, m'enivre;
Je ne vois, n'entends plus, je ne me sens pas vivre :
Je crois fuir les périls; mais j'ai beau les prévoir,
Mes projets du matin ne sont plus ceux du soir.
Le plaisir règne alors, je cède, il me maîtrise,
Et ma raison revient quand la faute est commise.
Danville, emmenez-moi, mon ami, mon époux,
Je ne crains rien, je n'aime et n'aimerai que vous;
Et par moi cependant la paix vous fut ravie!
Emparez-vous donc seul de mon cœur, de ma vie.
Mais, partons; mon esprit est changeant, incertain;
Je le veux aujourd'hui, le voudrai-je demain!
Emmenez-moi; partons.

DANVILLE.

Tu finis mon supplice.
Que je te sais bon gré d'un si grand sacrifice!
Que je t'en remercie!...

SCÈNE VI.

DANVILLE, HORTENSE, VALENTIN.

DANVILLE, *à Valentin qui traverse le salon.*

Ah! viens, approche, accours;
Pour le Havre, mon vieux, nous partons dans trois jours.

VALENTIN.

Pour le Havre!

DANVILLE.

Oui, vraiment.

VALENTIN.

Excusez, mais la joie...
Est-ce bien sûr, madame?

DANVILLE.

Allons; pour qu'il me croie
Il faudra que le fait soit par vous attesté.

HORTENSE, *à Valentin.*

Quand monsieur vous l'a dit.

VALENTIN.

Je n'en ai pas douté;
Mais je suis marié, que voulez-vous, madame!
Je ne me crois jamais sans consulter ma femme.

HORTENSE.

Bon principe.

SCÈNE VII.

DANVILLE, HORTENSE, VALENTIN, BONNARD, MADAME SINCLAIR.

BONNARD.

Mon cher, on m'a fait un accueil
Qui doit toucher ton cœur et flatter ton orgueil.
Le duc à tous mes vœux promet de satisfaire,
En ajoutant pour toi que, sur certaine affaire,
Qui t'inspire, dit-il, un très-vif intérêt,
Il jure de garder le plus profond secret.

MADAME SINCLAIR.

Mais moi, ce qu'il m'apprend me chagrine et m'étonne :
Vous refusez, monsieur, la place qu'on vous donne?

HORTENSE.

Ma mère, il a raison.

DANVILLE.

Et Bonnard doit sentir
Que mon fils sans délai nous force à repartir.

ACTE V, SCÈNE VII.

MADAME SINCLAIR, *étonnée.*
(*A Hortense.*) (*A Danville.*)
J'admire ta sagesse! Est-on plus raisonnable?

DANVILLE.
Aussi je lui rendrai notre terre agréable :
Quelques petits concerts, deux bals dans la saison;
(*A Valentin.*)
Tout sera pour le mieux. Qu'en dis-tu, mon garçon?
Et comment trouves-tu nos châteaux en Espagne?

VALENTIN.
(*A part.*)
Superbes. Nous aurons Paris à la campagne.

DANVILLE.
Et mon ami Bonnard, s'il obtient un congé,
Arrive avec sa femme...

HORTENSE, *à Bonnard.*
Eh! quoi?...

BONNARD, *à Danville.*
Bien obligé.
De tes réflexions j'ai la tête remplie;
Épouser aussi tard femme jeune et jolie,
Cela peut réussir, mais ce n'est pas commun.
Tu fus heureux, d'accord; sur mille on en trouve un.
Quand je touche, Danville, au terme du voyage,
Dans un chemin douteux tu veux que je m'engage?
Où d'autres ont glissé je puis faire un faux pas,
Et ton ami Bonnard ne se mariera pas.

FIN DE L'ÉCOLE DES VIEILLARDS.

NOTE.

J'ai trouvé, dans la plupart des journaux qui ont rendu compte de ma comédie, une disposition favorable et un désir de me voir bien faire dont je ne puis leur témoigner ma reconnaissance qu'en faisant mieux. D'après leurs avis, mon ouvrage a subi quelques modifications. Avant qu'il fût joué, les conseils de mes amis m'avaient déjà fait retrancher quelques passages; je n'en regrette qu'un seul, que je rétablis ici parce qu'il me semble tenir essentiellement au sujet.

Ces vers faisaient partie du rôle de Danville au cinquième acte :

>Écoute-moi, Paris a pour toi mille appas :
>Je n'en parlerai point en vieillard qui les fronde,
>En mari sermonneur, mais en homme du monde,
>En ami, ce séjour, dont l'éclat l'aveuglait,
>A la coquetterie ouvre un champ qui lui plaît.
>C'est en voulant régner que l'on s'y donne un maître :
>On fait plus d'un esclave et l'on finit par l'être.
>Ce nœud formé dans l'ombre échappe rarement
>Au scandale public, son dernier châtiment;
>Et fût-il ignoré, va, le bonheur qu'il donne
>Cède au chagrin secret qui toujours l'empoisonne.
>Un amant sans espoir est tendre et séduisant;
>Mais dès qu'il est vainqueur son joug devient pesant.
>Il venge tôt ou tard l'époux qu'il déshonore.
>Celle qu'il a soumise en cédant lutte encore :
>Ces combats, ces terreurs, cet éternel besoin
>De cacher son penchant, d'écarter un témoin,
>L'arrache par degrés aux soins de sa famille;
>Elle évite sa mère, elle éloigne sa fille.
>Son bonheur domestique est à jamais détruit;
>Le remords l'accompagne et la honte la suit;
>Elle rougit au nom de la femme infidèle,
>Qu'un cercle indifférent immole devant elle.
>Ainsi, trompant toujours sans pouvoir se tromper,
>En vain à son mépris elle veut échapper,
>Dans le monde ou chez elle en vain cherche un refuge,
>Et seule avec soi-même elle est avec son juge...
>Tu crains peu ce malheur; mais pourquoi l'affronter?
>Hortense, épargne-toi le soin de résister.
>Plus un cœur est honnête, et moins il prend d'alarme
>S'il brave en se jouant un piége qui le charme,
>Il en voit les périls quand il vient d'y tomber :
>Qui s'expose toujours doit enfin succomber.

EXAMEN CRITIQUE

DE

L'ÉCOLE DES VIEILLARDS

PAR M. ÉTIENNE.

Un jeune poëte qui, à vingt ans, déplora en beaux vers les malheurs de la France, et qui, à peine parvenu à son sixième lustre, a orné notre seconde scène d'ouvrages dignes de figurer sur la première, l'auteur des *Messéniennes*, du *Paria*, des *Vêpres siciliennes* et des *Comédiens*, a résolu heureusement un des problèmes les plus difficiles de notre époque. Il est parvenu à faire représenter sans entraves une grande comédie de mœurs en cinq actes et en vers, et il a obtenu un des plus éclatants succès dont fassent mention les annales du théâtre. N'ayant peint que des passions de la vie intérieure, il a passé sain et sauf par les armes blanches de la censure, et, pour la première fois peut-être depuis dix ans, un grand ouvrage est sorti pur de ses mutilations. Le public de son côté peut applaudir sans être déclaré suspect; la faiblesse d'un vieillard amoureux et jaloux d'une jeune femme n'a rien qui puisse offusquer les heureux du jour. Mais avisez-vous de fronder des ridicules en crédit, peignez ces dévots de circonstance qui jouent à la bourse et à la chapelle, ces moralistes dont le bras est toujours levé pour prêter un serment, et dont la conscience sait toujours s'accommoder avec un parjure; traduisez sur la scène ces charlatans d'intégrité qui ont un intérêt dans les transactions les plus honteuses, ces honnêtes courtiers d'intrigues qui négocient dans l'antichambre, flattent dans le salon et dénoncent dans le cabinet, vous garderez votre comédie en portefeuille, ou, si vous osez la produire, elle grossira cette multitude d'ouvrages condamnés à mort avant d'avoir vu le jour, et elle sera étouffée entre les deux guichets de la grande inquisition littéraire.

L'analyse de l'*École des Vieillards* est tout entière dans la moralité de l'ouvrage, qui brille beaucoup plus par le développement d'une action simple et naturelle, que par le fracas des situations et par une combinaison étudiée de surprises et d'événements inattendus.

L'auteur a eu pour but de peindre le danger des unions mal assorties; son vieillard a eu le tort d'épouser à soixante ans une femme qui n'en a que vingt, et qui, pour comble de malheur, est fort aimable et extrêmement jolie. Cette première faiblesse le conduit à beaucoup d'autres. Il amène sa femme à Paris, ce qui est déjà une grande imprudence ; mais il l'y laisse seule deux mois, et c'en est une bien plus grande encore. Les fêtes, les concerts et tous les plaisirs se multiplient bientôt sous ses pas ; elle s'abandonne à tout ce que le monde a d'enivrant ; et l'on se fait sans peine une idée des séductions de tout genre dont est, pour ainsi dire, enveloppée une femme charmante de vingt ans, dont le mari en a soixante, et se trouve absent de Paris.

Cependant il y revient, et il était temps ! Pendant son voyage, sa femme a reçu la ville et la cour, mais elle a surtout accueilli un certain duc d'Elmar qui habite le même hôtel. Ce duc est jeune, riche, aimable, magnifique ; il a de plus pour oncle un ministre qui donne de grands emplois aux époux protégés par son neveu ; celui-ci a vu madame Danville, et il a résolu de placer son mari.

Cependant l'honnête vieillard, bien qu'il soit doué de l'âme la plus sensible et de la vertu la plus indulgente, ne tarde pas à concevoir de vives inquiétudes sur les assiduités du neveu de Son Excellence. Elles donnent lieu à des explications entre le mari et la femme, qui font autant ressortir la bonté et l'amour de l'un, que la légèreté et les grâces naïves de l'autre ; mais à peine l'orage est calmé, que de nouvelles tempêtes éclatent dans le cœur de l'honnête homme qui a peur d'être trompé ; il éprouve tous les tourments, toutes les fureurs de la jalousie ; enfin, dans une des scènes les plus belles, les plus énergiques et les mieux écrites peut-être de notre théâtre, il défie le jeune séducteur, et remet à son bras sexagénaire le soin de venger l'offense qu'il croit avoir reçue. Mais sa force ne répond pas à son courage, il est désarmé, et ce n'est qu'après le combat qu'il apprend que si sa femme fut légère, elle ne fut pas coupable ; elle le supplie elle-même de l'arracher bien vite au séjour dangereux de Paris, et de l'emmener au fond d'une province où il y a moins de séducteurs sans doute, mais où tous les hommes n'ont pas soixante ans.

C'est de ce sujet, en apparence si simple et si peu chargé d'événements, que l'auteur a fait sortir les plus hautes leçons de morale et les scènes les plus comiques et les plus vraies ; il sait tour à tour charmer l'esprit par des détails pleins de grâce et de douceur, et émouvoir l'âme par l'image si touchante de l'amour le plus tendre, uni à la délicatesse la plus exquise ; et quand il arrive à son quatrième acte, quand éclatent les premiers transports de la jalousie, il porte l'intérêt jusqu'au plus haut degré du pathétique, et, par un véritable prodige de l'art, il atteint le sublime dans une situation où jusqu'à ce jour on n'avait aperçu que le ridicule.

Vainement quelques censeurs chagrins vont répétant de toute part que l'ouvrage manque de comique ; s'ils veulent dire qu'il ne

provoque pas constamment le rire, qu'il n'abonde pas en traits
facétieux comme les ouvrages de Regnard, je l'accorderai facilement ; mais il me semble qu'ici ils confondent le comique et le plaisant, entre lesquels il y a une nuance très-forte et très-caractérisée.
Une scène est quelquefois plaisante sans être comique, ou comique
sans être plaisante. La véritable expression des mœurs, la passion
qui se trahit, le ridicule qui se dénonce lui-même, appartiennent à
la véritable comédie et n'excitent pas toujours une gaieté communicative comme telle peinture grotesque, ou telle situation invraisemblable et péniblement amenée, qui fait circuler le rire dans
toutes les parties de la salle.

Molière, il est vrai, a été à la fois comique et plaisant ; mais
outre ce génie prodigieux dont il était doué, et qui le rend, selon
moi, supérieur aux hommes mêmes les plus étonnants de l'antiquité
et des temps modernes, il avait l'immense avantage de peindre une
société qui commençait à peine à se former, et qui offrait cette bigarrure de caractères, de prétentions et d'habitudes dont le contraste offre tant de ressources à la muse comique. Alors il y avait
plus d'originaux, des mœurs plus marquées ; mais aujourd'hui que
la société n'offre pour ainsi dire que des nuances imperceptibles,
que tout le monde a le même langage, le même maintien, et que,
si je puis m'exprimer ainsi, la pointe de tous les caractères se trouve
émoussée, il en résulte une ressemblance générale, une monotonie,
une uniformité qui prive le peintre de mœurs de ses plus brillantes
couleurs, et surtout de la magie si puissante des contrastes et des
oppositions. Il faut donc qu'il remue le spectateur, qu'il est devenu
si difficile d'amuser, et qu'il trouve, dans la lutte et dans la peinture énergique des passions, la leçon morale que ne lui offre plus
la seule image des ridicules.

Quand Molière donna son *École des Femmes,* au lieu de peindre
et la femme et le mari, il ne mit en scène qu'un tuteur et une pupille ; c'était un hommage à la morale de ne pas faire une victime
comique d'un mari trompé, et de ne pas appeler l'intérêt sur une
épouse perfide ; mais ce n'était pas une concession à l'esprit du
siècle, où les infortunes conjugales n'étaient alors qu'un sujet de
raillerie pour les personnes du grand monde, les seules qui fussent
très-assidues aux représentations théâtrales. La société se ressentait encore de la corruption qu'y avait introduite Catherine de Médicis. Il y avait assez de superstition dans les esprits pour qu'il y
eût beaucoup de relâchement dans les mœurs.

La crainte d'être ridicule pouvait faire impression, la crainte
d'être trompé n'arrêtait personne. Certes l'Arnolphe de Molière
pourrait être le personnage le plus capable d'exciter l'intérêt, et
celui d'Agnès le plus susceptible de produire l'indignation. Cette
orpheline doit sa fortune, son éducation à un tuteur qui l'adore et
qui ressent pour elle une passion non moins ardente que celle de

Danville pour son épouse dans *l'École des Vieillards*, et cependant Molière a rendu ridicule le mari sur lequel M. Casimir Delavigne a su appeler le plus vif intérêt.

Les deux auteurs ont agi comme ils devaient le faire, ils ont suivi l'impulsion des mœurs et du temps ; car la comédie qui peint la société doit se modifier avec elle.

Représentez aujourd'hui *l'École des Femmes* devant un homme de soixante ans prêt à épouser une Agnès ; cette leçon ne lui sera d'aucun profit. Il se dira : Je ne suis point un Arnolphe ; un être aussi ridicule est fait pour être trompé. Mais qu'il assiste à *l'École des Vieillards*, ne fera-t-il pas un retour sur lui-même, et, forcé de convenir tacitement qu'il n'est ni aussi aimable ni aussi généreux que le Danville de M. Delavigne, ne redoutera-t-il pas pour lui les tourments et les peines cuisantes auxquels est en butte le plus noble, le plus sensible et le plus jeune des vieillards ? Car il ne faut pas s'y tromper, M. Delavigne n'a pas rassuré tous les époux, en rassurant celui dont il nous a offert l'image. Il n'est pas un spectateur qui ne tremble pour Danville, et pas un mari jaloux de son honneur qui voulût être à sa place. Son Hortense produit à peu près la même impression que la Victorine du *Philosophe sans le savoir*. Elle est encore vertueuse à la fin de la pièce ; mais personne ne répondrait du lendemain. On ne saurait s'empêcher de faire une réflexion, c'est que Danville a soixante ans, et que, s'il éprouve des chagrins si cuisants, des inquiétudes si cruelles quand il lui reste encore quelque chose des grâces de la jeunesse et de la force de l'âge mûr, sa femme n'aura que trente ans au moment où il touchera à la décrépitude.

Je doute beaucoup que la certitude qu'a Danville de n'être pas trompé détermine un homme de son âge à subir les mêmes épreuves ; que, prêt à signer le contrat, il ne fasse de sérieuses réflexions, et qu'en sortant de la comédie il n'aille donner contre-ordre à son notaire.

M. Delavigne a donc rempli dignement la haute mission de l'auteur comique : il a été tout à la fois moraliste et grand écrivain. Ici la critique même la moins bienveillante est forcée de lui rendre hommage ; son style est à la fois élégant et nerveux, il unit la force à la grâce ; et si j'avais à lui faire un reproche, ce serait une élévation trop soutenue qui ôte quelquefois au dialogue le naturel et l'espèce de négligence et de laisser-aller à l'aide desquels les grands maîtres de la scène comique produisent l'illusion la plus complète. Mais quelle richesse de détails ! quelle verve dans les scènes entre le vieux mari et le vieux garçon ! quelle abondance de traits heureux ! que de charme et d'abandon dans les scènes entre l'époux et la femme ! quelle vigueur de pinceau dans l'expression d'un amour qui se défie de lui-même, et d'une jalousie qui éclate avec d'autant plus de force qu'elle veut se contraindre davantage !

M. Casimir Delavigne, par la magie du talent et du style, a su se passer de ces traits de mœurs qui sont, pour ainsi dire, la vie des ouvrages dramatiques, et qui sont à la comédie ce que la couleur est à la peinture; mais s'il avait pu attaquer les ridicules et les travers de l'esprit, comme il a su peindre les faiblesses du cœur, combien son succès n'eût-il pas été plus grand! Il n'a hasardé qu'un seul personnage qui, par sa position sociale, pouvait offrir une critique large et hardie de nos mœurs : c'est le neveu de ce ministre qui obtient des bonnes fortunes par le crédit de son oncle, et qui déshonore doublement les époux par la tendresse qu'il leur ravit et par les places qu'il leur donne. On a généralement trouvé ce Lovelace ministériel un peu terne; mais est-ce la faute de l'auteur, et ne sent-on pas sur quels charbons ardents il marchait quand sa verve comique osait même esquisser un pareil personnage? Certes, si notre scène jouissait des mêmes libertés que sous le règne de Louis XIV, M. Delavigne aurait dessiné d'un crayon plus vigoureux le libertinage de nos temps modernes, et aurait pu faire ressortir le contraste de cette pruderie qui règne dans les discours et de ce dévergondage qui dirige les actions; il eût fait voir surtout que l'oncle qui donne une place supérieure ne l'accorde pas uniquement aux fantaisies de son neveu, et qu'il met à une telle faveur des conditions qui n'imposent pas à la femme seule l'oubli des devoirs et des principes les plus sacrés.

Les mœurs qu'a tracées M. Delavigne sont plus celles du règne de Louis XIV que les nôtres; mais parfois les auteurs comiques sont obligés d'imiter les peintres de portraits; quand leurs modèles ne sont pas beaux, ils ne se croient pas tenus à une parfaite ressemblance, ils dissimulent habilement les défauts, et laissent dans l'ombre les difformités trop choquantes.

Cependant le personnage du duc, avec quelque ménagement qu'il soit représenté, n'a pas eu le bonheur de plaire à tout le monde; on raconte même qu'un homme titré qui assistait à la répétition générale de la pièce disait naïvement : « Voilà certainement une belle comédie, mais je crains pour l'auteur le personnage immoral du duc. Le public ne lui passera pas cela. » Mot très-remarquable, qui prouve qu'on ne voit le public que dans sa société habituelle, et qu'on est toujours enclin à prendre ses flatteurs pour le parterre.

Le succès si brillant et si mérité de cet ouvrage n'est cependant pas sans contradicteurs; on est allé chercher péniblement je ne sais quelles petites pièces ou quels vaudevilles, où on a sérieusement reproché à l'auteur d'avoir puisé son sujet. Ceux-là ont rappelé *l'École du Scandale* de Shéridan, ceux-ci *le Tartufe de Mœurs*, imité de cette comédie anglaise, et ces tristes recherches d'une érudition chagrine n'ont fait que constater davantage le triomphe du jeune auteur. Après les applaudissements du public, il ne lui manquait que l'hommage de l'envie, et il a complétement obtenu cet autre succès.

Je n'ai jamais conçu, je l'avoue, cette passion honteuse qui se masque si habilement sous l'intérêt de l'art et sous une impartialité affectée, et qui verse perfidement ses poisons sur tous les ouvrages qui révèlent une grande destinée littéraire. Il n'y a que des esprits médiocres que puisse atteindre cette triste maladie ; le véritable homme de lettres jouit du triomphe de ses rivaux, et il ressent bien plus vivement encore celui des jeunes talents qui, après avoir été naguère l'espoir de la scène, en sont déjà l'ornement.

Que M. Casimir Delavigne ne s'attriste pas de vaines critiques ; qu'il se réjouisse plutôt de les avoir méritées.

Il en est toutefois de justes dont il doit faire son profit. Le personnage de la mère est peu digne de cette grande composition ; il forme une disparate choquante. Celui de la jeune femme n'est pas nuancé avec assez de finesse ; dans les premières scènes, on la prendrait presque pour Célimène mariée, et peut-être ne prépare-t-elle pas assez le spectateur à ces preuves d'un excellent naturel qu'elle donne au troisième acte ; du reste, ces taches, dans un tableau de maître, sont trop légères pour en faire oublier les nombreuses beautés.

L'École des Vieillards est un ouvrage excellent, mais n'est pas un ouvrage parfait ; ce qu'il y a de plus heureux, c'est qu'il en promet encore de meilleurs, et que l'auteur tiendra parole.

Il est d'autres censures malveillantes échappées à cet esprit de parti, implacable et jaloux, qui ne peut permettre le talent au patriotisme ; mais ce sont des cris impuissants qui suivent le triomphateur, et qui l'empêchent de s'endormir sous ses lauriers.

Il en est de l'auteur dramatique qui s'élève comme de tous les hommes que leur vol rapide met hors de ligne ; ils se trouvent entre deux espèces d'ennemis également à craindre, entre les envieux et les flatteurs. A bien prendre, ceux-ci sont encore les plus à redouter pour un jeune talent ; mais M. Casimir Delavigne a fait preuve d'un esprit assez élevé pour résister aux louanges des uns, et pour profiter de la malveillance des autres.

LA PRINCESSE AURÉLIE

COMÉDIE EN CINQ ACTES,

REPRÉSENTÉE SUR LE THÉATRE-FRANÇAIS, LE 6 MARS 1828.

PERSONNAGES.

AURÉLIE, princesse de Salerne.
LE COMTE DE SASSANE, ⎫
LE DUC D'ALBANO,   ⎬ régents de la principauté.
LE MARQUIS DE POLLA,   ⎭
LE COMTE ALPHONSE D'AVELLA.
BÉATRIX, dame d'honneur de la princesse.
LE DOCTEUR POLICASTRO, premier médecin de la cour.
LE MARQUIS DE NOCERA.
LE GRAND JUGE.
LE BARON D'ENNA.
LE DUC DE SORRENTE, capitaine des gardes.
UN MEMBRE de l'Académie de Salerne.
DAMES D'HONNEUR, SÉNATEURS. — COURTISANS, GARDES.

(La scène se passe à Salerne.)

Cette comédie a été pour moi le délassement de travaux plus graves; je ne l'ai jamais considérée que comme un badinage, et j'ai cru que des conversations, semées de traits satiriques, où je me jouerais sans aigreur des hommes et des choses, où je donnerais en riant quelques leçons utiles, pourraient, à l'aide d'une intrigue légère, occuper doucement le cœur et divertir des esprits délicats. La plaisanterie trouve peu de place dans un ouvrage fortement noué, et une pièce satirique est nécessairement moins intriguée qu'une autre. Peut-être ma comédie a-t-elle déplu d'abord à quelques personnes par les qualités mêmes qui feront son succès un jour, surtout auprès du lecteur, et qui caractérisent le genre auquel elle appartient.

Je ne me défendrai point : si mon ouvrage renferme des beautés réelles, il vivra malgré les critiques; si le contraire est vrai, je le défendrais en vain, il est juste qu'il meure. On ne m'a fait qu'un seul reproche que je veuille repousser; je dois des remerciments au critique bienveillant qui a déjà répondu pour moi à cette accusation, mais elle est assez grave pour que je la réfute à mon tour. On a prétendu que j'avais attaqué des hommes à terre. Ces mêmes hommes étaient debout quand j'ai dit :

> « Eh bien! ils tomberont, ces amants de la nuit :
> « La force comprimée est celle qui détruit ;
> « C'est quand il est captif dans un nuage sombre,
>   « Que le tonnerre éclate et luit ;
> « Et la chute est facile à qui marche dans l'ombre. »

En annonçant leur défaite, je ne pensais pas, je l'avoue, que ma prophétie dût sitôt s'accomplir. Je m'occupais alors de *la Princesse Aurélie*, je devais la soumettre à leur censure, je les attaquais donc en face dans toute la plénitude, ou plutôt dans tout l'excès de leur pouvoir, et presque sans espérance d'arriver jusqu'au public.

Je dois de la reconnaissance à tous les acteurs qui ont joué dans ma pièce, et je m'empresse de la leur témoigner. Quant à l'actrice inimitable qui a représenté avec tant de grâce la princesse Aurélie, on a épuisé pour elle toutes les formes de l'éloge. Que lui dire? si ce n'est que je confie à son amitié la destinée d'un ouvrage qu'elle seule peut faire comprendre et goûter aux spectateurs. Ils me devront du moins un plaisir, celui d'admirer dans toute sa perfection un des plus beaux talents qui aient jamais honoré la scène.

Mars 1828.

ACTE PREMIER

SCÈNE I.

BÉATRIX, POLICASTRO, *entrant par le fond.*

BÉATRIX, *qui prélude sur une guitare, s'interrompt en apercevant Policastro.*

Docteur, docteur, un mot !

POLICASTRO.

A moi, belle comtesse ?
Mes livres, mes travaux, et jusqu'à Son Altesse,
Pour un seul mot de vous que n'aurais-je quitté ?

BÉATRIX.

Qui, vous! brusquer ainsi sa royale santé!
Vous ne l'auriez pas fait.

POLICASTRO.

C'est la vérité pure.

BÉATRIX.

Bon! vérité de cour!

POLICASTRO.

Eh bien! je vous le jure.

BÉATRIX.

Parole de docteur! Allez, on vous connaît :
Je vois un courtisan sous ce docte bonnet.
Vous êtes très-malin..

POLICASTRO.

Ah! quelle calomnie!
Je voudrais que la grâce au savoir fût unie;
Plaire est tout à Salerne, et c'est là l'embarras
Depuis que le vieux prince, en mourant dans mes bras,
Remit à trois régents sa suprême puissance.
La princesse elle-même est sous leur dépendance,
Et ne se mariera qu'à sa majorité,
A moins que des régents l'expresse volonté
N'abdique, en approuvant l'hymen formé par elle,
Un pouvoir qui dès lors tombe avec leur tutelle.
Dans ce conflit de goûts, d'intérêts opposés,
Voulez-vous réussir? Comment faire? Amusez.
Sachez envelopper, selon la convenance,
D'un petit conte aimable une grave ordonnance.
Il faut d'un peu de miel, avec dextérité,
Couvrir les bords du vase où l'on boit la santé :
Le Tasse nous l'a dit, et ces fous de poëtes
Nous offrent quelquefois d'excellentes recettes.
Le malade distrait se sent mieux quand il rit;
Et pour guérir le corps, je m'adresse à l'esprit.

BÉATRIX.

Et bien! guérissez-moi, car j'ai l'esprit malade;

Oui, cher Policastro, je suis triste, maussade.
POLICASTRO.
Vous dansez!
BÉATRIX.
Par devoir.
POLICASTRO.
Vous riez!
BÉATRIX.
Sans gaîté,
Et j'ai, je le sens bien, le moral affecté.
POLICASTRO.
Si je disais tout haut ce qu'au fond je suppose,
L'amour dans tout ceci serait pour quelque chose.
BÉATRIX.
O science profonde! oui, l'amour.
POLICASTRO.
Et constant?
BÉATRIX.
Non, j'ai cessé d'aimer.
POLICASTRO.
Ah! c'est intermittent;
Bon signe!
BÉATRIX.
Dégagé d'une première entrave,
Mon cœur, mon faible cœur...
POLICASTRO.
Rechute, c'est plus grave.
BÉATRIX.
Pour sortir d'embarras à vous seul j'ai recours,
Et je meurs de chagrin sans votre prompt secours.
POLICASTRO.
Danger de mort! voyons. Mais notre art d'ordinaire
Attend pour s'éclairer quelque préliminaire;
Vous aimiez! et qui donc?
BÉATRIX.
Alphonse d'Avella.

POLICASTRO.

C'était un fort bon choix que vous aviez fait là.
Il est beau, jeune, fier, d'une maison illustre,
Et dont la pauvreté ne peut ternir le lustre.
Son nom touche au berceau de la principauté;
Même il eut pour aïeule une aimable beauté...
Et notre roi Tancrède est, selon la chronique,
Pour une branche ou deux dans son arbre héraldique.
Ainsi, par alliance, il remonte aux Normands.

BÉATRIX.

La belle caution pour la foi des serments!
Qu'en dites-vous?

POLICASTRO.

Bouillant, mais d'un esprit très-ferme,
Il ouvrit un conseil au siége de Palerme,
Qu'un jour, où j'excitais nos soldats d'assez haut,
Nos preux à barbe grise ont suivi dans l'assaut.
C'est un brave.

BÉATRIX.

Officier dans les gardes du prince,
Il soutenait son nom d'un revenu fort mince;
Car le duc d'Albano, qui depuis fut régent,
Tient à ce cher neveu bien moins qu'à son argent.
Mais la cour l'estimait, d'autant que ses ancêtres
Ont prodigué leurs biens pour défendre leurs maîtres.
Il m'aima; tout dès lors l'embellit à mes yeux :
Ses soins toujours nouveaux, l'éclat de ses aïeux,
Son mérite, à son âge une gloire si belle...
Et puis, comme il dansait, docteur, la tarentelle!
Dame de la princesse, et voulant son aveu
Pour conclure un hymen dont on jasait un peu,
J'en parle : avec froideur on reçoit ma prière,
Et l'on envoie Alphonse au nord de la frontière.
Le dépit nous dicta les plus tendres adieux :
Nous prîmes à partie et la mer et les cieux;

Et devant ces témoins d'une longue tendresse,
De ne jamais changer nous fîmes la promesse.
####### POLICASTRO.
Jamais! c'est long, comtesse, et ce mot à la cour
Nous trompe en politique aussi bien qu'en amour.
####### BÉATRIX.
Je ne le sais que trop. Cependant sur ces rives,
Mêlant au bruit des mers quelques chansons plaintives,
Aux rochers d'Amalfi, sous ces orangers verts,
Confidents de mes pleurs, de nos chiffres couverts,
De tristes souvenirs j'allais nourrir ma flamme,
Hormis les jours de bal où la cour me réclame;
Et quand l'astre des nuits répandait ses clartés,
Sassane quelquefois errait à mes côtés.
####### POLICASTRO.
Sassane! un des régents! ce politique habile,
Qui s'accommode à tout, d'un esprit si mobile!
Il a donc pris alors un goût qu'il n'avait point :
Je ne le savais pas idolâtre à ce point
De cet astre des nuits, providence éternelle
Du poëte rêveur et de l'amant fidèle.
####### BÉATRIX.
Il me parlait d'Alphonse, et moi, je l'écoutais;
Je ne vis pas le piége, aveugle que j'étais!
Plus hardi par degrés, il parlait de lui-même,
Je l'écoutais encore... Enfin c'est lui que j'aime.
L'hymen doit avec lui m'unir dans quelques jours,
Et je sens cette fois que j'aime pour toujours.
####### POLICASTRO.
Pour toujours! Béatrix, voilà comme on se vante!
Bien que pour l'avenir le passé m'épouvante,
Je vous crois sur parole... Et d'où naît votre ennui?
####### BÉATRIX.
C'est qu'Alphonse à la cour reparaît aujourd'hui;
Il revient. Cher docteur, mon appui tutélaire,
Bravez le premier feu de sa juste colère...

POLICASTRO.

L'emploi serait piquant, pour moi dont les aveux
Vous ont toujours trouvée insensible à mes vœux.
Car enfin, je vous aime!...

BÉATRIX.

Et vous êtes aimable ;
Mais la robe d'hermine est par trop respectable.
Pouvez-vous m'en vouloir, docteur, si le hasard
Nous fit naître tous deux, vous trop tôt, moi trop tard ?
Et puis, c'est un malheur, mais s'il faut vous le dire
Je n'ai jamais pu voir un médecin sans rire.

POLICASTRO.

Voilà bien sur les fous l'effet de la raison !
Avec vous ses avis sont pourtant de saison :
Je blâme votre choix ; malheur à qui se fie
Aux amours calculés de la diplomatie !
Votre comte, entre nous, je le crois ruiné ;
Car, bien qu'il soit régent, on dit qu'il est gêné.
Il eut mainte ambassade, et savait qu'en affaire
Un cuisinier profond vaut un vieux secrétaire :
Aussi de ses festins la royale splendeur,
Ce mérite obligé de tout ambassadeur,
A fait sa renommée, et dès lors je soupçonne
Qu'il a payé fort cher tout l'esprit qu'on lui donne.
Je sais qu'à tous les yeux vous avez mille appas ;
Mais croyez-vous qu'aux siens votre dot n'en ait pas ?
Tenez, s'il est permis que tout bas je m'explique,
Je crains après l'hymen un retour politique :
Il peut, s'indemnisant de ses frais amoureux,
Prélever sur vos biens des impôts onéreux,
Et, quand par un contrat vous lui serez soumise,
Administrer sa femme en province conquise.

BÉATRIX.

Ainsi l'intérêt seul formerait ces liens,
Et l'on ne peut alors m'aimer que pour mes biens !

POLICASTRO.

Vous ai-je dit cela? Puis-je, quand je vous aime,
D uter de ce pouvoir que je ressens moi-même?
Blâmant ma folle ardeur, désespéré, confus,
En ai-je moins cherché vos dédains, vos refus,
Le ridicule enfin? Jugez du sacrifice :
Un ridicule ici fait plus de tort qu'un vice.
Dites, frivole objet, que je m'en veux d'aimer,
Par quels défauts Sassane a-t-il pu vous charmer?
Est-ce l'ambition qui trouble votre tête?
Eh bien! il ne faut pas dédaigner ma conquête :
Vers les honn rs aussi je me fraie un chemin;
Un rhume quelquefois met l'État dans ma main;
Le plus noble malade a ses jours de faiblesse :
C'est moi qui règne alors, même sur la princesse.

BÉATRIX.

Ne vous y fiez pas : quoiqu'en minorité,
Elle défend les droits de son autorité.
Assemblage imposant de grâce et de noblesse,
Bonne avec fermeté, naïve avec finesse,
La princesse Aurélie aux honneurs qu'on lui rend
A droit par son esprit bien plus que par son rang.
Elle sait opposer la ruse à l'artifice,
Calculer mûrement ce qu'on croit un caprice,
Tolérer nos défauts afin de s'en servir;
Sans faiblesse apparente, elle sait à ravir,
Nous cachant ses secrets et devinant les nôtres,
Tourner à son profit les faiblesses des autres.
Enfin je la crois femme à jouer à la fois
Et sa cour de justice et ce conseil des Trois
Où siége des régents la sagesse profonde,
Et vous, son médecin, qui jouez tout le monde.

POLICASTRO.

Et moi je vous réponds que je la sais par cœur.
J'ai pris sur sa jeunesse un ascendant vainqueur;
Mais c'est sans la flatter : tout le monde l'admire;

ACTE I, SCÈNE I.

Quand la vérité flatte, il faut pourtant la dire.
Souvent à son avis je me rends sans effort ;
Mais quand elle a raison, puis-je lui donner tort ?
Le matin au palais, où mon devoir m'appelle,
Grave ou gai tour à tour, je cause et j'apprends d'elle,
Je lis dans ses regards où penche son désir,
Et, donnant un conseil, je prépare un plaisir ;
Mais c'est pour sa santé : d'après notre maxime,
Le plaisir sans excès est le meilleur régime.
Son goût change parfois, et je sais l'observer.
C'est un art innocent ; un jour, à son lever,
L'ardeur de gouverner dans sa tête fermente ;
Je dis : c'est un beau feu qu'il faut qu'on alimente,
Et ce serait pitié, quand nos jours sont comptés,
D'abaisser à des riens ces hautes facultés.
Une affaire l'ennuie, et j'ose lui défendre
D'accabler son esprit du soin qu'elle va prendre.
L'école de Salerne a dit en bon latin :
Qui veut marcher longtemps se repose en chemin.
Cette candeur lui plaît : son ennui se dissipe ;
Jusqu'à parler affaire alors je m'émancipe ;
Elle en rit, moi de même, et je suis écouté.
Jugez de mon pouvoir à sa majorité,
Si la fortune veut que pour vous je recueille
L'héritage vacant de quelque portefeuille !
O fortune des cours, ce sont là de tes jeux !
Le ciel du ministère est changeant, orageux,
Et dans ces régions au mouvement sujettes,
Pour une étoile fixe on a vu cent planètes.
Ah ! que le cercle tourne, et je puis quelque jour,
Poindre, monter, briller, me fixer à mon tour,
Ingrate ! et, vous offrant une illustre alliance,
Vous couvrir des rayons de ma toute-puissance !

BÉATRIX.

Un médecin ministre !

POLICASTRO.

Et bien!

BÉATRIX.

On vous verrait
Signer une ordonnance en rendant un décret!

POLICASTRO.

Mais si l'événement enfin vous persuade,
Vous direz...

BÉATRIX.

Que l'État, docteur, est bien malade.

POLICASTRO.

Et je vous servirais!

BÉATRIX.

Oui, vous êtes si bon!
Alphonse au grand lever vient a dans ce salon;
Restez, il faut l'attendre. Hélas! qu'il m'intéresse!
Non, vous ne savez pas jusqu'où va sa tendresse;
Pour flatter ses douleurs, vous pouvez me blâmer;
C'est un pauvre malade enfin qu'il faut calmer.
Employez ces grands mots, ces phrases, ces formules,
Dont la solennité trompe les moins crédules;
Soyez bien éloquent : parlez comme les jours
Où nous vous écoutons, quand vous ouvrez un cours;
Car ces jours-là, docteur, vous êtes admirable,
Et vos raisonnements ont l'air si raisonnable!

POLICASTRO.

Mais...

BÉATRIX, *souriant*.

La princesse attend, je cours à mon devoir.
Parlez, priez, blâmez : vous avez plein pouvoir.

SCÈNE II.

POLICASTRO.

Elle me raille encor! ma faiblesse m'indigne.
Dieu! pour la faculté quel déshonneur insigne!
Mes élèves aussi souffrent de mes amours;
Un amant professeur manque souvent son cours.
Je vais manquer le mien. N'importe; je m'immole.
Quelqu'un!...
    (*A un huissier.*)
      Partez sur l'heure; aux portes de l'école
Qu'on affiche ces mots dès qu'on les recevra :
 (*Il écrit.*)
« Policastro, docteur, recteur, et cætera...
« Attaqué... » mais de quoi? « d'une grave ophthalmie
« Remet au premier jour son cours d'anatomie. »
Allez.
 (*L'huissier sort.*)
    Voyons ma liste: Ah! ah! le cardinal!
Un rhumatisme aigu qu'il a pris dans un bal.
Peste! un prélat! j'irai... L'économe Fabrice!
Il fait jeûner un peu les pauvres de l'hospice,
Et dans son lit hier, avec componction,
Déguisait en migraine une indigestion;
Mais nos appointements sont de sa compétence,
Je le verrai... Le reste est de peu d'importance :
Des bourgeois, trois captifs revenus de Tunis,
La consultation que je donne gratis...
Ces bonnes actions nous sont très-nécessaires;
Mais notre humanité passe après nos affaires.
C'est trop juste; ainsi donc, tout pesé mûrement,
J'ai quelque temps de reste. Ah! voici notre amant;
Pauvre comte! on ne peut, dans le siècle où nous sommes,
Se fier en amour qu'aux promesses des hommes.

SCÈNE III.

POLICASTRO, ALPHONSE.

ALPHONSE, *serrant la main du docteur.*
Que je revois Salerne avec ravissement!
Quel spectacle enchanteur! quel bruit! quel mouvement!
Quand il fait nuit ici, c'est vraiment bien dommage;
Ces palais, cette mer où se peint leur image,
Tous ces jardins en fleurs, ces voiles, ces drapeaux,
Cette forêt de mâts qui flotte sur les eaux,
C'est superbe! On renaît, docteur, et pour sourire
Il suffit en ces lieux qu'on voie et qu'on respire;
Le pays est divin et l'air est embaumé.
POLICASTRO, *à part.*
Comme on voit tout en beau quand on se croit aimé!
Il va changer de ton.
ALPHONSE.
La princesse Aurélie,
Charmante à mon départ, est encor plus jolie,
Plus belle, n'est-ce pas?
POLICASTRO.
Oui, cher comte : le temps
N'est pas un ennemi de dix-neuf à vingt ans;
Mais la jeune comtesse est bien aussi.
ALPHONSE.
Laquelle?
POLICASTRO.
Béatrix.
ALPHONSE, *froidement.*
Ah! c'est vrai. Comment se porte-t-elle?
POLICASTRO.
(*A part.*)
Au mieux. Il est discret.

ALPHONSE.

     Eh bien! donc, malgré vous,
Le prince a succombé, docteur?

POLICASTRO.

       Que pouvons-nous
Quand la nature enfin?..

ALPHONSE.

      La réponse était sûre :
On guérit, c'est votre art; on meurt, c'est la nature.
Nous avons des régents, et trois; pourquoi pas dix?
Que font-ils? qu'en dit-on?

POLICASTRO.

      Que ce sont trois phénix,
Trois aigles, c'est le mot : du centre à la frontière
Ils versent sur l'État des torrents de lumière.
C'est ainsi que la cour en parle hautement;
Mais, quand on parle bas, on s'exprime autrement.

ALPHONSE.

Ah! voyons!...

POLICASTRO.

    De votre oncle on a fait un grand homme
Et le duc d'Albano est sans doute économe,
Mais de ses fonds, à lui. Les comptes du trésor,
Qu'il n'a pas trouvés clairs, sont plus obscurs encor.
Perdu dans ce chaos de chiffres et de nombres,
Il voulut séparer la lumière des ombres.
C'était là son orgueil, et dès son premier pas
Il dit : Que le jour soit; mais le jour ne fut pas.
Changeant, confondant tout et s'embrouillant lui-même,
Il va, roule à tâtons de système en système.
Dans cette épaisse nuit, troublé par ses grands biens,
Il mêle quelquefois nos fonds avec les siens,
Et, par distraction, garde ce qu'il faut rendre;
Mais l'argent se ressemble, et l'on peut s'y méprendre.
C'est votre oncle, après tout...

ALPHONSE.

Qui, lui? le bon parent!
Il n'a jamais voulu me faire qu'un présent,
Sa terre de Pæstum, dont l'entretien l'ennuie;
Un parc, des fleurs, des eaux qui vont les jours de pluie;
Et la fièvre, docteur, qui gâte tout cela.

POLICASTRO.

C'est à moi qu'il devait faire ce présent-là.

ALPHONSE.

Aussi j'ai refusé : mais parlons de Sassane.

POLICASTRO.

De plein vol au conseil sur ses rivaux il plane;
Mais sans voler très-haut, terre à terre, et pourtant
Aux yeux des étrangers c'est un homme important.
Nourrir entre eux et nous la bonne intelligence,
C'est la part qu'il choisit pour son tiers de régence.
Grave dans ses travaux, le soir moins solennel,
Il s'est fait pour le monde un sourire éternel.
Nul soin ne vient rider son front diplomatique.
Sans jamais s'expliquer, parlant pour qu'on s'explique,
Il est fin; mais souvent, dupe d'un moins adroit,
Il arrive trop tard, faute de marcher droit.
Du reste, à ce qu'on dit, grand amateur des belles,
Et par sa vanité, sans défense contre elles,
Il ne se doute pas qu'une femme à seize ans
En sait plus, pour tromper, que nos vieux courtisans.

ALPHONSE.

Et voilà du pouvoir les suprêmes arbitres!
Enfin à cet honneur ils ont bien quelques titres.
Mais qui pouvait s'attendre à voir arriver là
Le mérite inconnu du marquis de Polla?

POLICASTRO.

C'est bien la nullité la plus impertinente
Qui gouverna jamais de Palerme à Tarente!
Battu, je ne sais quand, il se trouva fort mal
Du choc de l'ennemi dans un combat naval.

Il s'enfuit vent en poupe, et du nom de retraite,
En citant les Dix Mille, honora sa défaite,
En exploita la gloire, et, fier de son laurier,
Se fit brusque depuis, pour avoir l'air guerrier.
Il tranche, il dit morbleu ! mais sa franchise austère
Adoucit au besoin ce vernis militaire.
Il prétend qu'à la cour il se croit dans un camp,
Et, louangeur outré, vous flatte en vous brusquant.
Qui descend comme moi dans ses terreurs intimes,
Sait qu'il est dégoûté des palmes maritimes ;
Et telle est son horreur, qu'on le vit quelquefois
Pâle de souvenir en contant ses exploits.
Un roi guerrier qui meurt dit du mal de la gloire ;
Le prince en expirant, blasé sur la victoire,
Dans les mains de Folla mit la guerre, et jamais
Prince n'a mieux prouvé son amour pour la paix.

ALPHONSE.

Mais sa fille, sa fille aimable autant que belle,
Sans leur consentement ne peut disposer d'elle ;
Chacun en le donnant perd son autorité ;
L'obtenir, impossible !

POLICASTRO.

Ah ! c'est la vérité.
Conserver ce qu'on tient est un parti commode,
Et les démissions ne sont pas à la mode.
Mais la princesse un jour rentrera dans ses droits.
Que veut le testament ? qu'elle fasse un bon choix ;
Le temps seul nous éclaire, et ce n'est pas folie
De réfléchir un an au bonheur de sa vie.

ALPHONSE.

Vous êtes d'un sang-froid à me désespérer !
Le temps !... Eh ! sa raison suffit pour l'éclairer.
Je m'irrite en pensant... et pourquoi ? que m'importe ?
Que dis-je ? ah ! quand on aime...

POLICASTRO.

Aisément on s'emporte ;

Mais n'en rougissez pas ; nous sommes tous deux fous.
ALPHONSE.
Comment?
POLICASTRO.
Je suis épris du même objet que vous.
ALPHONSE.
Vous aimez la princesse!
POLICASTRO.
Allons donc, quel blasphème!
Qui? moi? vous vous moquez.
ALPHONSE.
Mais c'est elle que j'aime.
POLICASTRO, *à part*.
La princesse!
ALPHONSE.
Écoutez : vous apprendrez par moi
Combien un cœur malade est peu maître de soi,
Et, quand à notre perte un fol amour nous mène,
Jusqu'où peut s'égarer l'extravagance humaine.
Vous comprendrez mes maux : mon Dieu ! qu'il est heureux
Que pour les mieux sentir vous soyez amoureux !
POLICASTRO.
Bien obligé.
ALPHONSE.
Du jour que j'aimai la princesse,
Habile à me tromper, j'ignorai ma faiblesse.
Je vis, je voulus voir dans ce fatal penchant
Pour le sang de mes rois un culte plus touchant,
Plus tendre, et cette ardeur imprudemment nourrie
Redoubla, s'exalta jusqu'à l'idolâtrie.
Quels jours plus beaux alors, mieux remplis que les miens?
Je l'aimais, l'admirais, et dans ses entretiens,
Dans ses éclairs d'esprit dont la flamme est si vive,
Dans le mol abandon de sa grâce naïve,
Dans ses yeux, dans ses traits, je puisais chaque jour
Ce poison dévorant qui m'enivrait d'amour.

Ma tête se perdait : jugez de mon délire,
Je crus que dans les miens ses yeux avaient su lire.
Vingt fois je crus les voir, pleins d'un trouble enchanteur,
Se reposer sur moi, s'attendrir... Ah ! docteur,
Quels regards ! mon cœur bat quand je me les rappelle,
Et semble me quitter pour s'élancer près d'elle.
Ils égaraient mes sens ; je cédais ; mes efforts
Ne pouvaient dans mon sein contenir mes transports ;
Vaincu, j'allais parler... jamais beauté plus fière
Ne vous fit d'un coup d'œil rentrer dans la poussière
Jamais plus froid sourire à la cour n'a glacé
Sur les lèvres d'un sot un aveu commencé.
Je restais confondu, muet, tremblant de rage ;
Mais en la détestant je l'aimais davantage.

POLICASTRO, *à part.*

A mes instructions je ne comprends plus rien.
(*Haut.*)
Cependant Béatrix...

ALPHONSE.
Pour former ce lien,
J'écoutai ma raison, ou plutôt ma colère ;
Las d'être dédaigné, je résolus de plaire,
D'inspirer cet amour dont j'étais consumé,
D'aimer qui que ce fût, mais au moins d'être aimé !
Je courus au-devant d'un plus doux esclavage ;
La comtesse était belle et reçut mon hommage.
D'un affront tout récent la tête encore en feu,
Un jour de désespoir, je lui fis mon aveu.
Le dirai-je, insensé ! je crus que Son Altesse
D'un dépit mal caché ne serait pas maîtresse.
Erreur ! il fallut plaire, et je m'y condamnai.
Pour me rendre amoureux quel mal je me donnai !
Souvent plus on est morne et plus on intéresse :
Je touchai Béatrix : j'étais d'une tristesse...
Je m'effrayais déjà de mon bonheur prochain ;
Mais je m'y résignais, quand un ordre soudain

En garnison, docteur, m'exile et nous sépare.
POLICASTRO.
Ah! c'était rigoureux.
ALPHONSE.
Comment! c'était barbare;
M'envoyer à Nola! sans doute pour rêver;
Car l'ordre de la cour m'enjoignait d'observer :
C'était l'emploi prescrit à mon corps de réserve;
Mais où l'on ne voit rien, que veut-on qu'on observe?
Je sentis quelle main brisait de si doux nœuds :
Ah! vous aviez le droit de mépriser mes feux.
Orgueilleuse beauté, mais quand ce cœur se donne,
Ne pouvant être à vous, doit-il n'être à personne?
Non : ma faiblesse au moins n'ira pas jusque-là.
J'y pensais, quand un soir je vis dans sa villa
Une veuve encor jeune, aimable et fort jolie,
La baronne d'Elma par son deuil embellie.
Respirant la vengeance, en amant révolté
Dans ce nouveau lien je me précipitai;
Mais, soigneux de la fuir, je parais son visage
Des traits toujours présents dont j'adorais l'image.
Je prêtais à sa voix ces dangereux accents
Que rêvait mon oreille, et lorsque sur mes sens
Cette erreur avait pris un souverain empire,
J'écrivais... Malheureux! à qui pensais-je écrire!
A ma verve amoureuse alors rien ne coûtait;
Mon inspiration jusqu'aux vers se montait :
Oui, j'ai jusqu'aux sonnets poussé la frénésie!
Quelle flamme éloquente et quelle poésie!
Allez, si du public un beau jour ils sont lus,
De Laure et de Pétrarque on ne parlera plus.
Mais chaque lettre, hélas! était pour la princesse.
Fureurs, transports, serments, tout...excepté l'adresse.
La baronne lisait : qui m'aurait résisté?
Je lui parlais d'hymen, j'allais être écouté;
Tout à coup Son Altesse à la cour me rappelle.

POLICASTRO.
Certes, votre colère était bien naturelle.
ALPHONSE.
Furieux, j'obéis; je pars, docteur, j'accours.
Quels siècles se traînaient dans ces instants si courts,
Où mes vœux empressés dévoraient la distance!
J'arrive: du néant je passe à l'existence;
Mais triste, mais ravi, plein de crainte et d'espoir,
Je vais, je viens, je brûle et tremble de la voir.
Ah! je vous le demande, est-on plus misérable?
Trouble toujours croissant, contrainte insupportable,
Mal d'autant plus cruel que j'aime à le souffrir,
Que je sens ma folie, et n'en veux pas guérir!
POLICASTRO.
On se moque de vous, et c'est du despotisme.
ALPHONSE.
Que d'intérêt pourtant dans un tel égoïsme!
POLICASTRO.
Pure coquetterie!
ALPHONSE.
Oui, j'en conviens, j'ai tort.
POLICASTRO.
Le célibat par ordre!
ALPHONSE.
Il est vrai, c'est trop fort!
POLICASTRO.
Bien.
ALPHONSE.
Je prends mon parti.
POLICASTRO.
C'est très-bien.
ALPHONSE.
Son Altesse
Saura que je prétends épouser la comtesse.
POLICASTRO.
Comment?

ALPHONSE.

Non, la baronne... Un scrupule que j'ai,
C'est qu'avec Béatrix je me suis engagé.
Voyez de quels chagrins une faute est suivie :
Peut-être je ferai le malheur de sa vie.

POLICASTRO.

Grande leçon, jeune homme! On plaît à force d'art,
Et le cœur qu'on séduit est constant... par hasard.

ALPHONSE.

Le sien, si vous saviez à quel excès il m'aime!

POLICASTRO.

Je le sais.

ALPHONSE.

N'est-ce pas? O ciel! c'est elle-même,
Je m'en vais.

POLICASTRO.

Non, restez.

ALPHONSE.

Ne lui parlez de rien.

POLICASTRO.

Mon Dieu! n'ayez pas peur.

ALPHONSE.

Le fâcheux entretien!

SCÈNE IV.

ALPHONSE, POLICASTRO, BÉATRIX.

BÉATRIX, *à part.*

Comme il paraît ému! son désespoir me glace.

ALPHONSE, *à part.*

Elle est loin de prévoir le coup qui la menace.
(*Haut.*)
Après un an d'exil, madame, il est permis
D'éprouver quelque trouble auprès de ses amis.

ACTE I, SCÈNE IV.

BÉATRIX.

Comte, j'en puis juger par celui qui m'agite,
Et c'est presque en tremblant que l'on se félicite.

POLICASTRO.

Quel spectacle touchant, et que je suis heureux
Du plaisir qu'à vous voir vous goûtez tous les deux!

BÉATRIX.

Oui, quelque changement qu'un an d'absence amène...

ALPHONSE.

Bien qu'on semble moins tendre et qu'on écrive à peine...

BÉATRIX.

N'importe, il est bien doux...

ALPHONSE.

Sans doute on est charmé
De voir ceux qu'on aimait...

BÉATRIX.

Et dont on fut aimé.

(*Au docteur.*)
Venez à mon secours.

ALPHONSE, *au docteur.*

Tirez-moi donc d'affaire,
Sans rien brusquer pourtant.

POLICASTRO, *bas, à Alphonse.*

Allons, je vais le faire.

(*Haut.*)
Complimentez madame; à ses pieds un contrat
Fixe le plus galant de nos hommes d'État,
Sassane, et vous avez le charmant avantage
D'apprendre en arrivant son prochain mariage.

ALPHONSE.

Quoi! vous!... J'en suis ravi, madame, assurément.
(*A part.*)
Les femmes!

POLICASTRO, *à Béatrix.*

Il a droit au même compliment:
La baronne d'Elma vivait dans la tristesse,

Il va la consoler en la faisant comtesse.

BÉATRIX.

Ah! j'en suis... Tout le monde en doit être enchanté.
(*A part.*)
Et moi qui m'effrayais de sa fidélité!

POLICASTRO.

Vous ne dites plus rien?

ALPHONSE.

J'en aurais trop à dire.

BÉATRIX.

J'aurais trop à me plaindre.

POLICASTRO.

Alors il faut en rire.

BÉATRIX, *à Alphonse, en souriant*.

Voulez-vous?

ALPHONSE, *riant aussi*.

Volontiers.

POLICASTRO, *qui rit aux éclats*.

Eh bien! rions tous trois.
Sans se donner le mot, se guérir à la fois!
Voyez quel embarras pouvait être le vôtre,
Si l'un était resté plus fidèle que l'autre.
C'est un coup de fortune, et ceci vous fait voir
Combien l'on a souvent raison sans le savoir.

BÉATRIX, *tendant la main à Alphonse*.

Comte, je vous pardonne.

ALPHONSE.

O bonté sans égale!

POLICASTRO.

Mais chut! voici la cour.

UN HUISSIER.

Son Altesse royale!

SCÈNE V.

ALPHONSE, POLICASTRO, BÉATRIX, AURÉLIE, LE GRAND JUGE, LE DUC DE SORRENTE, LE BARON D'ENNA, LE MARQUIS DE NOCERA, UN MEMBRE DE L'ACADÉMIE DE SALERNE, COURTISANS, DAMES D'HONNEUR, ETC.

(*Au moment où l'huissier annonce la princesse, elle sort de son appartement; les courtisans entrent par la galerie du fond.*)

AURÉLIE.

Bonjour, messieurs. Baron, j'ai fait valoir vos droits :
(*A un autre courtisan.*)
Le conseil pense à vous. Le duc va mieux, je crois :
Complimentez pour moi notre pauvre malade.
(*A un autre.*)
Comte, vous l'emportez, vous aurez l'ambassade.
(*Au membre de l'Académie.*)
Ah ! notre Académie a fait un fort bon choix :
Le public comme vous a nommé cette fois.
(*Au duc de Sorrente.*)
Pour ce vieil officier j'ai lu votre demande ;
Ses droits sont peu fondés, mais sa détresse est grande ;
Il sera secouru.

LE DUC DE SORRENTE.

Que de bonté !

AURÉLIE.

Marquis,
Votre fête d'hier était d'un goût exquis ;
Rien de mieux entendu que ce bal sous l'ombrage.
Tout m'a semblé charmant.

LE MARQUIS.

Pardonnez, si l'orage...

AURÉLIE.

Que voulez-vous ! du temps on ne peut disposer.

LE MARQUIS.

Votre Altesse a daigné...

AURÉLIE.

J'ai daigné m'amuser.
Vous avez fait honneur à votre présidence,
Et combattu le luxe avec une éloquence,
Grand juge!..

LE GRAND JUGE.

Mon discours?...

AURÉLIE.

Admirable, accompli;
Au point qu'en parcourant vos jardins d'Éboli,
J'y rêvais... Le beau lieu ! ces marbres, ces antiques,
Quels trésors ! vous avez des jardins magnifiques.

ALPHONSE, *à part.*

Pas un seul mot pour moi !

AURÉLIE.

Que dit-on à la cour,
Béatrix? contez-moi les nouvelles du jour.

BÉATRIX.

Des princes d'Amalfi la brillante héritière,
Si vaine de son rang, de son titre si fière :
Votre Altesse va rire; elle épouse, dit-on,
Un homme de néant : quelque mérite, un nom;
Mais on la blâme...

AURÉLIE.

En quoi? pour quels torts? Est-ce un crime
D'immoler son orgueil à l'amant qu'on estime?
Ce choix, que je connais, ne peut faire un ingrat;
Je l'approuve, et demain je signe le contrat.
Ayons de l'indulgence : honorer ce qu'on aime,
Comtesse, quelquefois c'est s'honorer soi-même.

BÉATRIX.

J'avais tort; tout est bien, vous approuvez leurs nœuds.

AURÉLIE, *à Policastro.*

Quel temps, docteur?

POLICASTRO, *qui observe la princesse.*

Madame, un temps...

AURÉLIE.

Un temps?

POLICASTRO.

Douteux.

AURÉLIE.

Mon Dieu! de mille soins j'ai la tête accablée...
Je voulais sur le golfe... Ah! je suis désolée!

POLICASTRO.

Un admirable temps pour respirer le frais :
Point de soleil, de pluie ; un temps fait tout exprès.

AURÉLIE.

Je pourrais retarder le conseil de régence?

POLICASTRO, *gravement.*

Dussiez-vous m'accuser d'un peu trop d'exigence,
Il le faut.

BÉATRIX.

Oui, vraiment.

AURÉLIE.

Si vous le voulez tous,
J'y consens. Eh bien donc! messieurs, préparez-vous.
(*A Béatrix.*)
Il faudra ce matin chercher les barcaroles
Dont le docteur hier nous donna les paroles ;
Ma guitare, comtesse, est si bien dans vos mains!
Vous me répéterez vos airs napolitains.
Allez, messieurs; la mer effraie un peu les femmes :
Je saurai gré pourtant à celles de vos dames
Qui, sur la foi des vents prêtes à tout oser,
Au naufrage avec moi voudront bien s'exposer.

(*Toute la cour sort par le fond.*)

ALPHONSE, *à part.*

Rien, rien! que de froideur! Ah! je suis au martyre!

AURÉLIE, *à Alphonse, avec sévérité.*
Comte, j'aurai plus tard quelques mots à vous dire.
(*A Béatrix.*)
Venez, et vous, docteur, passons dans les jardins.
(*Tout le monde sort.*)

SCÈNE VI.
ALPHONSE.

Comme on me traite! ô ciel! que d'orgueil! quels dédains!
Mon cœur en a saigné; mais du moins cette injure
Est un remède amer qui guérit ma blessure.
Enfin je n'aime plus : ce serait lâcheté
Que d'adorer encor cette altière beauté.
Revenons à l'objet dont mon âme est éprise,
Au seul objet que j'aime : oui, vos nœuds, je les brise;
Mais je vous le dirai, mais en quittant ce lieu
Ce sera ma vengeance et mon dernier adieu.
Adieu donc pour jamais, fière et froide Aurélie!
A de plus grand que soi vouloir plaire est folie :
N'aimons que nos égaux! Pour qui pense autrement,
L'amitié n'est qu'un piége, et l'amour un tourment.

ACTE DEUXIÈME

SCÈNE I.
BÉATRIX, AURÉLIE.

AURÉLIE, *à quelques personnes de sa suite.*
Le départ dans une heure; à mes ordres fidèles,
Faites au pied du môle attendre les nacelles.
(*A Béatrix.*)
Le docteur vous suivait en vous parlant tout bas :

Que disait-il?
BÉATRIX.
Oh! rien.
AURÉLIE.
Ne le saurai-je pas?
Eh bien! il vous disait?...
BÉATRIX.
Un mot du comte Alphonse;
Il le plaint.
AURÉLIE, *en prenant la guitare, qu'elle cherche à accorder.*
A cela quelle est votre réponse?
BÉATRIX.
Que je le plains aussi. N'est-il pas malheureux
D'avoir pu mériter cet accueil rigoureux?
AURÉLIE, *lui donnant la guitare.*
J'y renonce, tenez.
BÉATRIX.
Je suis bien moins habile;
Mais si madame veut, je puis....
AURÉLIE.
C'est inutile.
Malheureux, vous croyez?
BÉATRIX.
Ah! le comte?
AURÉLIE.
Et qui donc?
BÉATRIX.
Désespéré, madame, et digne de pardon.
Oui, quels que soient ses torts, je le crois excusable,
Et je viens demander la grâce du coupable,
En toute humilité, voyez, à deux genoux...
AURÉLIE.
Enfantillage; allons, comtesse, levez-vous.
Il vous inspire donc un intérêt bien tendre?
BÉATRIX.
Lui? la seule amitié m'oblige à le défendre;
Et j'atteste à madame...

AURÉLIE.

Eh non! j'ai plaisanté.
Ouvrez ce portefeuille.

BÉATRIX.

A tant d'activité
On succombe.

AURÉLIE.

Est-ce fait?

BÉATRIX.

Je tiens la clef fatale;
Il s'ouvre en gémissant et l'ennui s'en exhale.
Ma main sonde le gouffre. O Dieu! que de placets
Qui d'un regard auguste attendent leur succès!
S'il faut répondre à tout pour gouverner l'empire,
On doit être tenté de répondre sans lire.

AURÉLIE.

On le fait quelquefois; mais je crois qu'on a tort.
Mes yeux sont fatigués : lisez-moi ce rapport;
J'écoute.

BÉATRIX.

Une dépêche, elle a plus d'une page...
Oh! madame! des vers! Est-ce que c'est l'usage?

AURÉLIE.

Une dépêche en vers!

BÉATRIX.

Non pas, mais un sonnet
Oublié par hasard sous le premier feuillet;
Le lirai-je?

AURÉLIE.

Voyons.

BÉATRIX, *lisant.*

Vers composés à Nola, sur le tombeau d'Auguste

« Modèle d'amitié pour un objet perfide,
« Sans pitié pour l'amour, ton cœur, qui pardonna
 « Le crime avéré de Cinna,
 « Punit les torts secrets d'Ovide. »

ACTE II, SCÈNE I.

AURÉLIE.
Je veux voir l'écriture.
(*Elle lit.*)
« Amant d'une princesse, il trahit un devoir;
« Une si douce erreur est-elle si coupable?
     « Sans y prétendre on est aimable,
     « Et l'on aime sans le vouloir. »

BÉATRIX.
C'est bien vrai.

AURÉLIE.
« Loin, bien loin du beau ciel dont l'azur nous éclaire,
     « Il meurt, mais il avait su plaire,
     « Et l'amour dut le regretter :
« Sur ce froid monument, où mon exil m'enchaîne,
     « Je consens à subir sa peine,
     « Mais je voudrais la mériter. »

BÉATRIX.
Je connais... Voyons la signature.
Souffrez...

AURÉLIE, *vivement, repliant le papier.*
Laissons cela, nous ferons beaucoup mieux;
Et je dois m'occuper d'objets plus sérieux.
Ne dessinez-vous pas?

BÉATRIX.
Oui, Pæstum; je commence...
(*Elle s'établit sur la table qui est de l'autre côté du théâtre, et regarde son dessin.*)
Les trois temples debout dans un désert immense;
La mer où le soleil darde ses derniers traits,
Et sous leurs grands chapeaux trois brigands calabrais.

AURÉLIE, *signant un placet.*
C'est juste, et j'y consens.

BÉATRIX, *en dessinant.*
Si j'étais Son Altesse,
Je rendrais un édit dont la teneur expresse
Serait que les brigands obtiendront plus d'égards.

AURÉLIE.

Vu?...

BÉATRIX.

Vu que leur costume est utile aux beaux-arts.

AURÉLIE.

De ce considérant j'admire la prudence,
Et je veux vous admettre au conseil de régence.

BÉATRIX.

Moi? la discussion n'en irait pas plus mal.

AURÉLIE.

Si l'on délibérait sur les apprêts d'un bal.

BÉATRIX.

J'ai fait de grands progrès, madame, en politique.

AURÉLIE.

Le comte de Sassane, il est vrai, vous l'explique.

BÉATRIX.

Son Altesse saurait?...

AURÉLIE.

Tout, et vous conviendrez
Que les secrets d'État seraient aventurés.

BÉATRIX. *Elle se lève et vient s'appuyer sur le dos du fauteuil de la princesse.*

Pourquoi donc?

AURÉLIE.

Vous voyez qu'on devine les vôtres.

BÉATRIX.

On peut dire les siens, et garder ceux des autres.

AURÉLIE.

Il faut garder les siens; car, en fait de secrets,
Une indiscrétion fait beaucoup d'indiscrets.

SCÈNE II.

BÉATRIX; AURÉLIE, UN HUISSIER DU PALAIS.

L'HUISSIER.

Le comte d'Avella demande une audience.

BÉATRIX.

Madame l'admettra sans doute en sa présence?

AURÉLIE, *à l'huissier.*

Vous allez l'introduire.

BÉATRIX.

Ah! j'espère...

AURÉLIE.

Écoutez :
Sur toute autre disgrâce appelez mes bontés.
On doit punir un tort comme on paie un service;
La bonté dans les rois passe après la justice.
Allez.

BÉATRIX, *à part.*

Quel ton sévère! Il n'est pas bien en cour.
(*Elle sort.*)

SCÈNE III.

ALPHONSE, AURÉLIE.

ALPHONSE.

Votre Altesse...

AURÉLIE.

J'ai dû presser votre retour,
Comte; on se plaint de vous : je m'afflige et m'irrite
Qu'un homme dont mon père estimait le mérite,
D'un dévoûment connu, d'un nom si respecté,
Ait donné quelque prise à la malignité.

ALPHONSE.

J'étais trop malheureux pour redouter l'envie;
Et c'est moi qu'on outrage! on veut noircir ma vie!
Moi, vous trahir! comment? de quoi m'accuse-t-on?

AURÉLIE.

Ce n'est pas tout à fait de haute trahison,
Je ne l'aurais pas cru; mais d'un défaut de zèle.

ALPHONSE.

Votre Altesse n'a pas de sujet plus fidèle,
Plus ardent, plus zélé.

AURÉLIE.

Je l'ai cru jusqu'ici,
Mais j'ai lieu de penser qu'il n'en est plus ainsi.
Ce dévoûment vous lasse ; un sentiment contraire
Des devoirs qu'il impose est venu vous distraire.
Quels sont-ils ? et pourquoi faut-il vous en parler ?
Mais à qui les oublie on doit les rappeler.
Hâter les armements que le conseil prépare,
Surveiller les travaux de nos forts qu'on répare,
En établir les plans, exercer le soldat,
Placer des corps d'élite aux confins de l'État,
Tels étaient ces devoirs.

ALPHONSE.

Madame, je vous jure
Que je les ai remplis.

AURÉLIE.

Cependant on assure
Que votre cœur, troublé de soins moins importants,
Pour vous en occuper vous laissait peu de temps.

ALPHONSE.

De quels soins parle-t-on ?

AURÉLIE.

Je ne veux rien connaître ;
Des penchants de son âme on n'est pas toujours maître,
Et ce sont des secrets que j'aurais ignorés,
S'ils n'avaient compromis des intérêts sacrés.

ALPHONSE.

Permettez qu'à vos yeux ce cœur...

AURÉLIE, *sévèrement.*

Monsieur le comte,
C'est de vos travaux seuls qu'il me faut rendre compte.
(*Elle s'assied.*)

ALPHONSE.

J'obéis. Nos soldats, divisés en trois corps,
De Nola sur trois points protégent les abords,
Aux défilés des monts j'en ai placé l'élite...

AURÉLIE.

Ah! près d'une villa qu'une baronne habite.
Le régent de la guerre un jour me la nomma...
La baronne... aidez-moi.

ALPHONSE.
La baronne d'Elma.

AURÉLIE.

D'Elma! c'est cela même.

ALPHONSE.
Il ajoutait peut-être

Qu'auprès d'elle assidu...

AURÉLIE.
C'est ce qui devait être.

ALPHONSE.

Madame!...

AURÉLIE.
Nos soldats, comme vous le disiez?...

ALPHONSE.

Ont réparé les forts qui m'étaient confiés ;
Et de Saint-Angelo l'antique citadelle,
Par un nouveau rempart...

AURÉLIE.
Cette baronne... est belle?

ALPHONSE.

Elle a quelque beauté. Convenait-on du moins,
Madame, en m'accusant de lui rendre des soins,
Que jamais...

AURÉLIE.

Nos soldats?

ALPHONSE.
J'eus l'honneur de vous dire

Qu'à mon poste fidèle....

AURÉLIE.

Oui; mais écrire, écrire,
Toujours peindre un amour qu'on ne peut renfermer,
Ou voir l'objet qu'au reste on est libre d'aimer,
Le mal n'est pas moins grand : chaque heure ainsi remplie
Est un larcin qu'on fait au devoir qu'on oublie.

ALPHONSE.

Soigneux de diriger les travaux pas à pas...

AURÉLIE.

Mais il est des travaux dont vous ne parlez pas;
A vos lauriers, dit-on, la gloire est indiscrète,
Vous ajoutez encor les palmes du poëte?

ALPHONSE.

Pardonnez...

AURÉLIE.

C'est donc vrai? le prodige est réel?
Quoi! poëte et guerrier! c'est être universel.
Je doute cependant que cette renommée
Puisse augmenter pour vous le respect de l'armée;
Mais qu'on se perde ou non dans tous les bons esprits,
L'amour d'une baronne est bien d'un autre prix,
Quand d'ailleurs sur vos vers, qu'elle-même publie,
On la juge en tous lieux une femme accomplie.

ALPHONSE.

On a tort.

AURÉLIE.

Et pourquoi?

ALPHONSE.

Des souvenirs plus chers
Pour une autre, madame, avaient dicté ces vers.

AURÉLIE.

Une autre! ah! Béatrix; elle est vraiment aimable;
Mon père à votre hymen ne fut pas favorable;
Vous l'aimiez : dans le temps je sais qu'on en parla :
C'est elle que vos vers célébraient à Nola?

ACTE II, SCÈNE III.

ALPHONSE, *vivement*.

Non, madame, c'était...

AURÉLIE, *avec fierté*.

Qui donc?

ALPHONSE, *avec embarras*.

En poésie,
On prend un personnage... un nom de fantaisie.
On embellit alors cet objet idéal
D'un charme si puissant qu'il nous devient fatal.
Le poëte en aimant croit aimer son ouvrage :
Mais non, trompé lui-même, il a tracé l'image
Que de son triste cœur le temps n'a pu bannir,
Et sa création n'était qu'un souvenir.

AURÉLIE.

Un souvenir! vraiment? si l'image est fidèle,
D'une beauté si rare où trouver le modèle?

ALPHONSE.

Sur le trône sans doute.

AURÉLIE.

Alors quel souverain
Peut se croire assez grand pour prétendre à sa main?

ALPHONSE.

Les rois, oui, les rois seuls ont le droit d'y prétendre;
Mais l'admirer du moins quand on a pu l'entendre,
Ne l'oublier jamais quand on a pu la voir,
Ah! c'est le droit de tous, et c'est presque un devoir.
Ce culte de respect et de reconnaissance,
Que l'on rend aux vertus bien plus qu'à la naissance,
Un peuple vous le doit; mais s'il est des sujets
Admis par Votre Altesse à jouir de plus près
Du charme qui s'attache à sa présence auguste,
Leur respect plus ardent n'en devient que plus juste.
Un an, tel fut mon sort; funeste souvenir!
De quels objets depuis il vint m'entretenir!
Lui seul il m'égarait; il causa ma folie.
N'est-on pas malgré soi poëte en Italie?

Lui seul, il me rendait ces jardins, ce séjour,
Ce tumulte enivrant des fêtes de la cour ;
Ces bals où la grandeur noblement familière
Semblait pour régner mieux s'oublier la première :
Le spectacle touchant des pleurs qu'elle essuyait ;
Ce golfe où, sur les flots, lorsque le jour fuyait,
Votre Altesse chantait les airs de sa patrie,
Où les accents plus doux de sa voix attendrie,
Dans ce calme du soir, ce silence des vents,
Au milieu des parfums dont s'enivraient nos sens...

AURÉLIE, *émue.*

La saison fut charmante ; oui, je me le rappelle.

ALPHONSE.

Et l'on accuserait la froideur de mon zèle
Quand un seul souvenir remplissait mes esprits !
Qu'on en blâme l'excès, on le peut, j'y souscris ;
Qu'on en fasse à vos yeux un crime impardonnable ;
Mais si du dévoûment l'excès même est coupable,
Jamais devant son juge avec moins de remords
Sujet plus criminel n'a reconnu ses torts.

AURÉLIE.

Eh bien donc !... ces remparts... oui, cette forteresse...
Vous disiez ?

ALPHONSE.

   J'eus l'honneur de dire à Votre Altesse,
Qu'avant de me résoudre à former un lien
Où tout est convenance, où le cœur n'est pour rien...

AURÉLIE.

Vous me disiez cela ?

ALPHONSE.

   Souffrez que je le dise ;
Il faut qu'à m'engager votre aveu m'autorise.

AURÉLIE.

Comte, vous l'obtiendrez.

ALPHONSE.

   Mais...

AURÉLIE.

                            Je crois, entre nous,
Que l'État, la noblesse, attendaient mieux de vous.
Votre pays sur vous peut avoir d'autres vues.

ALPHONSE.

Oh! ce sont des raisons que je n'ai pas prévues.
Plutôt que de blesser de si chers intérêts,
Je puis à cet hymen renoncer sans regrets.

AURÉLIE.

On doit à son pays son temps et ses services;
Mais il n'exige pas de pareils sacrifices.

ALPHONSE, *avec chaleur*.

Madame, à son pays on doit tout immoler!
Non; je n'immole rien : pourquoi vous le céler?
Hélas! il faut aimer pour faire un sacrifice;
Mais plus fier, plus heureux, quel qu'en fût le supplice,
Je l'offrirais encore au devoir tout-puissant
Qui dispose à son gré de mon cœur, de mon sang,
A vos nobles aïeux, à votre auguste père,
A vous surtout, madame, à vous que je révère,
A vous qu'avec transport je...

AURÉLIE, *se levant*.

                             Vous aimez vos rois :
Cet amour m'est connu; j'y compte, et je vous crois.
Dans de tels sentiments persévérez sans cesse;
Je vois qu'on m'a trompée, et j'en gémis.

ALPHONSE.

                                     Princesse!

AURÉLIE.

Tout juger de trop bas ou tout voir de trop haut,
Des sujets et des rois c'est là le grand défaut :
Grâce aux détails nombreux, aux nouvelles lumières,
Que j'ai reçus de vous sur l'état des frontières,
Je juge vos travaux, je conçois mieux vos plans,
Et rends justice entière à vos soins vigilants.
Restez auprès de moi, la cour vous est si chère!

C'est un défaut pourtant dans un homme de guerre :
Je l'excuse. Adieu, comte... Ah! j'avais oublié :
Il faudra des régents cultiver l'amitié.
Que votre oncle vous voie et qu'il vous félicite...
A notre promenade aussi je vous invite,
Si ce délassement a pour vous quelque attrait :
Mais n'y venez qu'autant que cela vous plairait.
En serez-vous?

ALPHONSE.

Madame!

AURÉLIE.

Adieu donc.

SCÈNE IV.

ALPHONSE.

C'est un ange.
De fierté, de douceur, adorable mélange!
Que son regard royal a de charme et d'éclat!
Et puis quelle aptitude aux affaires d'État!
Discuter sur un fait purement militaire!
Cet esprit, à lui seul, vaut tout un ministère.
C'est par amour du bien que j'en suis amoureux;
Sous son gouvernement que nous serons heureux!...
Je bravais son pouvoir; je voulais m'y soustraire,
Tenir à mes projets : j'ai fait tout le contraire.
J'ai tort, mille fois tort; ma raison me le dit;
Mais quoi! mon traître cœur tout bas s'en applaudit,
S'humilie avec joie, et, vaincu par ses charmes,
Trouve un plaisir d'esclave à lui rendre les armes.
C'en est fait!

SCÈNE V.

LE DUC D'ALBANO, ALPHONSE.

UN HUISSIER, *annonçant*.
Sa Grandeur le régent du trésor !
ALPHONSE.
Mon oncle! un plan nouveau le préoccupe encor :
Il paraît tourmenté d'un calcul de finance.
ALBANO, *sans avoir vu Alphonse*.
Je ne pourrai jamais établir la balance :
C'est toujours mon écueil; les emprunts sont charmants,
Hormis les intérêts et les remboursements.
Pour assainir Pæstum c'est ma ressource unique;
Mais quel projet! projet d'utilité publique,
Projet dont le pays se trouvera très-bien.
ALPHONSE.
Et puis vous aurez là, mon oncle, un fort beau bien.
ALBANO.
Qui! vous ici, monsieur?
ALPHONSE.
Moi-même.
ALBANO.
Eh! mais, de grâce,
Par quel ordre?
ALPHONSE.
D'abord que mon oncle m'embrasse.
ALBANO.
Répondez, s'il vous plaît.
ALPHONSE.
A quoi bon ce courroux?
Par l'ordre des régents : eh quoi! l'ignoriez-vous?
ALBANO.
Monsieur, quand on gouverne, on sait tout : mais ma tête

Roulait un grand dessein qu'au passage on arrête.
Me prendre à l'improviste, et venir se heurter
Contre un calcul naissant que j'allais enfanter!

ALPHONSE.

Je reconnais mes torts.

ALBANO.

C'est trop heureux. J'augure
Que vous faites en cour une triste figure.
On vous a mal reçu?

ALPHONSE.

Moi! mon oncle; un accueil
Qui d'un régent lui-même eût satisfait l'orgueil!
Une grâce achevée! une bonté touchante!...

ALBANO, *avec tendresse.*

Ah! cher comte, tant mieux: votre bonheur m'enchante.

ALPHONSE.

Des éloges sans nombre! et je dois ajouter
Qu'on invite mon oncle à me féliciter.

ALBANO, *lui serrant la main.*

Du meilleur de mon cœur; ce cher neveu! Mon frère
M'engagea si souvent à te servir de père!...

ALPHONSE.

Et vous m'en servirez; car, ma foi! c'est urgent :
Dieu! qu'on est orphelin quand on n'a pas d'argent!

ALBANO.

Quoi! des fonds de l'État crois-tu que je dispose?

ALPHONSE.

Non : mais, à votre aspect (vous comprendrez la chose),
Les vapeurs du trésor me montant au cerveau,
J'inventais en finance un procédé nouveau.

ALBANO.

Toi!

ALPHONSE.

Je suis sans fortune, et créais sur la vôtre
Un système d'emprunt...

ALBANO.
Qui me plaît moins qu'un autre.
ALPHONSE.
Qui vous plaira, mon oncle; et c'est avec raison
Que j'ai compté sur vous pour monter ma maison.
ALBANO.
Par intérêt public, restez célibataire,
Vous avez des neveux qui vous sortent de terre;
Et pour peu qu'un seul jour on ait administré,
On connaît ses cousins au trentième degré.
ALPHONSE.
Un de vos trois palais me serait très-commode;
Veuillez me le céder.
ALBANO.
Ce n'est pas ma méthode.
Dans celui du sénat tu seras grandement.
ALPHONSE.
Mais ce palais, mon oncle, est au gouvernement.
ALBANO.
Et le gouvernement, c'est moi : donc, mon système
Est qu'un gouvernement loge un neveu qu'il aime.
ALPHONSE.
Pour vivre avec mon nom il faut des revenus,
Et les miens jusqu'ici ne me sont pas connus.
ALBANO.
Je me mettrai pour toi l'esprit à la torture;
Je te promets...
ALPHONSE.
Vos fonds?
ALBANO.
Non, quelque sinécure.
ALPHONSE.
A moi?
ALBANO.
Comme ton rang m'oblige au décorum,
Je veux en ta faveur créer un muséum,

Une direction d'antiquités étrusques,
De médailles.

ALPHONSE.

Pour moi?

ALBANO.

Sans raison tu t'offusques.
Te voilà directeur, ou bien conservateur
D'un établissement dont je suis fondateur.

ALPHONSE.

Cherchez pour cet emploi quelque brave antiquaire.

ALBANO.

J'en connais : j'aurai soin qu'un bibliothécaire,
Qui ne conserve rien, pour une indemnité
Gagne le traitement qui te sera compté.

ALPHONSE.

Par le gouvernement!

ALBANO.

Va donc au fond des choses :
C'est une abstraction, mon cher, que tu m'opposes,
Et ton oncle lui seul paiera ce traitement,
Mais sur ses revenus comme gouvernement.
Veux-tu qu'en publiciste avec toi je m'explique?
C'est de l'économie...

ALPHONSE.

Allons donc!

ALBANO.

Politique.

ALPHONSE.

Eh bien! ce que par là vous me prouvez le plus,
C'est que l'abus des mots mène à beaucoup d'abus.
Pour moi, quand de mes fonds l'état n'est pas prospère,
J'ai recours sans scrupule à mon oncle, à mon père;
Mais être à charge à tous, et, fort de votre appui,
Prélever un impôt sur le travail d'autrui!
Non : je renonce au faste, et sens que la noblesse
Tient à la dignité bien plus qu'à la richesse.

ACTE II, SCÈNE VI.

ALBANO.

Ah! vous me refusez : soit.

UN HUISSIER.

Leurs Grandeurs!

ALBANO.

Allez :
Mes collègues et moi, nous voici rassemblés ;
Laissez-moi recueillir mes sens et ma mémoire,
Pour vaquer aux travaux d'un conseil provisoire.

SCÈNE VI.

LE MARQUIS DE POLLA, LE COMTE DE SASSANE, LE DUC D'ALBANO, TROIS HUISSIERS *avec des portefeuilles*.

ALBANO.

Messieurs, je méditais quelque chose de grand ;
Je vous en ferai part.

POLLA.

Tenez, moi, je suis franc :
Sassane, et vous, cher duc, pardon si je vous blesse,
Mais vous travaillez trop, vous travaillez sans cesse ;
Vous vous sacrifiez.

SASSANE, *au duc d'Albano.*

Pour vous c'est dangereux.
Un esprit créateur est un don malheureux.

ALBANO.

Je m'immole, c'est vrai ; mais j'ai droit de le dire,
Votre exemple m'y force.

SASSANE, *lui serrant la main.*

Union que j'admire!

POLLA.

Sans jamais se fâcher c'est un rare bonheur
Que de se dire ainsi ce qu'on a sur le cœur.

SASSANE. *Il fait signe aux huissiers de se retirer.*
Asseyons-nous, messieurs. La circonstance est telle
Que sur l'État, le trône, ainsi que la tutelle,
Dont les trois intérêts semblent se compliquer,
J'ai des réflexions à vous communiquer.
Par nos grands aperçus, notre sagesse active,
Nous sommes du pouvoir l'âme administrative;
    (*Montrant Polla.*)
Soit qu'un esprit sans borne en sa capacité
Combatte sur la carte ou prépare un traité,
    (*Se tournant vers Albano.*)
Soit que, par des impôts, un soin prudent tempère
L'essor commercial devenu trop prospère,
Soit qu'une politique ignorée au dehors
Ébranle l'Italie en cachant ses ressorts.
Mais ce pouvoir, messieurs, que chacun nous envie,
Et dont le poids peut-être abrége notre vie,
Si d'un commun accord nous l'avons demandé,
Si nous l'avons reçu, si nous l'avons gardé,
Si, par un dévoûment qui tous trois nous honore,
Nous sentons le besoin de le garder encore,
Pourquoi? dans quel motif et pour quel résultat?
Le plus noble de tous, l'intérêt de l'État.
Nous gouvernons donc bien?

          ALBANO.

                La question m'étonne.

          SASSANE.
Et pour nous remplacer nous ne voyons personne.
En esprits du même ordre, il faut en convenir,
Le présent est stérile, ainsi que l'avenir.

          ALBANO.
J'avouerai qu'au pouvoir je ne resterais guère,
Si le marquis cessait d'administrer la guerre.

          POLLA.
Et les finances donc, morbleu! j'ose assurer
Que personne après vous ne pourra s'en tirer.

ALBANO.
Je m'en flatte.
SASSANE.
Pour moi, ma grandeur me fatigue ;
Que le siècle en talents n'est-il donc plus prodigue !
Sûr d'être remplacé, libre de soins...
ALBANO.
Erreur !
Vous retirer ! qui ? vous !
POLLA.
Ma foi ! j'entre en fureur.
Égoïsme tout pur qu'une telle manie,
Et ce n'est pas pour soi que l'on a du génie.
SASSANE.
Ce dégoût des honneurs par moi manifesté
Vous semble pour l'empire une calamité :
Je le combattrai donc ; mais si je dois conclure
Que la chose publique irait à l'aventure,
Que tout serait abus, confusion, chaos,
Pour peu qu'un seul de nous rentrât dans le repos,
Veuve de tous les trois, que devient la patrie ?
ALBANO.
Et pourquoi donc prévoir ce malheur, je vous prie ?
Mon cher collègue, au fait !
POLLA.
C'est vrai, plus de détours ;
J'ai puisé dans les camps l'horreur des longs discours,
Et si je vous en veux, si vous êtes coupable,
C'est que vous me rendez l'éloquence agréable.
SASSANE.
Ce malheur est prochain : à sa majorité,
La princesse de droit reprend l'autorité,
Règne, et sur les débris d'un pouvoir qu'elle brise
Place un prince inconnu de Toscane, de Pise,
De Ferrare ou de Lucque ; enfin, je vous apprends
Que le duc de Modène est déjà sur les rangs.

ALBANO.

Gagnons l'ambassadeur!

POLLA.

Mais, pour Dieu! point de guerre.

SASSANE.

Le fer qui tranche tout n'est qu'un moyen vulgaire :
Alexandre le Grand me plaît sous un rapport;
Mais comme diplomate il s'est fait bien du tort.
Ne tranchons pas le nœud : qu'une manœuvre habile
Le forme à notre gré pour nous le rendre utile.
La princesse, messieurs, nous estime tous trois,
Nous aime : unissons-nous pour diriger son choix,
Non sur un étranger qui, fier du diadème,
Se mettrait dans l'esprit de gouverner lui-même :
Il faudrait dans sa cour choisir un souverain,
Un roi digne de l'être, un roi de notre main,
Noble comme... nous trois.

POLLA.

D'accord.

ALBANO.

C'est sans réplique.

Grand administrateur...

SASSANE.

Ou profond politique.

POLLA.

Ou capitaine habile.

SASSANE.

Et qui nous conservât:
Car avant tout, messieurs, l'intérêt de l'État!

POLLA.

Eh bien! je vais au fait : à quoi bon le mystère!
Il est temps de parler en loyal militaire.
Je vois qu'aucun de nous ne veut penser à lui :
Pourquoi? Qu'un de nous règne, et son royal appui
Préserve ses rivaux d'une double disgrâce;
Vous restez, nous restons, et tout reste à sa place.

ACTE II, SCÈNE VI.

SASSANE.

Alors, cherchons à plaire ; et pour moi je promets
Qu'au choix de Son Altesse en tout je me soumets.

ALBANO.

Faisons-nous par nos soins des droits à la couronne,
Sans nous nuire entre nous, et sans nuire à personne.

POLLA.

M'en préserve le ciel ! Pourtant, sans intriguer,
Tous trois contre Modène il faudra nous liguer.

SASSANE.

La vérité suffit en pareille matière,
Et je veux au conseil la dire tout entière.
Appuyez-moi.

ALBANO.

C'est bien.

SASSANE, *à Albano.*

Mais votre cher neveu
Est un témoin gênant.

POLLA.

Je l'embarque, morbleu !
Je veux humilier la puissance ottomane :
Et voici quatre mois que la flotte est en panne.
Qu'elle parte : au conseil appuyez mon projet.

SASSANE.

Vous y pouvez compter.

ALBANO.

Moi, sur un autre objet
J'y réclame à mon tour votre utile assistance.

SASSANE.

(*Ils se lèvent.*)
Vous l'aurez. Ainsi donc tout est réglé d'avance.

POLLA.

Arrêtez : nous savons ce que vaut un serment.
Jurons donc d'accomplir ce saint engagement,
En conservant chacun dans ses prérogatives,
Titres, pouvoirs, emplois, dignités respectives...

ALBANO.

Et traitements, messieurs !

SASSANE.

En un mot, jurons tous
De forcer nos neveux à redire après nous
Que trois rivaux d'amour...

POLLA.

De gloire...

ALBANO.

De fortune...

SASSANE.

En disputant le trône ont fait cause commune,
Pour se le partager, sans regret, sans débat,
Et dans un but sacré :

TOUS TROIS, *étendant la main pour jurer*.
L'intérêt de l'État.
(*Ils sortent*.)

ACTE TROISIÈME

SCÈNE 1.

SASSANE.

Rompre avec la comtesse est un mal nécessaire.
Jeune, on croit qu'en amour le grand art est de plaire;
Plus tard on s'aperçoit que rompre sans éclat,
Par calcul ou fatigue, est le point délicat.
Tromper un vieux ministre, amener par la ruse
Un ennemi vainqueur à la paix qu'il refuse,
Demande moins de soins qu'il n'en faut pour traiter

Avec l'orgueil déçu d'un cœur qu'on veut quitter.
J'y parviendrai pourtant, j'en ai quelque habitude,
Tandis qu'à plaire ailleurs je mettrai mon étude.
Mes rivaux, bonnes gens, que je redoute peu,
Mais qu'il faut ménager pour avoir leur aveu!
Roi, je verrai par suite... Oui, dans notre sagesse,
Nous verrons à quel point nous lie une promesse,
Et si ce grand mobile, à qui tout doit céder,
L'intérêt de l'État, permet de les garder.
Mais voici la comtesse; au risque d'un orage,
Je veux entre elle et moi mettre un léger nuage.

SCÈNE II.

BÉATRIX, SASSANE.

BÉATRIX.

Ah! quel événement!

SASSANE.

Qu'avez-vous?

BÉATRIX.

Je promets
Que j'ai fait à la mer mes adieux pour jamais.

SASSANE.

Parlez.

BÉATRIX.

Un ouragan, des vagues, le tonnerre!
La belle horreur à voir, quand on la voit de terre!

SASSANE.

Comptez-moi vos malheurs.

BÉATRIX.

Dans ce commun danger,
Un tiers de la régence a failli naufrager.
Car pour narguer les vents, le tonnerre et Neptune,

Notre barque portait César et sa fortune :
Plus galant que jamais, le marquis de Polla,
Le gouvernail en main, avec nous s'enrôla.
Son titre d'amiral et son air d'importance
Me rassuraient d'abord sur ma faible existence.
Je chantais... comme on chante alors qu'on tremble un peu.
Soudain la mer s'élève et le ciel est en feu.
Le marquis, l'air troublé, riait de mon martyre,
Mais de ce rire éteint qui ne vous fait pas rire,
Quand un grand flot survint, qui de front nous choqua ;
Notre amiral pâlit, et la voix me manqua.
La barque est en suspens, l'air siffle, le mât crie.
Alphonse au gouvernail se jette avec furie,
Repousse le régent qui, sans voix, sans coup d'œil,
Effaré, nous menait tout droit sur un écueil,
Et, si ce bras sauveur n'eût changé la manœuvre,
Dans les flots avec nous achevait son chef-d'œuvre.
A qui donc se fier, alors qu'un amiral
N'entend pas la marine et gouverne aussi mal?

SASSANE.

Et Son Altesse?

BÉATRIX.

Oh! rien : une toilette à faire.
Ce soin, que le voyage a rendu nécessaire,
Dans sa maison du golfe, ici près, la retient.
Mais qu'avait le marquis? comprend-on d'où lui vient
Cette galanterie à nos jours si fatale?

SASSANE, *à part.*

Le sot! il eût noyé Son Altesse Royale,
Pour lui faire sa cour!

BÉATRIX.

J'en ris dans ce moment ;
Mais à vous, loin du port, je pensais tristement :
Oui, comte, à chaque flot dont j'étais menacée,
Votre désespoir seul occupait ma pensée.

Il ne me verra plus! qu'il va me regretter!
Disais-je, et que de pleurs ce jour va lui coûter!...
M'auriez-vous survécu, Sassane?

SASSANE.

Moi! comtesse!
O Dieu!...

BÉATRIX.

Non? Quoi! vraiment? Voilà de la tendresse!
Et l'on dit qu'à la cour on ne sait pas aimer!...
Que sur vos sentiments j'eus tort de m'alarmer!

SASSANE, *d'un air piqué*.

Un tel aveu me blesse et jusqu'au fond de l'âme.

BÉATRIX.

Mais je n'en doute plus.

SASSANE.

Pourquoi donc pas, madame?
Certes, vous le pouvez.

BÉATRIX.

Ce courroux est charmant;
Et pour me rassurer il vaut mieux qu'un serment.

SASSANE, *à part*.

Elle a paré le coup.

BÉATRIX.

Dieu! que je suis ravie!
Quand on a cru la perdre, on aime tant la vie!

SASSANE.

Et la vôtre est si douce! A l'abri des chagrins,
Tous vos jours sont à vous; ils sont purs et sereins.
Les miens...O vain éclat! faux biens! grandeurs fragiles!
Les miens sont condamnés au malheur d'être utiles,
Du souffle de l'envie agités dans leur cours,
En proie aux soins amers, aux tourmentes des cours.
Quels destins, ah! comtesse! et ce cœur sans courage
Veut vous associer à leur triste esclavage;
Et je crois rendre heureuse, et je prétends chérir

Celle à qui, pour présent, ma main vient les offrir...
Ah! puissé-je employer la force qui me reste
A détourner de vous cet avenir funeste,
A vaincre le désir dont je suis combattu!
Je le veux; je le dois, j'en aurai la vertu!
BÉATRIX.
Ce combat généreux m'attendrit jusqu'aux larmes,
Et jamais votre amour n'eut pour moi tant de charmes!
SASSANE, *à part.*
Comment donc la fâcher?
BÉATRIX.
    Je sens mieux, près de vous,
Ce qu'au fort du danger le comte osa pour nous.
SASSANE.
(A part.)   *(Haut.)*
Ah! voilà le moyen!... Même avant ce service,
On sait qu'en l'admirant vous lui rendiez justice.
BÉATRIX.
Comment?
SASSANE.
   Il est trop vrai; je l'avais soupçonné;
Et de votre froideur je m'étais étonné.
Non, depuis quelque temps vous n'êtes plus la même.
BÉATRIX.
Moi!
SASSANE, *vivement.*
  Ne m'expliquez point cette réserve extrême;
Je la comprends, j'eus tort, et c'est trop présumer
Que de prétendre au cœur qu'un autre a su charmer.
Je ne m'arrête pas au vain motif qu'on donne
A ce retour soudain qui n'abuse personne.
On sait qui s'employa pour le solliciter;
Il revient, il vous sauve, il devait l'emporter.
Il l'emporte en effet: pourquoi vous en défendre?
Vous me faites justice et je dois me la rendre.
BÉATRIX.
Vous, jaloux! se peut-il? vous m'aimez à ce point!

SASSANE, *à part.*

Rien ne me réussit; mais ne faiblissons point.
    (*Haut.*)
Jaloux! oui, je le suis; je l'étais!... Sans se plaindre
On s'obstine à douter, on souffre à se contraindre.
Le soupçon qu'on veut fuir vous ronge à tous moments;
On se brise le cœur pour cacher ses tourments.
Mais on se lasse enfin d'un si cruel mystère!

BÉATRIX.

Non, jamais comme vous on n'aima sur la terre!
Quel bonheur.

SASSANE, *à part.*

    C'est vraiment de la fatalité;

    (*Haut, avec violence.*)
Mais je la fâcherai. Je ne suis pas quitté:
Je brise le premier des nœuds dont on se joue;
Je romps tous mes serments et je les désavoue :
Mais vous l'avez voulu; mais j'ai trop supporté
Tant de coquetterie et de légèreté;
Qu'un autre soit aimé, j'y consens; que m'importe?
Perfide!... mais, pardon, je sens que je m'emporte,
Que ce reproche est dur, que j'ai pu prononcer
Quelques mots trop amers pour ne vous pas blesser;
Que ce honteux oubli de toute bienséance
Vient d'attirer sur moi votre juste vengeance,
Que votre dignité vous en fait un devoir,
Et qu'après ce transport je ne dois plus vous voir.

BÉATRIX.

C'est l'amour à son comble! il me touche, il me flatte!
Et si j'y résistais, je serais trop ingrate.
Je dois par notre hymen couronner cet amour.
Je cède, et c'est à vous d'en fixer l'heureux jour.

SASSANE.

(*A part.*)   (*Froidement.*)
Impossible!... Je sors : je cherchais la princesse..

BÉATRIX, *gaiement*.

Et pas moi, n'est-ce pas?

SASSANE.

Dites à Son Altesse,
Si vous le trouvez bon...

BÉATRIX.

Que vous êtes jaloux,
Et que pour vous guérir il faut m'unir à vous!

SASSANE.

Pas un mot de cela, comtesse, je vous prie!

BÉATRIX.

On rirait... Bien vous prend de m'avoir attendrie.
Je dirai : Sa Grandeur, madame, a tout quitté
Pour s'informer ici d'une auguste santé.
C'est bien?

SASSANE.

Je vous rends grâce; on ne peut pas mieux dire.
(*A part.*)
Pour rompre quand on plaît, le meilleur est d'écrire.

SCÈNE III.

BÉATRIX.

C'est qu'il est très-jaloux!... Avec un peu de soin,
Si l'on était coquette, on le mènerait loin;
On ne l'est pas; oh! non! Et pourtant quelle gloire,
Traîner une Excellence à son char de victoire!
S'amuser des tourments d'un ministre amoureux,
C'est venger son pays... Non, vous serez heureux,
Monseigneur; on vous plaint, on pardonne au coupable.
Ah! tant que nous l'aimons, qu'un jaloux est aimable!

SCÈNE IV.

POLICASTRO, AURÉLIE, BÉATRIX.

AURÉLIE, *au docteur qui la conduit.*

Quoi! tous les trois, docteur, et vous me l'assurez?
POLICASTRO.
J'ai su ce grand complot d'un des trois conjurés.
BÉATRIX, *courant au-devant de la princesse.*
On conspire, madame?
AURÉLIE.
Ah! vous voilà, peureuse!
POLICASTRO, *arrêtant la princesse qui fait quelques pas vers Béatrix.*
Toute commotion pourrait être fâcheuse;
Doucement! Quel effroi tout à coup j'éprouvai,
Madame, quand chez moi le comte est arrivé,
Me pressant de partir, éperdu, hors d'haleine,
Tremblant pour Votre Altesse, et pâle... il faisait peine,
Dans un état...
AURÉLIE, *vivement.*
Il souffre, et vous l'avez quitté!
Mais courez donc!...
POLICASTRO.
Il est en parfaite santé.
AURÉLIE.
Le singulier effet d'une terreur profonde!
Quand on a craint pour soi, l'on craint pour tout le mond
N'est-ce pas, Béatrix, on est faible?
BÉATRIX.
Oui, vraiment.
(*Au docteur, en riant.*)
Mais, puisque la pâleur est un signe alarmant,
Comment va le marquis?

AURÉLIE.

Votre gaîté m'étonne.
A quelque chose au moins je veux qu'elle soit bonne ;
Allez, et montrez-vous : que cet air satisfait
Répare un peu le mal que vos récits ont fait.
Consolez nos sujets, et dans la galerie
Rassurez cette foule inquiète, attendrie.
Leur visage, où j'ai lu l'événement du jour,
Est encor tout défait et presque en deuil de cour.

BÉATRIX.

J'y vais !

AURÉLIE, *à Béatrix qui reste.*

Eh bien !

BÉATRIX.

Madame a quelque chose à dire ?

AURÉLIE.

Oui.

BÉATRIX.

Des secrets d'État ?

AURÉLIE, *avec douceur.*

Laissez-nous.

SCÈNE V.

POLICASTRO, AURÉLIE.

AURÉLIE.

Je respire !
Être seule, être heureuse, et n'agir qu'à son goût,
Ces trois points exceptés, quand on règne on peut tout.

POLICASTRO.

Royale liberté !

AURÉLIE.

Nous sommes tête à tête :

ACTE III, SCÈNE V.

Parlons des prétendants dont j'ai fait la conquête.
De qui le savez-vous?
POLICASTRO.
D'un loyal chevalier;
Aux usages des cours trop franc pour se plier,
Le marquis se repose en mes faibles lumières.
Se défiant un peu de ses grâces guerrières,
Sur mon appui, madame, il fonde quelque espoir;
Car à votre docteur il suppose un pouvoir
Que ce docteur n'a pas.
AURÉLIE.
Allons! c'est modestie :
Vous savez le contraire, et je suis avertie
Qu'on dit chez bien des gens que vous me gouvernez.
POLICASTRO.
Qui? moi! bonté du ciel!
AURÉLIE.
Vous vous en étonnez?
Au fond, c'est un peu vrai. Parlez.
POLICASTRO.
Je vous révèle
Cette insurrection d'une espèce nouvelle,
Qui n'irait à rien moins qu'à faire un souverain,
Même trois, si l'un d'eux obtenait votre main.
Car chacun sacrifie une courte régence
A l'espoir plus réel d'en garder la puissance.
AURÉLIE, *à part.*
Dieu! que l'occasion serait belle à saisir!
Libre... mais quel moyen?... Mon cœur bat de plaisir.
POLICASTRO.
Votre Altesse sourit du projet d'alliance?
AURÉLIE, *de même.*
Je peux... oui, c'est cela !
POLICASTRO.
J'imaginais d'avance
Que le triple serment et l'hymen concerté

Feraient sur votre front naître l'hilarité.
Jamais hommes d'État, si le complot circule,
Ne seront affublés d'un plus beau ridicule.
Aussi le comte Alphonse, avec qui j'ai causé...

AURÉLIE.

Le comte!

POLICASTRO.

Ainsi que vous il s'en est amusé,
Et m'a dit : Si jamais votre noble maîtresse
D'un sujet, cher docteur, couronne la tendresse,
Je ne présume pas que, pour faire un heureux,
Un tel excès d'honneur tombe sur un d'entre eux.

AURÉLIE.

Le comte a dit cela! Ma surprise est extrême;
Il connaît mieux alors mes projets que moi-même.
(*A part.*)
Pas un, pas même lui ne saura mon secret.
(*Au docteur, à voix basse.*)
Policastro!

POLICASTRO.

Madame?

AURÉLIE.

Il faut être discret.

POLICASTRO.

De ce devoir sacré je fus toujours esclave.

AURÉLIE. *Elle s'assied.*

Approchez, parlons bas; la circonstance est grave.
Décidons de mon sort : sur qui fixer mon choix?

POLICASTRO.

Sur qui? Madame veut...

AURÉLIE.

Couronner un des trois;
est décidé; lequel?

POLICASTRO.

Des trois régents?

ACTE III, SCÈNE V.

AURÉLIE.

Sans doute.

POLICASTRO, *à part.*

Dieu! comment deviner?...

AURÉLIE.

Lequel? je vous écoute.

POLICASTRO.

(*A part.*)

Je n'hésiterai pas... C'est fort embarrassant.
(*Haut.*)
Mon avis est d'abord qu'en y réfléchissant,
Car il faut réfléchir avant de rien conclure,
Sassane...

AURÉLIE.

Y pensez-vous?

POLICASTRO.

Moi, je pense à l'exclure.

AURÉLIE.

Lui! qui pour vingt beautés s'est fait peindre, dit-on?

POLICASTRO.

En habit de ministre avec son grand cordon.

AURÉLIE.

Et dans ma galerie à s'admirer s'apprête,
Mon sceptre d'or en main et ma couronne en tête;
Non! mes graves aïeux, je crois, n'y tiendraient pas;
Ce serait trop plaisant.

POLICASTRO.

Ils riraient aux éclats;
Et depuis neuf cents ans qu'ils ont perdu la vie,
Un tel roi pourrait seul leur en donner l'envie.
Détrôné!

AURÉLIE.

Point de grâce!

POLICASTRO.

A perpétuité,
Lui, les rois de sa race et leur postérité.

AURÉLIE, *après une pause.*
Quant au duc d'Albano...

POLICASTRO.
J'y pensais.

AURÉLIE.
Homme utile.

POLICASTRO.
Indispensable.

AURÉLIE.
Esprit en ressources fertile.

POLICASTRO.
Il invente en finance, et ce n'est pas commun.

AURÉLIE.
Qui créa cent projets.

POLICASTRO.
S'il n'en avait fait qu'un,
On dirait : Le hasard !... mais...

AURÉLIE.
Fût-ce une manie,
Elle est noble.

POLICASTRO.
C'est vrai; grands moyens ! beau génie !

AURÉLIE.
Mais de tous les humains c'est le plus ennuyeux !

POLICASTRO.
Le grand homme, il est vrai, reçut ce don des cieux;
Il l'était par nature, et les mathématiques
L'ont achevé... Chagrin, vapeurs mélancoliques,
Dégoût de tous les biens, abattement moral,
Voilà ce que l'ennui provoque en général.
Dérobons-lui vos jours dont le soin me regarde :
On peut mourir d'ennui si l'on n'y prend pas garde.

AURÉLIE.
N'y songeons plus, docteur; vos avis sont des lois.

POLICASTRO.
C'en est donc fait encor d'une race de rois?

AURÉLIE.
Oui, détrônons le duc.
POLICASTRO.
Seconde dynastie,
Morte avant que de naître, éteinte, anéantie!
AURÉLIE.
Eh bien!
POLICASTRO.
Eh bien, madame, entre les candidats,
J'ose le répéter, je n'hésiterais pas.
On n'a pas deux avis : le mien reste le même ;
Un d'eux m'avait semblé digne du rang suprême,
Je ne voyais que lui, c'est lui seul que je vois :
Enfin, c'est au marquis que je donne ma voix.
AURÉLIE.
Son grand nom, ses exploits, tout me porte à vous croire.
POLICASTRO.
A votre avénement il vous faut de la gloire.
Dans les vers composés pour un avénement,
Le myrte et le laurier font un effet charmant.
AURÉLIE.
J'en conviens : des lauriers l'éclat toujours magique
Change en amour pour nous la vanité publique.
POLICASTRO.
Ajoutons à cela trois mots de liberté,
Et voilà pour six mois tout un peuple en gaîté...
Puis on gouverne après comme on veut, c'est l'usage.
AURÉLIE.
Et comme on peut, docteur. Mais avec quel courage
Vous m'avez, en ami, dit votre sentiment,
Sans consulter le mien et sans déguisement!
Je ne vous promets rien ; c'est au roi votre maître
A vous récompenser, s'il vient à tout connaître.
(*Elle se lève.*)
POLICASTRO.
Quand je parlai pour lui, ce fut sans intérêt ;

Je n'avais pas songé même qu'il le saurait...
Dois-je l'en informer?

AURÉLIE.

Docteur, c'est votre affaire;
Tout ce qui n'est pas fait peut ne se jamais faire.
Ainsi rien en mon nom; parlez de votre part,
Mais après le conseil.
(*Elle sonne.*) (*A un huissier.*)
Au palais, sans retard,
Convoquez Leurs Grandeurs.

POLICASTRO.

Je ne saurais vous taire
Que du conseil privé j'ai vu le secrétaire.
Du trajet maritime il s'est trouvé si mal,
Que son zèle échoûrait contre un procès-verbal.
(*Avec intention.*)
Mais un homme discret remplaçant le malade...

AURÉLIE.

Je trouverai quelqu'un. Quant à votre ambassade,
Attendez le moment; pas un mot jusque-là.

POLICASTRO.

Je vous obéirai.

UN HUISSIER, *annonçant.*

Le comte d'Avella!

AURÉLIE, *à Policastro.*

Songez que le marquis, s'il a quelque prudence,
Doit à ses deux rivaux cacher la confidence.

POLICASTRO, *qui sort.*

Le marquis! Dieu! quel rêve! à dater de ce jour,
Saluons de plus bas le soleil de la cour.

SCÈNE VI.

AURÉLIE, ALPHONSE.

AURÉLIE, *sur le devant de la scène.*
Ah! le comte a parlé! Qu'un moment on s'oublie,
Ils se ressemblent tous; réparons ma folie.
Otons lui tout espoir. Mais le voici.

ALPHONSE.
Pardon!
Je crains d'être importun, et je m'éloigne...

AURÉLIE.
Oh! non.
Je m'occupais de vous.

ALPHONSE.
(*A part.*).
Est-il vrai? Qu'elle est belle?

AURÉLIE.
C'était là ma pensée; elle est bien naturelle :
Je vous dois tant!

ALPHONSE.
Mon sang n'a pas coulé pour vous;
Je cours et je vous sauve : un bonheur aussi doux,
Dont j'aurais de mes jours payé la jouissance,
Peut-il donner des droits à la reconnaissance?

AURÉLIE.
Vous témoigner la mienne est un besoin pour moi :
Comte, publiez-la, je vous en fais la loi.
N'éprouverez-vous pas quelque charme à redire
Ce qu'aujourd'hui pour vous ce sentiment m'inspire!

ALPHONSE.
Il suffit à mon cœur de l'avoir inspiré.

AURÉLIE.
Est ce un bonheur parfait qu'un bonheur ignoré?

Le soin de notre gloire autant que ma justice
Veut qu'un prix éclatant honore un tel service.
ALPHONSE.
N'en ai-je pas reçu l'inestimable prix?
Je crois voir ce concours de sujets attendris,
Ce tumulte, ces pleurs que vous faisiez répandre.
J'étais là dans la foule, écoutant sans entendre;
Distrait au sein du bruit sans m'en pouvoir lasser,
A force de sentir j'oubliais de penser,
Et fier de leurs transports, ému de leur tendresse,
Heureux, je m'enivrais de la publique ivresse.
A l'aspect de ces traits plus beaux de leur bonté,
Où tous les yeux ardents de ce peuple enchanté,
Fixés comme les miens, venaient dans leur délire
Pour tant de pleurs versés se payer d'un sourire;
A votre nom chéri tant de fois proclamé,
Je sentais seulement qu'il est doux d'être aimé,
Et qu'il est un bonheur ignoré de l'envie
Dont un rapide instant vaut seul toute une vie.
AURÉLIE.
(*A part.*)
Flatteur!... Ah! l'indiscret! s'il n'avait pas parlé!
(*Haut.*)
Au conseil des régents par mon ordre appelé,
Du secrétaire absent vous remplirez l'office.
Comte, puis-je de vous attendre ce service?
ALPHONSE.
C'est un honneur, madame.
AURÉLIE.
Et vous le méritez.
ALPHONSE.
Heureux si je le prouve!
AURÉLIE.
Entre les qualités
Qu'exige au plus haut point ce grave ministère,

La principale, au reste, est de savoir se taire.
C'est aisé, n'est-ce pas?

ALPHONSE.

Madame, je le croi.

AURÉLIE.

D'ailleurs il ne faut voir dans ce nouvel emploi
Qu'un pas vers les honneurs, un rang, une puissance,
Qui doivent de bien loin passer votre espérance.

ALPHONSE.

Ciel!

AURÉLIE.

Répondez d'abord et parlez franchement;
N'avez-vous dans le cœur aucun engagement?

ALPHONSE.

Aucun, madame, aucun; déjà je viens d'écrire...

AURÉLIE.

Si vous n'étiez pas libre, il faudrait me le dire...

ALPHONSE.

Je le suis.

AURÉLIE.

Car j'avoue avec sincérité
Que j'ai de grands projets sur votre liberté.

ALPHONSE.

Qu'entends-je? elle est à vous: à vos pieds je l'enchaîne.

AURÉLIE.

Peut-être à m'obéir aurez-vous quelque peine?

ALPHONSE.

O Dieu! non: je le jure.

AURÉLIE, *en souriant.*

Eh quoi! sans rien savoir?
Attendez.

ALPHONSE.

Oui, j'attends: qui l'aurait pu prévoir?
Suis-je digne? Est-il vrai? Dieu! faut-il que je croie...

AURÉLIE.

Écoutez.

ALPHONSE.

Oui, j'écoute : ah! la crainte, la joie,
Ce bonheur douloureux dont je suis oppressé,
Il m'étouffe, il éclate, il me rend insensé ;
Mon cœur n'y suffit plus.

AURÉLIE.

Arrêtez.

ALPHONSE.

Je m'arrête,
J'écoute, je me tais.

AURÉLIE, *à part*.

C'est sûr, avec sa tête
Il perdrait tout d'un mot. Allons, c'est pour son bien ;
Mais qu'il faut de courage et qu'il m'en coûte !

ALPHONSE.

Eh bien?

AURÉLIE.

Je veux...

ALPHONSE.

Ma raison cède à l'espoir qui l'exalte.
Ah! de grâce, achevez.

AURÉLIE.

Vous envoyer à Malte.

ALPHONSE.

A Malte!

AURÉLIE.

Vous savez que cette île aujourd'hui
Est contre l'Orient notre plus ferme appui.
Sur le choix de ses chefs mon influence est grande.
Si l'un de mes sujets que son nom recommande,
Qu'illustrent ses exploits, dans leurs rangs est admis!
A son ambition que d'honneurs sont promis!
Quels services alors ne peut-il pas me rendre!
Vous comprenez?

ALPHONSE.
Mais non ; je ne saurais comprendre.
AURÉLIE.
Votre noviciat dans cet ordre guerrier
Sera très-court.
ALPHONSE.
Comment !
AURÉLIE.
Sans doute : chevalier...
ALPHONSE.
Moi !
AURÉLIE.
Bientôt commandeur.
ALPHONSE.
Moi, madame !
AURÉLIE.
Et peut-être
Grand maître un jour.
ALPHONSE.
Pardon !
AURÉLIE.
Oui, vous serez grand maître.
ALPHONSE.
Permettez : avant tout il faut faire des vœux.
AURÉLIE.
Aussi vous en ferez : si j'en crois vos aveux
Libre de tout lien, vous pouvez tout promettre.
ALPHONSE, *à part*.
De ma confusion j'ai peine à me remettre.
AURÉLIE.
Voyez quels nobles champs à vos exploits ouverts !
Du joug de l'infidèle affranchir nos deux mers,
Ne brûlant sous la croix que d'une chaste ivresse,
Avoir pour maître Dieu, la gloire pour maîtresse,
Rival des Lascaris, des Villiers, des Gozon,
A tant de noms fameux unir un plus grand nom :

Un tel vœu, le passé m'en donne l'assurance,
Quand il est fait par vous, est accompli d'avance.

ALPHONSE.

Mais ce vœu, c'est celui de ne jamais aimer;
Ne fût-ce qu'un projet, qui l'oserait former?
N'eût-on à conserver, dans son indifférence,
Que cette liberté qui laisse l'espérance,
Qui donne un charme à tout, permet de tout rêver,
Se peut-il qu'à jamais on veuille s'en priver?
Qui? moi! par un serment funeste, irrévocable,
Du seul bonheur permis faire un bonheur coupable
Et dois-je m'y résoudre? et le puis-je? et comment
Jurer de l'avenir?... je doute du présent.
Il est trop vrai, madame; on s'aveugle soi-même,
On croit qu'on n'aime pas, et cependant...

AURÉLIE.

On aime?
Vous m'aviez dit, pardon de vous le rappeler,
Qu'à son pays, je crois, on peut tout immoler...
Mais non; n'y songeons plus : ce serment qui vous coûte
Ferait deux malheureux... On vous aime sans doute.
Au reste j'ai parlé; c'était là mon projet.
Je le ferai connaître; oui, comte, on vous permet
D'en instruire aujourd'hui notre cour qui l'ignore;
Il prouvera du moins combien je vous honore.
Si j'en avais quelque autre...

ALPHONSE.

Ah! qu'il reste inconnu!
De toute ambition me voilà revenu!

AURÉLIE.

C'est ce que nous verrons.

ALPHONSE, *à part, en faisant un pas pour sortir.*

Après un si doux songe,
Quel réveil!

(*Il fait quelques pas pour sortir.*

AURÉLIE, *à part.*

J'ai pitié du trouble où je le plonge.
Je sens que malgré moi mon dépit désarmé...
Comte !
(*Alphonse revient.*)
Non, rien ; plus tard.
ALPHONSE. *Il s'éloigne.*
(*A part.*)
Je n'étais pas aimé !
(*Il sort.*)

SCÈNE VII.

AURÉLIE.

Ah ! quand on est princesse, il faut donc se défendre
D'écouter quelquefois ce qu'on brûle d'entendre !
Mais on doit tout prévoir quand on veut tout oser.
Sur sa discrétion je puis me reposer,
Ou s'il parle, il me sert. Achevons mon ouvrage ;
Tout marche : le docteur portera son message ;
Le conseil va s'ouvrir... Mais quel soudain effroi
Au moment du combat vient s'emparer de moi ?
Comptons nos ennemis : un, deux, trois adversaires :
Et je suis seule. Allons, point de terreurs vulgaires !
Plus le péril fut grand, plus grand est le vainqueur,
Et s'il trouble un cœur faible, il anime un grand cœur.
Il m'exalte, il m'inspire, et seule je défie
Les finances, la guerre et la diplomatie.
Nous verrons qui de nous, messieurs, l'emportera ;
Vous offrez la bataille : eh bien ! on combattra.
Vos pareils sont enclins à gouverner leurs maîtres :
(*Aux tableaux de famille qui l'entourent.*)
Cela s'est vu souvent... N'est-ce pas, mes ancêtres ?
Un favori sur vous eut souvent du pouvoir.
En ai-je un, par hasard ?... Je n'en veux rien savoir.

J'aspire à vous venger. Surpris de mon audace,
Je crois voir vos portraits, fiers auteurs de ma race,
La visière baissée et le glaive à la main,
S'élancer des lambris pour m'ouvrir le chemin.
Vous donnez le signal et j'entre dans la lice.
Que de mes ennemis le plus hardi pâlisse !
Je n'ai qu'un peu de ruse, et cependant je crois
Que cette arme suffit pour conquérir mes droits,
Et qu'avec son secours, bien mieux qu'avec vos lances,
Une Altesse en champ clos vaincra trois Excellences !

ACTE QUATRIÈME

SCÈNE I.

Le conseil est commencé.

ALPHONSE, *à droite de la princesse, devant une table : il tient la plume*, POLLA, SASSANE, AURÉLIE, ALBANO.

AURÉLIE.

Non ; c'est en vous, messieurs, que le pouvoir réside ;
Je donne mon avis, mais le vôtre décide.

ALBANO.

Vos avis sont des lois.

POLLA.

   Comment leur résister ?

SASSANE.

Notre pouvoir se borne à tout exécuter.

AURÉLIE.

Je déciderai donc. Le duc a la parole.

ALBANO. *Il se lève.*
« Nous, régent du trésor... »
AURÉLIE.
Passons le protocole,
Expliquez le projet.
POLLA, *à qui le duc d'Albano fait un signe,
bas à Sassane.*
Vous l'appuirez.
SASSANE.
D'accord.
ALBANO. *Il tient plusieurs papiers qu'il passe à ses
collègues à mesure qu'il en parle.*
« Vu que de tous les maux le plus grand est la mort,
« Et qu'on doit, quand on règne, autant qu'il est possible,
« Préserver ses sujets d'un fléau si terrible ;
« Vu la pétition de trois cents habitants
« Que la fièvre à Pæstum affligea de tout temps ;
« Vu les quatre rapports du conseil sanitaire,
« Signés : Policastro, docteur du ministère ;
« Considérant de plus que l'État obéré
« Pour assainir Pæstum est par trop arriéré ;
« Proposons un emprunt sur trois juifs de Palerme,
« Sauf à régler du prêt et la forme et le terme. »
Qu'on ne m'objecte pas un trésor endetté :
Les dettes du trésor font sa prospérité.
Le crédit comble tout ; et s'il est hors de doute
Que prouver son crédit c'est l'augmenter, j'ajoute
Qu'emprunter à propos est le point important ;
Car le crédit qu'on a se prouve en empruntant.
SASSANE.
Duc, c'est vu de très-haut.
POLLA.
Projet philanthropique !
ALBANO.
Un peu d'humanité sied bien en politique.

ALPHONSE, *à part.*

Quand elle vous rapporte.

AURÉLIE.

On doit avec ardeur
Embrasser le projet émis par Sa Grandeur.
Sauver des malheureux, rendre à des bras utiles
Ces incultes marais qui deviendront fertiles,
Bien : mais de ces travaux, si le terrain produit,
Quelques riches seigneurs auront seuls tout le fruit;
J'écarte donc l'emprunt. Ces travaux nécessaires
Se feront, mais aux frais des grands propriétaires.
Vous accordez ainsi, par un même décret,
Et l'intérêt de tous, et leur propre intérêt.

ALPHONSE, *à part.*

Mon oncle est pris.

ALBANO.

Souffrez qu'ici je représente...

SASSANE.

Ah! du raisonnement la force est imposante!

ALBANO, *piqué.*

Quant à moi, noble comte, il me paraît moins fort.

SASSANE.

Mon honorable ami, vous pourriez avoir tort :
C'est juste.

POLLA.

Assurément.

ALBANO.

Juste, mais arbitraire.

SASSANE.

Et quand cela serait, pourquoi ne le pas faire?

POLLA.

Oui, pourquoi? L'arbitraire est en gouvernement
Ce que la discipline est sur un bâtiment;
Il en faut.

ALBANO.

Non, messieurs.

SASSANE.
Si fait.
ALBANO, *s'animant.*
Et la patrie!
SASSANE, *de même.*
Mais le trône!
ALBANO.
Et le peuple!
AURÉLIE.
Ah! messieurs, je vous prie...
Messieurs!... Un point me frappe et va tout accorder:
Sa Grandeur aujourd'hui doit encor posséder
Du côté de Pæstum un immense domaine.
A l'avis général ce seul mot la ramène;
Et le décret dès lors est sans doute adopté
Par sa philanthropie et son humanité?
ALBANO.
Je conviens...
AURÉLIE.
J'y comptais.
SASSANE, *à la princesse.*
Admirable, madame!
AURÉLIE, *à Alphonse.*
Secrétaire, écrivez: personne ne réclame.
ALBANO, *à part.*
Mon projet me ruine.
AURÉLIE, *à Albano.*
Il me sera bien doux
De voir ce décret-là contresigné par vous.
ALBANO, *à part.*
Chacun d'eux m'a trahi; mais si je règne, il saute.
ALPHONSE, *à part.*
Malheur aux employés qu'il va trouver en faute!
AURÉLIE.
La parole au marquis.

POLLA, *se levant.*
Je vais m'y préparer.
SASSANE, *bas à Polla.*
Du jeune secrétaire il faut nous délivrer.
POLLA, *à Sassane.*
Soutenez-moi.
SASSANE, *bas à Polla.*
Parlez.
POLLA.
Mes maximes publiques
Sont d'incliner toujours aux moyens pacifiques :
Et mon soin, du moment qu'un traité s'est rompu,
Fut de pacifier autant que je l'ai pu ;
Car tout guerrier, s'il a quelque philosophie,
N'est jamais plus heureux que lorsqu'il pacifie.
Aussi ces précédents donneront quelque poids
Aux belliqueux avis que j'émets cette fois.
Je me lasse des droits que le Croissant exerce.
Votre empire opulent, qui craint pour son commerce,
Est grevé d'un tribut de vingt mille ducats
Payé par sa marine aux Turcs qui n'en ont pas.
Réveillons-nous enfin ! Trop longtemps débonnaires,
Jusqu'au fond de leurs ports rejetons leurs corsaires.
Un mot de Votre Altesse, et la flotte qui part
De la croix dans Tunis arbore l'étendard !
Mais comme il faut un chef à nos forces de terre,
Qui joigne à la vaillance un grand nom militaire,
Le comte d'Avella, sur l'autre continent,
Est seul digne, à mes yeux, de ce poste éminent.
SASSANE.
D'un tel commandement plus l'honneur est insigne,
Plus il est mérité par le chef qu'on désigne.
ALPHONSE, *se levant.*
De cet honneur, madame, ah ! ne me privez pas !
Contre vos ennemis disposez de mon bras.
Ordonnez que sur eux je venge votre injure,

Et je cours les chercher, j'y vole, et je vous jure
De vaincre, ou sous leurs coups d'expirer sans pâlir :
Et ce vœu-là du moins, je pourrai l'accomplir !
    AURÉLIE, *sévèrement.*
Pour soutenir mes droits votre ardeur est trop vive :
Vous n'avez point ici voix délibérative ;
Comte, rasseyez-vous.
    ALPHONSE, *à part.*
     Que de sévérité !
Et pour moi seul !
    AURÉLIE.
     Ce choix sans doute est mérité :
Mais c'est peu d'un grand nom, d'une illustre vaillance ;
Ménager les soldats est la grande science,
Et rarement, messieurs, une jeune valeur,
Qui prodigue son sang, est avare du leur.
Plaçons donc à leur tête un courage tranquille,
Qui sente le néant de la gloire inutile ;
En qui le long amas des triomphes guerriers
Ait un peu refroidi l'ardeur pour les lauriers.
A des périls certains, nombreux, incalculables,
Opposons des talents qui leur soient comparables.
Un héros les possède, il les rassemble tous ;
   (*Au marquis.*)
Je le vois, je le nomme, et ce héros, c'est vous !
    POLLA.
Moi !
    AURÉLIE.
  Vous, marquis, courez où l'État vous appelle :
Dans vos regards déjà la victoire étincelle.
C'est à vous qu'appartient un triomphe si beau,
Ou l'immortel honneur d'un si noble tombeau !
    POLLA.
Mais, madame...
    ALBANO, *enchanté.*
   A ce choix, le seul qu'on devait faire,

L'invincible marquis ne saurait se soustraire.
POLLA.
Le comte cependant...
ALBANO.
Oh! non pas : mon neveu
Exciterait l'envie et mettrait tout en feu.
ALPHONSE.
Mon oncle, par pitié...
ALBANO.
Monsieur le secrétaire,
Réprimez, s'il vous plaît, cette ardeur militaire.
AURÉLIE, *avec plus de sévérité.*
Dois-je vous le redire?
ALPHONSE.
O ciel!
SASSANE, *à part.*
En général,
Je vois avec plaisir qu'on le traite assez mal.
POLLA, *à Sassane.*
Cher comte, parlez donc.
SASSANE.
Que voulez-vous qu'on dise?
Vous-même vous avez proposé l'entreprise :
Vous en aurez la gloire.
ALBANO, *à part.*
Il est dupe à son tour.
POLLA, *à part.*
Comptez donc sur leurs voix ; mais si je règne un jour!...
AURÉLIE.
Nous revenons, messieurs, au projet d'alliance
(*Montrant Sassane.*)
Dont le comte parlait en ouvrant la séance.
Le prince de Modène a demandé ma main :
Qu'il apprenne par vous que son espoir est vain.
Un peuple à gouverner me suffit, et je n'ose
Me charger du fardeau qu'un double sceptre impose.

Je l'avoûrai pourtant, de ma minorité
La dépendance est longue et pèse à ma fierté.
Prendre un époux, du moins, c'est n'avoir plus qu'un maître ;
Mais, pour le bien choisir, il faut le mieux connaître.
Par des talents prouvés aux honneurs parvenu,
Un de mes sujets seul peut m'être bien connu,
Et, dès longtemps admis aux secrets de l'empire,
Peut inspirer à tous l'estime qu'il m'inspire.
Un d'eux seul doit régner.

ALBANO.

Qu'entends-je?

POLLA.

Il se pourrait!

SASSANE, *à part.*

A-t-elle deviné?

ALPHONSE.

Ces mots sont mon arrêt.

AURÉLIE.

Il régnera bientôt, et dans cette journée,
Au plus digne, messieurs, ma main sera donnée.
Cet hymen, que vos soins différaient prudemment,
Veut être consacré par votre assentiment :
Sans doute il le sera. Ma justice royale
Pèsera tous les droits dans sa balance égale ;
Et l'on dira : Ce trône où son sujet parvint,
L'équité le donna, le mérite l'obtint.
Ma volonté ce soir une fois approuvée,
Ma cour la connaîtra. La séance est levée.
  (*Elle s'approche d'Albano, et lui dit à voix basse :*)
Ministre vertueux et désintéressé,
Votre zèle pour nous sera récompensé.
  (*En lui faisant signe de sortir.*)
Silence!

ALBANO, *qui s'éloigne.*

Il serait vrai!

AURÉLIE, *bas à Polla.*

Guerrier vaillant et sage,
Vous saurez à quel point j'aime le vrai courage.
(*Même signe.*)
Silence!

POLLA, *en sortant.*

Quel espoir!

AURÉLIE, *bas à Sassane.*

Politique profond,
De vos destins futurs le passé vous répond.
Nous voulions vous le dire : oui, comte, et pour le faire,
De ces témoins gênants il fallait nous défaire.
Nous nous verrons ce soir, et nous pourrons loin d'eux
Sur de grands intérêts nous éclairer tous deux.
(*Haut.*)
Ayez soin de vous rendre à cette conférence.

SASSANE.

(*Haut.*)　　(*A part.*)
Oui, madame. O bonheur! mais j'y comptais!

AURÉLIE, *mystérieusement.*

Silence!

SCÈNE II.

AURÉLIE, ALPHONSE.

AURÉLIE.

Pourquoi vous éloigner?

ALPHONSE.

Qu'attendez-vous de moi,
Hors ma démission de mon nouvel emploi?
Quand on sent qu'on déplaît, il faut qu'on se retire.
Je le fais, je m'éloigne, et j'échappe au martyre
De prouver sans espoir à des yeux prévenus

Un zèle malheureux qui n'est qu'un tort de plus.
(*Lui présentant un papier.*)
Cette démission renferme mon excuse.

AURÉLIE.

Toujours celle qu'on offre est celle qu'on refuse.
(*Elle déchire le papier.*)
Je ne l'accepte pas.

ALPHONSE.

Ah! de grâce, arrêtez!
Mes efforts n'ont pas su répondre à vos bontés.
Pour tant d'emplois divers je sens mon impuissance :
Militaire d'abord, marin par circonstance,
Secrétaire au conseil, à Malte commandeur...
Madame, au nom du ciel, que suis-je?

AURÉLIE.

Ambassadeur.

ALPHONSE.

Maintenant?

AURÉLIE.

Sans délai, je vous charge de dire...

ALPHONSE. *Il s'approche de la table.*
Veuillez dicter, madame, et je m'en vais écrire :
Je serai sûr alors qu'aucun mot indiscret
D'un reproche nouveau ne me rendra l'objet.

AURÉLIE, *l'arrêtant au moment où
il prend la plume.*

Non; cette défiance est aussi trop modeste.
(*A part.*)
Parlez : ce qu'on dit passe et ce qu'on écrit reste.
(*Haut.*)
Je ne puis voir votre oncle...

ALPHONSE.

Eh quoi!

AURÉLIE.

Vous sentez bien
Quels soupçons ferait naître un semblable entretien.

Dites-lui, mais tout bas, mais à lui seul au monde,
Que j'ai pour ses talents une estime profonde.

ALPHONSE.

Madame, expliquez-vous !

AURÉLIE.

Il n'en est pas besoin,
Et de tout expliquer je vous laisse le soin.

ALPHONSE.

Dieu ! mon oncle !

AURÉLIE.

Un seul mot a beaucoup d'éloquence,
Pour qui sait en tirer toute la conséquence.

ALPHONSE.

Il l'emporte ! et c'est moi, moi, que vous choisissez !

AURÉLIE.

Vous, son neveu, son fils, vous, qui le chérissez !

ALPHONSE.

Mais...

AURELIE.

Cette mission vous va mieux qu'à personne.

ALPHONSE.

Madame !

AURÉLIE.

Je le veux.

ALPHONSE.

Permettez...

AURÉLIE.

Je l'ordonne.

(*Elle sort.*)

SCÈNE III.

ALBANO, ALPHONSE.

ALPHONSE.

Tous les coups à la fois m'accablent aujourd'hui :
Mon oncle ! Et l'on me force... et j'irais... Dieu ! c'est lui !

ACTE IV, SCÈNE III.

ALBANO.

La princesse te quitte : eh bien ! mon cher Alphonse,
Quel est l'heureux mortel pour qui son choix prononce?
Je viens savoir le sens d'un mot qu'elle m'a dit;
Te l'a-t-elle expliqué? tu parais interdit;
Alphonse, mon neveu..

ALPHONSE.

J'en aurai le courage.

ALBANO.

De quoi ? je n'en veux pas connaître davantage :
C'est sûr : tout est perdu je suis...

ALPHONSE.

Vous êtes roi.

ALBANO.

O ciel !

ALPHONSE.

On me l'a dit.

ALBANO.

Qui ?

ALPHONSE.

Son Altesse.

ALBANO.

Moi !

ALPHONSE.

En termes positifs, du moins j'ai su comprendre;
On me donne à l'instant l'ordre de vous l'apprendre.

ALBANO.

Comment t'a-t-on parlé?

ALPHONSE.

Vos rares qualités...
Vos grands talents... l'estime... enfin vous l'emportez.

ALBANO.

Répète, mon ami.

ALPHONSE.

Votre Grandeur l'emporte.

ALBANO.

Encor, mon cher, encor !

ALPHONSE.

Vous savez tout.

ALBANO.

N'importe,
Roi ! je suis roi ! Ce mot qu'on aime à s'adresser,
Est de ceux qu'on entend vingt fois sans se lasser.

ALPHONSE, *hors de lui.*

Fut-on jamais chargé de mission semblable !

ALBANO.

Jamais. C'est doux pour toi ; pour moi c'est admirable.
Elle aurait pu choisir un jeune homme : eh bien ! non.
Admire comme moi cet effort de raison !

ALPHONSE.

Il me confond, mon oncle.

ALBANO.

Il m'a surpris moi-même,
Moi qui trouve ce choix d'une justice extrême.
Va, ton zèle me touche, et je suis enchanté
De la part que tu prends à ma félicité !
Je cours chez Son Altesse, où ma reconnaissance...

ALPHONSE, *l'arrêtant.*

Vous ne la verrez pas.

ALBANO.

Pourquoi ?

ALPHONSE.

Sa défiance
Craint que cet entretien n'éveille les soupçons.

ALBANO.

Mes rivaux ! leur aveu !... C'est juste : obéissons.
Mais demain je suis roi ; tout va changer de face.
J'élève, je détruis, je place, je déplace ;
J'organise en un mot. Hors ma famille et moi,
Nul ne peut obtenir ou donner un emploi.
Du sort de mes rivaux à la fin je dispose ;
Qu'ils tombent. Au conseil, qu'à moi seul je compose,

Sans eux tout est porté, discuté, décrété :
Qui vote seul est sûr de la majorité !
T'imaginerais-tu que ces esprits vulgaires
Allaient jusqu'à se croire à l'État nécessaires?...
Mais adieu, désormais tes destins sont fixés :
Sois heureux.

ALPHONSE.
Je le suis.

ALBANO.
Tu ne l'es pas assez.

ALPHONSE.
Je fais ce que je peux.

ALBANO.
Mais sois donc dans l'ivresse,
Mon neveu, te voilà neveu de Son Altesse.
(*Il sort.*)

SCÈNE IV.

ALPHONSE.

Non, l'enfer n'a jamais conçu pareil tourment !
Moi, de l'ivresse ! moi ! Mais je suis son amant :
Je suis votre rival, aveugle que vous êtes !
Comprenez donc enfin le mal que vous me faites,
Mon dépit, ma fureur... Eh ! non... vous m'ordonnez
D'applaudir aux transports dont vous m'assassinez !...
A qui parlé-je? où suis-je?... Ah ! mon âme abattue
Ne peut rien opposer à ce choix qui me tue !
(*Après une pause.*)
Pourquoi? qu'ai-je à prévoir, à craindre, à ménager?
Je me révolte enfin et je veux me venger :
Vengeons-nous ; et comment? écrivons ! et que dire?
Quand sur moi ma raison a perdu tout empire ;
Quand trahi par mon cœur, dans le trouble où je suis,
L'aimer et la maudire est tout ce que je puis !
(*Il tombe dans un fauteuil.*)

SCÈNE V.

BÉATRIX, ALPHONSE.

BÉATRIX, *une lettre à la main.*
De l'hymen qu'il rejette il ne fut jamais digne;
Sassane! rompre ainsi! ce procédé m'indigne.
Et quelle lettre encor! de motifs aussi vains,
De prétextes si faux colorer ses dédains!
(*Apercevant Alphonse.*)
Ah! cher comte, c'est vous! Dieu! qu'un ami sincère,
Quand on n'est pas heureux, nous devient nécessaire!

ALPHONSE, *la regardant sans l'entendre.*
A l'amour qu'on méprise on peut ravir l'espoir,
Mais un tel traitement se peut-il concevoir?

BÉATRIX.
N'est-ce pas? s'abaisser à ce lâche artifice!

ALPHONSE.
Pousser à cet excès la ruse et le caprice!

BÉATRIX.
Dieu que vous êtes bon! Vraiment, il n'est que lui
Pour entrer à ce point dans le chagrin d'autrui!
Mais par qui saviez-vous?...

ALPHONSE.
            Eh quoi?

BÉATRIX.
            Qu'on m'abandonne.

ALPHONSE.
Vous! mais la trahison n'a plus rien qui m'étonne;
Je ne vois plus qu'orgueil, intérêt, fausseté,
Et des mœurs de la cour je suis épouvanté.

BÉATRIX.
Seriez-vous donc trahi?

ALPHONSE.
            Moi! trahi! moi, comtesse,

ACTE IV, SCÈNE V.

Comme vous, plus que vous, avec tant de finesse,
De calcul, de froideur, qu'un pareil abandon
Est sans exemple, horrible, indigne de pardon,
Qu'il me rendrait cruel, et que je prends en haine
Et la ville et la cour, et la nature humaine.
Contre qui nous outrage il faut nous réunir.

BÉATRIX.

Oui !

ALPHONSE.

Pour les désoler.

BÉATRIX.

C'est vrai.

ALPHONSE.

Pour les punir.

BÉATRIX.

Vous avez bien raison.

ALPHONSE.

Je le veux, je le jure ;
Remettez-moi le soin de venger votre injure.

BÉATRIX.

Me venger !

ALPHONSE.

Je le puis : consentez.

BÉATRIX.

Mais comment ?
Quel est votre projet ?

ALPHONSE.

Consentez seulement.

BÉATRIX.

D'abord...

ALPHONSE.

Vous m'approuvez ; oui, j'ai votre promesse,
Et je cours à l'instant...

SCÈNE VI.

BÉATRIX, ALPHONSE, AURÉLIE.

AURÉLIE.
Béatrix!
BÉATRIX.
La princesse!
ALPHONSE.
Ne vous effrayez point : c'est moi qui vais parler ;
Je me fais un plaisir de lui tout révéler.
AURÉLIE, *à Béatrix.*
Eh bien donc, qu'avez-vous?
ALPHONSE, *à part.*
Que son aspect m'irrite!
BÉATRIX.
Je... j'étais... pardonnez au trouble qui m'agite.
ALPHONSE.
Souffrez que la comtesse emprunte ici ma voix ;
A parler en son nom peut-être j'ai des droits :
Si vous le permettez...
AURÉLIE.
Que voulez-vous m'apprendre?
ALPHONSE.
L'amour depuis longtemps, et l'amour le plus tendre,
Nous enchaîna tous deux par des serments sacrés.
BÉATRIX, *bas.*
Comte!
ALPHONSE.
(*Bas.*) (*Haut.*)
Laissez-moi dire... On nous a séparés ;
De changer dans l'absence on nous croyait capables,
Mais peut-on désunir deux amants véritables?
BÉATRIX, *bas.*
Quoi!

ALPHONSE.
(*Bas.*) (*Haut.*)
Laissez-moi parler... Non, toujours plus constants,
Nos feux ont triomphé de l'absence et du temps.
Que deux cœurs éprouvés par tant de sacrifices
Soient au pied de l'autel unis sous vos auspices.
Vous ne sauriez former un nœud mieux assorti,
Plus doux, plus heureux...
BÉATRIX.
Mais...
ALPHONSE.
(*Haut, à Béatrix.*)
Vous avez consenti.
Votre main fut à moi, je la réclame encore
De vous, de Son Altesse ; et ce bien que j'implore
Qu'un autre a mal connu, qu'il n'a pas mérité,
Doit être enfin le prix de ma fidélité.
(*A Aurélie.*)
Madame, accordez-moi la faveur que j'espère,
Et l'obtenir de vous me la rendra plus chère.
AURÉLIE, *à Béatrix.*
Vous donnez votre aveu ?
BÉATRIX.
Mon sort est dans vos mains ;
J'attends pour obéir vos ordres souverains.
AURÉLIE.
Mes ordres ! quel respect !
BÉATRIX.
Je saurai m'y soumettre.
AURÉLIE.
Le comte, en me quittant, ira vous les transmettre.
(*Béatrix sort.*)

SCÈNE VII.

AURÉLIE, ALPHONSE.

AURÉLIE.

Vous l'aimez?

ALPHONSE.

Oui, madame, oui, je l'aime, et je vois
Qu'il ne nous est donné d'aimer bien qu'une fois.
Un premier sentiment, quoi qu'on dise et qu'on fasse,
Gravé dans notre cœur, jamais ne s'en efface.
Trop ému de ma joie, en rentrant dans les nœuds
De celle à qui d'abord j'avais offert mes vœux,
Je peins mal mes transports ; mais comblez notre envie,
Madame, et vous ferez le bonheur de ma vie.

AURÉLIE.

Vous l'aimez?

ALPHONSE.

Et... pourquoi... ne l'aimerais-je pas?
Une autre peut encor réunir plus d'appas,
Un charme plus puissant et plus irrésistible ;
Mais la comtesse est belle, elle est bonne et sensible,
M'écoute sans dédain, et n'a pas refusé
L'hommage qu'à sa place une autre eût méprisé.

AURÉLIE.

Je ne combattrai point un projet qui m'étonne ;
Vous rechercherez sa main?... Eh bien ! je vous la donne.
Mais avant que ces nœuds soient par moi consacrés,
Écoutez ma demande, et vous y répondrez.
Digne de vos aïeux, dont l'antique vaillance
Vous approche du trône autant que la naissance,
Ainsi que de leur rang vous avez hérité
De leur noble franchise et de leur loyauté.
Au nom de Béatrix, dont le sort m'intéresse,

ACTE IV, SCÈNE VII.

C'est à leur descendant, à vous que je m'adresse :
Alphonse d'Avella, l'aimez-vous?

ALPHONSE.

Mais... je croi...
Je sens... Ah! quel empire avez-vous pris sur moi?
Non! je ne l'aime pas! je n'aime rien, madame!
Ou plutôt, puisqu'enfin il faut ouvrir mon âme,
Ma folie est au comble, et j'aime une beauté
Que j'inventais sans croire à sa réalité;
Qui, mobile à l'excès, indulgente ou sévère,
Charme, irrite à la fois, enchante et désespère.
J'aime un objet qu'en vain je voudrais définir;
J'aime ce que jamais je ne dois obtenir;
J'aime qui me dédaigne, et se fait une joie
Des fureurs, des tourments où mon âme est en proie;
J'aime ce que je hais, ce que je dois haïr,
Vous! vous-même, et je doute en osant me trahir,
Quand je cède à vos pieds au transport qui m'entraîne,
Si je ressens pour vous plus d'amour que de haine.

AURÉLIE.

Qu'avez-vous déclaré? Vous, comte, à mes genoux!

ALPHONSE.

Je me perds, je le sais, mais j'y reste; il m'est doux,
C'est un plaisir amer qui va jusqu'à l'ivresse,
D'oser vous répéter l'aveu de ma tendresse,
De vous dire, en dépit du respect, du devoir,
Qu'étouffer cet amour passe votre pouvoir.
Demandez-moi plutôt, vous serez obéie,
D'anéantir mes sens et mon cœur et ma vie;
Oui, ce cœur, mieux vaudrait cent fois l'anéantir
Que de le condamner à ne plus rien sentir.

AURÉLIE.

Alphonse, levez-vous.

ALPHONSE, *en se relevant*.

Alphonse!... ô ciel! Alphonse!...
Ah! madame! ce nom que votre voix prononce,

Votre cœur le dément; mais le charme est détruit.
Je repousse l'appât qui longtemps m'a séduit...
Qu'ai-je dit? Je me trouble, et crains votre présence.
Je fuis, soyez heureuse; une prompte vengeance
Punira l'insensé qui vient de vous braver,
Et la mort est partout pour qui veut la trouver.

AURÉLIE.

Comte!

ALPHONSE, *revenant*

Vous me plaindrez; sans doute on vous adore!
Mais avec cette ardeur, ce feu qui me dévore,
Ce dévoûment de l'âme, avec cet abandon
De mes vœux, de mon sort, de toute ma raison,
Jamais! D'un peuple entier fût-on idolâtrée,
Deux fois à cet excès on n'est pas adorée.

AURÉLIE.

Avant la fin du jour ne quittez point ces lieux.

ALPHONSE.

Où votre hymen m'apprête un spectacle odieux!
Et vous m'imposeriez ce dernier sacrifice!
Non, c'en est trop, je pars et finis mon supplice.

AURÉLIE.

(*A part.*)   (*A Alphonse.*)
Comment le retenir? Osez-vous résister?

ALPHONSE.

Contre un ordre barbare on doit se révolter.

AURÉLIE.

Un sujet le peut-il?

ALPHONSE.

Ah! j'ai cessé de l'être,
Je me suis affranchi : je redeviens mon maître.

AURÉLIE.

Écoutez-moi du moins.

ALPHONSE, *qui s'éloigne.*

Vos dangereux accents
Auraient pour m'arrêter des charmes trop puissants.

ACTE IV, SCÈNE VII.

AURÉLIE.

Songez qu'à demeurer j'ai droit de vous contraindre.

ALPHONSE.

Vous?

AURÉLIE.

Craignez...

ALPHONSE.

Je vous perds, je n'ai plus rien à craindre.
Adieu, madame, adieu!

(*Il s'élance pour sortir.*)

AURÉLIE, *appelant*.

Duc de Sorrente, à moi!

(*Le duc entre avec des gardes.*)

Assurez-vous du comte : obéissez.

ALPHONSE.

Eh quoi!

Vous!... je suis confondu.

AURÉLIE, *au duc*.

Faites ce que j'ordonne.
Le comte est prisonnier : veillez sur sa personne,
Observez tous ses pas; je le veux, j'ai parlé;
Il suffit.

ALPHONSE.

Je comprends que je sois exilé;
Mais prisonnier d'État! non, cet acte arbitraire
N'est pas digne de vous.

(*Il sort avec les gardes.*)

AURÉLIE, *souriant*.

Et pourtant comment faire?
Voyez à quels excès on porte un souverain!
Mais s'il tient à partir, il le pourra demain.

ACTE CINQUIÈME

SCÈNE I.

Un trône élevé de quelques degrés est préparé sur un des côtés de la scène. Les courtisans forment des groupes ou se promènent avec agitation.

LE MARQUIS DE NOCERA, POLICASTRO, LE BARON D'ENNA, LE GRAND JUGE, COURTISANS.

LE MARQUIS, *à Policastro.*

Dites-nous s'il est vrai que leur pouvoir expire ?
On ne voit pas pour rien un régent de l'empire
Trois fois en un seul jour.

LE BARON.

              Et l'on n'a pas pour rien
Avec sa souveraine un si long entretien.

LE GRAND JUGE.

Non, vous êtes instruit : n'en faites plus mystère :
Nous sommes tous discrets.

POLICASTRO.

           Messieurs, je dois me taire.

LE MARQUIS.

Le comte est arrêté.

LE BARON.

           C'est presque un coup d'État.
Mais puisqu'il conspirait.

POLICASTRO.

Lui!

LE BARON.
C'est son attentat
Qu'on jugeait au conseil.
POLICASTRO.
Erreur!
LE BARON.
Dans la séance,
Son oncle en l'apprenant a perdu connaissance.
LE MARQUIS.
Vraiment?
LE BARON.
Et dans ses bras le comte s'est jeté;
Tout le conseil pleurait!
POLICASTRO.
Mais...
LE BARON.
Mon autorité
Est un homme influent; et les détails qu'il donne,
Il les tient d'un ami, qui voit une personne
Qui savait par quelqu'un... C'est clair comme le jour!
POLICASTRO, *à part.*
Fiez-vous maintenant aux nouvelles de cour!
  (*Haut.*)
Sa faute, croyez-moi, n'a rien de politique.
Je suis chargé par lui de cette humble supplique
Auprès de Son Altesse; et tout peut s'arranger.
LE MARQUIS, *à voix basse.*
Mais le gouvernement, on dit qu'il va changer.
POLICASTRO.
Nous l'ignorons, messieurs.
LE MARQUIS.
Moi, je crains.
LE BARON.
Moi, j'espère:
J'attends toujours du bien d'un nouveau ministère.

(*A Policastro.*)
On prétend qu'aux emplois vous êtes appelé?

POLICASTRO, *qui se défend à demi.*

Pourquoi?

LE MARQUIS.

Quand le sénat sera renouvelé.

POLICASTRO.

C'est faux.

LE GRAND JUGE.

Qu'on doit frapper sur la magistrature?

POLICASTRO.

Frapper! oh! non : quel mot! Il se peut qu'on épure,
Et c'est bien différent. Mais, messieurs, par pitié...
Il faut que je remplisse un devoir d'amitié...
Cette lettre... Souffrez...

LE MARQUIS, *en se retirant.*

Vous viendrez à ma fête:
Nous causerons.

LE BARON, *de même.*

Demain, nous dînons tête à tête.

LE GRAND JUGE, *de même.*

A mon concert, docteur, je vous attends ce soir.

(*Ils sortent avec les courtisans.*)

SCÈNE II.

POLICASTRO, LE MARQUIS DE POLLA.

POLICASTRO.

Ce que c'est qu'un reflet du souverain pouvoir!...
Mais voici le marquis ; sur son front sans couronne
D'un monarque en espoir la majesté rayonne.

(*A Polla, qui sort des appartements d'Aurélie.*)
La princesse a, je crois, confirmé mon rapport?

POLLA.
Sans me parler de rien ; mais nous sommes d'accord.
En dépit des témoins, les regards, le sourire,
Me disaient hautement ce qu'on n'osait pas dire.
  (*Regardant autour de lui.*)
Tout est prêt?
    POLICASTRO.
      Vous voyez cet appareil pompeux
Et ce fauteuil royal.
    POLLA.
     Un seul!
    POLICASTRO.
       Et demain deux.
Nous verrons Votre Altesse...
    POLLA, *se retournant.*
      Hein?
    POLICASTRO.
        J'ai dit Votre Altesse,
Mais pardon...
    POLLA.
   Non, docteur, de vous rien ne me blesse.
(*S'appuyant sur l'épaule de Policastro.*)
Parlez encor, mon cher, sur le ton familier ;
C'est un dernier moment où je peux m'oublier.
Vous êtes bien heureux, vous autres ; votre sphère
Aux lois de l'étiquette est du moins étrangère.
    POLICASTRO.
Tout n'est pas du bonheur dans votre auguste rang.
    POLLA.
A la longue on s'y fait ; mais un malheur plus grand,
C'est de dire à des gens gonflés de leur mérite,
Et par qui cependant tout ici périclite,
A des gens qu'on aimait malgré leur nullité :
« Votre pouvoir passait votre capacité,
« Allez-vous-en!... » Voilà le malheur véritable ;
Mais, pour bien gouverner, il faut être équitable :

Ils s'en iront; c'est triste.
POLICASTRO.
Événement fatal,
Qui fera, monseigneur, un plaisir général.
POLLA, *avec hauteur*.
Il m'importe fort peu qu'on m'approuve ou me blâme;
Un soldat couronné dit ce qu'il a dans l'âme.
POLICASTRO.
Noble orgueil! loin de vous les détours imposteurs!
Le talent sur le trône est l'effroi des flatteurs.
POLLA.
Je vous nomme baron.
POLICASTRO.
Et j'accepte d'avance.
(*A part.*)
Ce titre fera bien au bas d'une ordonnance.
POLLA.
Soyez toujours sincère et franc comme aujourd'hui,
Et votre souverain vous promet son appui.
(*Il sort.*)

SCÈNE III.

POLICASTRO.

La majesté me gagne, et je commande à peine
A l'orgueil qui... Pourtant cette lettre me gêne.
La disgrâce est parfois un mal contagieux;
Mais Alphonse est aimable, et pour tromper nos yeux,
Si par hasard..oh! non!..qui sait?..non!..c'est possible,
Et pour être princesse on n'est pas insensible.
Obligeons tout le monde, et courons de ce pas...

SCÈNE IV.

AURÉLIE, POLICASTRO.
POLICASTRO.

Madame!

AURÉLIE.
Auprès de moi ne vous rendiez-vous pas?
Docteur, j'attends quelqu'un.
POLICASTRO.
Permettez que j'arrête
Vos regards bienveillants sur cette humble requête.
AURÉLIE.
De qui?
POLICASTRO, *avec intention.*
D'un prisonnier sans appui que le mien.
AURÉLIE, *qui s'arrête au moment d'ouvrir la lettre, à part.*
Il ne l'aurait pas fait s'il ne soupçonnait rien.
(*Haut.*)
Vous êtes bien hardi!
POLICASTRO.
Qui? moi!
AURÉLIE.
Bien téméraire!
POLICASTRO.
Moi!
AURÉLIE.
C'est un parti pris, un jeu de me déplaire.
POLICASTRO.
Qu'ai-je fait?
AURÉLIE.
De vous seul j'ai toléré longtemps
Les dures vérités que chaque jour j'entends;
Mais c'en est trop : du comte embrasser la défense!
POLICASTRO.
Croyez que j'ignorais...
AURÉLIE.
Excuser son offense!
POLICASTRO.
Je vous proteste...

AURÉLIE.

Ainsi, quel qu'en soit le danger,
Votre esprit inflexible est là pour m'assiéger
De conseils importuns, de graves remontrances;
Pour m'imposer ses lois, ses goûts, ses préférences?

POLICASTRO.

Dieu! jamais...

AURÉLIE.

Ce matin, sur mon choix consulté,
Vous poussez la raison jusqu'à l'austérité.
Jugeant tout, bravant tout, frondeur inexorable
De tout ce que l'empire a de plus vénérable.

POLICASTRO.

C'est fait de moi!

AURÉLIE.

Ce soir, au mépris de mes droits,
Contre un de mes arrêts vous élevez la voix.
Sujet audacieux, à la fin je me lasse
De voir que devant vous rien n'ait pu trouver grâce.
La cour ne convient pas à cet orgueil altier,
A cette âme d'airain qui ne sait pas plier.
C'est ainsi qu'on se perd; sortez!

UN HUISSIER, *annonçant*.

Son Excellence
Le comte de Sassane.

AURÉLIE, *devant Sassane, qui vient d'entrer*.

Évitez ma présence;
Reportez ce placet à qui vous l'a remis:
Dans ses projets d'ailleurs je vous crois compromis.

POLICASTRO.

Je jure...

AURÉLIE.

Allez le joindre, et revenez apprendre
Comme on traite à vos yeux qui vous osez défendre.

POLICASTRO, *à part*.

Le cœur me manque... O ciel! me serais-je attendu

ACTE V, SCÈNE V.

Qu'un jour un trait d'audace à la cour m'eût perdu !
(*Il sort.*)

SCÈNE V.

SASSANE, AURÉLIE.

SASSANE.

Votre Altesse est émue ?

AURÉLIE.

Eh ! puis-je ne pas l'être ?
J'ai droit de m'étonner, de m'indigner, peut-être,
Qu'on excuse le comte et qu'il trouve un appui.

SASSANE.

(*A part.*)
Sans doute on avait tort. Je ne craignais que lui.

AURÉLIE.

Dans peu vous saurez tout. Parlez : votre message
M'a-t-il de Leurs Grandeurs assuré le suffrage ?
L'acte qui par vos soins me rend ma liberté
Est-il prêt ?

SASSANE.

J'entrevois quelque difficulté.

AURÉLIE, *vivement.*

Comment ?

SASSANE, *à part.*

Ne nous livrons qu'avec des garanties.

AURÉLIE, *avec froideur.*

Je comprends leurs raisons, que j'avais pressenties
(*Sévèrement.*)
J'y cède, et j'attendrai ; plus tard je dois régner

SASSANE.

L'acte est fait.

AURÉLIE.

Eh bien donc !

SASSANE.

       Ils ne voudraient signer...
J'en ai le cœur froissé, je souffre à vous le dire,
Mais je me suis rendu, las de les contredire ;
Ils ne voudraient signer... C'est bien peu généreux :
Égoïsme tout pur, et j'en rougis pour eux !

AURÉLIE.

Enfin !

SASSANE.

  Ils ne voudraient donner leur signature
Qu'à des conditions dont mon respect murmure.

AURÉLIE, *avec douceur*.

Oui, l'obstacle, je crois, n'est pas venu de vous.

SASSANE.

Madame !

AURÉLIE.

  Que veut-on ?

SASSANE.

      Le nom de votre époux
Doit être au premier rang parmi les noms célèbres.

AURÉLIE.

Celui de vos aïeux se perd dans les ténèbres.

SASSANE.

Hors le nom d'Avella, qu'on ne doit plus citer,
Aucun autre sur lui ne pourrait l'emporter.

AURÉLIE.

C'est accordé : passons.

SASSANE.

     En outre, l'on désire
Que le nouveau monarque ait servi cet empire,
Soit dans l'armée...

AURÉLIE.

   Eh ! mais... songez-vous ?

SASSANE.

         J'ai cédé.

A cause du marquis.

ACTE V, SCÈNE V.   475

AURÉLIE.
C'est adroit : accordé.
SASSANE.
Ou bien...
AURÉLIE.
Parlez sans crainte.
SASSANE
Ou bien dans les finances.
AURÉLIE.
Ah! le duc pense à lui!
SASSANE.
Vraiment les convenances
Auraient dû l'arrêter; mais non, j'en étais sûr :
Comme je vous l'ai dit, égoïsme tout pur!
AURÉLIE.
Dans ces arrangements une chose m'étonne,
C'est qu'on n'ait oublié qu'une seule personne.
SASSANE.
Laquelle?
AURÉLIE.
Je m'entends : finances convient mal;
Administration est un mot général
Qui vaut mieux.
SASSANE.
Qu'on peut mettre.
AURÉLIE.
Un mot qui signifie
Ce qu'on veut : le trésor... et la diplomatie.
SASSANE, *vivement*.
C'est juste!... J'ai tout dit.
AURÉLIE.
Et j'ai tout accepté.
Que leur aveu par vous nous soit donc présenté,
S'ils veulent à ce prix le donner l'un et l'autre.
Nous croyons superflu de vous parler du vôtre.

SASSANE, *transporté.*

Ah! je rends grâce...

AURÉLIE.

Eh! non! chacun agit pour soi...
Égoïsme tout pur : comme eux je pense à moi.

SASSANE.

Vous me comblez!...

AURÉLIE.

On vient, et l'on peut nous entendre.

SCÈNE VI.

SASSANE, AURÉLIE, POLICASTRO, ALPHONSE,
GARDES, *qui entrent dans la galerie du fond.*

AURÉLIE, *à Alphonse.*

Du nouveau souverain votre sort va dépendre.

ALPHONSE.

Libre à lui de m'absoudre ou de me condamner;
Madame, désormais rien ne peut m'étonner.

AURÉLIE, *sortant.*

Attendez son arrêt.

SASSANE, *à part.*

J'aurai quelque indulgence:
Un jour d'avénement est un jour de clémence.

(*Il sort.*)

SCÈNE VII.

ALPHONSE, POLICASTRO.

(*Ils se regardent un moment sans parler.*)

ALPHONSE.

Qu'en dites-vous, docteur?

POLICASTRO.

Muet, déconcerté,

Je suis comme étourdi du coup qu'on m'a porté.
Je ne me sens pas bien.

ALPHONSE.

Je perdais tout pour elle,
Je ne m'en plaignais pas; mais qu'on traite en rebelle,
Qu'on chasse de la cour, sans égard, sans pitié,
Celui dont j'exposai l'héroïque amitié,
Ah! docteur!

POLICASTRO, *se ranimant.*

C'est ma faute. Après tout que m'importe?

ALPHONSE, *lui serrant la main.*

Noble cœur!

POLICASTRO.

J'aurai dit quelque vérité forte,
Sans m'en apercevoir.

ALPHONSE.

L'ami qui me vengea
Lui devient odieux!

POLICASTRO.

Elle règne, et déjà
L'aspect d'un homme libre importune sa vue.

ALPHONSE.

Hélas! je l'aimais trop : je l'avais mal connue.

POLICASTRO, *avec mystère.*

Dieu! quel règne effrayant semble se préparer!

ALPHONSE.

Oui; ce n'est pas sur nous, docteur, qu'il faut pleurer,
C'est sur l'État : les lois, la liberté bannie,
Tous les droits méconnus!

POLICASTRO.

Enfin la tyrannie!
Si d'échapper tous deux nous avons le bonheur,
Car j'en doute, fuyons, en conservant l'honneur...

ALPHONSE.

Cette injuste beauté...

POLICASTRO.
Cette cour mensongère.
ALPHONSE.
Cherchons, pour y mourir, quelque rive étrangère
POLICASTRO.
Pour y vivre.
ALPHONSE.
Où l'on trouve une ombre d'équité.
POLICASTRO.
Sans doute; où le pouvoir aime la vérité.
Nous irons loin, très-loin : mais je dis, je proclame,
(A voix basse.)
Ici j'ose en partant crier... que c'est infâme,
Que c'est une injustice, un despotisme affreux...
Chut! on vient : taisons-nous!

SCÈNE VIII.

ALPHONSE, POLICASTRO, AURÉLIE, BÉATRIX, SASSANE, ALBANO, POLLA, LE BARON D'ENNA, LE GRAND JUGE, LE MARQUIS DE NOCERA, LE DUC DE SORRENTE; SÉNATEURS, DAMES D'HONNEUR, COURTISANS, GARDES.

(*Aurélie monte sur le trône; Alphonse et Policastro sont à l'une des extrémités du théâtre, et personne ne leur parle.*)

POLICASTRO, *à Alphonse.*
Comme on nous fuit tous deux!
Quels hommes!
ALPHONSE.
Que d'attraits! ma douleur s'en augmente :
Dites-moi si jamais elle fut plus charmante?
SASSANE.
Tuteurs de Son Altesse et régents de l'État,

Devant la majesté du trône et du sénat,
Les chefs de la justice et les grands dignitaires,
Par trois démissions libres et volontaires,
Nous déposons tous trois à l'unanimité
Le fardeau qu'à regret nous avions accepté.
Cet acte, revêtu de la forme prescrite,
Transmet à Son Altesse un pouvoir sans limite,
Et le droit absolu d'élire un souverain,
En donnant à son gré la couronne et sa main.
(*Il remet l'acte à la princesse.*)
Nous jurons au monarque entière obéissance.

AURÉLIE.

Nobles qui m'entourez, promettez-vous d'avance,
Faites-vous le serment de fléchir sous sa loi?

TOUS LES PERSONNAGES, *excepté Alphonse*.

Oui, nous le jurons tous.

AURÉLIE, *se retournant vers Alphonse*.

Comte, vous êtes roi.

ALPHONSE.

Se peut-il?

BÉATRIX.

Lui!

LES TROIS RÉGENTS.

Le comte!

POLICASTRO.

O bonheur!

ALPHONSE, *s'élançant au pied du trône*.

La surprise!...

La joie! est-il possible!

POLLA, *à Aurélie*.

Excusez ma franchise;
Mais veuillez consulter l'acte signé par nous.

AURÉLIE.

Je le connais.

ALPHONSE.

O ciel!

AURÉLIE.

Que me demandez-vous?

(*A Sassane.*)
Pouvez-vous contester l'éclat de sa naissance?
(*A Polla.*)
N'a-t-il pas dans les camps signalé sa vaillance?
Marquis, votre suffrage est ici d'un grand poids.
Qui plus que vous tantôt m'a vanté ses exploits?
Le docteur a soigné sa dernière blessure.

POLICASTRO.

Presque mortelle! ô Dieu! c'est ma plus belle cure.
(*Avec effusion.*)
J'ai donc sauvé mon roi!

AURÉLIE, *aux régents.*

Messieurs, le souvenir
D'un dévoûment si beau vivra dans l'avenir,
Et je veux qu'après vous nos annales fidèles
Aux ministres futurs vous citent pour modèles.

SASSANE, *à Aurélie.*

Madame, en vous quittant j'avais tout découvert;
Forcé de vous tromper, messieurs, j'en ai souffert,
Mais d'un si noble choix l'excuse est sans réplique.
(*A Béatrix.*)
Comtesse, vous voyez dans quel but politique.
A la feinte avec vous contraint de recourir...

BÉATRIX.

Je n'ai pas, monseigneur, de trône à vous offrir.

ALPHONSE, *tombant aux pieds de la princesse.*

J'en reçois un de vous; mais vous savez, madame,
Si l'éclat des grandeurs avait séduit mon âme.

AURÉLIE.

Alphonse, levez-vous. Prince, je vous remets
Un sceptre que vous seul porterez désormais.
Prenez: c'est sans regret que je vous l'abandonne;

Mais laissez-moi vous dire à quel prix je le donne.
Vous allez commander à des sujets nombreux;
Ne régnez pas pour vous, prince, régnez pour eux.
Cherchez la vérité, fût-elle impitoyable,
Ou faites-vous aimer pour vous la rendre aimable.
Aux lois, reines de tous, soumettez le pouvoir;
Soyez grand, s'il se peut; juste, c'est un devoir.
Soyez bon : la grandeur y gagne quelque chose.
Régnez donc, et des soins que l'État vous impose,
Quand le bonheur public n'exigera plus rien,
S'il vous reste un moment, vous penserez au mien.

FIN DE LA PRINCESSE AURÉLIE.

EXAMEN CRITIQUE

DE

LA PRINCESSE AURÉLIE

PAR M. DUVIQUET.

De tous les ouvrages dramatiques de M. Casimir Delavigne, *la Princesse Aurélie* est celui qui a obtenu le moins de représentations ; ce qui ne veut pas dire qu'il ait eu à la représentation moins de succès que les autres, mais seulement que le succès a été moins soutenu, moins retentissant de vogue, moins brillant d'affluence, qu'il a trouvé moins de défenseurs dans ce grand nombre d'écrivains qui se constituent du jour au jour les distributeurs de la renommée littéraire et de la gloire théâtrale. Si le mérite d'une comédie dépendait des jugements portés sur sa première représentation, de la foule plus ou moins nombreuse qui se presse aux représentations suivantes ; si le temps et la réflexion ne faisaient pas justice de ces arrêts précipités et enlevés à la légèreté rapide d'une composition de quelques heures, ainsi qu'à l'influence inévitable des souvenirs de la veille, il y aurait plus d'un siècle et demi que *le Misanthrope* et *Britannicus* seraient bannis de la scène française. Il suffirait de rappeler ce qui n'aura pas échappé dans son temps au sieur de Visé, que le chef-d'œuvre de Racine ne fut, dans sa nouveauté, représenté que trois fois, et que celui de Molière ne se soutint qu'à l'aide du bâton dont Sganarelle corrige avec délices les reproches de son impertinente moitié.

Qu'arrive-t-il ? le temps marche emportant avec lui les critiques éphémères. Ce qui est bon est bon et reste bon. Les imperfections, les fautes graves elles-mêmes passent par le crible du vieux Saturne, ou, comme la lie d'un vin généreux, tombent au fond du vase ; ce qui survit, ce qui surnage, n'en paraît que plus pur, plus naturel et plus énergique. Telle est la condition de toutes les choses d'ici-bas. Dans le domaine de la matière comme dans celui de l'intelligence, il n'existe rien d'absolument parfait, rien sans mélange. On a reproché, non sans quelque raison, à *Tartufe*, l'invraisemblance fondamentale d'une donation que la présence de deux héritiers directs frappe de nullité; au *Misanthrope*, le vide, ou, si l'on veut, la faiblesse de l'action; à *Cinna*, la mobilité du caractère principal et le démenti que donne à l'exaltation de sa rage primitive *l'adorable furie;* à la tragédie de *Phèdre*, le sacrifice fait à un seul personnage de tous les personnages de la pièce; à *Andromaque*, un intérêt double et divergent. Que n'a-t-on pas dit et de la marche languissante d'*Esther*, et de la note fortement entachée de jésuitisme, communiquée au nom du grand prêtre Joad à la vieille Athalie? Toutes ces critiques peuvent être fondées; pour le moment, je ne le sais ni ne m'en soucie. S'il me prenait jamais fantaisie de les réfuter, peut-être la tâche serait moins glorieuse que facile; mais enfin, ces critiques existent; elles ont cours; elles ont occupé des esprits éclairés, mais prévenus, qui n'ont cessé de combattre, au profit de réputations naissantes, contre des réputations affermies par l'admiration de vingt siècles. Hé bien! admettez la légitimité de ces critiques; donnez le bon droit à ces censeurs *désintéressés* de nos immortelles productions; faites plus large encore, si vous l'osez, la part des défauts! ne voyez-vous pas que deux scènes de Molière, deux scènes de *Phèdre*, le récit de *Cinna*, le monologue d'Auguste, rachètent avec une usure judaïque toutes ces faiblesses sur la concession desquelles je me réserverais au besoin le droit de revenir, pour raison de lésion énorme?

Qu'est-ce à dire? moi, admirateur passionné des maîtres de la scène française, je mets *la Princesse Aurélie* dans la même classe, je l'élève à la même hauteur que les chefs-d'œuvre dramatiques des deux derniers siècles! Ce n'est point là mon raisonnement; mais je connais bon nombre de jeunes logiciens qui seraient de force à me le prêter : je vais nettement expliquer ma pensée.

Comparer n'est pas égaler. Des objets multiples, quoique d'un mérite différent, soutiennent le parallèle, et ne supposent pas néanmoins l'égalité. Quand l'inégalité est trop forte, quand il s'agit, par exemple, de la *Phèdre* de Racine et de la *Phèdre* de Pradon, l'idée seule d'un rapprochement entre les deux pièces est une niaiserie. Mais si, à quelque distance qu'il en soit placé, l'ouvrage dramatique que l'on met à côté de plusieurs autres se recommande par l'élégante correction du style, par l'harmonie poétique du vers, par une intrigue à la fois forte dans sa trame et délicate par la finesse des fils dont elle est tissue; si les caractères en sont variés et supérieurement soutenus; si les incidents dont elle est semée ne laissent entrevoir qu'à l'œil exercé du connaisseur un dénoûment frappant de surprise et de soudaineté, n'y aurait-il pas, surtout à notre époque, injustice et dureté à lui refuser le droit dont ont joui les plus illustres prédécesseurs du poëte moderne, d'en appeler de la représentation à la lecture, et de réclamer comme eux, à défaut de la sentence impartiale du théâtre, l'arrêt définitif de la lampe et du cabinet?

C'est là en effet que doit se ramener toute la question. La lecture sera-t-elle plus favorable à *la Princesse Aurélie* que ne l'a été la représentation? L'affirmative ne me paraît pas douteuse.

La donnée, ou pour parler français (clause de rigueur quand on rend compte d'un ouvrage de M. Casimir Delavigne), l'idée principale est spirituelle et piquante. Tromper un vieux tuteur qui veut épouser sans amour la fortune d'une jeune et belle pupille, chose vulgaire et facile! Toutes les Agnès, les Mariannes, les Rosines, ont ouvert la voie à ces artifices comiques, et en ont enseigné les chemins; il n'y a plus rien à faire sur nos théâtres pour de nouveaux Arnolphes, de nouveaux Harpagons, de nouveaux Bartholos. Mais qu'une jeune princesse qui ne donnera sa main qu'avec une couronne, qu'Aurélie, placée sous la vigilance rivale et jalouse de trois tuteurs ambitieux, dont chacun aspire à arriver, par la possession de la souveraine, à la possession de la souveraineté; que cette femme, qui n'a d'autre expérience que celle d'un amour secret qu'elle dissimule avec soin, et le sentiment d'une indépendance qu'elle ne sacrifiera qu'à l'objet aimé; que cette femme, dis-je, vienne à bout de tromper tour à tour, et de tromper les uns par les autres, trois hommes, madrés politiques, trois hommes consommés dans les manéges de la diplomatie, et exercés dans toutes les pratiques d'un gouvernement italien : voilà certes une conception tellement originale, que sans l'art avec lequel elle est exécutée, elle serait justement taxée d'invraisemblance et reléguée dans la classe de ces romans en dialogues qui, depuis quelques années, ont tristement remplacé sur notre beau théâtre la peinture des mœurs, ou le développement des caractères historiques.

Eh bien! cette charmante mystification n'est pas au fond ce qui amuse le plus dans l'ouvrage : il en est une autre que je préfère, et j'ai trouvé plusieurs bonnes têtes de mon avis : c'est celle qui a l'air de prendre pour victime le beau, l'intrépide, le jeune comte d'Avella, l'amant impétueux de la princesse, dont il est adoré, et qui semble, pendant toute la pièce, l'objet privilégié de ses rigueurs et de ses injustices. Rien n'est plus plaisant que la situation désespérante de ce pauvre d'Avella, qui a été banni, que l'on rappelle pour lui demander un compte sévère de son administration, et dont enfin, par un acte inouï de clémence souveraine, on veut bien faire un chevalier de Malte, avec la perspective assurée (car il faut tout dire) de la grande-maîtrise de l'ordre. D'Avella chevalier de Malte! Comme le vœu d'un célibat perpétuel ferait bien les affaires de l'amant et surtout celles de la maîtresse! Cependant on peut exprimer en très-beaux vers le contraire de ce que l'on pense et de ce que l'on désire. Je ne résiste pas au plaisir de citer ce court chef-d'œuvre de duplicité féminine :

> Voyez quels nobles champs à vos exploits ouverts!
> Du joug de l'infidèle affranchir nos deux mers ;
> Ne brûlant sous la croix que d'une chaste ivresse,
> Avoir pour maître Dieu, la gloire pour maîtresse,
> Rival des Lascaris, des Villiers, des Gozon,
> A tant de noms fameux unir un plus grand nom ;
> Un tel vœu, le passé m'en donne l'assurance,
> Quand il est fait par vous, est accompli d'avance.

Toutes les actions, tous les discours de la princesse tendent, on le devine sans peine, à éloigner le soupçon de son amour et l'idée de l'élévation prochaine du comte d'Avella. Les trois ministres, dont le consentement unanime est indispensable pour autoriser le mariage d'Aurélie, amadoués par elle, et flattés chacun, à part, d'un plein succès, accordent une adhésion qui, d'après l'infaillibilité de leurs calculs, ne peut tourner qu'à leur avantage personnel. Le conseil est assemblé ; Aurélie monte sur son trône ; elle est entourée de tous les ministres, de tous les grands de l'État. Alphonse d'Avella, relégué dans un coin où personne ne s'aperçoit de sa présence, regarde avec une douloureuse résignation la solennité qui va lui enlever pour jamais la femme qu'il aurait épousée sous la bure, avec laquelle il aurait vécu fortuné dans une chaumière. Nobles qui m'entourez, dit Aurélie ;

> Nobles qui m'entourez, promettez-vous d'avance,
> Faites-vous le serment de fléchir sous sa loi ?
> Oui, nous le jurons tous. — Comte, vous êtes roi !

C'est, jusque-là, le dénoûment de *Sémiramis*, avec une forme semblable et à peu près les mêmes expressions. La différence est celle qui sépare une union très-légitime, très-raisonnable, d'une alliance incestueuse et dénaturée. Aussi, au lieu du bruit du tonnerre, de la lueur des éclairs, de toute cette pompe céleste ou diabolique qui, dans la tragédie de Voltaire, vient apporter un obstacle dirimant à un mariage impossible, on n'entend, dans la comédie de M. Casimir Delavigne, que les acclamations unanimes d'une cour qui applaudit à un nœud aussi bien assorti, et à peine peut-on distinguer, dans ce concert de félicitations bruyantes, les murmures étouffés des trois vieux ministres. Ces messieurs voient bien qu'en renonçant au trône, il leur faudra, pour comble de misère, résigner encore leurs trois beaux, leur trois utiles portefeuilles.

Dans une comédie dont la scène se passe à Salerne, un médecin est un personnage obligé. Policastro, médecin de la cour, est à son poste ; il égaye, par la généralité de sa complaisance obséquieuse, ce qu'il y a de grave dans le sujet ; on rit de la naïveté de son érudition et de ses fanfaronnades médicales, comme du désappointement des trois ministres.

Avec le trône et la main de la princesse, Alphonse reçoit en cadeau de noces les conseils suivants, que l'on ne peut trop répéter. Les vers ne sont pas de la même fabrique que ceux du traducteur de l'*École de Salerne*.

> Alphonse, levez-vous. Prince, je vous remets
> Un sceptre que vous seul porterez désormais.
> Prenez : c'est sans regret que je vous l'abandonne ;
> Mais laissez-moi vous dire à quel prix je le donne.
> Vous allez commander à des sujets nombreux ;
> Ne régnez pas pour vous, prince, régnez pour eux.
> Cherchez la vérité, fût-elle impitoyable,
> Ou faites-vous aimer pour vous la rendre aimable.
> Aux lois, reines de tous, soumettez le pouvoir ;
> Soyez grand, s'il se peut ; juste, c'est un devoir.
> Soyez bon : la grandeur y gagne quelque chose
> Régnez donc ; et des soins que l'Etat vous impose,
> Quand le bonheur public n'exigera plus rien,
> S'il vous reste un moment, vous penserez au mien.

On lira avec un vif plaisir, souvent avec un sentiment vrai d'admiration, *la Princesse Aurélie*. Quand le Théâtre-Français, qui s'occupe, dit-on, de sa régénération, aura atteint son but, je veux dire, quand il sera revenu au bon sens, au naturel et à la poésie, il remettra *la Princesse Aurélie*; et le public, préparé par la lecture, se portera en foule à la représentation d'un ouvrage d'autant plus agréable pour lui qu'il en aura été plus longtemps et plus injustement privé.

TABLE

Les Vêpres siciliennes. 1
Note des Vêpres siciliennes. 68
Examen critique des Vêpres siciliennes. 70
Les Comédiens. 75
Examen critique des Comédiens. 173
Le Paria. 179
Notes du Paria. 264
L'École des Vieillards. 266
Note de l'École des Vieillards. 368
Examen critique de l'École des Vieillards. 369
La Princesse Aurélie. 375
Examen critique de la Princesse Aurélie. 482

FIN DE LA TABLE.

Paris. — Imp. de P.-A. Bourdier et Cⁱᵉ, rue Mazarine, 30.

LIBRAIRIE ACADÉMIQUE DIDIER ET Cⁱᵉ

BIBLIOTHÈQUE ACADÉMIQUE
Format in-12.

VILLEMAIN.

La République de Cicéron, traduction nouv., accompagnée de notes, etc. 1 vol. in-12.	3 50
Choix d'Études sur la littérature contemporaine et Rapports académiques. Nouvelle édition. 1 vol. in-12.	3 50
Discours et mélanges littéraires. Nouvelle édition. 1 vol. in-12	3 50
Études de littérature ancienne et étrangère. Nouvelle édition. 1 vol. in-12	3 50
Études d'histoire moderne. Nouvelle édition. 1 vol. in-12.	3 50
Tableau de l'éloquence chrétienne au IVᵉ siècle, précédé d'une Étude sur la décadence du Polythéisme. Nouvelle édition. 1 vol. in-12	3 50
Cours de littérature française. 6 vol. in-12.	21 »
—Tableau de la littérature au XVIIIᵉ siècle. 4 vol.	14 »
—Tableau de la littérature du moyen âge. 2 vol.	7 »
Souvenirs contemporains d'Histoire et de Littérature. 2 vol. in-12.	7 »
—1ʳᵉ partie : M de Narbonne, etc. Nouvelle édition. 1 vol. in-12.	3 50
—2ᵐᵉ partie : Les Cent-Jours. Nouvelle édition. 1 vol. in-12	3 50

SAINT-MARC GIRARDIN.

La Syrie en 1861. Condition des Chrétiens en Orient. 1 vol. in-12.	3 50
Tableau de la Littérature au XVIᵉ Siècle, suivi d'autres études sur le moyen âge et la renaissance. Nouvelle édition. 1 vol. in-12.	3 50

V. DE LAPRADE.

Questions d'art et de morale. 2ᵉ édit. 1 vol. in-12.	3 50

E. GERUZEZ.

Histoire de la Littérature française depuis ses origines jusqu'à la Révolution (Ouvr. cour. par l'Acad. française. Grand prix Gobert). 3ᵉ édit. 2 vol. in-12	7 »

E. LITTRÉ.

Histoire de la langue française. Études sur les origines, l'étymologie, la grammaire, etc. 3ᵉ édition. 2 vol. in-12	7 »

SILV. DE SACY.

Variétés littéraires, morales et historiques. 3ᵉ édition. 2 vol. in-12	7 »

LOUIS MOLAND.

Origines littéraires de la France. 2ᵉ édition. 1 vol. in-12.	50

J.-J. AMPÈRE.

Heures de Poésie. Nouvelle édition. 1 vol. in-12.	3 50
Littérature et Voyages. Nouvelle édition. 1 vol. in-12.	3 50
La Grèce, Rome et Dante. Nouvelle édition. 1 vol. in-12.	3 50

Paris. — Imprimerie de P.-A. Bourdier et Cⁱᵉ, rue Mazarine, 30.

www.ingramcontent.com/pod-product-compliance
Lightning Source LLC
Chambersburg PA
CBHW071723230426
43670CB00008B/1100